藤尾慎一郎 著

弥生変革期の考古学

同成社

韓国慶南晋州市漁隠（オゥン）遺跡1地区でみつかった畠と住居跡群
巨大な長方形の住居が突帯文土器期、細長い住居跡と畠が孔列文土器期、方形の住居跡が松菊里式期の住居跡（慶南大學校博物館・李相吉教授提供）

漁隠遺跡出土突帯文土器と磨製石器類
砲弾型の突帯文土器は、福岡平野を中心に限定的に分布するが、韓国のものと比べて細長い器形をもつ。突帯上の刻目も、指刻み状のものはみられない。

韓国慶南晋州市大坪里玉房（オクパン）2・3地区遺跡で見つかった畠、住居跡群、墳墓群
欣岩里式期のムラ構造がわかる遺跡。右下の南江から住居群、畠跡、墓群という配置（慶尚大學校博物館・趙榮濟館長提供）

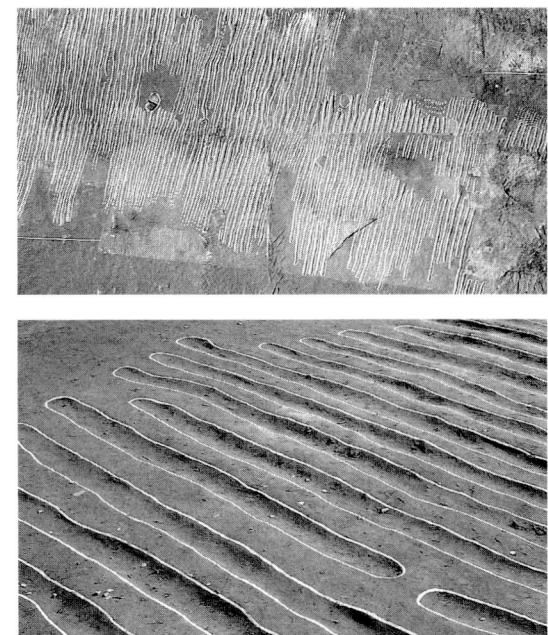

畠遺構と畝立て
畝の幅や深さにいろいろあるので、作られていた作物の違いをあらわしている可能性があるとう。

韓国慶南蔚山市玉峴（オクキョン）遺跡でみつかった孔列文土器期の水田遺構
集落と水田が韓国で初めてセットで見つかった。水田の右側の台地鞍部に掘削した断面逆台形の条壕から流れてくる雨水を引き込むことによって用水が確保されている。
（慶南大學校・李相吉教授提供）

玉峴遺跡で出土した石器類

韓国慶南蔚山・検丹里（コムタンリ）環壕集落
長径118.8m、短径70m、内部面積5974㎡を測る。2カ所ある出入り口は陸橋で、環壕断面はV字、土塁や木柵は未確認である。環壕内部と外部に住居跡がある。
（釜山大學校博物館　鄭澄元教授提供）

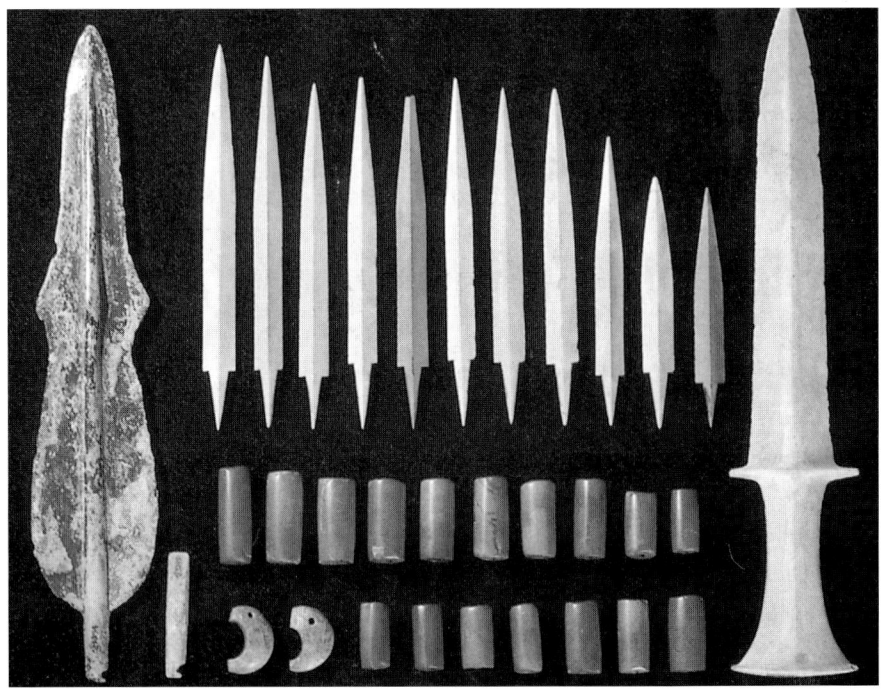

韓国忠南扶余松菊里（ソングンニ）遺跡石棺墓出土副葬品
遼寧式銅剣、磨製石剣、柳葉形磨製石鏃、管玉、勾玉からなる一括品である。遼寧式銅剣の中ではもっとも古い型式に属し、この組み合わせは福岡県今川遺跡でも認められる。
（國立中央博物館提供）

序　文

　日本列島の人びとはいつからコメをつくりはじめたのか。日本の文化の象徴といわれる稲作の起源をめぐって、これまで数多くの議論がおこなわれてきた。明治・大正時代には高塚古墳の時代（今の古墳時代）の指標と考えられてきた稲作と金属器が、弥生式土器にともなう要素であることが確定したのは、弥生式土器が発見されてから50年ほどたった1930年代のことである。そしてその具体的な証拠を見つけるための調査が戦後になって本格化した。それから50年、稲作や金属器の起源をめぐる研究は、完成された水田稲作の祖型となる原初的な稲作を求めて、縄文時代をさかのぼりつづけてきた。

　1950年代、杉原荘介氏を団長とする弥生式文化綜合研究特別委員会は、福岡県板付遺跡、夜臼遺跡、城ノ越貝塚、佐賀県柏崎貝塚などの調査をおこない、縄文晩期最終末の突帯文土器に遠賀川式土器がともなうことが確認され、最古の弥生式土器が確定した。板付Ⅰ式土器である。この土器にコメや金属器がともなうこともわかったので、二つとも弥生時代の最初から存在することが明らかになった。さらに1960年代にかけては西北九州調査特別委員会が、九州北部を中心に長崎県原山遺跡、山ノ寺遺跡、礫石原遺跡の調査をおこない、弥生文化を構成する重要な要素の一部はすでに晩期のおわりにあらわれていることを明らかにした。ここに森貞次郎氏の有名な、漸進的自立的弥生文化成立論が提唱される。この成果を受けて九州大学の岡崎敬氏を団長とする日仏合同調査によって佐賀県宇木汲田貝塚の調査がおこなわれ、コメが晩期おわりの玄界灘沿岸地域にも存在することが明らかになり、ここに晩期末の縄文水田稲作の可能性が強まったのである。しかし、正式な報告書が出なかったこともあって、この成果は考古学界全体の総意となるまでにはいたらなかった。

　晩期末の水田稲作の実態について研究者の常識を覆したのは、板付遺跡の晩期後半に属する定型化した水田、福岡県曲り田遺跡の晩期後半の鉄器であった。晩期後半の水田稲作は補助的なものであると考えていた研究者にとって、その定型化した姿はすでに水田稲作を中心とする生活が晩期後半にはじまっていたことを認識させずにはいられなかったのである。そのような時代をもはや縄文時代の枠のなかに入れておくことはできないという考えから、佐原真氏は水田がともなう突帯文土器の段階を弥生早期として再設定した。現在では原始的な農耕の姿を求める動きは後・晩期にまで及ぼうとしている。

　より原初的な農耕の形態を求めてさかのぼっていくという戦後50年間にわたる研究姿勢の根底にあるのは、縄文人が経済的な理由から大陸の先進的な文化を選択的に受け入れ、主体的に変わっていったという発展段階論である。本書はこのような考え方にもとづく弥生時代開始論に対して疑問を呈し、それに代わる新しい考え方を提示したものである。それはある日突然、非経済的な理由から、在来（縄文）人と渡来人の手によってはじまったという、文化現象としての弥生文化成立論である。

経済的事象を基準とした弥生転換論から、文化事象を基準とした弥生変革論への修正は、最古のコメや金属器を求めて弥生の起源を探る研究から、弥生的な社会構造や弥生祭祀の成立、農民としての意識の確立がいつ達成されたのかをさぐる研究へ方向転換することを意図したものである。「弥生時代はいつからはじまったのか」、ではなく、「弥生時代はなぜはじまったのか」を解き明かすことこそ、本書『弥生変革期の考古学』の目的なのである。

　最後に今春明らかになった弥生時代の開始年代と本書の関係について述べておこう。

　2003年5月の日本考古学協会において、私たち国立歴史民俗博物館の研究グループ（文部科学省基盤研究A「炭素14年代による縄文・弥生時代の高精度編年体系の構築」）は、弥生時代がこれまで考えられてきたよりも500年ほど古くはじまっていた可能性があるという調査報告をおこなった。土器の表面に付着した煮焦げや吹きこぼれなどの炭化物を、AMSと呼ばれる炭素14年代測定法で計測し、世界的な標準データベースと照合した結果得られた暦年較正年代をふまえたものである。まさに本書のテーマに重大な影響を及ぼす研究結果であるだけに、書き換えが必要な部分も多々あるが、以下の2点の理由から本文には手を入れずに刊行することにした。

　一つは本書が今回の測定結果が出る以前の編年観にもとづいて執筆した博士論文なので、2002年秋までに明らかになっていた考古学的成果に依拠して書かれていることを示したかったこと。二つ目は、今回のAMSによる暦年代が将来的に確定したとしても、その影響が及ぶのは弥生文化が成立する契機としてあげられている中国情勢の変化や気候変動が、これまでより500年ほど前の事象にかかってくる点であって、九州北部ともっとも密接な関係にある韓半島との間においては矛盾が生じない点である。これはAMSによる韓国無文土器時代の暦年代も日本と同じく数百年あがりつつあるからである。この二つの理由から、全面的に手を入れるのではなく、今回のAMSによる暦年代が本書に与える影響として巻末に補遺編を新たに加えることとした。

　今回のAMSによる暦年代の研究結果については、2004年3月に正式な報告書を刊行する予定で現在準備を進めているが、今の段階では計測中のものも多くデータの量も不足しているため、この年代にもとづいて書き換えるためには、まだ数多くの手順をふまなければならない。しかし新しい暦年代を公表した側の責任として、弥生時代の開始年代があがった場合にはどのように考えるべきなのか、その見通しを示すために補遺編を掲載したものである。読者の理解を賜りたい。

　2003年9月30日

佐倉にて
藤尾慎一郎

目　　次

はじめに―縄文人はなぜ水田稲作を基本とする生活をはじめたのか―………………………………3

第一章　弥生文化成立論と社会状況………………………………………………7

Ⅰ　弥生式土器研究と近代日本の成立（1884～1945）………………………………7
1. 弥生式土器の発見と日本民族起源論　8
2. 弥生式時代の設定　9
3. 遠賀川式土器の発見と弥生前期の設定　10
4. 戦前の弥生文化起源論と近代日本の成立　11

Ⅱ　縄文文化系譜説と戦後復興（1946～1970）……………………………………11
1. 遠賀川式土器・農業・金属器－弥生前期同時出現の確認とその歴史的意味　11
2. 中国文明辺境文化説－文化階梯論にみる弥生式文化の成立－　14
3. 戦後復興期の弥生式文化起源論と社会状況　15

Ⅲ　弥生文化の再定義と高度成長時代のおわり－経済様式の採用と経済優先－……16
1. 縄文後・晩期農耕説－縄文晩期のおわりに弥生文化の主要構成要素の一部が出現－　16
2. 佐原パラダイムの登場－技術様式から経済様式への転換－　17
3. 弥生早期の設定－板付縄文水田の発見と佐原パラダイム－　18
4. 時代区分論争　19
5. 弥生土器の起源論　19
6. 主体者論争1－文化要素－　22
7. 主体者論争2－形質人類学－　23

Ⅳ　弥生文化再考と冷戦の終結－佐原パラダイムから金関パラダイムへ－（1989～現在）………24
1. さかのぼる稲作の可能性と時代区分への影響　24
2. 金関パラダイムの提唱　26
3. 本格的な稲作開始を決定する精神的要因－心の問題が規定するもの－　27
4. 金関パラダイムへの反発－形質人類学と考古学との乖離－　28
5. 経済から社会構造・祭祀へ　29

Ⅴ　弥生文化成立論の将来－いつからはじまったのではなく、なぜはじまったかへ－…………29
1. 時代の転換に果たした上部構造の役割　29
2. 時代観と社会状況　30

第二章　西日本縄文社会食料窮乏説の再検討 ……………………………… 40

Ⅰ　目的と方法 …………………………………………………………………… 40
　1　目　的　40
　2　食料窮乏説の研究史　40
　3　方　法　42

Ⅱ　野生型植物性食料の分布と実態 …………………………………………… 43
　1　植生－温量指数と森林帯－　43
　2　野生型植物－堅果類－　44
　3　野生型植物－根茎類－　49

Ⅲ　栽培型植物と縄文人 ………………………………………………………… 51
　1　メジャーフードに適さない栽培型植物－ヒョウタン・エゴマ・マメ類－　51
　2　メジャーフードに適する栽培型植物－雑穀・穀物－　52
　3　まとめ　53

Ⅳ　植物性食料獲得活動の定義 ………………………………………………… 53
　1　植物性食料獲得活動の研究史－生態学的な使用法－　53
　2　定義の分類項目－四つの指標－　55
　3　まとめ　56

Ⅴ　労働形態と弥生稲作受容との関係 ………………………………………… 57
　1　縄文人の食料獲得活動と労働形態　57
　2　縄文人の労働組織を規定した根本要因　58
　3　縄文人の縄文カレンダー－労働形態と弥生稲作受容の関係－　59

Ⅵ　小　結 ………………………………………………………………………… 60
　1　複雑な植生　60
　2　縄文時代の雑穀・穀物　61
　3　植物獲得活動の定義　61
　4　食料獲得活動のための労働組織　61
　5　弥生稲作をはじめる要因はナッツ類の慢性的不足ではなく夏先の端境期を乗り切るため　62

第三章　縄文後・晩期農耕論の検証 ……………………………………… 68

Ⅰ　目的と方法 …………………………………………………………………… 68
Ⅱ　縄文農耕論の研究史 ………………………………………………………… 69
　1　第一段階：明治・大正の「縄文原始農耕論」　69
　2　第二段階：昭和初期の「縄文原始農耕論」（唯物史観による時代定義）　69
　3　第三段階：戦後の「縄文原始農耕論」－中期農耕論と後・晩期農耕論への分化－　70
　4　第四段階；縄文農耕論と照葉樹林文化論　72

5　第五段階：現在の縄文後・晩期農耕論－縄文稲作の存在－　76
　　6　まとめ　78
　Ⅲ　周辺諸科学と縄文農耕論……………………………………………………………78
　　1　植物遺体　78
　　2　花粉分析　81
　　3　プラント・オパール　81
　　4　理論的枠組み　81

第四章　縄文時代の雑穀・穀物栽培……………………………………………90

　Ⅰ　目的と方法…………………………………………………………………………90
　Ⅱ　縄文時代の石製農具………………………………………………………………90
　　1　農具として使われた石器かどうか　90
　　2　打製石斧　90
　　3　収穫具　94
　Ⅲ　石器組成の変化……………………………………………………………………96
　　1　石器組成の算出　96
　　2　「石器型」の設定　100
　　3　石器型の時期別分布　106
　　4　石器型の内容　106
　　5　石器型の考古学的背景　108
　　6　石器型と後・晩期農耕　110
　Ⅳ　土器に起こる変化…………………………………………………………………111
　　1　器種構成の変化　111
　　2　深鉢の粗製化　112
　　3　深鉢の器形変化－煮沸形態の変化－　114
　　4　西日本後・晩期にみられる考古学的変化の意味　115
　Ⅴ　西日本縄文社会と朝鮮半島………………………………………………………116
　　1　縄文後期後半～末併行－櫛目文畠作文化－　116
　　2　晩期後半併行－漁隠・欣岩里型畠稲作文化（無文土器時代早・前期）－　117
　　3　縄文晩期末～弥生早期併行－検丹里型水田稲作文化－　120
　　4　朝鮮半島畠作・水田稲作文化拡散の実態　122

第五章　弥生稲作の開始と拡散……………………………………………………128

　Ⅰ　目的と方法…………………………………………………………………………128
　　1　画一的農耕開始説の再検証　128
　　2　系譜を異にする甕をもつ集団の意味と各地の弥生文化成立過程　130

Ⅱ 弥生早・Ⅰ期の土器編年（西日本）……………………………………………………130
  1 土器編年の大枠　130
  2 器種構成　132
  3 突帯文甕を軸にした土器編年　133
  4 弥生Ⅰ期の突帯文系甕（板付Ⅰ新・Ⅱa式、Ⅰ様式古・中段階）　134
  5 弥生Ⅰ期の甕組成－集団ごとの甕の組合わせ－　136
Ⅲ 弥生稲作の開始（玄界灘沿岸）……………………………………………………140
  1 目的と方法　140
  2 遺跡動態－福岡・早良平野－　140
  3 弥生Ⅰ期の福岡・早良平野に存在した三つの型の農耕民　147
  4 三つの型の農耕民とⅠ期甕組成の関係　148
  5 突帯文甕と板付Ⅰ式甕共伴の意味　148
  6 Ⅰ期甕組成の意味　151
Ⅳ 弥生稲作の拡散（西日本）……………………………………………………151
  1 福岡県糟屋平野における弥生稲作の開始　151
  2 岡山平野における弥生稲作の開始　153
  3 讃岐平野－林・坊城遺跡における弥生稲作の開始－　157
  4 摂津における弥生稲作の開始　159
  5 河内平野における弥生稲作の開始　160
  6 近畿以西の弥生稲作拡散地にみられる甕組成の意味と集団との関係　164
  7 東海における弥生稲作の開始　165
  8 西日本における弥生稲作開始期の様相　166
Ⅴ 弥生稲作の拡散（東日本）……………………………………………………167
  1 従来の東日本弥生文化開始論　167
  2 中部・関東地方　168
  3 東北地方　172
  4 東北縄文人と弥生稲作・弥生文化　173
Ⅵ 弥生稲作・弥生文化に対する在来民の対応……………………………………………………175
  1 弥生化に対する対応　175
  2 社会面・精神面を含めた弥生化の仕組み　176

第六章　新石器時代観の変化……………………………………………………183

Ⅰ 目的と方法……………………………………………………183
Ⅱ 新石器時代観の成立－技術様式として－……………………………………………………184
  1 「新石器時代」の提唱　184
  2 農業と新石器時代の接点　186

3　農業の時代の確定－経済様式への脱皮－　188
　Ⅲ　^{14}C革命－伝播論の崩壊と新石器時代観－……………………………………190
　　　1　第一次^{14}C革命　190
　　　2　第二次^{14}C革命－年輪補正の登場－　190
　Ⅳ　理論考古学と新石器時代観……………………………………………………191
　　　1　最初から決まっていた新石器時代＝農業社会観　191
　　　2　新石器時代農業の実態（1950年代）　192
　　　3　新石器時代農業の実態（1980年代）　193
　　　4　二次的な農業問題　194
　　　5　ポストプロセス考古学と農業問題　196
　　　6　理論考古学にとっての新石器時代観　196
　Ⅴ　新石器時代農業社会観への疑問－変わる新石器時代観－………………196
　　　1　新石器時代観の見直し　196
　　　2　新石器時代観の再定義　197
　Ⅵ　小　結……………………………………………………………………………198

第七章　採集狩猟民と農耕民の相互交流　201

　Ⅰ　弥生文化成立・形成モデルの構築……………………………………………201
　Ⅱ　1970年代以前の弥生文化形成モデル………………………………………202
　　　1　渡来人主体説　202
　　　2　縄文人（在来人）主体説　203
　　　3　両説を支える考古学的証拠　203
　Ⅲ　1980年代以降の新しい調査成果……………………………………………203
　　　1　縄文時代のコメが意味するもの　203
　　　2　支石墓に葬られた在来形質の人骨が意味するもの　204
　　　3　渡来人東進説の否定－遠賀川系土器の製作者－　204
　　　4　新しい弥生文化成立・形成モデルの必要性　205
　Ⅳ　西北ヨーロッパにおける農業のはじまり－中石器時代から新石器時代への転換－………206
　　　1　採集狩猟民の再評価　206
　　　2　西北ヨーロッパ各地の中石器時代から新石器時代への転換期　207
　　　3　中石器時代から新石器時代への転換の契機と理由　210
　　　4　採集狩猟民が農業を採用していく過程－採集狩猟民と農耕民の相互交流－　211
　　　5　採集狩猟民の農耕民化　215
　Ⅴ　日本における採集狩猟民と農耕民の相互交流………………………………216
　　　1　段階ごとの経過　216
　　　2　弥生文化成立モデルの構築　219

第八章　弥生変革の契機 …………………………………………………………… 223

Ⅰ　変わる弥生文化像 ……………………………………………………………… 223
Ⅱ　縄文・弥生人の資源観 ………………………………………………………… 224
　1　縄文姿勢方針と弥生姿勢方針　224
　2　資源利用の多様性と特定資源への限定性　225
　3　縄文・弥生人の世界観と祖霊観　227
Ⅲ　縄文人を弥生稲作へとうながしたもの …………………………………… 233
　1　内　因　233
　2　外　因　234
　3　縄文稲作民から弥生稲作民へ　236

おわりに－縄文人の意識変革と弥生変革－ ………………………………………238

補遺・炭素14年代による弥生変革期の考古学 ……………………………………241
　1　西日本と縄文社会―韓国南部と九州北部の土器の年代―　241
　2　韓半島畠稲作・水田稲作文化拡散の実態　242
　3　中国・韓国・日本の稲作開始年代について　243
　4　九州北部から近畿・東北への弥生文化の拡散について　243

あとがき　245
索　　引　248
　件名索引　248
　人名索引　253
　遺跡索引　258

図 表 目 次

図1　山崎純男の板付祖型甕　20
図2　弥生甕の成立過程（家根説）　21
図3　温量指数の分布図　43
図4　照葉性堅果類の平面・垂直分布　46
図5　落葉性堅果類の平面・垂直分布　47
図6　日本各地の稲作開始時期　74
図7　福岡県四箇遺跡の花粉ダイヤグラム　75
図8　東日本の打製石斧（縮尺1/6）　92
図9　西日本の打製石斧（縮尺1/6）　93
図10　縄文・弥生時代の打製収穫具（縮尺1/3）　95
図11　縄文・弥生時代の石器分類図（縮尺1/5）　97
図12　石器組成チャート図　98
図13　東日本の石器組成グラフ　104
図14　西日本の石器組成グラフ　105
図15　各地における石器組成の変遷　107
図16　縄文後期～弥生早期の器種構成の変化　112
図17　縄文時代後・晩期における深鉢の粗製化の時期　113
図18　深鉢における屈曲型と砲弾型の比率の変化　114
図19　朝鮮半島東北部の初期農耕文化の石製農具　116
図20　縄文時代後・晩期の栽培型植物関連資料と結合式釣針の分布　117
図21　京畿道欣岩里遺跡出土農工具　118
図22　慶尚南道漁隠遺跡1地区の畠跡　119
図23　慶尚南道蔚山無去洞玉峴遺跡　119
図24　刻目突帯を有する「孔列文土器」（縮尺1/4）　120
図25　検丹里型農耕文化の主要農工具　121
図26　弥生時代早期の栽培型植物関連資料の分布　122
図27　縄文晩期～弥生I期の主要遺跡と分布　129
図28　弥生早・I期の甕形土器編年図　131
図29　突帯文土器、板付・遠賀川系土器の甕（縮尺1/8）　133
図30　I期前半の突帯文甕（縮尺1/8）　135
図31　口縁部突帯の分類　136
図32　遠賀川甕と突帯文甕の折衷土器（縮尺1/8）　136
図33　突帯文土器様式圏内における弥生早期の主要な煮炊き用土器と器種構成　138
図34　弥生I期前半の主要な煮炊き用土器と器種構成　139
図35　福岡・早良平野の水田稲作開始期における遺跡分布図　141
図36　中期無文土器、祖型甕から板付I式甕への変遷図（縮尺1/8）　143

図37	比恵・那珂台地における弥生早期・Ⅰ期の遺跡分布図	146
図38	板付遺跡周辺の地形図	147
図39	福岡・早良平野における板付型・那珂型・四箇型集落の分布	148
図40	菜畑遺跡と板付遺跡における弥生開始期の甕利用	149
図41	江辻遺跡出土土器実測図（縮尺1/8）	152
図42	岡山平野の水稲農耕開始期における遺跡分布図（第Ⅰ様式古・中段階）	153
図43	津島遺跡南池地点出土土器実測図（縮尺1/8）	154
図44	大開遺跡遺構配置図	159
図45	大開遺跡出土土器実測図（縮尺1/8）	161
図46	大阪平野の水稲農耕開始期における遺跡分布図（第Ⅰ様式古・中段階）	163
図47	長野県石行遺跡、群馬県沖Ⅱ遺跡出土土器実測図	170
図48	土偶と土偶型容器	171
図49	ブリテン島と日本列島の位置と面積の比較およびブリテン島新石器時代遺跡分布図	184
図50	イギリス・ウィルトシャー州ウェスト・ケネット長形墳航空写真と石室模式図および墳丘測量図	186
図51	1960年代以前の伝播論に依拠した文明のヨーロッパへの伝播	188
図52	ヨーロッパにおける農業経済の拡大	192
図53	ブリテン新石器時代の摘鎌と石皿	193
図54	サウスストリート長形墳の墳丘下からみつかった鋤痕	194
図55	イギリスの断欠周溝状遺構	195
図56	ブリテン島の前期新石器時代の土器と石器	209
図57	フロンティア模式図	213
図58	板付環濠集落のⅠ期遺構配置図	219
図59	九州の土偶（縮尺1/5）	228
図60	岩手県西田遺跡遺構配置図	229
図61	弥生時代成立期の大陸の威信財	231
図62	弥生時代成立期の大陸系威信財	232
図63	福岡市比恵遺跡出土の木剣	235
表1	温量指数からみた堅果類の平面・垂直分布表	45
表2	縄文時代の遺跡出土堅果類	48
表3	植物と人間の関係	56
表4	朝鮮半島・日本列島における栽培型植物関連資料出土遺跡一覧表	79
表5	縄文・弥生時代の石器分類（大別）	98
表6	縄文・弥生時代の石器分類（詳細）	98
表7	石器組成算出遺跡一覧表	101
表8	石器型一覧表	103
表9	縄文後期〜弥生Ⅵ期土器型式併行関係一覧表	132
表10	弥生時代Ⅰ期の甕組成	137
表11	ブリテン島と日本列島の先史時代編年	185
表12	縄文時代と弥生時代の資源観	227

弥生変革期の考古学

はじめに
―縄文人はなぜ水田稲作を基本とする生活をはじめたのか―

　本書は、弥生変革がなぜ、どのようにして、起こったのかという理由と過程を論じたものである。日本列島で水田稲作を基本とする生活がはじまった時代を弥生時代とするならば、本書の目的は、西日本の縄文人が水田稲作を基本とする生活を、なぜ、どのようにしてはじめたのかを知ることにある。

　それまで、特定の食料獲得手段に偏ることなく、採集や狩猟、栽培などいろんな食料をバランスよく組み合わせて生活してきた縄文人が、ある日、水田稲作を生活の基本に位置づけ、生産基盤とする新しい生活をはじめたのである。

　西日本の縄文人がそれまでの暮らしをなぜ変更したのか。この解釈と方法論が今揺れているのである。まず解釈だが、これまで少なくとも代表的な解釈が三つあった。食料不足説、内的矛盾説、東アジア情勢の変化である。

　もっとも一般的なのが、西日本の縄文人は慢性的な食料不足を解消するために水田稲作をはじめたという食料不足説である。食料不足を前提にした縄文停滞説もこれに含まれる。1万年の長きにわたって発達してきた西日本の採集・狩猟社会は、サケ・マスが欠如するという食料資源の特徴から、東日本に比べて端境期における食料は不足がちであった。穀物を含む植物栽培をおこなう段階にまで達していたと思われる西日本の縄文人は、朝鮮半島南部でおこなわれるようになった水田稲作の情報を知ると、食料不足を少しでも改善するために、すぐに水田稲作をはじめるにいたった、という説である。

　しかし、縄文人が食うや食わずの生活をしていたわけではないことは1970年代に証明されているし、たとえ縄文人が慢性的な食料不足に陥っていたとしても、そのために縄文人が稲作を受容したとはいえない事実が、ここ10年ほどで知られるようになってきた。日本列島のコメの上限が、これまで考えられていたよりも確実に1,000年以上さかのぼることがわかったからである。

　縄文後期後半にコメの存在が明らかになった以上、その段階からコメを栽培していなかったとはいえない状況になりつつある。しかし一方で、縄文人が稲作を積極的におこなった結果、道具体系などが急激に変わったとか、農耕社会成立への動きがみられるといった、急激な変化が縄文社会に起こった形跡が認められないのもまた事実である。このことは、西日本縄文人の食料不足説に疑問をいだかせるものであるし、さらに人は農業を知ると、神の手に導かれるように農業をはじめるという発展段階論的な説明が、確実にあてはまらないことを示している。

　縄文人が食料不足を理由に稲作をはじめたのではないとすれば、二つ目の解釈は、縄文社会の内的矛盾を打破するために水田稲作をはじめたという説である。

　内的矛盾説とは、採集経済という自然の生産力に、人口増加や社会の発展などの上限を規定され

てしまうことをさす。和島誠一が慢性的食料不足とならんで水田稲作を採用するための大きな理由とした。しかし、これも縄文時代の稲作の可能性が高まっているだけに、今や理由としては弱い。

三つ目の解釈は東アジア情勢の変化に対応して稲作をはじめたと考える説である。周末～漢初の中国における動乱が日本列島に及び、亡命貴族や農耕民が渡来して水田稲作をはじめたという意見が伝統的にあるが、どのようなかたちで渡来したのか。たとえば人の移住から情報だけの伝播にいたるまでさまざまな可能性があるが、具体的にはほとんど解明されていないといってよい。

以上、伝統的な解釈を三つ紹介したが、縄文後期のコメの存在と本格的な水田稲作がはじまるまで1,200年間あまりもかかっていることを考えるとき、どの説もこの理由を説明することができないことは明らかである。

さらに、解釈の理論的基盤である方法論の問題もある。これまでの議論の問題設定は、いつ縄文人は稲作をはじめたのか、という稲作起源論が中心であった。文化要素のなかでも、新しい道具・技術・生産などのハードウェアの変化がいつはじまるのかをもとめてさかのぼっていく方法である。考古学が物質的資料をもとに歴史を研究する学問である以上、正攻法ではある。

だが、弥生文化を構成するのはハードウェアばかりではない。青銅器に代表される祭器を象徴としておこなわれた祭祀、社会を構成する仕組みや機構などの目にみえないものも忘れてはならない。しかも、これらのほとんどが外来系の要素なのである。

目にみえないものを検討材料とした場合、問題設定はこれまでの初現論から、縄文人はなぜ稲作をはじめたのか、という契機論へとうつらざるを得ない。祭祀や仕組み・機構をあらわす考古資料は、生産の道具や技術より遅れて顕在化することが多いため、起源論には向かないし、第一物質資料として残りにくいからである。

このように弥生文化の成立をめぐる解釈と方法が揺れている現状を打開するために、新しい解釈と方法論を提示するのが本書の目的である。とくに縄文人が新しい生活をはじめた理由を考えるために、外来系の要素の大部分を占める祭祀・仕組み・機構に注目して、弥生文化成立論を論じたのが特徴である。

一つ例をあげよう。縄文時代の重要な祭祀の道具の一つに土偶がある。弥生文化のはじまりと土偶の関係をみてみると、興味ある事実が浮かびあがってくる。土偶は、青森県砂沢遺跡のように水田稲作がはじまった程度（灌漑施設を備えた水田）では消滅せず、兵庫県大開遺跡のように環壕集落が出現してはじめて消滅することである。この事実は土偶を用いた縄文のマツリは水田稲作をはじめても完全に衰退しないが、環壕集落の成立に代表されるような弥生社会の機構や構成原理が確立すると消滅することを示している。土偶のマツリで維持される社会と弥生社会の構成原理が異なることが理由と予想される。

そうであるならば、弥生社会が確立するためには水田稲作をおこなうための道具にもちかえるだけでは不十分で、縄文的な祭祀をやめて弥生社会を維持するための祭祀をおこなう必要があったのではないかと予想されるのである。したがって、縄文人が本格的な水田稲作をはじめた理由を知るには、技術や経済的な要因だけではなく、社会や祭祀的な要因まで含めて考える必要があるのである。この目的を果たすために、本書は以下の手順で解釈と方法論の提示を試みた。

まず、縄文人が稲作をはじめる最大の理由とされてきた西日本縄文社会の食料窮乏説や内的矛盾解消説を再検討し、これらの経済的理由だけでは本格的な水田稲作への転換は説明できないことを示して、従来の説を退ける。そのために西日本縄文後・晩期における食料獲得の実態を労働組織を含めて明示するとともに（第二章）、植物栽培のあり方を明らかにすることによって、いわゆる縄文農耕説を自然科学的（第三章）に、考古学的（第四章）に再検討する。そして縄文時代のコメを含む穀物栽培が弥生時代の稲作とは本質的に異なるものであることを説き、弥生時代の稲作が縄文時代の稲作の発展過程上にあるわけではないことを述べる。

　次に、縄文時代の稲作とは質的に異なる弥生時代の稲作がはじまる外的契機として東アジアの国際状況を取り上げる。春秋・戦国期における東アジアの国際交流、朝鮮無文土器文化の成立過程、そしてそれらの日本列島への波及過程を具体的に復元することで、弥生文化の成立が東アジア中緯度定住民社会に共通して起こった農耕民化の第一歩であったことを示す。

　第五章では、まず九州北部で本格的な水田稲作がどのようにはじまったのかを復元する。そしてそれが西日本各地および東北北部まで拡散して定着していく弥生文化の定着過程を再構成する。再構成した弥生文化の成立過程が世界史的にもつ意味を知るために、この分野の研究例が豊富なヨーロッパにおける中石器時代から新石器時代への転換過程と比較する（第六章）。なかでも中石器時代人と新石器時代人との相互交流モデルに注目し、中石器時代人が農耕をはじめる契機について調べ、それを参考にして縄文人が水田稲作を採用し、特化していくモデルを提案する（第七章）。その際、農耕化にとって重要なのはシステムやイデオロギー、マツリなどのソフトウェアであることを指摘する。

　最後に結論として、縄文文化と弥生文化のソフトウェアを比較し、それぞれの質的な違いを明らかにすることによって、縄文人が水田稲作を開始するには稲作専用の農具にもちかえるだけでは不十分で、社会・祭祀面まで含めた基盤整備と根本的な転換が必要だったことを指摘する（第八章）。その結果、縄文人は自然環境の悪化、東アジア情勢への対応、威信財の入手などといった種々の事情と目的から、本格的な水田稲作をはじめた可能性を指摘したい。

　弥生時代のはじまりは、単なる生業上の変化として理解するのではなく、社会・祭祀まで含めた根本的な転換であったという意味で、まさしく弥生変革といういい方がふさわしいと考える。

　本論に入る前に、これまで弥生文化が成立する契機や過程はどのように説明されてきたのかみておこう（第一章）。その時々の社会状況と無関係ではないと考えるからである。戦前は皇国史観に基づいた日本民族起源論の脈絡のなかで、弥生文化の成立に大陸の影響が強く関与していることを認識し、弥生文化の成立が突発的現象と考える意見が強かった。しかし、戦後の占領下における復興のなかで、縄文から弥生への変化の具体相が明らかになってくるにつれて、漸進的な発展と縄文側の自立的な発展という理解が強まってくる。

　このように考え方が大きく変わったのは、当時の社会状況が強い影響を与えたからではないかという視点から、弥生文化成立論と社会との関係について考える。本書で示そうとしている新しい弥生文化成立論も、冷戦崩壊後の高度成長時代が終わった現在の社会状況の変化と無関係ではない。

第一章　弥生文化成立論と社会状況

　本章では、弥生文化成立論と社会状況との関係について論じている。成立論は社会状況の変化に応じて変わってきたし、今も変わりつつあることを明らかにし、あわせて21世紀の弥生文化成立論が進むべき方向について見通しを述べたい。

　現在までの弥生文化成立論を四つの段階に分けて整理した〔勅使河原 1995、小林 1971〕。

　第Ⅰ期は、弥生式土器の発見（1884年）から弥生時代が一つの独立した時代として設定されるまでの約60年間である。日本民族起源論のなかで大陸文化に注目が集まり、そこからやってきた人の使った土器こそ弥生式土器であるという説が出される。皇国史観の立場で考古学のデータをあてはめていったのである。この時期は資本主義の確立と富国強兵を目的とした近代日本の成立、戦争の時代にあたるが、このような社会状況は弥生文化成立論にどのような影響を与えたのであろうか。

　第Ⅱ期は、戦後の調査の進展をもとに一転して縄文文化の役割を重視する弥生文化成立論が強調されるようになった段階である。戦後日本の復興期にあたる1950年代、高度成長時代の1960年代が相当する。

　第Ⅲ期は、経済的転回を重視した弥生文化成立論が主張されたことによって、弥生式土器の時代から水田稲作を中心とする生活がはじまった時代へと、弥生文化の定義が変更された段階である。高度成長時代も終わり、オイルショックからバブルの崩壊までの1970〜1980年代に相当する。

　第Ⅳ期は、経済的転回だけでは弥生文化成立論を説明しにくくなってきたことを受け、労働組織や社会機構などを含めた、あらたな成立論が模索されはじめた段階である。バブルが崩壊し、経済優先の社会から環境や人間本位の側面が重視されるようになった1990年代以降に相当する。

　そして第Ⅴ期は、現在から未来に相当する。模索しつづけた時代の定義が今後どうなるか、まさに21世紀の弥生文化成立論が生み出されようとしている段階である。

　以下、段階ごとに弥生文化成立論と社会状況の関係について考えてみよう。

Ⅰ　弥生式土器研究と近代日本の成立（1884〜1945）

　本節では、弥生式土器の発見から「弥生式時代前期」が設定されるまでを扱う。弥生式文化の起源問題が、皇族を中心とする日本民族の起源と密接なかかわりをもつという前提で研究がおこなわれた時代である。その結果、天孫降臨説との整合性をはかるために、朝鮮から中国北部をへてモンゴル、西シベリアにかけての大陸に弥生式文化の起源を求める固有日本人論が発表される。

1 弥生式土器の発見と日本民族起源論

　旧石器時代を除く日本の先史時代のなかで、一つの独立した時代としてもっとも遅く設定されたのが弥生時代である。縄文時代（縄文土器）や古墳時代（高塚古墳）に比べて、指標となる考古遺物、すなわち弥生式土器がいちばん遅く発見されたこともその理由の一つであるが[1]、縄文時代との本質的な違いを明らかにするのに時間を要したのが最大の要因である。

　1884年に東京大学構内から見つかった土器が「弥生式土器」と命名されると〔坪井 1889〕、縄文土器や土師器・須恵器と、弥生式土器はどのように違うのかといった土器の識別[2]がさかんにおこなわれている。しかし、それは技術レベルの話であって、弥生式土器を生み出した時代や文化の位置づけをおこなう段階にいたるにはかなりの時間がかかったのである。

　今でこそ、弥生時代がコメや鉄器と深い関係にあることを知らない人はいないが、皇国史観が支配する明治時代の歴史学界のなかでは、コメや鉄は日本人の祖先である皇族の墓がつくられた古墳時代の特徴と考えられていた。古墳時代こそ金属器の時代であり、稲作の時代なのである。それ以前の石器時代（縄文時代）は、先住民の文化と考えられていた。したがって、20世紀の初頭に磨製石器がともなうことが知られるようになった弥生式土器に、コメや鉄がともなうことがわかっても、石器を使い弥生式土器を使う人びとと、コメをつくり鉄器を用いた人びとという認識がただちに結びつくことはなかったのである[3]。

　このように弥生研究は、日本民族起源論争の枠組みのなかで出発したのである。なかでも最大の学説は、石器時代に朝鮮半島をへて日本列島に渡来した人びとが縄文人（アイヌ）にとって代わり、弥生式土器を残したという、鳥居龍蔵の「固有日本人論」である〔鳥居 1917〕[4]。のちの弥生文化渡来人創造説の嚆矢となるものと考えられている〔春成 1990〕。

　鳥居がこの説を発表するにいたったのは、考古学的事実と記紀の記載との整合性をはかるためだった。先に示したように、石器を使うといった野蛮な生活を送りながら、コメをつくり鉄器を用いたというためには、大陸から渡来してきた固有日本人が縄文人に代わって日本の国の基礎をつくったと説明せざるを得なかったのではないか。先住民である縄文人が自立的に発展して……、という発想はなかったと想像するである。

　皇国史観に立脚した民族論争のなかの見解であるとはいえ、弥生式土器の文化が大陸文化との関係で論じられたことは、縄文時代とは異なる時代であることをはじめて指摘すると同時に、現代日本人の直接の祖先が弥生式土器を使った人びとであるという認識がはじめて示されたという意味で研究史的に重要であった。

　当時、民族論争のなかでおこなわれた研究は、何も弥生式土器だけではなく、縄文土器も同じであった。岡本勇〔岡本 1955〕や和島誠一〔1967〕は、新興の考古学が当時の政治・経済状況のなかでとらねばならなかった必然的な選択だったと理解している[5]。

　日露戦争後に日本資本主義が確立していくなかで、民衆の意思統一をはかるために国家主義思想による支えを必要とした社会状況が、弥生時代の成立論に大きな影響を与えることになる。また国内に目を向けると、このような民族論争と研究との結びつきが、北海道開拓という名目でおこなわれたアイヌの抑圧や、日鮮同祖論のように朝鮮半島の植民地化を歴史的に正当化することにつなが

っていったこともまた事実なのである〔勅使川原 1995〕。

2 弥生式時代の設定

弥生式土器が石器時代と金属器時代（今の古墳時代のこと）の中間に位置するという時間的位置づけが大正時代に確定したことを受けて[6]、弥生式土器の時代は二つの方法によって一つの独立した時代として設定される。一つは森本六爾・山内清男らの考古学的な定義、二つ目は唯物史観にもとづいた日本古代史の再編成のなかでの定義である。

(1) 森本六爾・山内清男の弥生式時代

祭祀的側面(すなわちソフトウェア)と経済的側面(ハードウェア)をもとに、縄文時代や古墳時代とは異なる一つの独立した時代としてようやく設定される。祭祀的側面とは青銅器を指し、経済的側面とは農業を指す。

祭祀的側面について森本は、弥生式土器にともなう青銅器が縄文時代から継続して出てくるのではなく、中国からの伝播によってあらわれることに注目し、弥生式土器の時代がトムセンのいう青銅器時代にあたると指摘した〔森本 1929〕。さらに日本の青銅器文化は、漢の青銅器文化圏に属したため利器として存在するのではなく、礼器や祭器として存在することに最大の特徴をもつという理解を示している〔森本 1931〕。

経済的側面とは、生産手段に関する特徴である。森本は、弥生式土器の時代は稲作農業を生産基盤とする生産経済の時代と位置づけ[7]〔森本 1933a・1933b〕、補助的な農耕を含む採集経済段階にあった縄文時代と区別するという、唯物史観にたった時代認識を示した〔同 1934c〕。

森本の見解とよく並び称されるのが、当時、森本とともに弥生研究を主導した山内の弥生式土器文化論である。山内も森本と同じ考古資料を用いて祭祀的側面と経済的側面から弥生式文化を規定したが、以下に述べる理由から青銅器時代にあたることや生産経済の段階にあることを否定している。すなわち、山内は弥生式土器文化に青銅器が存在することは認めながらも〔山内 1932a〕、利器として使われていないので、トムセンのいう青銅器時代にあたらないと考えたのである。また片刃石斧を鍬〔山内1932a〕、石庖丁を鎌とする農耕は弥生式土器文化に存在したが、それは耨耕にあたるもので[8]、鉄器を農具として用いる農業は古墳時代になってからはじまると考えた。山内は縄文時代の植物栽培自体を認めていないので[9]、縄文・弥生式時代は採集経済段階、古墳時代以降を生産経済段階と位置づけている〔山内 1932d・1937〕。

2人が同じ考古資料を用いたにもかかわらず異なる結論に達したのは、古代東アジア世界のとらえ方の違いにつきる。すなわち山内がヨーロッパ考古学における農業と青銅器の定義をそのまま日本考古学に適用しようとしたのに対し、森本は東アジアの特殊性にあわせて理解した点にある。

森本が示した弥生式土器の文化＝農業社会説は、奈良県唐古遺跡の調査によって証明される〔末永ほか 1937〕。森本が示した青銅器時代、農業社会という弥生式文化の特徴は、その後の弥生文化観へと引き継がれていくが、青銅器時代という特徴が弥生式時代になって中国の影響のもと新たに出現する要素であるために、弥生式土器の文化を外来系とする理解は容易になった。しかしその反面、唐古を代表とする弥生農業と森本のいう縄文農耕との違いが遺跡や遺物のうえでどのような違

いとなって具体的にあらわれるのかが示されなかったために、弥生農業が外来系なのか、それとも縄文農耕から継続・発展したものなのかという問題が残り、戦後の弥生式文化成立論の争点となっていく。

(2) 唯物史観による日本古代史

弥生式土器が使われた時代は、皇国史観にかわって歴史学界で台頭してきた唯物史観によっても一つの独立した時代として設定された[10]。大正の終わりから昭和のはじめにかけて、歴史学者は唯物史観にもとづいて日本歴史の体系化をさかんにおこなっている〔渡部1931〕〔木村1932〕〔渡部ほか1936〕。彼らは考古学者ではなかったが、日本の歴史を日本列島の形成から書き起こし、日本原始社会の諸段階を史的唯物論の立場から生産関係、社会形態、支配組織の変化として描いた[11]。この動きが森本や山内などの考古学者に影響を与え、弥生式土器の時代が設定されたのである[12]。

唯物史観では、食料を獲得するための生産手段という下部構造が信条や社会などの上部構造を規定すると定義するので、唯物史観に基づいた弥生社会像は、下部構造が前面に押し出されたものとなる。すなわち下部構造である農業が上部構造である祭祀的側面（青銅器）を規定するという理解がここに登場し、戦後の弥生文化論の方向性を規定することになった。

また、当時の社会状況もこれを支援している。人種・民族論争から離れた弥生式土器研究が、科学的考古学としてスタートできたのは、第一次世界大戦後の日本資本主義の飛躍的発展のもとで、その恩恵にあやかることができたからである〔岡本1955〕。和島も、史的唯物論による弥生文化の理解は、第一次大戦後に資本主義が確立したことによって、民族的統一をもはやおこなわなくてもよくなった大正時代の賜としてとらえている〔和島1967〕。

3　遠賀川式土器の発見と弥生前期の設定

弥生式土器の時代が一つの独立した時代として設定された当時、弥生式時代は2期に分けられていたが（現在の中期と後期に相当）、弥生式文化の起源と密接にかかわる前期に相当する文化は、明確には設定されていなかった。前期が設定されるきっかけは、1940年の福岡県の遠賀川河床における遠賀川式土器の発見である〔名和1940〕。

この土器の系譜を大陸に求めるか、縄文土器に求めるかによって、弥生式文化の系譜が違ってくる。すなわち、遠賀川式土器が縄文土器とは似ていないことを重視すれば大陸に求めることになり、逆に製作技法などの継続性を重視すれば縄文土器に求めることになる。

遠賀川式土器を大陸起源の土器として理解したのは中山平次郎が最初である〔中山1932〕。遠賀川式土器の甕は、名和羊一郎の発見前から如意形口縁部で胴部に文様をもつ土器として知られていて、中山が第二系土器と称していたものにあたる。中山は、この第二系土器を朝鮮半島から入ってきたものと考えていたのである[13]。

その後、第二系土器は小林行雄〔小林1937〕や山内〔山内1932e〕によって前期に位置づけられ、最古の弥生式土器として確定する。これをもって弥生式文化と縄文文化の接点が生まれ、弥生式土器の文化がどのようにして成立したのか、という問題設定がようやく可能となった。しかし、本格的な研究はアジア・太平洋戦争激化のため、戦後へともちこされることとなる。

4　戦前の弥生文化起源論と近代日本の成立

約60年にわたる戦前の弥生文化研究を四つの段階に分けて考えてきた。この結果、弥生文化起源論が二つに分けられることがわかった。日本民族起源論という枠のなかで論じられた固有日本人論をめぐる議論と、青銅器や遠賀川式土器の発見をふまえておこなわれた実証的な議論である。

前者は皇国史観にもとづいてつくられた歴史を証明するために考古資料を用いたものだったが、弥生文化の起源の一つが大陸に求められることをはじめて示した点に意義があった。青銅器をめぐる議論も同様である。この二つは弥生文化総体の起源をめぐるものだったのである。

それに対して遠賀川式土器をめぐる議論は、時間的にもまさしく弥生文化成立論と関わっている。この土器に伴って農業や金属器に関する資料が戦前には出土しなかったこともあって、起源論は土器に留まったが、相対編年の基本的整備はこの段階においておこなわれ、戦後の基礎となったのである。少なくともいつから弥生時代か、という技術レベルでの起源が固まった段階といえよう。

II　縄文文化系譜説と戦後復興（1946〜1970）

本節では、戦前に確立した弥生式土器・農業・金属器という弥生式文化の主要三要素が、弥生前期に同時出現すること、さらにその一部は縄文最終末までさかのぼることが確認されたことによって活発化した弥生文化起源論や、日本列島が中国文明圏の辺境に位置することによって規定されたのが弥生文化である、という相対化がおこなわれた段階を対象とする。

1　遠賀川式土器・農業・金属器——弥生前期同時出現の確認とその歴史的意味——

⑴　新たなる考古学的事実の発見

1937年の唐古遺跡や1943年からはじまった静岡県登呂遺跡の調査によって、それまで個別には弥生式土器にともなうことがわかっていた金属器や農業が、セットで弥生式土器にともなうことが確認され、弥生式時代の農業や集落の実態が急速に解明された。あとは、これらの要素がどの時点でそろうのかがわかれば、弥生式文化の起源と成立過程を知ることができる。

まず、弥生式文化の基本的要素である弥生式土器・農業・金属器がいつの時点であらわれるのかを示す当時の発掘成果を紹介する。

　A　最古の弥生式土器（板付I式土器）と最新の縄文土器（夜臼式土器）の共伴が判明
　　　——弥生式土器の起源——

福岡市板付遺跡の調査において、最新の縄文土器と共伴した板付I式土器が最古の弥生式土器であることが確定した〔森・岡崎 1961〕。また板付I式土器と夜臼式土器との共伴現象の評価をめぐっては、様式差・民族差・機能差の3説が示された。

　B　遠賀川式土器に鉄器がともなうことが判明——金属器の起源——

熊本県斎藤山遺跡の調査で、板付I式土器に鉄器がともなうことがわかり〔乙益 1961〕、弥生式文化の成立当初から、鉄器が存在することが知られる。それまでは青銅器と鉄器のどちらが先にあらわれるのかという問題設定はなかったが、弥生式文化の当初から鉄斧や鉄製刀子が青銅器に先ん

じて使われていたことがわかったことで、鉄器時代が石器時代の直後にくるという日本の金属器文化の特質が明らかになったのである。

　C　遠賀川式土器に大陸の畑作地帯の農業の要素もともなうことが判明―農業の起源―

　最古の遠賀川式土器である板付Ⅰ式土器に、貯蔵穴や磨製石器がともなうことが明らかになり、水田稲作を生産基盤とする弥生式文化の成立時に北方系農業の要素も出現していることがわかった。

　さらに大量の木製農具を代表とする、定型化した農具の組合わせが弥生式時代の当初から完成していた事実は、山内や森本が想定した磨製片刃石斧＝農具説を否定するとともに、山内が主張した女性による弥生農耕＝耨耕段階説が成り立たないことも明らかにした。森本が描いた弥生農業社会説の正しさが証明されたのである。

　D　遠賀川式土器に支石墓がともなうことが判明―大陸起源―

　韓国南部の墓制である支石墓が板付Ⅰ式にともなうことが明らかになり[14]、弥生式文化の成立に韓国南部の文化が直接かかわっていることが予想された。弥生式文化の故地の一つが明らかになったことを意味する。

　E　長身の弥生人骨が弥生式土器にともなうことが判明―弥生人の起源―

　山口県土井ヶ浜遺跡〔金関ほか1961a〕や佐賀県三津永田遺跡〔金関ほか1961b〕の調査をおこなった金関丈夫は、出土した人骨のなかに縄文人とは形質を異にする人骨が大量に含まれることに注目し、大陸からの人の移住が弥生文化の成立に大きな影響を与えたという説を発表した〔金関1955〕。

　(2)　弥生式文化起源論

　AからEの調査成果が示すように、弥生式時代の当初から弥生式土器・農業・金属器という基本要素のすべてが存在していたことがわかったことをふまえて、次の関心は、なかでも弥生式土器と農業の起源問題にうつることとなる。弥生式土器は縄文土器と大陸文化のどのような関係のなかで成立したのか。大陸起源の農業は弥生式時代になってから出現したのか、それとも縄文時代からあった農耕が少しずつ発展して弥生農業になったのかという、起源問題である[15]。

　そこでこの問題を解明するために、九州北部の縄文後・晩期にこれらの要素がみられるのかどうか、を目的とした調査が企画されたのである。弥生式土器と弥生農業の起源をめぐる1950〜60年代の研究史をみていくことにしよう。

　①弥生式土器の起源

　弥生式土器の起源、すなわち遠賀川式土器の成立に関する戦中・戦後の議論をみてみよう。

　遠賀川式土器を弥生前期の土器として設定した小林行雄は、縄文土器にはまったくみられない要素をもつ反面、弥生式土器を生み出す素因を縄文土器がもつこと、縄文土器の伝統が弥生式土器のなかに残存していることを確認していた。つまり弥生式土器の成立には、縄文土器と外来の文化が密接に関わっていることがもともと予想されていたことになる〔小林1951：30〕。

　ただ、それぞれの影響がどの程度およんでいたか、どちらの影響が強かったのかを示すデータがなかったのである。

この問題を解決するには、板付遺跡における夜臼式と板付Ⅰ式の共伴現象の意味を説明する必要があった。縄文系土器の夜臼式と板付Ⅰ式が共伴する理由がわかれば、縄文土器が板付Ⅰ式の成立に果たした役割を知ることができ、それによって縄文文化と大陸文化のうち、どちらの影響が強いのかを知る手がかりが得られるからである。

そこで共伴に関して三つの解釈が示された。様式論のうえでの時間差と考える時間差説、同時併存を認めて使用した人間集団の違いと理解する民族差説、機能の違い（使い分け）と理解する機能差説である。

様式上の時間差と考えたのは九州の研究者や近藤義郎で、夜臼式はそれ以前の土器が残存したにすぎないとした[16]。弥生式土器の成立に縄文土器からの影響を強くみる考えで、同一集団が使用する土器を変えたにすぎないとみる。

人間集団の違いと考えたのは春成秀爾である〔春成1973〕。板付Ⅰ式を渡来人がつくった土器と考えると、渡来系の人びとと在来系の縄文人が同じムラに共住して、渡来系の人びとが板付Ⅰ式をつくり、在来の縄文系の人びとが夜臼式をつくり使用したことが、共伴現象の背景にあるという理解を示した[17]。弥生式土器の成立に、大陸の強い影響を認める説である。

機能差と理解したのは岡本勇である。岡本は形式学的に両者を分けて考えるより、「一つの真実における二つの姿」とみなし、機能的に一連のものとして考えるべきだと主張した〔岡本1967〕[18]。この考え自体は、起源論とのかかわりは少ないが、弥生文化成立期における食生活の変化を知るうえで重要な視点である。この問題は第五章で詳しくとりあげることにする。

以上のように、時間差説が縄文土器に、民族差説が朝鮮半島に、弥生式土器の起源を強く求めるものであるが、確実性を高めるためにはどちらの説とも解決しなければならない問題があった。時間差説は、当時晩期にあると考えられていた夜臼式単純段階の存在を確認すること。民族差説は、弥生式土器の祖型となる土器を朝鮮半島南部で見つけることである。

したがって、前者はさらに九州島内での調査が必要となり、後者は朝鮮半島での調査の進展を待つこととなった[19]。この結果、弥生式土器起源論の進展は1980年代までもちこされることになる。

② 弥生農業の起源

戦後の食料難で入植地になり、開拓にともなって支石墓が破壊されつつあった長崎県島原半島の調査が、日本考古学協会に設置された西北九州特別委員会の事業の一部に組み込まれることとなり、縄文文化のなかに弥生式文化の要素をみつけることを目的として原山支石墓、山ノ寺遺跡、礫石原遺跡の調査がおこなわれた。

調査の結果、山ノ寺式から夜臼式へという晩期土器編年が確立するとともに[20]、弥生式文化を構成する要素の一部が縄文晩期に存在することが明らかになった。弥生式時代の一つ前の段階である晩期後半の突帯文土器段階に、弥生式文化の主要特徴である紡績技術（紡錘車）、墓制（支石墓）、そして農業の要素の一部（コメ、磨製石器）があらわれ、新しくなるにつれ弥生式文化を構成する要素の数が増えていき、弥生式文化が成立する前期初頭にはすべてそろうことがわかったのである[21]。

この調査成果をふまえて二つの弥生文化成立論が示された。漸進的・自立的弥生文化成立論と、突発的・他立的弥生文化成立論である。

前者は縄文後期以降、弥生文化を構成する要素が一つ一つ積み重ねられ、徐々にある形に発展し、弥生文化として成立したという森貞次郎の説に代表される〔森1960〕。少し長いが全文を引用する。

これまで、九州の弥生文化を構成する重要な文化要素を、定形化された土器、大陸系磨製石器を含む農工具、米、紡錘車、金属器、支石墓などの組み合わせに求めた。ところが本調査を通じて縄文後期の土器の強い伝統をもつ縄文晩期の土器が、一転して弥生式土器として定形化する以前において、弥生文化を構成する有力な組み合わせの要素の一部がすでに認められる。大陸系磨製石器などの農工具は全く姿をあらわさないが、縄文の伝統の強い打製の短冊形農耕石器が盛行し、支石墓の墓壙は縄文の伝統である極端な屈葬が守られている。弥生前期にはすでに高度な技術をもつ農耕があったことから、それに先だってある程度の農耕が存在したことは当然考えられることであるが、弥生文化成立の過程は意外に複雑で、決して短い時期に一挙に成立したといったものではなく、弥生文化を構成する幾つかの要素が積み重ねられていき、それらが緊密に組合わされて完全な形を備えたときが弥生文化成立の時期とみられるのではあるまいか〔森1960：10〕。

森説に対して、外的影響を受け農業社会が突然出現するという「突発的・他立的弥生文化成立論」を主張したのが岡本勇である。岡本は、弥生式文化を構成する重要な文化要素である稲と鉄器が縄文文化にはなく、弥生式時代のはじまりとともに出現すること。これらを核に定形化した弥生式土器、一連の石製農工具、紡績技術などがまつわり相互に関連を保ちながら、最初から一連の秩序をもった組織的な農耕文化として列島に定着したことによって弥生式文化が成立したと主張した[22]〔岡本1966〕。

森説は、縄文時代の農耕が発展する過程で金属器や紡績技術が加わっていけば、やがて一つの形にまとまって弥生式文化が成立するという縄文側の自立発展論であるのに対し、岡本説は、そういう内的発展だけでは無理で、それに渡来人がもちこんだ大陸の完成された文化複合体が加わった結果、突然に弥生文化が成立するという他立契機論であることに違いがある[23]。2人の説は漸進的と突発的、自立的と他立的という点で正反対だが、森が弥生式文化の形成過程に重点をおいて説明しているのに対し、岡本は弥生式文化成立の契機を重視していることがわかる。2人は、弥生式文化の形成と契機という異なる局面を評価していたのである。

弥生式文化の形成と契機をわけて評価する手法は、当時さかんに主張されていた文化階梯論に特徴的なものである。文化階梯論では弥生式文化の成立と特質が次のように説明されている。

2　中国文明辺境文化説—文化階梯論にみる弥生式文化の成立—

考古学が1960年代に明らかにした調査成果は歴史学者と考古学者によって受け入れられ、その歴史的意味が議論されることになる。主なものに杉原荘介〔1950〕、近藤義郎〔1962〕[24]、和島誠一〔和島1967〕[25]、石母田正〔1960〕[26]や清水潤三〔1957〕[27]などがある。論点は、鉄器が農業と同時に出現することの評価にあった。

彼らは、鉄器が青銅器よりも先に出現し、しかも鉄器は利器、青銅器は礼器・祭器として使い分けられていることを弥生式文化の特質として重視する。このような現象が起こるのは、弥生式文化

が秦・漢を盟主とする東アジア青銅器文化圏のなかのもっとも外側の世界で、外国文化の導入によって成立したからであり、これが弥生式文化の跛行性の要因と理解した。いわば「中国文明辺境文化説」、「他立的弥生式文化成立説」である。

また、弥生式文化が成立するための直接的契機は渡来人がつくり、実際に形成する担い手となったのが縄文人であると理解することで、渡来人と縄文人がそれぞれの場で主体的役割を果たしたと評価したのである。筆者も基本的にはこの立場に立っている。

弥生式文化の大枠は、当時の中国文明に規定されているので、縄文人の行動はこの枠に規制され、そのなかで力を発揮することで弥生式文化は成立する。縄文文化のなかから弥生式文化への変革を可能とした動きは確かにあったものの、外的影響がなければ縄文自ら新しい文化を創造することはできなかったのである。文化階梯論はまさしく縄文文化と弥生式文化の断続性を重視していたことになる。

3　戦後復興期の弥生式文化起源論と社会状況

弥生式文化を構成する弥生式土器・農業・金属器という主要三要素のうち、弥生式土器と金属器は弥生式文化の成立と同時に出現することが明らかになるが、農業の一部の要素だけは弥生式文化成立に先立つ縄文晩期のおわりに出現することがわかった。この調査結果をふまえて、多くの弥生式文化成立論や特質論が提出されたが、成立論は自立的・漸移的に成立したのか、他立的・突発的に成立したのかという点、そして特質は中国文明の辺境で成立したことが弥生式文化の特徴を規定したという点に論点があった。

自立的・漸進的成立説は主に九州の考古学者が主張し、歴史学者と九州以外の考古学者は突発的・他立的成立説を主張した。両説とも弥生式文化が成立するにあたって外的影響を否定するわけではないし、縄文人が重要な役割を果たしたことを認めている。それなのに意見が食い違うのは弥生文化の主要構成要素のうち、農業の一部だけが弥生文化の成立よりさかのぼることの理解、鉄器と農業が同時出現することの理解が異なることにあった。

農業の問題でいえば、晩期のおわりにコメや大陸系磨製石器の一部が存在することは確認できたが、弥生農業との隔たりはまだ大きかったので、突発的自立的成立論の方に分があったものの、それでも九州の考古学者は縄文農耕から弥生農業への漸移的な発展にこだわっている。

もう一つの論点である、鉄器と農業の同時出現はどのように理解されたのかというと、中国文明圏の辺境に日本列島が位置したことで説明するしかなかった。弥生文化自立的・漸移的発展説の根底には、縄文人の主体性を重視する姿勢がある。確かに弥生文化の成立に寄与した人間の大部分は在地来の縄文人であり、彼らが大陸側の情報を受け取って行動したからに相違ない。

しかし、縄文人が大陸文化を自由に選択して受容できたかというと、そうではない。彼らの選択の幅は、最初から限定されていた。それは日本列島が中国文明の周辺地域にあるという地理的制約や、当時の中国が鉄器文明の段階にあったことである。

縄文人が朝鮮無文土器文化のなかから、さまざまな要素を受容したことは間違いなく、その意味では九州の考古学者がいうように主体的・自由であったろう。しかし、無文土器文化という枠をこ

えて、それ以外の文化要素を受容することはむずかしかった。地理的特性と当時の中国の文明段階によって、もともと枠内にある選択肢のなかから受容することしかできなかったのである。その意味で、選択肢のなかから選択的に受容したと考えれば縄文人主体論になり、枠の外のものは受容できなかったことを重視すれば大陸文化主体論になる。したがって主体論はどの立場にたって、どの視点からものをみるかという違いにほかならない。

外来系の要素が重視された戦前に比べ、縄文人の主体性を重視し、漸進的・自立的発展論が急速に高まってきた1960年代は、まさに日本が戦後の復興期から高度成長時代の幕を開けた頃にあたる。縄文人主体論は占領下をへて高度成長時代へと至る時代の賜であったということもできよう。

Ⅲ 弥生文化の再定義と高度成長時代のおわり（1973〜1988）
　　　－経済様式の採用と経済優先－

本節では、弥生文化の主要三要素のうち、農業だけをとくに重視する新しい時代定義が弥生研究に与えた影響と問題点を考える。

1　縄文後・晩期農耕説——縄文晩期のおわりに弥生文化の主要構成要素の一部が出現——

1970年代は弥生文化研究の大きな画期といえる。弥生文化の定義が佐原真によって大きく変更されたのである。その内容についてはあとで述べるとして、この背景から考えてみることにしよう。

佐原がそのような主張をおこなうようになったきっかけの一つに、九州北部を中心に活発に議論がおこなわれてきた1960年代の縄文後・晩期農耕論がある。この問題の背景を知ることが佐原パラダイムの出された事情の理解を容易にすると考えられるので、まず九州縄文後・晩期農耕説の概略を説明しておく。

弥生式土器・農業・金属器が同時に出現することによって弥生式文化が成立するという小林行雄のパラダイムは、島原半島の調査によって農業の要素の一部がさかのぼったために修正する必要が生じていた。当時、晩期末の農耕はどのように考えられていたのであろうか。舞台は島原半島と九州北岸地帯である。

島原半島の遺跡は火山灰台地上にあり水田稲作に向く地形でなかったこともあって、研究者の念頭には採集・狩猟活動を補う畑作のような農耕との予想があった。また一方で、同じ晩期でも低地が広がる九州北岸の玄界灘沿岸地域には、水田稲作が存在した可能性が高いと考えられていた。瀬戸内沿岸部に所在する遺跡のなかには、貝塚をつくらず打製石斧や石鎌状の石器を多数出土する遺跡があり、そこで畑作、もしくは水田稲作を想定する先行研究があったからである〔藤田 1956〕〔春成 1969a〕。

このような目的意識のもとでおこなわれた岡崎敬による玄界灘に面する佐賀県唐津市宇木汲田貝塚の調査は、夜臼式だけを出土する層（夜臼式単純層）に、大陸系磨製石器の一つである石庖丁と炭化米が出土することを明らかにし、九州玄界灘沿岸地域の晩期末における水田稲作がはじめて確実視されるようになる〔九大考古学研究室 1966〕。

この結果、弥生初頭の農業が縄文時代に系譜をもつという理解が急速に強まったのである〔大塚

編 1968〕。以後、九州の研究者は、晩期末の水田稲作と弥生農業の間の継続性を無理なく自立発展論で説明することができると考えるようになっていく。

ところが九州以外の研究者には、宇木汲田貝塚の調査成果が広まらなかったこともあって[28]、晩期最終末の農耕は実態の解明も進まぬまま、あくまでも生業全体のなかでは補助的な役割にすぎないという理解を定着させることになる[29]〔佐原 1968〕。このため九州以外の研究者には、外的な影響によって急激に成立する弥生農業という理解がそのままのこることになったのである。

2　佐原パラダイムの登場—技術様式から経済様式への転換—

(1)　佐原パラダイムの登場

このような状況のなかで登場したのが急激に成立した弥生農業という認識に基づいた、いわゆる佐原パラダイムである〔佐原 1975〕。パラダイムは、それまでの弥生式土器の時代、弥生式土器の文化から、農業や金属器の生産がはじまって階級社会が成立する時代が弥生時代、その時代の文化が弥生文化という定義に変更することを骨子とする[30]。

土器を指標とする技術様式から農業を指標とする経済様式への転換は、経済的転回をもとに先史時代の画期を定めていくというG．V．チャイルドの方法を日本考古学に適用したもので、佐原は縄文から弥生への転換を食料採集民から食料生産民への転換、すなわち新石器革命に対比できるものとして理解した。

(2)　パラダイムの評価と影響

佐原パラダイムは、弥生文化研究史上と世界史上においてどのように評価できるのであろうか。

弥生時代を農業の時代として定義したのは、佐原がはじめてではない。II節で説明したように、渡部義通、山内清男、森本六爾が縄文時代とは異なる弥生時代の特質としてとらえていた。ただし彼らは、弥生時代の指標を弥生式土器という技術的側面においていた点で佐原パラダイムとは異なる。佐原は生産経済という経済的側面を指標としたのである。

佐原がこうした指摘をおこなったのは縄文土器と弥生土器の区別ができなくなりつつある現状を打開するという目的が一つと、先に述べた九州後・晩期農耕論に対する批判が一つである。賀川光夫らの農耕論が農業の時代と、補助的な農業との区別を厳密におこなわなかった点をただすためであった。佐原は、農業を弥生時代最大の指標とすることで縄文との明確な区別を意図したのである。これは山内や森本に連なる考え方である。

次に、弥生文化の成立が新石器革命に相当するのかどうかという世界史上の評価についてである。新石器革命の舞台である西アジアの農耕文化と弥生文化では、ムギ耕作と水田稲作、家畜の有無などの大きな相違点を除くと、チャイルドがあげた新石器時代の農業と社会に関する六つの特徴のうち、弥生時代にあてはまるのは余剰生産物が生まれ、萌芽的交易の基礎ができるという1点だけである[31]。一致点がほとんどないのは、弥生時代の農業が西アジアでいうところの灌漑農業が発達した鉄器時代、都市革命期の段階に相当しながらも都市はなく、石器と鉄器を併用して用いるという特異性をもっているからである。

以上の理由から、弥生文化の成立を世界史的にみた場合は新石器革命には該当しない。現在では

佐原も該当しないと考えている。

　佐原パラダイムは、考え方の大転換という意味では弥生文化研究史上、最大の転換であったが、1975年当時、実際に研究をおこなううえでは何の支障もなかった。弥生土器・農業・金属器が同時に出現するという、小林行雄のパラダイムが崩れていなかったからである。佐原パラダイムの本当の意味が研究者に理解されるのは、小林のパラダイムが崩れる3年後である。

(3)　佐原パラダイムと社会状況

　経済的転回を重視する佐原パラダイムが出たころの日本社会は、高度成長期のまっただなかにあった。このような農業という経済最優先の考え方が第一次オイルショックを乗り切り、経済こそすべてであった時代に示されたことは偶然の一致なのであろうか。

3　弥生早期の設定——板付縄文水田の発見と佐原パラダイム——

　1978年にはじまった板付遺跡の調査は、晩期おわりの夜臼式単純期に人工灌漑施設を備えた水田や器種がそろった大陸系磨製石器、定型化した木製農具があらわれることを明らかにした。また、福岡県曲り田遺跡からは同じ時期の鉄器（鉄斧）が出土した。この二つの事実が弥生文化研究に与えた影響は大きい。

　まず小林行雄が設定した弥生文化の主要三要素のうち、農業につづいて金属器も縄文時代のおわりに存在していたことを意味した。弥生時代の特徴と考えていた三つのうちの二つが、晩期のおわりにさかのぼったことをめぐって、研究者の対応は二つに分かれた。

(1)　弥生時代は弥生土器の時代である（技術様式論順守派）

　九州北部の研究者のほとんどは、縄文時代の農業・金属器と理解した。もともと弥生時代は弥生土器の時代として設定されたのだから、農業や金属器が弥生土器より古くさかのぼったからといって弥生時代をさかのぼらせる必要はない。弥生土器の時代や文化が弥生時代、文化であるという研究史を遵守する〔岡崎1982〕〔乙益1986〕〔泉1986〕。

　むしろ、晩期縄文社会に農業があれば、弥生農業がこれを母体に成立するという自立発展段階には有利に働く〔森1985〕。これをもって弥生文化自立発展説はますます勢いをますことになり、後に述べる縄文主体説が再び声高に叫ばれるようになる。

(2)　弥生時代は農業・金属器の時代であり、その時代の土器が弥生土器である（小林パラダイムの遵守と佐原パラダイムの適用）

　小林パラダイムを遵守すれば、弥生時代は弥生土器・農業．金属器を特徴とする時代である。さらに佐原パラダイムでは弥生時代の土器を弥生土器と考える。したがって両パラダイムに準拠すると弥生時代は農業と金属器があらわれる時代で、その時代の土器が弥生土器ということになる。

　すると板付や曲り田の調査成果は、農業と金属器という二つの主要素をさかのぼらせることを意味するので、弥生文化はさかのぼることとなり、これまで晩期末とよばれていた時期は弥生早期（先Ⅰ期）として設定され、その時代の土器が最古の弥生土器になり、板付Ⅰ式から突帯文土器へと変更される〔佐原1983〕〔橋口1985〕〔後藤1986〕〔藤尾1987a〕〔藤尾1988〕。この解釈にたてば、弥生文化の主要三要素は弥生早期に同時に出現するため小林パラダイムはくずれない。以上の

ような論争を通じて、佐原パラダイムの本当の意味が研究者に理解されるようになっていったのである。

4 時代区分論争

板付縄文水田の発見は、これまであまり活発にとりあげられることが少なかった日本考古学における時代区分の方法を考えるよい機会となった。議論は縄文と弥生にとどまらず、考古学における時代区分の方法論にまで及ぶ。この時期、いろいろな意見が出されたが、なかでも近藤義郎の方法が明快である。

近藤は時代区分を「特徴的で、重要で、普遍化していく考古資料」を指標にしておこなうべきと主張する〔近藤 1985〕。

この立場にたち、縄文と弥生を画する特徴的で重要で普遍化していく考古資料に何があるか考えると、小林行雄が1951年に提唱した「定型化した水稲農業」、「鉄器」、「遠賀川式土器」の三つをまずあげることができるが[32]、これらを単独で指標とするにはそれぞれ一長一短がある。たとえば、「定型化した」、とはどういう状態をいうのか。定型化していることを証明するためにはさらに多くの考古学的な手続きを要するので指標としては複雑すぎる。また鉄器は遺存しにくく、さらに徹底的にリサイクルされるので数が少なく、普遍的な指標となりにくい。以上の点から普遍的で単純な遠賀川式土器が指標としてはもっとも優れていることになるが、これを使うと弥生時代のはじまりと農業がはじまった時代が一致しなくなり、小林のパラダイムに抵触してしまう。

そこで近年注目されてきたのが、社会の質的変化を重視する区分論である。環壕集落や戦いなど、農耕社会の成立や社会の質的な変化を示す要素を指標とする考えである〔田崎 1986〕。これらの社会的要素は、農業や金属器などの弥生文化を構成する要素が積み重ねられ、質的転換を遂げた結果、出現するという基本的立場にたつ。

このように、この時点で弥生文化の成立を論理的にみると、突帯文土器単純段階のはじめ（農業、鉄器が指標）かおわり（環壕集落、戦いの出現）、また前期初頭（遠賀川式土器）のいずれかが成り立つ。どれがもっとも適当か判断する鍵は遠賀川式土器の成立過程にあった。それまで遠賀川式土器は縄文土器の伝統のうえに大陸文化の技術革新を受けて成立すると考えられていたので、元になるものから完成されるまでの過程のなかに技術革新という画期が認められるはずである。遠賀川式土器の成立過程で技術革新による質的変化が起こるのはいつなのか。答えは板付縄文水田から出土した土器にあった。

5 弥生土器の起源論

弥生文化を構成する主要三要素のうち、最後まで決着がつかなかった弥生土器起源論は、1980年代に一応の解決をみる。

(1) 板付I式甕の系譜

夜臼式と最古の遠賀川式土器である板付I式の関係を、時間差・民族差・機能差とみる考えがあったことはすでに述べた。また板付I式のなかでも貯蔵用の壺については、九州北部の縄文後・晩

期に祖型となるものはなく、朝鮮無文土器の壺との類似性が高かったので、これを系譜とすることには、大方の了解を得ていた〔後藤 1979〕。

問題は煮炊き用の甕である。突帯文土器や朝鮮半島南部の無文土器をみても、板付Ⅰ式甕の祖型となりそうな甕はみあたらなかったが、調査がほとんど進んでいない無文土器のなかに祖型となる甕がある可能性は否定できなかった。無文土器が板付Ⅰ式甕成立に何らかのかたちで関係しているとの予想にもとづき、まだ資料の少なかった無文土器と板付Ⅰ式を比較する研究もおこなわれていたが〔西谷 1968〕〔金 1972〕〔沈 1980〕、資料不足の状況はいかんともしがたく、どれも決め手にかけていた。

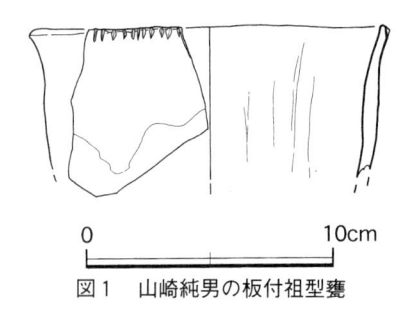

図1　山崎純男の板付祖型甕

(2)　板付Ⅰ式祖型甕の発見

縄文水田がみつかった板付遺跡で、ついに板付Ⅰ式の祖型となりうる甕、いわゆる板付祖型甕が設定された〔山崎 1980〕。調査にあたった山崎純男は、夜臼式単純段階の砲弾型の胴部をもつ甕のなかに、突帯文土器とは色調や器面調整を異にする甕が含まれていることに気づく（図1）。口縁部には突帯を貼り付けるかわりに口唇部に直接刻目を施文し、体部は板を用いて調整するか、遠賀川式以降に一般化する刷毛目調整をおこなう。

この甕は、文様、器面調整、色調において突帯文土器とは趣を異にして、むしろ板付Ⅰ式甕にきわめて近い特徴をもつが、口縁部が板付Ⅰ式甕のように強く外反しないという点だけが異なっていた。そこで山崎は、胴部内面にみられる指の押圧痕に注目する。内面に指を長くあて、指の付け根で口縁を外側に折り曲げれば板付Ⅰ式甕になる可能性のあることに気づいた山崎は、この甕（山崎分類のⅡ類）から板付Ⅰ式甕への型式変化を想定したのである。

この仮説は、菜畑遺跡を調査した中島直幸〔中島1982〕や曲り田遺跡を調査した橋口達也〔橋口1985〕によって支持され、また、この甕から板付Ⅰ式甕へといたる変化の過程が復元されたことで、板付Ⅰ式の祖型甕であることが確定する〔藤尾 1987a〕。この結果、祖型甕自体は突帯文土器の古い段階に突然出現するものの、板付Ⅰ式甕が成立するまでの過程は日本的受容の過程として突帯文土器様式のなかで追跡できることがわかった。

(3)　祖型甕の系譜

それでは、突帯文土器様式のなかに突然出現した祖型甕の系譜はどこにあるのか。朝鮮半島南部の状況は依然としてわからなかったが、慶尚南道大坪里遺跡出土の未発表資料をもとに、無文土器のなかに祖型甕を求めたのが家根祥多である〔家根 1984・1987・1993〕。家根は、当時あまり知られていなかった無文土器甕の粘土帯の接合方法に注目し、祖型甕と無文土器との接合方法が共通すること、さらに板付Ⅰ式を除く遠賀川式・遠賀川系甕とも共通することを根拠に、無文土器のなかに祖型となる甕があり、それが日本にもち込まれて日本的変容が加えられることによって遠賀川式土器が成立したと主張した（図2）[33]。

遠賀川式土器の祖型を無文土器に求め、しかも北九州市域を含む西部瀬戸内地域で成立したとする家根説は、実証的なデータが約10年間にわたって公表されなかったことや、粘土帯の接合方法自

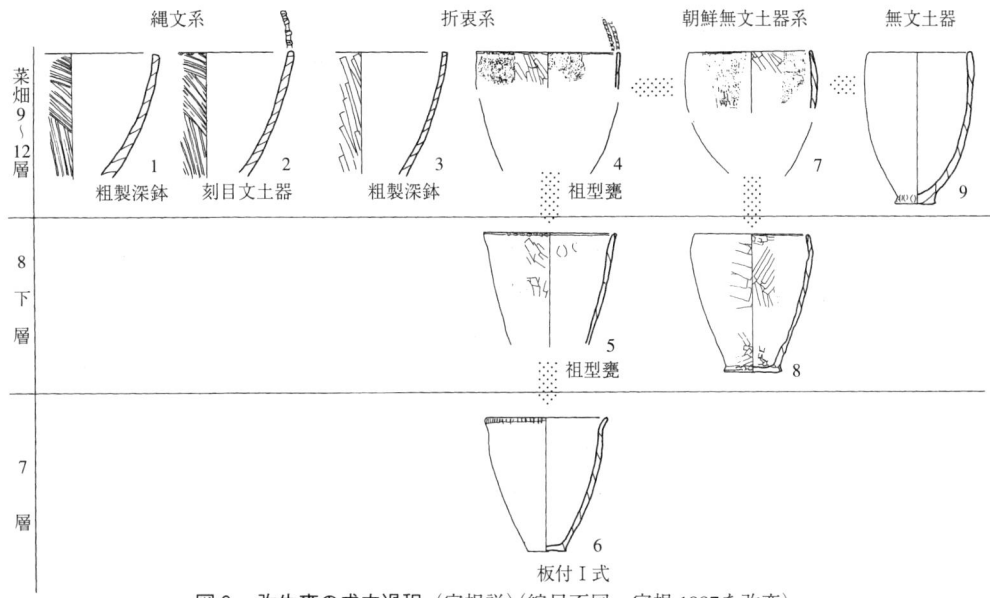

図2　弥生甕の成立過程（家根説）（縮尺不同。家根1987を改変）

体の観察が難しかったこともあって、九州北部の研究者にはほとんど受け入れられなかった。九州北部の研究者は、板付Ⅰ式甕の成立に無文土器の影響を認めながらも、無文土器の影響では説明できない口縁部の外反は縄文側の主体性や規制が働いたことによって起こると主張した。橋口達也〔橋口1985〕、藤口健二〔藤口1986〕、田中良之〔田中1986〕がその代表例である。筆者も縄文側の独自性を強調している〔藤尾1987〕。

ところが朝鮮半島側の状況が1990年代に入ると急速に明らかになり〔尹・韓・鄭1990、安1992〕、祖型甕を無文土器に求めるという家根の見通しの正しさがようやく認められるようになる。朝鮮半島中・南部の休岩里遺跡や検丹里環壕集落の中期無文土器に属す甕のなかに、祖型甕と瓜二つの土器が存在したのに加えて、これらは祖型甕のなかでももっとも古いタイプに属すことがわかってきたのである。

現在でも口縁部が外反する祖型甕は無文土器のなかに確認できていないので、無文土器の影響で突帯文土器様式のなかに祖型甕が出現し、口縁部の外反、突帯文土器に一般的な粘土帯接合の採用などの日本的変容が加わって板付Ⅰ式が成立するという理解を修正する必要はないと考えている〔藤尾1987〕[34]。

板付Ⅰ式甕の成立過程は、縄文時代にまったくなかったものが無文土器文化の影響を受けて出現し、やがて、それがオリジナルとは似て非なるものとして完成するという意味で、大陸系磨製石器や木製農具がやはり日本的変容を遂げていく過程と本質的に変わらないと考えている。

口縁部の外反化が起こる時期は、環壕集落や戦いがはじまる時期とほとんど一致することは興味深い。土器のうえでも社会のうえでも質的変化が起こるのは突帯文土器単純段階の後半という点で共通するという事実は、時代区分論を考える際の大きな判断基準となる。

1980年代に判明した板付Ⅰの成立過程は、論理のうえでこれ以降の主体者論争にも大きな影響を与える。縄文文化になかったものがあらたに出現する点を評価すれば無文土器主体論になるし、日

本的な変容過程を重視すれば縄文主体論となるからである。この理解の違いこそ、次節で述べる主体者論争を説く鍵なのである。

まったく新しいものを創造・開発するのは苦手でも、オリジナルを受けて改変し応用する技術に長けていた縄文人は、現代日本人と通じるものがある。そうした縄文人のどの側面を評価するのか、それは研究者自身にかかっているといってよい。そこで1980年代の主体者論争を考古学と人類学に分けてみてみよう。

6　主体者論争1―文化要素―
(1)　主体者論争の現状

弥生文化が成立するにあたり、縄文文化と無文土器文化のどちらが主体的な役割を果たしたのかという議論の答えは、Ⅱ節で指摘したように、弥生文化成立の契機には無文土器文化が、形成にあたっては縄文文化が重要な役割を果たしていたという理解であった。

また、縄文文化が外来系文化のなかから必要なものだけを主体的に選択して受け入れたといっても、すでに鉄器時代に入っていた中国文明圏の辺境に位置するという日本列島の地理的制約が、選択できる範囲を最初から規定していたため、限定された枠のなかでの独自性にすぎなかったことも指摘しておいた。遠賀川式土器の成立過程はその典型といえる現象であった。

こうした理解があったにもかかわらず1980年代になると、突帯文土器単純段階の農業の系譜をめぐって、縄文文化の役割だけを重視する縄文主体論が再び唱えられるようになる。

板付縄文水田や曲り田遺跡出土の鉄器という新たな事実は、主体論にどのような影響を与えたのであろうか。縄文人主体説、渡来人主体説、中間的立場の三つに分けることができる。

(2)　縄文人主体論

縄文人主体論は、弥生文化の形成過程における縄文人の役割を重視することにあり、「選択的受容」・「在地的変容」〔下條 1986〕[35]とか、「縄文の主体性」〔藤口 1986〕と表現されることが多い。縄文人主体論の代表的存在である橋口達也は、板付縄文水田は縄文から弥生への移行が漸進的におこなわれたことを証明するものという。弥生文化は、縄文後・晩期から少しずつ入ってきた朝鮮半島からの先進的文化を、縄文人が在来の要素と融合させながら発展させることで成立した、という理解である。縄文人主体論は、必要な外来文化だけを受け入れて、すぐに日本独自の形態に改変する点は重視するのに対し、縄文人の選択の幅をはじめから規定している中国文明圏の枠組みや、完成した農業が突然あらわれることの意味はそれほど重視しないことがわかる。

(3)　渡来人主体論

それに対して渡来人主体論は、縄文系だけを重視するのではなく、渡来系の要素も公平に重視すべきと主張する点に特徴がある。春成秀爾は板付Ⅰ式甕が、縄文晩期土器との間に共通性をもつのと同時に、同じ時期の朝鮮中期無文土器の特徴ももっているのだから、後者を評価せずに縄文系の要素だけを重視すべきでない、という〔春成 1990〕。内容的には次の中間説にあたるが、渡来人主体論者というイメージでみられる傾向がある。

(4) 中間論

縄文・無文土器文化のどちらか一方だけを強調せず、それぞれの文化要素を公平に評価したのが山崎純男である〔山崎1980〕。山崎は、渡来人主体か縄文人主体かといった二者択一的な単純な評価はせず、農業がはじまる早期から弥生祭祀が完成するⅠ期末までを三つの段階に分け、それぞれの場面で縄文人と渡来人が一定の役割を果たしてきたからこそ弥生文化が完成するという、変革ごとに中心となった者が異なるとの見解を示した[36]。

山崎説こそ、1960年代の文化階梯論を正当に継承した弥生文化成立説といえよう。

7 主体者論争2 ―形質人類学―

文化を実際に担ったのは人である。人の問題を中心とした主体論を紹介する。金関丈夫が山口県土井ヶ浜遺跡などの調査をふまえたうえで朝鮮半島からの渡来人の大量移住を指摘してから、縄文人と渡来人のどちらが弥生文化の成立に主体的役割を果たしたのかという点をめぐって論争がおこなわれてきた。

(1) 金関説とその影響

まず戦前の状況を整理しておこう。明治・大正期に盛行した、考古学的事実を皇国史観にあてはめて日本民族起源論を考える傾向は、1930年代以降、民族論争が衰退するとともにみられなくなる。戦争直後の人類学界では、縄文人と古墳人との形質が著しく異なることが知られるようになっていた〔鈴木1951〕。なぜ異なるのかをめぐり三つの仮説が用意された。一つは鳥居龍蔵以来の別人種説（置換説）、次に清野謙次の混血説〔清野1949〕、最後が長谷部言人の自然環境の変化を要因とする変形説〔長谷部1949〕である。

別人種説と混血説は、縄文人が住んでいたところに海を越えて大量の人間が渡ってきたことを想定するが、別人種説が両者の接触を認めないのに対し、混血説はさかんに接触し混血したことを想定する。一方、自然環境要因説は海を越えて人が渡ってくることをまったく認めず、自然環境の変化によって形質が異なるにいたったと説明する。金関説は、このような状況のなかで発表されたのである。

金関説の特徴は渡来人の故地を朝鮮半島南部に特定したことである。混血説という点では清野説と同じだが、その故地が異なる[37]〔春成1988〕。金関説は、江上波夫の騎馬民族征服説〔江上1967〕とともに、弥生文化の成立に外的影響を強くみる根拠として位置づけられていく。

その後、金関〔金関1971〕と鈴木尚〔1973〕の論争の結果、玄界灘沿岸地域を中心とする九州北部においては、渡来人が移住し縄文人と交わったことで形質が変化するという渡来人移住・混血説が成り立つことが確認される。しかし、それ以外の地域では移住・混血は認められなかったという理解が定着する〔池田1981〕。ところが、やがて渡来的形質をもつ人骨の分布が九州以外の西日本や東日本にも広がることが確認され〔山口1985〕〔永井1981〕、今や渡来人・移住混血説は、埴原和郎の二重構造モデルとして定着している〔埴原1988〕。また渡来人の故地を遺伝子レベルでシベリアや北東アジアに求める研究も急速に進みつつある〔埴原1984、Hanihara 1987〕〔溝口1988〕。現在では二重構造モデルの直接的検証をおこない、整合性の確認が形質、遺伝子レベルでおこなわ

(2) 1990年代の弥生人論

以上のような人類学界の研究成果をふまえて、田中良之が渡来人の故地・渡来地など8項目[38]にわたって検討し、渡来人が実際にどれくらい来ていたのか時期ごとに推定するなど、弥生人論は新しい段階に入っている〔田中 1991〕。田中の分析によれば、弥生早期から前期後半にかけての九州北岸地域では、渡来人の存在を示す人骨がほとんどみつかっていないが、考古学的にみれば、縄文最終末の黒川式段階から夜臼式単純期にかけての間に、一定程度の渡来人がやってきて縄文人に形質的影響を与え、早期のある時点でその数はピークをむかえる。そしてⅠ期のはじめには九州から瀬戸内などの東方地域にその子孫が拡散する。Ⅰ期おわりになるとふたたび朝鮮半島から大量に渡来するという結論に達している。いい換えると、本格的な水田稲作がはじまる早期初と弥生祭祀が完成するⅠ期末など、朝鮮無文土器文化のハードウェア・ソフトウェアが強くあらわれる時期には渡来人の存在を強くみることができるが、無文土器文化の要素に日本的変容が起こった早期おわりや、社会の質的変化が起こるⅠ期のはじめとなると渡来人の影はうすい、ということになる。

田中の指摘は、渡来人主体の変革が早期初や前期末に起こったとする山崎説と完全に一致すると同時に、縄文主体論者がとくに重視する板付Ⅰ式土器成立時に渡来人の影がうすいという点でも一致している。

以上の点からも、早期初頭からⅠ期末までの間に渡来人の存在が強くみられる時期とみられない時期があることは明らかで、弥生文化があらわれ完成するまでの約300年間を、単に縄文人主体か渡来人主体かという二者択一的に議論できるものではないことは今や明白といえよう。

Ⅳ 弥生文化再考と冷戦の終結（1989〜現在）
―佐原パラダイムから金関パラダイムへ―

本節では、佐原真が提示した経済的転回を重視する時代定義が成り立ちにくい状況になりつつあることを指摘し、新たな定義を用意しなければならない時期にきていることを説く。

1 さかのぼる稲作の可能性と時代区分への影響
(1) 縄文後期のコメの意味

板付水田の調査によって、完成された水田稲作が突帯文土器単純段階までさかのぼることが明らかになると、併行する時期の西日本や中部・東海でみられる集落の低地への進出などが、農耕のはじまりと関係しているのではないかという考えが再び強まってくる。拍車をかけたのが花粉分析やプラント・オパール法を代表とする自然科学的調査である。なかでも決定的だったのは、縄文後期後半に属する岡山県南溝手遺跡の籾痕土器〔平井 1995〕と、胎土にイネ科のプラント・オパールを含むことが確認された岡山県姫笹原遺跡の縄文中期の土器であった。現在では縄文前期（岡山市朝寝鼻貝塚）・早期のプラント・オパールも見つかっていて、日本のコメの上限は1万年前までさかのぼるという議論がおこなわれはじめているのが現状である〔高橋 1994〕。

籾痕土器やプラント・オパールが見つかったからといって、縄文時代にコメがつくられていたとはいえない。その理由は第三章で詳しく述べるが、畠の跡や道具はほとんど出土していないにもかかわらず、稲作がおこなわれていたと考える研究者が増えたのは確かである。そうなると、農業のない新石器文化といわれてきた縄文文化自体の評価も含めて、時代定義上の問題が生じてくる。

縄文時代のコメをめぐる評価はほぼ一致しているといってよい。すなわち、縄文時代の稲作を認めたとしても、それは採集や漁撈などの他の生業に対して突出する存在ではなく、あくまでも補助的な手段であったというものである〔春成1990〕〔藤尾1993〕〔橋口1995〕〔佐原1995〕。

日本列島でコメが出土する時期は、最終的に中国で栽培型のコメがあらわれる9,000年前までさかのぼる理論的な可能性をもつ。しかし、たとえどこまでさかのぼったとしても、縄文時代の稲作が補助的な生業手段にすぎないことは、研究者の共通認識になっているといえよう。縄文時代の稲作は佐原の定義にしたがうと弥生時代の農業には該当しないのだから、弥生文化の上限が突帯文土器単純段階をさかのぼることはないのである。

農業の内容を厳しく規定する日本考古学だが、先述したように西アジアでは栽培種のムギが利用されはじめた段階からが農耕のはじまりである。指標の取り方次第で時代区分が大きく変わることを示す好例である。

ところが、ここで考えておかなければならない問題がある。それはコメがさかのぼればさかのぼるほど、縄文人が稲作を補助的な生業手段として位置づけていた期間が長くなるわけで、このような状態をどのように評価するかである。もちろん弥生時代に本格的な稲作をはじめるためにはそれだけ長い準備期間が必要だったという理解もできようし、弥生時代の稲作とは質的に異なるものであったがために補助的でありつづけたと考えることもできよう。本節ではこの問題についてどのように理解すればよいのか考えてみよう。

(2) 社会の質的転換の重視―環濠集落の出現、戦いのはじまりと弥生時代―

コメの上限がさかのぼるたびに時代区分上に動揺が起きやすい佐原の定義に対して、弥生文化の指標をコメや農業に求めない時代区分論が1990年代に提出された。社会の質的変化を重視して二つの時代を区別したのが武末純一と白石太一郎の見解である。

武末と白石は、環濠集落の出現や戦いのはじまりが水田稲作の開始という経済基盤の変革のうえに完成した弥生社会の成立を意味するものととらえる。武末は弥生時代を「水田を基盤とする農業経済構造が確立した時代」ととらえ〔武末1991〕、その指標を環濠集落の出現に求めているし、白石は、農耕社会の成立を環濠集落や戦いのはじまりのような質的に異なったものの出現に求めることが、歴史認識の手段としての時代区分においてとるべき方法であると主張する〔白石1993〕。

このような意見は、経済的指標より社会的指標を重視するものである。二人の論文が発表された当時、これらの質的変化が起こる時期と板付Ⅰ式土器の成立する時期は一致していたため、実際には前期初頭から弥生時代とする点で研究史どおりだったが、その後の調査によって、環濠集落や戦いが板付Ⅰ式土器の成立をさかのぼり、突帯文土器単純段階(夜臼Ⅱa式段階)まであがることが明らかになった。

すると社会の質的な変化や武末のいう農業経済構造は、水田稲作の開始後、25～50年弱で起こっ

たことになり、水田稲作の開始とのタイムラグはますます短くなったのである。このことは、朝鮮半島で完成された水田稲作を生産基盤とする文化複合体の大きな枠内で水田稲作がはじまり、社会の質的変化が起こったと考えないと説明できない。農耕の開始から環壕集落の出現までの時間が、中原では数千年、朝鮮半島でも数百年かかっているからである。日本列島の場合は、農業がはじまってから自然に社会が質的に変化したわけではけっしてないのである。

このように縄文後期のコメ問題は、コメを知った縄文人が一気に農業社会への道を歩むことなく、1,200年間も補助的な生業手段と位置づけたことの方が歴史的な意味は大きい。慢性的な食料不足や採集経済の矛盾に陥っていた西日本の縄文人が、コメを知るや否や神の手に導かれるように稲作をはじめ、生産経済へ転換するというこれまでの説明では、弥生文化の成立が説明できないことは今や明白である。

縄文人が生活の基本を水田稲作におくためには、縄文後期のようにコメが入ってくるだけでは不十分であったということになる。もっと他の文化要素と組み合わさった文化複合体としてはいってくる必要があったのではないか。それが起こったのはまさしく前5～4世紀のことなのである。この意味で、コメという単独の指標が、時代区分の指標として占める位置は低くならざるを得ないのである。文化複合体の日本列島への拡散、ここに渡来人が果たした役割の本質がある。

最低でも1,200年に及んだ縄文時代の稲作は、縄文主体論にもとづく弥生文化成立論にも大きな影響を与えている。1,200年間の縄文時代の稲作を弥生農業がはじまるまでの長い準備期間とみたのが1995年に発表された金関パラダイムである。このパラダイムは弥生早期の支石墓から出土した縄文系質を示す一体の人骨と、早期・前期における西日本への文化伝播のあり方を根拠としている。

2　金関パラダイムの提唱

パラダイムは、大阪府立弥生文化博物館が実施した共同研究「縄紋から弥生へ」の成果として発表された[39]。金関恕は、1990年代に明らかになった考古学的事実をふまえて縄文人主体の漸移的弥生文化成立論を展開し、金関自身がそれまで唱えてきた突発的他立的成立説〔金関1969〕からの転向をはかる。金関の従来の弥生文化成立論とは、九州北部や本州西部における渡来人主導による弥生文化成立（突発的外来的弥生文化成立説）と、その子孫が西日本の各地に進出することによって各地で斉一的な遠賀川式土器文化を成立させるという、直接伝播にもとづいた西日本遠賀川式土器文化成立説の二つからなっていた[40]。

その金関に変更をうながした考古学的事実とは次の四つである。
① 従来の縄文晩期後半（突帯文土器単純段階）における完成された灌漑水稲農業の成立
② 弥生前期の東北で灌漑農業がおこなわれ遠賀川系土器が使われていたこと
③ 支石墓からみつかった縄文的形質を強くもつ人骨の存在
④ 縄文中・後期のコメの存在

金関は、これらの調査成果を地中海地方における最近の初期農耕文化の成立に関する研究動向と比較しながら、弥生文化成立に関する新しいパラダイムを提示する。パラダイムは四つからなり、それぞれは新しい調査成果（①～④）を根拠としている。その内容は大きく四つからなる。

A　突発的他立的弥生文化成立論から漸進的自立的弥生文化成立論への転換（調査成果④）
　B　縄文人主体の弥生文化成立説（調査成果①）
　C　ストレート伝播からリレー伝播へ（調査成果②）
　D　前期末の渡来人（調査成果③）
順に説明する。
　A　突発的他立的弥生文化成立論から漸進的自立的弥生文化成立論への転換
　　　―縄文時代の稲作（畠作）の認定―
　縄文後期のコメの存在が提起した問題である。金関は、縄文後期以降の縄文人は畠でコメをつくることを生業基盤の一つとしていたとして、縄文時代の稲作を積極的に認める。縄文後期の稲作を認めるとなると、突帯文土器単純期に灌漑農業がはじまるまでの約1,200年、縄文中期の稲作だと約4,000年もの間、縄文人は稲作を補助的な食料獲得手段にとどめたことになる。その理由については、縄文人は変わりたかったけれど急には変われなかったという基本的な考え方のもとに、縄文人が新文化の要素を選択的に受容してそれがある程度蓄積され、経験を積み、飽和状態に達したときに弥生文化が成立すると考えた。これは1960年の森貞次郎の総括と同じである。この意味で漸進的自立的弥生文化成立論へ転換したものといえよう。
　B　縄文人主体の弥生文化成立説―九州北部縄文人の選択的受容（縄文晩期～弥生早期）―
　突帯文土器単純期の完成された灌漑農業が提起した問題である。突帯文土器単純段階前後の九州北部の縄文人は、密接な交流関係をもっていた朝鮮半島南部の人びとから新しい生活に必要な文化要素を選択的に受容した、という橋口達也や下條信行の考え方を金関は採用する。灌漑農業をおこなうための道具が無文土器文化に直接的系譜をもつ点よりも、それらのなかから必要なものだけを選択し、すぐに日本的変容を加えた点を重視したからである[41]。
　C　ストレート伝播からリレー式伝播へ―西日本縄文人の選択的受容（弥生前期）―
　西日本各地の弥生前期にみられる文化要素のうち、九州北部系の特徴がみられるのはせいぜい西部瀬戸内までである。それ以東になると西接する地域の影響が認められる程度で、基本的には在地の突帯文土器文化を母体に遠賀川系土器文化が成立するという下條説を採用したものである。金関は、弥生前期の遠賀川系土器文化を九州北部直輸入の文化と理解するのではなく、西日本各地の在地の人びとが西接する遠賀川式土器文化を選択的に受容することで成立したと結論づけた。
　D　前期末に渡来した人びと
　前期末における渡来的形質をもつ人骨が増加する事実と、無文土器や朝鮮式青銅器文化の祭器および祭祀の道具が出現することが提起した問題である。金関は、これをⅠ期になってからある程度の数の渡来人がやってきたことに求めた。逆に弥生開始期の渡来人の数を少なく見積もるのである。

3　本格的な稲作開始を決定する精神的要因―心の問題が規定するもの―

　弥生文化の成立にあたって縄文人の主体性と選択的受容を強調する金関パラダイムに対して、選択的受容と主体性が質的に異なるものを含んでいることを主張したのが宇野隆夫である〔宇野1996〕。

宇野は、九州北部と東北北部はともに選択的受容をおこなっているにもかかわらず、前者は受容の幅が非常に広く多くのものを受容しているのに対し、後者は受容の幅が狭く受容したものが非常に少ないという点に注目する。そのうえで、この二つをとうてい同じものとして考えることはできないので分けて考えるべきであり、このような違いが生じた理由のなかに弥生変革の実態を読みとるべきだと主張した。すなわち九州北部の縄文人は、朝鮮半島無文土器文化の複合体のなかから道具や技術などのハード面と社会の仕組みや祭祀などのソフト面を幅広く受けいれている。一方、東北北部の縄文人は文化複合体のソフト面はまったく受け入れていないばかりか、ハード面も木製農具と水田と稲作技術だけを受け入れるというきわめて選択の幅が狭い様相を示している。

　こうしてみると、九州北部縄文人の選択的受容が東北北部に比べていかに幅広くおこなわれたかがわかる。このような質の異なる二つの受容形態を区別せずに、縄文人の選択的受容として同列に取り上げて強調することこそ、再検討すべきだと説いた。さらに宇野は、この二つの受容形態を理解するために祭祀などの精神的な側面がいかに重要であるかを説く。弥生変革の中身を経済的転回中心に理解しようとする佐原パラダイム以来の風潮に対して、宇野は環壕集落を代表とする社会構造や弥生的世界観への転換をはじめ、農耕儀礼を中心とする宗教の転換までを包括して精神的な問題とみなし、これらも含めて縄文から弥生への転換を考えることが重要であると指摘したのである。

　宇野の視点は、縄文時代の稲作（宇野は縄文農業という）から弥生時代の稲作への転換は、心の変革を抜きにしては語れない、という点にあり、今後の弥生文化成立論に大きな影響を与える問題を含んでいる。縄文的宗教観から弥生的宗教観への転回を前提にした弥生変革論などが、今後論じられる可能性がある。

4　金関パラダイムへの反発—形質人類学と考古学との乖離—

　考古側が縄文人主体論に傾けば傾くほど、形質人類学との乖離が目立つことになる。弥生前期末以降の九州北部地域に、高身長などを特徴とする渡来的形質をもつ人びとが多数存在することは事実である。この事実をどのようにして説明するのかが、人類学側の最大の関心事であった。先の田中の指摘によれば、突帯文土器出現前後と前期末に渡来人の流入が想定されていたが、もし金関パラダイムのように弥生時代の古い時期にある程度の渡来人の存在を想定しないとすれば、前期末以降に何万人単位の渡来人が移住してこないと、この事実は説明できないことになる。しかし実際には、前期のおわりにそれだけの規模の集団移住をいえる考古学的証拠はないため、どうしても弥生の古い段階からの継続的な渡来を認めなければならないのである[42]。しかし一方では、福岡県新町遺跡の支石墓に葬られていた人骨のように、弥生早期の人骨は縄文的形質ものばかりという事実がある。

　こうした渡来人の果たした役割を過小評価する金関らの結論に対して、人類学界は行動に出た。国際日本文化研究センターの尾本恵市を首班とする文部省の重点領域研究『日本人および日本文化の起源に関する学際的研究』が1997年度からスタートしたのである。共同研究は自然・人類・考古・文化の4班と総括班から構成され、それぞれの方法と分野で先の課題に迫ることを目的としている。

考古班では九州北部沿岸地域で弥生早・前期段階の渡来的形質をもつ人骨の検出を目指して、佐賀県大友遺跡の調査がおこなわれた。その結果、これまでこの遺跡で知られていなかった古い時期の土器棺や支石墓が見つかったが、埋葬されていたのはまたもや縄文的形質をもつ人々だったのである。いっこうに見つからない早期の渡来系人骨。この現状を打破するために、農耕民の人口増加率が高いことに注目した中橋孝博が、早期の渡来人が少なくても、前期末以降の渡来的形質をもつ人びとの割合を確保できることを統計的に証明した研究がすでに行われている〔中橋・飯塚 1998〕[43]。

5　経済から社会構造・祭祀へ

佐原の経済的転回にかわる弥生文化の指標について、1990年代前半は、武末純一や白石太一郎の社会構造の質的転換、宇野隆夫の宗教の構造的転換など、21世紀に向けての新しい弥生文化成立論が提唱された。

縄文人主体論の再評価は、金関丈夫の渡来人説を再考し、日本固有の文化としての縄文文化、縄文人の役割を重視するという梅原猛らの史観と無関係ではないと考えられる。宇野が示した弥生変革における心の問題が果たした役割の重視は、バブルが崩壊したことで戦後50年つづいてきた経済優先の日本社会が失ってきた、もしくは置き去りにしてきた環境やモラル、倫理観などの心の問題を顕在化させ、これからのあらたな目標として再評価する動きとも連動しているのではないかと考える。実は、これまでの研究のなかでも、ソフトウェアの変化としてとらえられる現象がなかったわけではないが、経済優先の歴史観のなかで過小評価されてきたという経緯がある。次節で、そのような視点から21世紀の弥生文化成立論の進む方向を予想することにする。

Ⅴ　弥生文化成立論の将来—いつからはじまったのではなく、なぜはじまったかへ—

1　時代の転換に果たした上部構造の役割

そもそも時代の画期を経済基盤の変化に求めるようになったのは、唯物史観にもとづいた歴史叙述の出現からである。マルクスによれば、歴史の発展は生産力と生産関係の矛盾によって生み出されるという。生産関係とは人が生きていくために好き嫌いの別なく、とりむすばなければならない関係で、経済機構ないし下部構造といわれている。

それに対して、政治・法律・宗教・芸術・哲学（思想・理念・価値観）などは、下部構造に規定された上部構造と考えられている。上部構造は経済的基盤の変化につれて徐々にせよ完全に覆る。弥生文化も山内清男以来、経済基盤と文化（上部構造）との関係で論じられ、森本六爾によって農耕社会として定義されてきた経緯は、これまで説明してきたとおりである。

上部構造と下部構造という視点で弥生文化のはじまりについて考えてみると、意外に上部構造が顕著な動きを示したことがわかる。たとえば縄文後期にコメが入ってきたとき、縄文社会の下部構造には本質的な変化は起こらなかった。縄文時代の稲作が補助的な生業手段にすぎなかったからである。ところが近藤義郎が指摘したように、土器や祭祀遺物には大きな変化があらわれていた。詳細は第三章で説明するが、西日本の縄文後・晩期社会では、土器の黒色磨研化、深鉢の粗製化、土

偶・石棒の大量製作などの変化が起きていた。これらは土器づくりの手抜きという社会労働時間の短縮、祭祀具を増加させることによって社会の動揺を抑える精神的な縛りとして理解されている。すなわち、生業構造という下部構造は変らなかったのに、上部構造は変化の兆しがみられていたのである。縄文後・晩期に西日本で起こった現象は、経済機構よりさきに縄文人のマツリや思想、理念、価値観などの上部構造が動揺した可能性を示す典型例と考える。

　以上の考古学的な事実は、次のようにいい換えることもできる。西日本の縄文人たちは縄文後期にコメを知ったにもかかわらず、社会機構が変化しないように土偶や石棒を使ったマツリを活発におこなった。その結果、下部構造が変化しなかった。近藤は、このことを、文化が統一的な全体としていまだ変革していないことに重要な問題がひそんでいると表現している〔近藤1962〕。文化や社会を転換させる原因が経済的原因だけでなく、上部構造にもある可能性を示す考古学的事実である。

2　時代観と社会状況

　これまでみてきたように、弥生文化観は研究者が生きた当時の社会状況とまったく無関係ではないと考えられる。文化観はけっして固定的なものでなく、時代が変わるとともに変化してきた。その流れを勅使河原彰は次のようにまとめている〔勅使河原1995〕。

　人種論争のなかで弥生式土器が縄文時代に属すか古墳時代に属すか議論された明治時代は、西洋諸国に遅れて近代国家への道を歩みはじめた日本が、日本人のアイデンティティーと勤勉性によって富国強兵策を推進するための道具として人種論争を利用した時代であった。

　人種論争の束縛から離れ、土器や石器などの実証的研究が進んだ大正時代には、相次ぐ対外戦争の勝利がもたらした好景気のなかで、大正デモクラシーという自由な雰囲気が生まれ、弥生文化研究が進み、金属器や農工具と伴うことが明らかになった時期である。

　唯物史観という新しい歴史叙述によって先史時代の定義がおこなわれた昭和の初期は、日本が戦争への泥沼へと足を突っ込んでいった時期である。弥生時代という独立した一つの時代が設定されたのはこの時期であり、その根拠となったのが下部構造・上部構造論の採用であった。弥生時代観は、農業と青銅器の時代という認識であったので、経済と祭祀的側面を重視した時代ということで、下部構造と上部構造がともに重視されていたことがわかる。

　戦後の高度成長時代、軍事力にかわって経済力で国の復興をめざした企業人像と弥生人像は重なる部分がある。農業を黙々とおこない富を蓄積していった弥生社会が生まれると同時に、弥生文化も経済こそすべての論理で説明されるようになる。したがって、時代観としては農業の開始という下部構造がより重視される傾向が強まった。佐原パラダイムの登場である。

　佐原パラダイムは、新石器革命を定義したG・チャイルドを意識したものであった。チャイルドは、第一次大戦後にイギリスがアメリカに超大国の位置を譲って急速に没落していく社会背景のなかで、産業革命がイギリス社会にどれだけの経済的繁栄をもたらしたのかという視点で、経済的転回を指標に評価することを先史時代にも適用している。

　従来の縄文晩期にあたる突帯文土器単純段階に属する完成された水田や農具、鉄器の発見は、弥

生文化成立に関する農業の重要性をますます高めることとなり、下部構造が上部構造を規定する唯物史観はますます強固なものとなった。

しかし1990年代に入ると、コメが1,200年以上も確実にさかのぼることで、縄文後期に下部構造が転換する条件が一つ出現したにもかかわらず農業社会への転換は起こらず、そのかわりに上部構造が動揺するという新しい事態が生じた。この結果、下部構造と上部構造との関係はふたたび不安定な状況に陥ったといえる。また、東北北部のように灌漑施設をもつ水田と縄文以来の道具やマツリという、弥生下部構造と縄文上部構造が共存する文化の存在も明らかになった。今まで想定してこなかった事態が起きていることによって、弥生研究は弥生文化を、どのような指標を使って、どのような文化として描けばよいのか、まさに転換点にあるといってよい。

その意味で、私たちが今問題にしなければならないのは、弥生時代がいつはじまったかではなく、弥生時代はなぜはじまったのか、であることがわかる。縄文人がコメをつくったのはなぜか、なぜすぐに農耕社会への道を歩もうとしなかったのか。なぜ前5世紀に突然、縄文人は本格的な稲作をおこなうようになったのか、この理由について本書を通じて考えてみたい。

註
1) 当時、石器時代と呼ばれていた縄文時代は、1872年の大森貝塚の調査成果をもとにE.モールスが設定したものである。また古墳時代が、高塚古墳がつくられた時代として江戸時代から知られていたことに比べれば、弥生式時代の設定はかなり遅い。
2) 弥生式土器を縄文土器と区別しようとした蒔田鎗次郎と、土師器との関連を重視し、両者をあわせて埴瓮土器と総称しようとした大野雲外の論争が有名である〔小林1971〕。
3) コメは1902年〔八木1902〕、石器は1903年〔鍵谷1903〕、金属器は1917年〔中山1917〕、弥生式土器と共伴することが確認されている。
4) 鳥居は、弥生式土器にともなった石器が、満州や朝鮮系の磨製石器と同じであることを根拠に、石器時代に朝鮮半島をへて日本に渡来した人びとが縄文人にとってかわり、弥生式土器を用いて石器時代の遺跡を遺したこと。その後、金属器を使用する時代に入って、北方の同族が渡来し、先に渡来していた人びとと合流して古代日本の文化を遺したと考えたのである。したがって、現代日本人と固有日本人を一系でとらえる。鳥居はこのようにして考古学事実を皇国史観のなかで考証していったのである〔藤尾2002〕。
5) 岡本勇は、「自由民権運動の敗北のあとに天皇制絶対主義国家の専制権力が、1889年の帝国憲法の制定をとおして、またその翌年の教育勅語の発表によって不動のものとなったとき、その特殊な資本主義機構の背負っている弱点を覆い隠す一つの手段として、民族の始源を中世期的な神秘主義の枠のなかにおき、古典の語る神々の物語をあたかも歴史的時事として擬造する必要があったということ」〔岡本1955：43-44〕を理解すべきだと述べている。和島は、「明治維新後の確立期の資本主義が必要とする民族的統一の機運のなかで、明治期の考古学者を捉えた問題意識のあり方であった」〔和島1967：3〕と理解している。
6) 中山平次郎は、弥生式土器のなかに石器と金属器を併用する時代に使われたものがあるという理解を示した〔中山1917〕。これは石器時代と金属器時代（古墳時代）の中間に、石器から鉄器へと道具が材質転換した移行期（金石併用期）があったことを意味する。
7) 森本は、穀物、貯蔵穴としての竪穴、耕地、農具、土器の形態変化、芸術の面から、弥生式土器の時代を原始的農業社会と位置づけ〔森本1933b〕、沖積平野に存する遺跡の立地から考えても、このことは妥当である

8) 山内は、磨製片刃石斧を鍬と考えることで弥生式土器文化を農耕と結びつけ〔山内 1932a〕、厚葬の萌芽、大陸系磨製石器の種類の増加、青銅器や鉄器が輸入・製作されるようになったことを弥生式土器文化の特徴としてあげる〔山内 1932d〕。山内が弥生式土器の時代には耨耕しかなかったと考えたのは、鉄製の農具ではなく、磨製片刃石斧や石庖丁を農具とみていたからである。

9) 山内は、大山柏の打製石斧農具説〔大山 1927〕について、地域的・時期的にみても局所的な現象であること、集落の増大や定住性も高級狩猟民の枠のなかで考えられる程度のものであることを根拠に、縄文中期農耕説を否定している。

10) 渡部義通が編集した『日本歴史教程』1の第4章に、和島誠一が三澤章の署名で弥生式文化の項を執筆している。弥生式文化を周末～漢初の大陸先進文化の波及とその影響によって特徴づけられたとするなど、弥生式時代の成立に関する重要な提言をおこなっている。

11) また渡部も、弥生式土器の時代を大陸からの促進的な影響を受けて、縄文時代の採取経済から農業生産に急速に移行した段階に位置づけ、氏族制社会の崩壊期と規定。青銅器は共同体の儀器として発達させられた結果、共同の体制を強く弥生社会に遺すこととなったなど、その内容は現在の弥生文化観の中心思想となっている。

12) 木村靖二の『原始日本生産史論』が森本六爾に影響を与えて『日本原始農業』が発表されている〔森本 1933〕。小林行雄〔小林 1971〕や春成秀爾〔春成 1969〕にその詳しい経緯が紹介されている。

13) しかし中山は、この土器の系譜を朝鮮櫛目文土器に求めたり、弥生中期相当に位置づけるなど、事実を誤認していた〔中山 1933〕。

14) 福岡県石ヶ崎〔原田 1952〕、志登〔文化財保護委員会 1956〕、佐賀県葉山尻〔松尾 1955〕、熊本県藤尾〔坂本・乙益 1959〕の調査が相次いでおこなわれた。

15) 小林は、「しかし、もし大陸文化が入ってきたために、わが国に弥生式時代という新しい時代が形成されたのであるか、弥生式時代に進んだために、大陸文化を受け入れることができたのであるか、という問いを発するならば、必ずしも即答は容易ではないのである」〔小林 1951：157〕と述べ、起源問題の難しさを強調している。

16) 近藤は一つの文化が二つの異なる系譜をもつ土器を同時に製作したとは考えられないとして、夜臼式土器の製作が板付Ⅰ式の成立に先立っておこなわれたと述べた。夜臼式は縄文晩期に成立しつくられ、弥生時代になって板付Ⅰ式がつくられるようになるという意味で、同じ系譜にある人びとが、つくる土器を変更したにすぎないという見解である〔近藤 1962〕。

17) 春成は、板付環壕集落における夜臼式と板付Ⅰ式土器の出土状況や形式学的検討などを根拠に、従来の夜臼式から板付Ⅰ式へ変化するという解釈を否定し、夜臼式の一つ前の突帯文土器である山ノ寺式土器を含む夜臼式が、板付Ⅰ式と併存すると理解した。

18) 岡本は、器種ごとに夜臼式と板付Ⅰ式の共伴する比率を調べた。その結果、壺では板付Ⅰ式が、甕では夜臼式が多いことがわかり、器種によって共伴の実態が異なることを明らかにした。夜臼式と板付Ⅰ式が器種ごとに相互補完的な関係にあることを主張したのである。

19) 春成の発表がおこなわれた考古学研究会では、高倉洋彰が春成説を痛烈に批判している。「想像性豊かな観念の所産であるかぎり、ことに資料的にこの問題に直面する私達にとりましては、この報告は研究の停滞に活をいれていただいたこと以外に価値をみいだすことはできません」といい切っている〔春成 1973：24〕。目の前にある出土資料でものを語らざるを得ない考古学の限界を示した見解といえよう。

20) 晩期前半後葉が黒川式、後半が板付Ⅰ式をともなわない突帯文土器である山ノ寺式土器という編年が示された。山ノ寺式は、板付Ⅰ式土器と共伴する夜臼式土器よりも古い突帯文土器という時間的位置づけが確定。山ノ寺式の設定によって、九州にも橿原式や黒土BⅡ式に相当する突帯文土器が存在することが明らかになる

が、森貞次郎は、山ノ寺式と夜臼式の型式差はきわめて小さく、様式として区別することの難しさを指摘している〔森1962〕。この指摘は、のちに山ノ寺式と夜臼式の時期差を認めない根拠として春成に利用されている〔春成1973〕。

21）弥生文化を構成する主要三要素である弥生式土器・農業・金属器のうち、農業の要素の一部だけが縄文時代にさかのぼってあらわれていることが判明したことは、弥生式文化の定義自体とも抵触するはずなのだが、この時点で弥生式文化の特質の再検討がおこなわれなかったことは、のちの時代区分論争に大きな影響を与えることとなった。

22）岡本のその部分を引用する。「板付式土器によって示される弥生時代の最初の段階に、すでに稲があったこと、鉄器が使用されていたこと、これはもはや動かすことのできない事実である。また、このふたつの『もの』こそ、弥生文化を縄文文化から画然と区別しうる重要な要素である。そして、これに定形化された土器、一連の石製工具、紡績技術などがまつわり、相互に関連をたもちながら新しい文化をおりなおしたのである。弥生文化は、いくつかの要素がつみかさねられていき、それらが完全な形を備えたときに成立したのではない。すでに、そのはじめから一定の秩序をもった組織的な農耕文化として、この島国に定着したのである」〔同：436〕。

23）ただし、森も弥生式土器の成立に関しては、縄文土器が漸移的に発展するだけでは無理との考えをもっていて、新しい技術革新を想定するのが妥当との考えを示している。弥生式土器の成立という点に関しては、岡本の考え方と同じである。

24）近藤の弥生文化論は成立と特質からなる。まず清水や石母田の弥生文化成立論と近藤の成立論との違いは、彼らが中国との関係を重視するという外的要因のみを取り上げたのに対し、近藤は縄文後・晩期社会にみられた新しい内的な動きを取り上げ、内的・外的要因の双方から立論したことにある。近藤は、縄文後・晩期社会が朝鮮半島との間で文化的接触をおこなったことが、次のような変化を生んだとする。まず、縄文後期末の御領式土器にはじまる無文化傾向、器形の斉一性と簡潔性、黒色磨研化、縄文晩期の黒川式や突帯文土器にみられる籾痕土器、晩期突帯文土器段階に属する支石墓。この時期の土器の体部にみられる組織痕文の存在から推定される平織りの布の存在である。しかし、これだけでは根本的な変化（弥生式文化への転換）へといたらなかった点に注目する。すなわち縄文人は、朝鮮半島との交流のなかで種々の経験を蓄積し、新しい事態の到来を意識しながらも、土器の基本的な変化の方向性が縄文土器そのものであったことからもわかるように、文化が統一的な全体として変革に及ばなかったことを後・晩期社会の限界とみた。この考え方は、西日本縄文後・晩期社会の停滞説へとつながる。そのうえで弥生文化が成立する契機として、渡来人の移住を想定する。縄文後・晩期から漸進的な変化をつづけてきた縄文社会に、弥生当初になって九州北部の人びととの間で何らかの関係をもっていた朝鮮半島の人が渡来し、新文化への飛躍を引き起こす契機となったと説明する。次に、弥生文化の特質に関する近藤の考え方は農耕金属文化という用語にあらわれている。すなわち、生活の基礎を水田稲作におき、金属器の使用がさらなる発達を生む、という生産手段に重点をおくという点で石母田らと同じ視点をもっている。

25）和島は、弥生文化の特質を中国文明圏に包括される日本列島の跛行性とみる。その根拠は、農工用の磨製石器と鉄器が弥生文化の当初から存在することである。また弥生文化成立の契機を近藤と同じく、内的要因と外的要因の二つの側面から説明している。外的要因には、清水や石母田が指摘したような渡来文化をあげ、周末〜漢初に起こった漢民族の東方への進出を遠因とする朝鮮半島の文明化が弥生文化成立の直接的な契機と理解し、そのことが弥生文化当初から鉄器の存在を裏づけたと、東アジアの視点から位置づけている。また内的要因には、技術の発達や人口の増加とともに、大規模な採集がおこなわれていけば、やがて乱獲が自然の繁殖率を上回り、行きづまる矛盾をあげ、東日本より矛盾を強く抱えていた西日本の突帯文土器の使用者とその子孫が、現状を打破するために生産経済への転換を必要としたと述べている。

26）石母田の論は二つの特徴をもつ。一つは、モルガン＝エンゲルスの段階区分で日本の原始社会を説明したこ

と。もう一つは、弥生文化を中国文明圏の周辺地域に起こった文明化ととらえたことである。まず、日本の原始社会を採集経済段階から生産経済段階へという視点で野蛮と未開の二つに分け、それぞれを前期と後期の二つに分けあわせて4小期を設定した。野蛮前期は旧石器時代、縄文時代は野蛮後期、弥生時代は未開前期、古墳時代は未開後期となる。採集経済段階にあっても、縄文文化は漁撈経済の進歩と安定、狩猟の正常な労働部門への発展、土器の発明、磨製石器の出現、定住の開始という点で旧石器時代と区別する。弥生と古墳は、鉄器の普及の程度によって分けられ、農工具が鉄器化されているかどうかがポイントとなる。弥生文化の特徴は、水稲農業が経済の基本として確立、土器・金属器・石器生産に社会的分業、舟・船の製造技術の発達による大陸との交渉、国際間分業、機織りの出現にみる性的分業の強化、農業の安定した生産力と余剰生産物がもたらす階級分化、金属器の使用などの六つをあげる。また弥生文化は鉄器時代への移行を完了していた中国(戦国・秦・漢)の圧倒的影響のもと、中国文明圏の辺境で成立した結果、次のような特質をもつに至ったと評価している。すなわち植物栽培と金属器の使用が同時にはじまったことと、家畜飼育が未発達な水稲耕作を基本とする特殊な農業社会が、その後の弥生文化の発展を方向づけたこと、このような事情が古代社会における私有財産と共同の形態を制約した結果、アニミズム的世界観や呪術的宗教、各種の稲作に関する祭祀・儀礼などの基盤をつくったと理解したことである。また韓国南部からの相当数の移住を弥生文化成立の契機ととらえるが、受容と伝播は縄文人が主体的におこなったと述べ、契機と形成過程とに分けて考える。このように欠畜の水稲農業と鉄器使用の同時開始という弥生文化の特徴が、中国という大文明圏の辺境に位置する日本列島の宿命であったという理解を示したのである。石母田は、弥生文化の大枠と方向性を規定した中国文明の重要性を認識したうえで、弥生文化の成立を世界史上に位置づけたのである。

27) 清水は、磨製石器をもちながら金属器を使用せず、農業もおこなっていない縄文時代が新石器時代とみる。また当初から鉄器と石器が共存し、利器としての青銅器を基本的にもたない点に弥生文化の特質を認め、このような文化が生まれる原因として、外国文化の導入によってつくられたからと理解したのである。外国文化とは当時、鉄器時代に入っていた中国である。

28) のちに春成は、宇木汲田貝塚で確認された夜臼式単純層について、次のように語っている。「宇木汲田では、下部から夜臼式の単純層が見つかり、その上層では板付Ⅰ式と夜臼式の混在が確認されているそうですが、問題は、夜臼式単純層から出てきた土器が、夜臼式A・B・Cのどれに相当し、上層の夜臼式・板付Ⅰ式とどのような形式的関連をもつのかということです」〔春成1973:25〕。夜臼式単純層の存在が唐津地域に限定される可能性を春成が想定しているのは、板付環濠集落が成立する前の段階に、唐津平野における農業の開始を考えていることにほかならない。

29) 研究史的にはこういう理解となるが、当時の縄文後・晩期農耕論に対する反応はもっと批判的であった。

30) ほかにも弥生式土器という用語を弥生土器へ変更、弥生土器の時代を弥生時代とするのではなく、弥生時代の土器を弥生土器とすること、弥生文化の系譜を三つに分けて考えていることなど、重要な見解が示されている。

31) 六つの特徴とはムギ作は稲作に比べると労働集約率が低いこと、牧畜をおこなったあとでその糞尿を肥料として利用する半農・半牧の畜養的耕作であること、可耕地不足は顕在化していないこと、族長制はないこと、戦争はないこと、などである。

32) 突帯文土器は、弥生前期以降、普遍化しないので指標たり得ない。

33) 家根は、縄文土器にはみられない、幅が広い粘土紐を積み上げていく外傾接合によって祖型甕がつくられていることに注目する。そして同じつくり方をしているのが、韓国大坪里の無文土器前期末の甕であることを突き止め、祖型甕の系譜を無文土器に求めたのである。ところが板付Ⅰ式甕の粘土紐が突帯文土器と同じ内傾接合だったことから、粘土紐の接合方法が異なる祖型甕と板付Ⅰ式との間がつながらない。そこでこの矛盾を説

明するために、遠賀川式土器の板付Ⅰ式周辺地域成立説を主張した〔家根1987〕。すなわち、大坪里を祖型とする祖型甕が筑前東部から西部瀬戸内にかけての地域に出現し、日本的変容が起こることで遠賀川式土器を成立させ、それが玄界灘沿岸地域に影響を与え、板付Ⅰ式が成立するという説である。これは板付Ⅰ式が遠賀川式土器より後出することを意味する。この仮説はその後、高橋護や平井勝によって支持される〔高橋1987〕・〔平井1988〕。しかし、すでに筆者が批判しているように、家根が想定した地域には祖型甕そのものがまだみつかっていないこと、板付Ⅰ式から板付Ⅱ式への変化を示す層位的事実が無視されているなどの問題がある〔藤尾1991a・264頁註11〕。

34) 現在までにわかっている日本と韓国の調査成果をふまえ、板付Ⅰ式甕の成立過程を復原すると以下のようになる。まず、九州北部玄界灘沿岸地域の突帯文土器様式のなかに、中期無文土器の甕のなかの一器種(口縁部が外反しない祖型甕)が加わり、甕の器種構成のなかではほぼ1割を占める存在となる。その後、口縁部の外反や突帯文土器のつくり方である粘土帯内傾接合の採用という日本独自の変容が加えられ、板付Ⅰ古式が成立する。今のところ変容が起こるのは、環壕集落の出現や戦いがはじまる時期と一致する夜臼Ⅱa式段階で、福岡平野から唐津平野にかけての拠点的集落に限定されて起こる。遠賀川式土器が成立する過程にみられる画期と、社会の質的変化が起こる時期が一致することは、時代区分をおこなううえでも注目できる。この問題は第五章で詳しく論じたい。このように遠賀川式土器成立説は山崎が祖型甕から板付Ⅰ式への転換に内的・外的影響を想定し、家根が外的影響の実態を特定したことで、突帯文土器の伝統に朝鮮無文土器文化の影響が加わって板付Ⅰ古式甕が成立するという図式で決着した。小林行雄以来の弥生土器の系譜問題は、ここに解決をみたと考える。

35) 下條信行は、大陸系磨製石器を検討し、縄文文化に同じ機能をもつ石器がない場合にだけ、無文土器文化から受容するが、その場合でもすぐに弥生的な改変が加わることを重視する。ましてや同じ機能をもつ石器があれば受容されない。

36) 突帯文土器成立時にはじまった弥生時代の水田稲作は、朝鮮半島南部で定形化したものとほとんど同じであることから、無文土器文化主体の農業の開始を説く。しかし環壕集落や板付Ⅰ式土器などの、社会が質的な変化を遂げたことを示す要素があらわれる前3世紀頃は、中国・朝鮮半島南部の影響と内的な影響のどちらが主体となったかは判断できないとしている。最後に弥生独自のマツリが完成し、青銅器生産がはじまる前2世紀前半には、無文土器社会と九州北部弥生社会が相互の目的を果たすための交流がはじまった時期に相当するので、もはやどちらか一方が大きな役割を果たしたという段階にはあたらないと結論づけた。

37) 春成によれば、清野は主として南方の隣接人種を想定していたという。

38) 田中があげたのは、渡来人の故地、渡来地、渡来時期、渡来の実態、在来文化の変化、渡来人の数、弥生人の形成、渡来人の男女比率の八つである。

39) 成果は『弥生文化の成立─大変革の主体は「縄紋人」だった─』という刺激的なタイトルをもつ本に集約されている。刊行は25年前に出版された東北大学日本文化研究所のシンポジウム記録『日本農耕文化の源流』と同じ角川書店である。この共同研究の成果は、『日本農耕文化の源流』が渡来人主体の弥生文化成立論を主張したのとは対照的に、縄紋主体の成立論にたって書かれている。第一章に記された広瀬和雄の言葉は、この本の性格を端的に物語っている。「歴史の進行のなかに〈伝統と革新〉のいずれを見いだすか、そしてどこに歴史の転換を認識するかは、私たちの側の問題といえよう」〔同書9頁〕。最初から伝統か革新かという二極のキーワードを前面に押し立てて弥生文化の成立を説明しようとしたところに、この共同研究の性格があらわれている。広瀬提言にしたがい、共同研究では研究委員が伝統か革新かというキーワードを織り交ぜて弥生文化の成立を説明していく。伝統派(縄文主体)の橋口達也と下條信行、革新派(外来主体)の森岡秀人・森井貞雄・春成秀爾、そして両方を評価する設楽博己など、立場は分かれるが、会の方向は伝統派主導で進んだという。

40）縄文後期から晩期にかけて起こった気候変動によって、東アジアの広い範囲で海退現象が起こり、海岸平野が形成され、それまで漁撈に従事していた人びとが原始的な稲作を開始する。その結果、人口が増加し、移住現象が長江下流域からはじまる。その波が海岸平野ごとにいろんな文化を吸収して、縄文時代のおわりに日本列島に到達する。それが弥生初頭の渡来人である。彼らは九州北部と本州西部に入り、在来人と混血し、弥生人と弥生文化を生み出す。その二世、三世たちは新しい可耕地を求めて東進し、西日本全体に拡がり、遠賀川系土器文化を指標とする斉一的な弥生前期文化を定着させる。二世・三世が及ばなかった東日本は、在来人が少し遅れて新しい生業を受け入れ弥生化していく、というものである。

41）これを補強したのが渡来人の割合の算出である。縄文人主体説を支える根拠の一つに突帯文土器様式の甕組成のなかに占める祖型甕の割合を実際の渡来人の割合とみなす考えがある。ほとんどの研究者は祖型甕の比率を1割以下、もっとも多い家根祥多は3割とみる。すると在来人の割合は7〜9割で圧倒的に多いことになる。土器の割合を実際の集団の割合と直接結びつける方法の是非はおくとしても、人の数を主体・客体の基準にする方法自体に問題がある。もしこれを認めてしまえば、明治維新も戦後の復興もすべて在来人主体となる。これでは正しい歴史的評価とはいえない。

42）中橋は弥生中期以降の渡来的形質をもつ人びとの数の多さを説明するためには、弥生早・Ⅰ期初頭のムラで、三分の一程度の渡来人を想定する必要があるという。もしこれを認めないならば、Ⅰ期末に数万人単位の渡来人の移住を想定しない限り、中期以降の渡来的形質をもつ弥生人の高比率を説明できないからである。

43）九州北部の弥生中期初頭における人口構成比を、渡来系9〜8割、在来系1〜2割と仮定した場合、弥生時代がはじまる前5世紀からの2〜300年間でこの割合に達するには、最初に渡来系が何割いて、何%の人口増加率をみこめばよいかをシミュレートしたものである。たとえば1割の渡来系が当初いて、年1.8%の割合で増加する場合や、当初は0だったが年2.9%で増加する場合などに、先の数字が実現可能であることが提示されている。ただし在来系の人口増加率は0.1%で固定されている。

参考文献

池田　次郎　1981：「異説『弥生人考』」(『季刊人類学』12(4)、3-59)
石母田　正　1962：「古代史概説」(『岩波講座日本歴史』1－原始・古代－、1-75、岩波書店)
泉　拓良　1986：「縄文と弥生の間に－稲作の起源と時代の画期－」(『歴史手帖』14-4、45-52)
宇野　隆夫　1996：「書評　金関恕・大阪府立弥生文化博物館編『弥生文化の成立－大変革の主体は「縄紋人だった－」』(『考古学研究』43(1)、104-109)
江上　波夫　1967：『騎馬民族国家』中公新書147．中央公論社
大塚　初重編　1968：『シンポジウム弥生時代の考古学』学生社
岡崎敬・森貞次郎・永井昌文・佐原真　1982：「座談会　縄文から弥生へ」(『歴史公論』8(1)、10-36)
岡本　勇　1955：「縄文文化」(三上次男編『日本考古学講座』2－考古学の歴史と現状－、37-59、河出書房)
　　　　　　1967：「弥生文化の成立」(和島誠一編『日本の考古学』Ⅲ－弥生時代－、424-441、河出書房)
乙益　重隆　1961：「熊本県斎藤山遺跡」(『日本農耕文化の生成』250-267、東京堂)
　　　　　　1986：「総説」(桜井清彦・坂詰秀一編『論争・学説日本の考古学』4－弥生時代－、1-19．雄山閣出版)
鍵谷徳三郎　1908：「尾張国熱田高倉貝塚実査」(『東京人類学雑誌』23(266)、275-283)
金関　丈夫　1955：「人種の問題」(杉原荘介編『日本考古学講座』4、238-252、河出書房)
　　　　　　1971：「人種論」(『考古学講座』10、183-200、雄山閣出版)
金関丈夫・坪井清足・金関恕　1961：「山口県土井ヶ浜遺跡」(『日本農耕文化の生成』223-253、東京堂)

金関　　恕 1969：「弥生時代の社会」(『大地と呪術』203-306、日本文化の歴史 1、学研出版社)
　　　　　　1995：「考古学の新しいパラダイム－農耕社会形成のモデル－」(金関恕・大阪府立弥生文化博
　　　　　　　　　物館編『弥生文化の成立－大変革の主体は「縄紋人」だった－』257-267、角川書店)
金関恕・大阪府立弥生文化博物館編　1995：『弥生文化の成立－大変革の主体は「縄紋人」だった－』角川書店
木村　靖二 1932：『原始日本生産史論』白揚社
九州大学考古学研究室 1966：「北部九州(唐津市)先史集落遺跡の合同調査－昭和40年度日仏合同調査概報－」
　　　　　　　　　(『九州考古学』29・30、1-16)
清野　謙次 1949：『古代人骨の研究に基づく日本人種論』岩波書店
金　　廷鶴 1972：「無文土器文化」(『韓国の考古学』68-105、河出書房新社)
甲元　真之 1978：「弥生文化の系譜」(『歴史公論』4(3)、48-56)
後藤　　直 1979：「朝鮮系無文土器」(『三上次男博士頌寿記念東洋史・考古学論集』)
　　　　　　1986：「農耕社会の成立」(『岩波講座日本考古学』6－変化と画期－、119-169、岩波書店)
小林　行雄 1938：「弥生式文化」(『日本文化史大系』1、214-253、誠文堂新光社)
　　　　　　1971：「解説」(小林行雄編『論集日本文化の起源』第 1 巻－考古学－、1-86、平凡社)
近藤　義郎 1962：「弥生文化論」(『岩波講座日本歴史』1－原始・古代－、139-188、岩波書店)
　　　　　　1985：「時代区分の諸問題」(『考古学研究』32－2、23-33)
佐原　　真 1968：「日本農耕起源論批判－『日本農耕文化の起源』をめぐって－」(『考古学ジャーナル』23、
　　　　　　　　　2-11)
　　　　　　1975：「農業の開始と階級社会の形成」(『岩波講座日本歴史』1、114-182、岩波書店)
　　　　　　1995：「米と日本文化」(『国立歴史民俗博物館研究報告』60、107-131)
設楽　博己 1995：「中部高地・関東―条痕文文化の広がり―」(金関恕・大阪府弥生文化博物館編『弥生文
　　　　　　　　　化の成立―大変革の主体は「縄紋人」だった―』180-192、角川書店)
清水　潤三 1957：「弥生文化－1 総説」(駒井和愛・八幡一郎監修『原始時代(Ⅰ)―弥生文化―』1-26、日本評
　　　　　　　　　論新社)
下條　信行 1986：「日本稲作受容期の大陸系磨製石器の展開」(『九州文化史研究所紀要』31、103-140)
　　　　　　1995：「農工具と稲作経営の受容」(金関恕・大阪府立弥生文化博物館編『弥生文化の成立―大変
　　　　　　　　　革の主体は「縄紋人」だった―』54-69、角川書店)
白石太一郎 1993：「弥生・古墳文化論」(『岩波講座日本通史』第 2 巻、245-285、岩波書店)
沈　　奉謹 1980：「日本弥生文化形成過程研究」(『東亜論叢』16)
末永雅雄・小林行雄・藤岡謙二郎 1943：『大和唐古弥生式遺跡の研究』京都帝国大学文学部考古学研究報告16
杉原　荘介 1960：「農業の発生と文化の変革」(『世界考古学体系 2－日本Ⅱ－』1-13、平凡社)
鈴木　　尚 1951：「縄文時代人骨」(杉原荘介編『日本考古学講座』3、353-375、河出書房)
　　　　　　1973：「日本人種論」(『論集日本文化の起源』5、255、平凡社)
高橋　　護 1987：「遠賀川式土器」(『弥生文化の研究』4－弥生土器Ⅱ－、7-16、雄山閣出版)
　　　　　　1994：「縄文農耕と稲作」(『東アジアの古代文化』81、42-52)
武末　純一 1991：「近年の時代区分論議―特に弥生時代の開始を中心に―」(『日本における初期弥生文化の
　　　　　　　　　成立』173-185、文献出版)
田崎　博之 1986：「弥生土器の起源」(桜井清彦・坂詰秀一編『論争・学説日本の考古学』4－弥生時代－、21-
　　　　　　　　　52、雄山閣出版)
田中　良之 1986：「縄紋土器と弥生土器－西日本－」(『弥生文化の研究』3、115-125、雄山閣出版)

坪井　清足　1962：「縄文文化論」(『岩波講座日本歴史』1―原始・古代―、109-138、岩波書店)
坪井正五郎　1889：「帝国大学の隣地に貝塚の跡有り」(『東洋学芸雑誌』91)
勅使河原彰　1995：『日本考古学の歩み』名著出版
藤間　生大　1951：『日本民族の形成』岩波書店
鳥居　龍蔵　1916：「古代の日本民族移住発展の経路」(『鳥居龍造全集』1、504-506、朝日新聞社)
　　　　　　1917a：「畿内の石器に就て」(『人類学雑誌』32(9)、16-27)
　　　　　　1917b：「閉却されたる大和国」(『人類学雑誌』32(9)、3-16)
永井　昌文　1981：「古墳時代人骨」(『季刊人類学』シンポジウム『骨からみた日本人の起源』、12(1)、18-26)
中島　直幸編　1982：『菜畑遺跡』唐津市文化財調査報告書5
中橋孝博・飯塚勝　1998：「北部九州の縄文─弥生移行期に関する人類学的考察─」(『人類学雑誌』106、31-53)
中山平次郎　1917：「北部九州に於ける先史原始両時代中間期間の遺物に就て」(『考古学雑誌』7(10)-8(3))
　　　　　　1923：「焼米を出せる竪穴址」(『考古学雑誌』14(10)、10-21)
　　　　　　1932：「福岡地方に分布せる二系統の弥生式土器」(『考古学雑誌』22(6)、1-28)
名和羊一郎　1940：「立屋敷遺跡の発見」(『考古学』11(10)、58)
西谷　　正　1968：「青銅器から見た日朝関係」(『朝鮮史研究会論文集』4)
橋口　達也　1985：「日本における稲作の開始と発展」(『石崎曲り田遺跡』Ⅱ、二丈浜玉道路関係埋蔵文化財発掘調査報告書、5-103、福岡県教育委員会)
　　　　　　1995：「弥生文化開始期における東アジアの動向」(『弥生文化の成立―大変革の主体は「縄紋人」だった―』12-23、角川書店)
長谷部言人　1949：「日本民族の成立」(『新日本史講座』原始時代、1-75、中央公論社)
埴原　和郎　1984：『日本人の起源』朝日新聞社
Hanihara Kazuo　1987：Estimation of the Number of Early Migrants to Japan. (『人類学雑誌』95(3)、391-403)
春成　秀爾　1969：「中・四国地方縄文時代晩期の歴史的位置」(『考古学研究』15(3)、19-34)
　　　　　　1973：「弥生時代はいかにしてはじまったか―弥生式土器の南朝鮮起源をめぐって―」(『考古学研究』73、5-24)
　　　　　　1988：「金関丈夫論」(『弥生文化の研究』10―研究のあゆみ―、94-105、雄山閣出版).
　　　　　　1990：『弥生時代の始まり』東京大学出版会
　　　　　　1995：「祭りと習俗―縄文的伝統の衰退と農耕儀礼の成立―」(金関恕・大阪府立弥生文化博物館編『弥生文化の成立―大変革の主体は「縄紋人だった―」101-115、角川書店)
平井　　勝　1988：「縄文時代晩期における中・四国の地域性」(『考古学研究』36(2)、31-43)
広瀬　和雄　1995：「はじめに」(金関恕・大阪府立弥生文化博物館編『弥生文化の成立―大変革の主体は「縄紋人」だった―』7-10、角川書店)
広瀬　和雄編著　1997：『縄文から弥生への新歴史像』角川書店
藤尾慎一郎　1987：「板付Ⅰ式甕形土器の成立とその背景」(『史淵』124、1-27)
　　　　　　1988：「縄文から弥生へ―水田耕作の開始か定着か―」(『日本民族・文化の生成1』437-452、六興出版)
　　　　　　2002：「弥生文化と日鮮同祖論」(『知識体系と戦争』人類にとって戦いとは5、35-76、東洋書林)
藤口　健二　1986：「朝鮮無文土器と弥生土器」(『弥生文化の研究』3―弥生土器Ⅰ―、147-162)
藤田　　等　1956：「農業の開始と発展―特に石器の生産をめぐる問題―」(『私たちの考古学』3(1)、4-11)

蒔田鎗次郎 1896：「弥生式土器(貝塚土器ニ似テ薄手ノモノ)発見ニ付テ」(『東京人類学雑誌』11(122)、320-325)
　　　　　1902：「大野雲外氏の埴瓮説に就て」(『東京人類学雑誌』17(196)、390-393)
　　　　　1904：「埴瓮と弥生土器の区別」(『東京人類学雑誌』19(215)、186-189)
三澤　　章 1936：「弥生式時代」(『日本歴史教程』—原始社会の崩壊迄—、白楊社)
溝口　優司 1988：Affinities of the Protohistoric Kofun People of Japan with Pre and Protohittoric Asian Populations. (『人類学雑誌』96(1)、71-111)
森　貞次郎 1960：「島原半島(原山・山ノ寺・礫石原）及び唐津市(女山)の考古学的調査－おわりに—」(『九州考古学』10、6-10)
　　　　　1985：「縄文農耕」(『稲と青銅と鉄』27-82、日本書籍)
森貞次郎・岡崎敬 1961：「福岡県板付遺跡」(『日本農耕文化の生成』37-77、東京堂)
森井　貞雄 1995：「墓制の変化(2)畿内—弥生系集団の方形周溝墓—」(金関恕・大阪府立弥生文化博物館編『弥生文化の成立—大変革の主体は「縄紋人」だった—』81-88、角川書店)
森岡　秀人 1995：「初期水田の拡大と社会の変化（金関恕・大阪府立弥生文化博物館編『弥生文化の成立—大変革の主体は「縄紋人」だった—』24-38、角川書店)
森本　六爾 1931：「日本に於ける青銅器文化の伝播」(『考古学』2(5・6)、148-161)
　　　　　1933a：「日本に於ける農業起源」(『ドルメン』2(9)、1-4)
　　　　　1933b：「弥生式文化と原始農業問題」(『森本六爾編『日本原始農業』1-18、東京考古学会)
　　　　　1933c：「低地性遺跡と農業」(『森本六爾編『日本原始農業』19-35、東京考古学会)
　　　　　1934：「農業起源と農業社会」
八木奘三郎 1902：『日本の考古学』改定版
家根　祥多 1984：「縄文土器から弥生土器へ」(『縄文から弥生へ』49-91、帝塚山考古学研究所)
　　　　　1987：「弥生土器の誕生と変貌」(『季刊考古学』19、13-18)
　　　　　1993：「遠賀川式土器の成立をめぐって—西日本における農耕社会の成立—」(『論苑考古学』267-330、天山舎)
山内　清男 1932a：「日本遠古之文化(二)」(『ドルメン』1(5)、85-90)
　　　　　1932b：「日本遠古之文化(六)」(『ドルメン』1(9)、48-51)
　　　　　1933：「日本遠古之文化(七)」(『ドルメン』2(2)、49-53)
　　　　　1937：「日本に於ける農業の起源」(『歴史公論』6(1)、266-278)
山口　　敏 1985：「東日本—とくに関東・東北南部地方—」(『季刊人類学』シンポジウム国家成立前後の日本人、16(3)、70-82)
山崎　純男 1980：「弥生文化成立期における土器の編年的研究—板付遺跡を中心としてみた福岡・早良平野の場合—」(『鏡山猛先生古稀記念古文化論攷』117-192)
尹武炳・韓永熙・鄭俊基 1990：『休岩里』国立中央博物館
和島　誠一 1967：「弥生時代社会の構造」(和島誠一編『日本の考古学』Ⅲ、1-31、河出書房)
渡部　義通 1931：「日本原始共産社会の生産及び生産力の発展(1)」(『思想』111、40-54、河出書房)
渡部義通・伊豆公夫・早川二郎・三沢章 1936：『日本歴史教程 1—原始社会の崩壊迄—、白楊社

第二章　西日本縄文社会食料窮乏説の再検討
―縄文人の植物性食料と獲得活動―

I　目的と方法

1　目的

　西日本の縄文人が稲作をいち早くはじめた理由としてもっとも有力な説の一つに、東日本に比べて慢性的に不足していた食料不足を解消するためであるという、いわゆる食料窮乏説がある。本章の目的は西日本における植物性食料の実態を明らかにすることにあるが、どのようにして獲得していたのかという獲得活動と労働形態の観点から、この説が成り立つかどうかを考えてみたい。本論に入る前に西日本の慢性的食料窮乏説が出てきた経緯をおさえておこう。

2　食料窮乏説の研究史

　採集経済を基盤とする縄文社会が、生産経済を基盤とした弥生社会よりも食料事情が逼迫していたという認識が、いつごろ日本考古学に根をおろしたのかはわからないといわれている[1]。しかし第一章でみたように、モースが石器時代（縄文時代）を設定した明治のはじめごろから、石器時代は高塚古墳をつくった皇室の祖先である人びとの時代よりも、原始的で貧しいという認識がもともとあったのではないかと想像できる。これは19世紀の進化論的歴史観や皇国史観に根ざした理解であった。

　大正期の縄文中期農耕論に象徴されるように、豊かな縄文社会というイメージが次第に浸透した時期もあったが、戦後、唯物史観による歴史発展の考え方が一般的になると、採集経済から生産経済へ移行する歴史的事実こそが採集狩猟民社会の貧しさを証明していると考えられるようになり、東日本に比べていち早く稲作を開始する西日本の縄文社会は貧しかったというイメージが定着する〔藤間1951〕[2]・〔近藤1962〕[3]。

　この段階はまだ根拠が明確でなかったが、1960年代の後半になると具体的な考古資料をあげて西日本縄文社会の貧しさを説く研究があらわれる。東日本と西日本における縄文時代の遺跡数を比較した岡本勇は、西日本の遺跡数の少なさ、小規模な遺跡の多さ、1遺跡から出土する遺物の質や量の乏しさに着目し、多くの人口を支えられないほど食料が逼迫していたことが原因であったと考え、最終的に西日本と東日本の自然環境の違いにその原因を求めたのである〔岡本1966〕。環境決定論の登場である。

　当時考えられていた縄文時代の食料資源は、シカやイノシシ、サケやマスなどの動物性食料が主流で、堅果類や根茎類などの植物性食料も想定されてはいたものの〔小林1951〕[4]、あくまでも従と認識されていた。したがってサケ・マスが遡上する東日本の方が豊かな食料資源に恵まれていたと

考えられていたのである〔山内 1964〕。

　しかし、1960年代のおわりにかけて遺跡から出土する動・植物の遺体研究が進むと、縄文時代の植物性食料の実態がわかるようになってくる。その結果、縄文社会のメジャーフード[5]は動物や魚などの動物性食料ではなく、ドングリ類、クリ、クルミなどの堅果類、遺体として遺りにくいウバユリ、ジネンジョなどの根茎類といった植物性食料であったことが明らかになったのである〔渡辺 1973・75〕・〔佐原 1975〕[6]・〔鈴木 1979〕。

　動物性食料より植物性食料の方が食料資源の中心であったという認識が定着すると、堅果・根茎類の植生分布や実態を検証して、東日本と西日本における食料事情の実態解明を目的とした研究がはじまる。その結果、次のようなことが次第に明らかになってきた。

　本州・四国・九州に分布する森林帯は落葉樹林帯と照葉樹林帯[7]を代表とするので、堅果類や根茎類の種類・群集度・生産量が、落葉樹林帯と照葉樹林帯では異なるのではないかという予想は容易であった。さらに細かな違い、たとえば落葉樹林帯・照葉樹林帯ともに生息するクルミは、落葉樹林帯のクルミの方が脂質を多く含み栄養価が高いことや、照葉樹林帯よりも落葉樹林帯のクリの方が群集する傾向があることなどがわかると、脂質含有量が高く栄養価に富んだ堅果ほど落葉樹林帯に多く、しかも群集しやすいという認識を生むことになる。

　このような認識をもとに栄養が豊富な堅果類を育む落葉樹林帯、それほどではない照葉樹林帯という植生区分と、東日本・西日本縄文文化という地理区分が一致し、食料資源が豊富な東日本と貧弱な西日本、栄養価の高い堅果類が多い東日本とそれほどではない西日本という、食料資源を背景とした二項対立的な縄文文化論が勢いを増してくる。

　その代表が佐々木高明、安田喜憲らのブナ林帯論、照葉樹林帯論である〔佐々木 1988〕〔安田 1980〕。佐々木は、森林特性をもとに東日本落葉樹林文化、西日本照葉樹林文化という図式で縄文文化論を展開し、豊かな東日本、貧しい西日本というイメージの増強をはかる。自然環境（森林帯）の違いが植物性食料の生産量を規定し、結果として西日本縄文文化の貧困の原因を絶対的なものとしたという考え方を強調するのである。西日本の慢性的な食料窮乏説はここに固定化されたと考える。

　貧しい食料事情のなかにあった西日本の縄文人像は、弥生文化成立論にも大きな影響を与えるようになる。大陸からコメがもたらされるとすぐに取り入れ、水田稲作を生産基盤とする農耕社会を築いたという弥生文化成立観が成立したのも、西日本縄文時代の慢性的食料窮乏説を前提としたものだったのである[8]。

　このような森林帯の違いに原因をもつ食料事情だけで、稲作受容の要因を考えようとする単純な環境要因説に対しては、縄文人が環境に対してどのように対応していたのか、という視点が欠如しているという厳しい批判がある。

　既存の食料資源の種類・群集度・季節性と人間の労働活動の組合わせを基盤に、各地で形成された食料獲得機構が稲作の受容に大きくかかわっていることを明らかにした西田正規〔西田 1980〕や赤沢威〔赤沢 1988〕の研究は、このような視点に立ったものである。環境に対する労働組織をふまえた検証の結果、水産資源の有無が稲作の受容に大きく関わっていることを大きく浮かび上が

らせることに成功している。

さらに1990年代になって、後期後半のコメの存在が確実視されるようになると、縄文人が1,200年あまりも稲作を本格化させることがなかった事実が明らかになる。縄文人がコメを知るやいなや、稲作中心の生活に転換して弥生農耕社会への道を歩みはじめたという食料窮乏説を中心とした弥生文化成立観は、ここに崩壊してしまったのである。

西日本でみつかっている縄文時代の遺跡数やそこから導き出された人口が、東日本より少ないのは確かだが、縄文時代を通じた各段階は、東日本と西日本の間で質的に差のない発展をたどってきたという岡本勇の指摘は重要である〔岡本1967〕。問題は遺跡の数や規模の大小ではなく、限られた資源をいかに効率よく集め、素早く加工処理し、貯蔵可能な形態に加工する、採集・加工・貯蔵機構の違いを明確にすることである。実際、照葉樹林帯は落葉樹林帯の2倍の潜在的生産力をもつといわれていることを考えると、やはり採集の効率性の問題になってくる[9]〔只木1971〕。

本章では、縄文人がどのようにして食料を集め、加工し、貯蔵してきたのかという、縄文人の食料獲得機構を復元することによって食料窮乏説を批判し、獲得機構と稲作開始との関連について考えることにする。

3　方　法

縄文時代の食料獲得活動とはどのようなものだったのか、そしてそれはどのようにして形成されたのかを知るために、次の四つの視点を用意した。

最初に、縄文人のメジャーフードである野生型植物性食料を育む植生について事実関係を確認し、食料獲得活動のうち植生が規定するのはどこまでか明確にしてみたい。

二番目に、稲作が想定されている縄文後期以前の栽培活動について考える。縄文時代の生業は採集・狩猟・漁撈を基本とすると考えられてきたが、福井県鳥浜貝塚でみつかった前期のヒョウタンやリョクトウをはじめとして多くの栽培植物が確認されたことによって、今では縄文人が前期から栽培種の植物を栽培していたことは確実視されるまでになった。そこでコメが入る以前のヒョウタンやエゴマ栽培、北日本の縄文ヒエ栽培、後・晩期の稲作の実態を明らかにしたうえで、弥生以降の水田稲作との相違点と共通点を考える。縄文時代の栽培活動と弥生時代の稲作との違いはどこにあるのであろうか。

三番目に縄文人の生業に関する用語を整理する。縄文時代の栽培活動を農耕と呼ぶかどうかは研究者によって異なる[10]。青森県三内丸山遺跡で検出されたクリやイヌビエと人間とのかかわりをあらわす用語として、農耕、栽培、管理・植栽などが使われているが、微妙にニュアンスが異なっている。たとえば「栽培」という栽培育種学的な行為を「農耕」と呼ぶといった基本的な整理がおこなわれていないところに問題がある。先述したように西アジアで人類初の農耕がはじまったときの実態は、栽培種を栽培することに意味があったわけで、それが生業全体に占める割合などは問題にされていないのが現状である。そこで本書で用いる用語の定義を明確にしておく。

最後に、縄文時代の栽培を含む食料獲得活動と弥生時代の稲作との間にみられる労働組織上の違いを明らかにする。縄文人の食料獲得活動は、それぞれの地域の自然環境や縄文カレンダーにもと

づいて形成された効率的な労働組織のもとでおこなわれていた。したがって、この労働組織が、弥生時代の稲作をはじめるにあたって各地の縄文人にさまざまな対応をとらせることになったという説がある〔西田1980〕〔赤沢1988〕〔林1993〕。弥生時代の稲作に転換するため有利な獲得機構と不利な獲得機構との違いはどこにあるのであろうか。

　以上、①野生型植物性食料の分布と実態、②栽培型植物と縄文人、③植物性食料獲得活動の定義、④労働形態と弥生時代の稲作受容との関係、という四つの側面から西日本の縄文人が弥生稲作をはじめた要因が慢性的な食料不足では説明できないことを検証する。

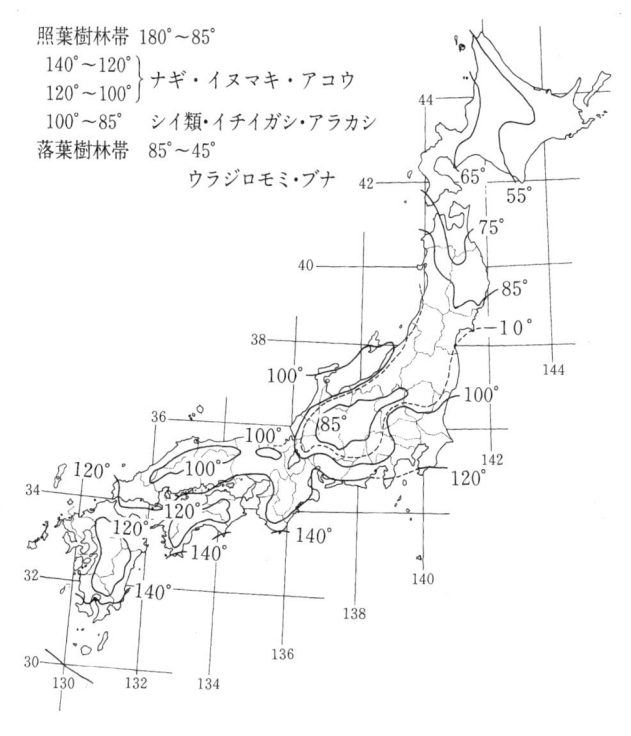

```
照葉樹林帯 180°～85°
  140°～120°
  120°～100° } ナギ・イヌマキ・アコウ
  100°～85°   シイ類・イチイガシ・アラカシ
落葉樹林帯 85°～45°
  ウラジロモミ・ブナ
```

図3　温量指数の分布図（山中1979より転載）

Ⅱ　野生型植物性食料の分布と実態

1　植生—温量指数と森林帯—

　縄文人の植物性食料を育む植生は気温と降水量に規定される。植物生態学ではこれまで平均気温をもとに「温量指数」[11]を算出し、植生分布を図化してきた[12]。図3は、吉良竜夫の温量指数をもとに山中二男が作成した温量指数分布図である。吉良は指数85°よりわずかに低いところまでアカガシ・ツクアネガシ・シラカシなどの照葉樹林が分布するとして、85°の線を落葉樹林との境界と考える。落葉樹林と照葉樹林の境界をどこに求めるかは研究者によって微妙に異なっているが、85°の線がだいたいの目安となっている。

　85°の線を日本列島の地図上に落としていくと、まず本州の森林帯は東日本と西日本という地域区分どおりに二つに分かれるのではなく、照葉樹林は対馬暖流の影響を受ける日本海側の東北北部まで、黒潮が沿岸沿いを北上する太平洋側では東北南部の平野までの地域に広がっていることがわかる。東日本の落葉樹林帯、西日本の照葉樹林樹林帯という表現はその意味で正確でない。

　また照葉樹林帯は一様ではなく、たとえば温量指数からみると三つの森林帯に分かれ〔山中1979〕、焼畑[13]には向くところと向かないところのあることが指摘されている[14]。このように植生は海岸部と内陸部、低地と高地などさまざまな影響を受け、複雑な様相をもっていることがわかる。

　以上のような分布をみせる植生に規定される縄文人の植物性食料には、野生型と栽培型がある

〔西田1986〕。野生型植物のなかでメジャーフード足り得るのは、堅果類と根茎類である。堅果類は遺跡から多量に出土するが、根茎類は糞石のなかから見つかる繊維質の植物を除くと、後述するように検出例は少ない。もちろん遺存状態の違いであるから、実態を反映したものとはいえない。

栽培型植物には、ヒョウタン、リョクトウ、エゴマなどが鳥浜貝塚をはじめとする多くの遺跡で確認されているが、これらはメジャーフードとはなり得ない。栽培型植物のなかでメジャーフードとなり得るのはコメで、今のところ籾痕土器から縄文後期後半、プラント・オパールから早期までさかのぼるとされている。

これらの植物質食料はどのようなかたちで利用されていたのか、野生型と栽培型に分けてその実態をみていくことにしよう。

2 野生型植物—堅果類—

堅果類には森林の優占種であるトチノキやミズナラ類（落葉性）、シイ・カシ類（照葉性）と、人間が何らかのかたちで関与しないと優占種とはなり得ないクリやクルミがある。東日本が西日本に比べて豊かな食料資源をもつ証拠として、しばしば取り上げられてきたのは、人の手が加わらないと優占種とならないクリ・クルミであることに注意しなければならない。

クリやクルミは両樹林帯に分布するが、クリは落葉樹林帯のなかでの方が群生する傾向があるし、クルミも落葉樹林帯に分布するクルミの方が多くの脂質を含んでいる。このように自然のままでは優占種となり得ないクリやクルミに基盤をおくことが東日本の優位性であるならば、いかに人の手がかかっているかを証明することが必要となる。

クリ・クルミ以外のドングリ類の場合はどうかというと、落葉樹林帯には加熱処理など複雑なアク抜き処理を必要とするドングリ類が多いのに対して、照葉樹林帯には、水サラシだけでアクを抜けるものや、アク抜きがまったく不要なドングリ類が多い。手間だけを考えると照葉樹林の方が楽に食料化できて有利である。

豊かといわれる落葉樹林帯の堅果類には、食べられるようになるまでに手間のかかる優占種（ナラ類、トチ類）と、効率よく採るためには積極的に関与しなければならない寡占種（クリ・クルミ）があることがわかった。照葉樹林帯との間には、手間、群生度、栄養価、アク抜き処理などの面でいろいろな違いをもつだけでなく、その裏には縄文人たちの積極的な関与があったのである〔渡辺1973〕。

手間だけを考えると、楽に手に入れやすい堅果類が多い西日本ではなく、手間はかかるが群生しやすく栄養価の高い堅果類が多い東日本の方が、なぜ採集生活には有利と考えられてきたのか、その理由を知る必要がある。まず豊かな東日本という印象をもたせる根拠となってきた栄養価の高い堅果類がどういった分布をみせるのか確認しておく。

(1) 落葉性・照葉性堅果類の分布の実態

縄文人が利用した代表的な堅果類の平面と垂直の分布を示す（図4、図5、表1）。表1は、渡辺誠が現在の民俗誌をもとにつくったドングリの4分類〔渡辺1973〕に、温量指数からよみとった水平・垂直分布を加えたものである。取り上げた堅果類は、遺跡から出土する例が多いもので、加工

表1　温量指数からみた堅果類の平面・垂直分布表

	アク抜き	種類	温量指数	分布	分類			
照葉樹林	水さらし	アカガシ	100°以上	西日本<1300m、東日本海岸部<500m	ブナ目	ブナ科	コナラ属アカガシ属	アカガシ
		アラカシ	100°以上	西日本<1000m、東日本海岸部<500m アカガシより500mほど低いところにみられ、九州山地の高いところには生育しない。				アラカシ
	不要	シイノキ	100°以上	南九州<1000m			シイ属・マテバシイ属	
				西日本、東日本の太平洋岸<800m				
				山陰・関東・北陸の海岸部<500m				
落葉樹林		クリ	55〜65°以上	北海道南部から屋久島まで分布			クリ属クリ	
				九州・東北<1000m、本州は<1500m				
	水さらし	クヌギ	85°以上	東北海岸部から屋久島まで　九州<1000m			コナラ属	クヌギ節 クヌギ
				西日本<1000m（一部1500m）				
				東日本<1300m、東北<300m				
	水さらし+加熱処理	ミズナラ	西日本120°以下、東・北日本100°以下	九州から北海道まで分布			コナラ亜属コナラ節	ミズナラ
				九州500〜1800m、西日本300〜1500m、東日本<2300m、北日本<1500m、北海道<1000m				
		コナラ	45〜55°以上	北海道南海岸をのぞく全国に分布				コナラ
				九州・西日本<1000m、東日本<1500m、東北<1000m、北海道<200m				
	不要	オニグルミ		九州以北に分布		クルミ科	クルミ属オニグルミ	
	水さらし+加熱処理	トチノキ		九州以北に分布	ムクロジ目	トチノキ科トチノキ		

処理の違いから三つに分けることができる。手間がかかる方からあげると順に、①水サラシと加熱処理が必要な落葉性のミズナラ・コナラ、②水サラシだけでよい照葉樹林性のアカガシ・アラカシ、落葉性のクヌギ[15]、③アク抜きのいらない照葉性のツブラジイ、落葉性のクリ・クルミである。

①の加熱処理などのアク抜きが必要なミズナラは、西日本では温量指数が120°以下、東・北日本では100°以下に生息する。東日本では2,300m以下、北日本では1,500m以下、北海道1,000m以下の範囲が該当し、分布の中心は東・北日本にあるが、中国地方以西でも標高100〜500m以上の高原地帯であれば生息できる。同じ処理が必要なコナラは、温量指数が45°〜55°以上の列島全域に生息し、西日本では標高1,000m以下のところでなら生息が可能である。

②の水サラシだけでよいアカガシやアラカシは、東日本のドングリに比べて非常に多くの炭水化物を含む堅果類である。温量指数が100°以上の地域に生息するため、九州から東北北部の太平洋岸と日本海岸、および西日本では標高1,300〜1,000m以下の地帯に分布をみせる。西日本のメジャーフードの一つに該当するカシ類が関東にも分布することは、落葉性堅果類と共存する地域における照葉性堅果類の利用状況を示す例として注目できる。

同じ処理法をもつシイ類も温量指数が100°以上の地域に適応するためカシ類と同じ平面分布を示す。ところが垂直分布をみると、山陰・東海・北陸・関東の沿岸部では標高500m以下の低いところにしか分布しないので、カシ類よりは分布域が狭い。

③のアク抜きが不要なクリは、温量指数55°〜65°以上の地域に分布する。北海道から九州まで分布し、しかも九州・東北では標高1,000m以下の地域に、その他の地域では1,500mまで分布するため、縄文人がいつでも利用できる環境に生息していたといえる。

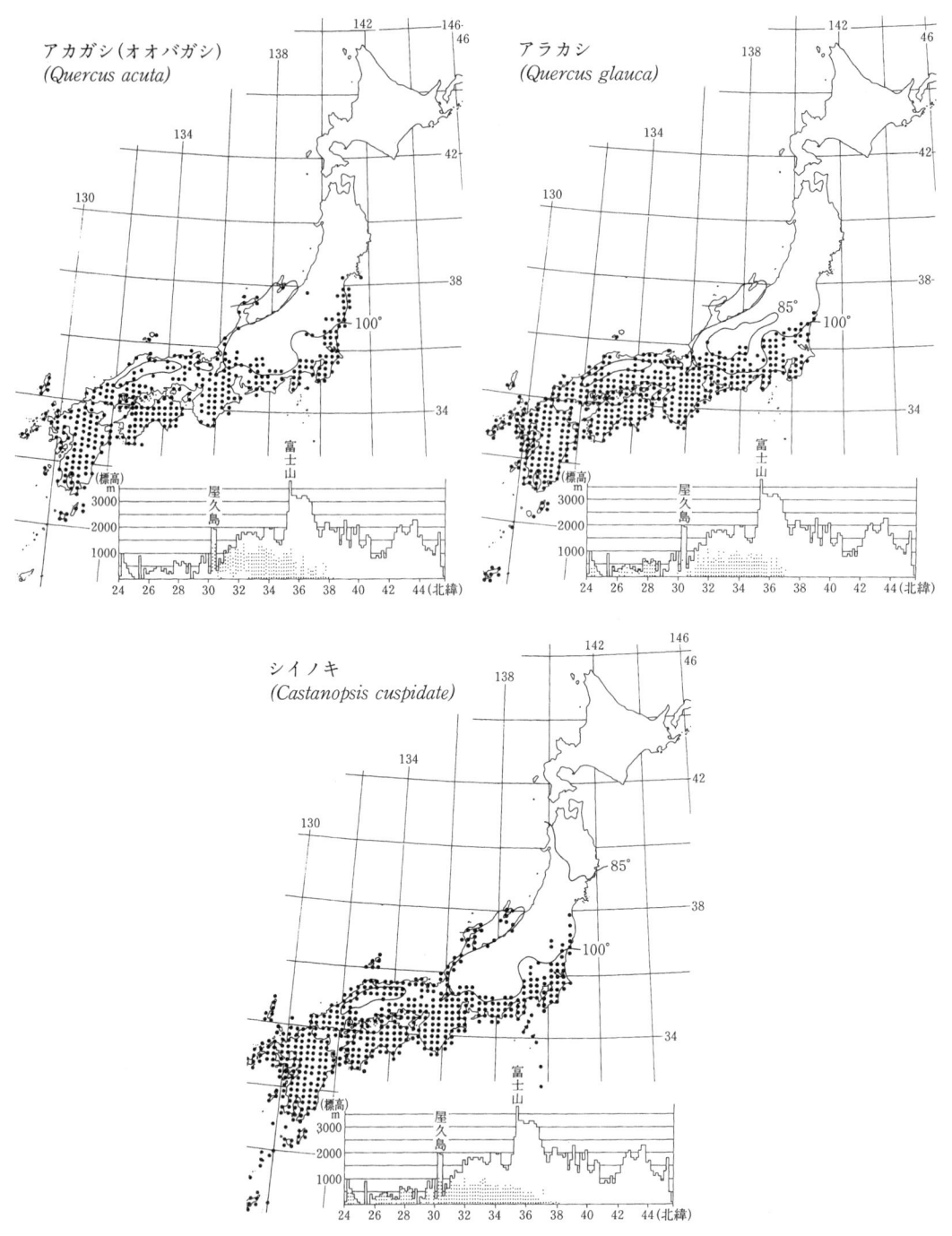

アカガシ(オオバガシ)
(Quercus acuta)

アラカシ
(Quercus glauca)

シイノキ
(Castanopsis cuspidate)

図4　照葉性堅果類の平面・垂直分布（Horikawa 1972を改変）

　以上のように、西日本でも標高が高いところでは、落葉性のコナラ・ミズナラ・クリを利用できる環境にあったし、逆に東日本の低地部には、分布域は狭いけれども照葉性のシイ・カシ類を利用できる環境にあったことがわかる。

　堅果類の自然分布はわかったので、今度は遺跡からみつかる遺体から、実際に縄文人が利用して

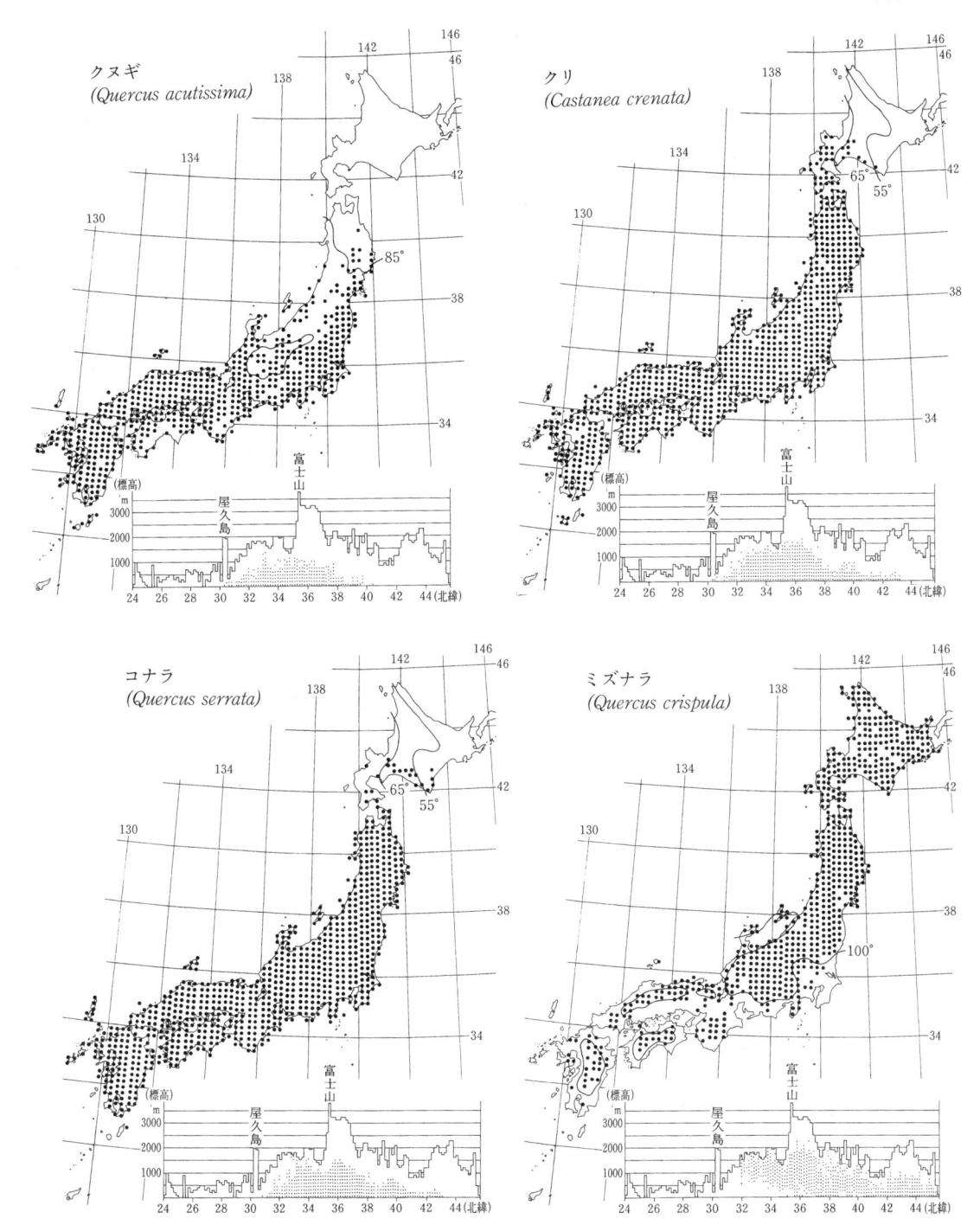

第二章　西日本縄文社会食料窮乏説の再検討　47

図5　落葉性堅果類の平面・垂直分布（Horikawa 1972を改変）

いたかどうか利用分布をみてみよう。

(2) 遺跡出土の堅果類（表2）

　鳥取県桂見遺跡、岡山県前池遺跡、京都府桑飼下遺跡、同北白川遺跡、奈良県橿原遺跡、滋賀県滋賀里遺跡、福井県鳥浜遺跡、埼玉県真福寺遺跡は温量指数85°のところに位置しているので、落

表2　縄文時代の遺跡出土堅果類

遺跡名	立地	時期	照葉樹林	落葉樹林
東黒土田	162m	草創期		ブナ
黒川	84m	晩期	シイ	
陣内	山地	後・晩期		トチノキ
松添	低地	後・晩期	カシ	
曽畑	低地	前期	イチイガシ	クヌギ、アベマキ
古閑原	台地	中期	イチイガシ	
伊木力	海岸部	前期	コナラ属、アカガシ属、イチイガシ	
坂ノ下	80m	中期	イチイガシ、アラカシ、シイノキ、	
坂ノ下		中期	チャンチンモドキ、ツブラジイ	
野多目	低地	後期	イチイガシ	
中村	河岸	晩期		クリ、コナラ
入田	低地	晩期	シイ	
岩田	低地	晩期	アカガシ、シラカシ、イチイガシ	
岩田		晩期	ウメバガシ、マテバシイ、コジイ、カヤ	
彦崎	低地	中・後期	シイ	
前池	25m	晩期	イチイガシ	クリ、トチノキ
桂見	2〜25m	後期	スダジイ、アカガシ	オニグルミ、トチノキ、ヒシ
佐太講武	70〜80m	前期	シイ	
郷路橋	420m	前期		トチノキ
鳥浜	低地	草創期		クルミ、ハシバミ、ヒシ、カヤ
鳥浜		前期	アカガシ、スダジイ	ブナ、コナラ、ヒシ、クリ、オニグルミ
橿原	80〜100m	晩期	イチイガシ、ツブラジイ、スダジイ	ヒメグルミ、トチノキ
馬場川	15〜20m	後・晩期		トチノキ、ドングリ
北白川	山地	前期	イチイガシ、アカガシ	トチノキ、オニグルミ
桑飼下	5m	後期	カシ類	クルミ、クリ、トチノキ、ナラ
滋賀里	95m	晩期	シイ、アラカシ	ヒシ、クリ、トチノキ、オニグルミ
馬見塚	7.5m	晩期	シイ	
大地		後期	アラカシ、マテバシイ	
古沢	27〜35m	前期	アラカシ	コナラ、トチノキ、ミズナラ、クリ、クルミ
沖ノ原	440m	中期		コナラ
葦間川左岸A	700m	中期		ミズナラ
三溝上原	台地	中期		トチノキ
クマンバII	台地	早・前期		トチノキ
真福寺	低地	晩期	アラカシ	コナラ、ミズナラ、トチノキ、オニグルミ
荒川河床第一		前期		トチノキ
加茂	低地		ツブラジイ、マテバシイ	オニグルミ、クリ
粟島台		前・中期		トチノキ、クルミ
余山	9m	後・晩期	イチイガシ、スダジイ	クリ、クヌギ
山王	38m	晩期		トチノキ、クルミ、ドングリ
貝鳥	10m	後期		ミズナラ
是川	20m	晩期		ミズナラ、トチノキ、クルミ
亀ヶ岡	20m台	晩期		トチノキ、クルミ、ブナ

葉性、照葉性いずれのドングリも利用できる環境にある。中国地方の前池遺跡や桂見遺跡では、実際に両方の堅果類が出土しているし、関東の低地部にある真福寺遺跡、千葉県加茂遺跡や同余山遺跡でも両方の堅果類が出土している。西日本・東日本をとわず両方の堅果類が生息するところでは、両方を利用していることは間違いないが、その組合わせ方はかなり選択的である。

　たとえば、かつて縄文後・晩期農耕の舞台と考えられた九州中部の火山灰台地には両方の堅果類が生息するが、宮崎県陣内遺跡では片方しか出土していないし[16]、逆に青森県是川、石川県米泉、埼玉県赤山遺跡ではトチとクリの殻が大量に集積した状態、すなわちトチ塚やクリ塚としてみつか

っているところから、特定の種類を集中して採っていたことがわかる。このように集中して特定の堅果類を採る例は、いずれも落葉性で群生する傾向をもつ堅果類に限られることが重要である。

堅果類の分布に対応して遺体が出土する遺跡と対応しない遺跡があるのは[17]、植生の分布と縄文人の獲得活動が必ずしも対応するわけではなく、かなり縄文人が戦略的であるということをものがたっている。遺存状況ともかかわっている可能性があるため、遺存状況が即利用状況を示すとはいい切れないが、問題は縄文人が陣内遺跡のように特定の種類を集中して採っていたのか、岡山県南方前池遺跡のように多種にわたって少量ずつ採っていたのかにかかっている。

このことから優占種のなかの特定種が大量に群生する傾向がある落葉樹林帯の縄文人は、ほかに可食ドングリがあっても特定の堅果類の採集・加工に集中し、逆に特定の堅果類が群集しにくい照葉樹林帯の縄文人は、多種のドングリを少しずつ採集していた姿が浮かび上がってくる。さらに寡占種のクリやクルミを大量に採っていた場合は、縄文人がどのように管理していたのかを解明する必要がある。

したがって縄文人は、生息する堅果類の群集度や分布状況にもっともあった採集機構や労働組織を形成して効率よく採集すると同時に、寡占種については積極的な働きかけをおこなっていた可能性がある。堅果類の分布だけをみて東と西の資源量を規定できるほど、問題は単純でないことがわかる。次は堅果類以外の野生型植物性食料についてみてみよう。

3　野生型植物—根茎類—

根茎類をメジャーフードとする生業は、根茎デンプン採集（Stem and tuber starch collecting）と呼ばれている〔堀田 1983〕。落葉樹林帯の根茎類には、ウバユリ・ヤマユリなどのユリ類とクズ、ワラビ、ヤマノイモなどがある。このうちメジャーフードとして利用されていた可能性が高いのはユリ類とヤマノイモである。

根茎類は栄養生殖で種子をつくらないため、遺体としては残りにくいが、利用を思わせる状況証拠は確認されていて[18]、食されていたことは間違いない。それぞれの特性をみてみよう。

(1) ユリ類

メジャーフードとして食されたユリ類の代表はウバユリである。ウバユリが食されていた状況証拠といえるものに、三内丸山遺跡で大量に見つかった円筒土器がある。この土器は、北海道西南部から東北北部にかけての地域に分布する丈の高い円筒形の土器で、根茎類からデンプンを採取する道具と推定する説もある〔渡辺 1995〕。

渡辺によると土器のなかにすりおろした根茎部を水と一緒に入れて、長時間かけて何度も撹拌し沈殿させると、次第に混じりものの少ない良質のデンプンだけになってくる。デンプン化すると堅くなって取り出しにくくなるので、土器を割ってなかのデンプンを取り出すのである。撹拌・沈殿の工程では火を用いないので、土器に焼けた痕やススはみられない。この仮定が成り立つならば、三内丸山遺跡の人びとは大型のクリと並んでユリ類に大きく依存していた可能性がある。

ユリ類が寒冷な地域の集団にとって貴重な食料源であったことは、林謙作が検討したアイヌ系住民の伝統食からも明らかである。林はアイヌ系住民の伝統食に登場する野生植物のリストを紹介し

ているが、91種の利用植物のうち多量に採集して消費するものは12種で、そのうちデンプンの主要な供給源として利用できるのはユリ類だけだという〔林 1992a：98〕。

このように東北北部から北海道にかけての地域では、ユリ類がメジャーフードとして大きな役割を果たしていた可能性はきわめて高い。

(2) イモ類

本州の縄文人の貴重な食料源として、古くから可能性が指摘されていたのがイモ類である。イモ類には落葉樹林帯系と照葉樹林帯系のイモがある。

落葉樹林帯系のイモ類のなかで縄文時代にメジャーフードとして食されていた可能性がもっとも高いといわれているのがヤマノイモ群である。ヤマノイモ群には、ヤマノイモ（*D. japonica* THUNB）とナガイモ（*D. opposita.* THUNB）の2種がある。ヤマノイモは日本の在来種とされる野生型で、畠に栽培するまでもない山にあるイモの意味である。ナガイモは田畠に栽培する栽培型で、日本列島外からもち込まれたものであるから〔内藤 1987〕、検証する対象からは外してよい。

ヤマノイモは、陽当たりがよい乾燥した二次林のなかでも、標高50m以下の低いところで成長する。地下に深く直下するため、長く大きな円柱形の多肉根をもつ。受精をおこなわないので種子として使用できるものは結実しない。そのため、種イモを分割して増えていく栄養生殖である。

直良信夫以来、縄文人が利用した根茎類として多くの研究者がとりあげてきたが、呼び方はいろいろである。ヤマノイモ〔国分 1955〕・〔直良 1965〕、ヤマイモ〔江坂 1959〕〔渡辺 1975〕、ジネンジョ〔中尾 1967〕〔今村 1989〕と異なるが、すべてヤマノイモをさす。

遺体が残りにくいヤマノイモが食されていた状況証拠として注目されてきたのが、縄文前期後半以降、関東・中部地方を中心に急増する短冊型の打製石斧である。この道具の詳しい検討は次章に譲るが、今村啓爾が指摘するように、この道具の分布と堅果類を保存する貯蔵穴の分布との間に相関性が認められないことなどから〔今村 1989〕、短冊型打製石斧で採集し一般に食されていたことは間違いない。

一方、照葉樹林帯系のイモ類といえばタロ系統やヤム系統が有名である。これらは東アジアの暖温帯に起源をもち、そこで品種分化したもののうち、わずかな系統のものが後世になって日本列島に伝播したといわれている〔内藤 1987〕。したがって、今回の検証からは外してもかまわないであろう。

以上のように縄文時代の根茎類は、落葉樹林帯に生息するウバユリやヤマノイモにかぎられ、照葉樹林帯にはメジャーフードになりそうなイモ類は存在しなかったと考えられる。

(3) クズ・ワラビ

クズやワラビは、植物栄養学的にはメジャーフードにはあたらない植物である。クズはパイオニア的植物で、自然植生ではそれほど多いものではないし、かつ標高の高いところ(500m以上)ではあまり繁殖しないという[19]。またワラビは草原性で、陽当たりのよい草原が存在しなければ優勢な種とはいいがたい。いずれも大量に採集できる条件に恵まれていない。潮見浩の研究でわかるように、奈良時代にもデンプン供給食としてこれらが位置づけられていた様子はうかがえない。奈良時代の文献に記された野生の根茎類のなかで、デンプンが利用された可能性のあるとされているのはヤマイモだ

けで、ワラビやクズは嫩芽を食用するものとして取り上げられている〔潮見 1977〕。したがって、クズやワラビのデンプン採集はメジャーフードとしての役割をそれほど期待できるものではない。

　検討の結果、堅果類以外の野生型植物のなかでメジャーフードとしての可能性が高いのは、落葉樹林帯に主要な生息域をもつユリ類とヤマノイモにしぼられるとみてよいだろう。

III　栽培型植物と縄文人

　縄文時代の栽培型植物には、1970年代から知られていたヒョウタン・エゴマ・リョクトウなどメジャーフードに適さないと考えられるものと、ヒエやコメなどメジャーフードとなりうる雑穀や穀物がある。これらがどのような状況で出土し、食料として考えられているのか、それとも食料以外の用途も考えられているのか検証してみたい。

1　メジャーフードに適さない栽培型植物―ヒョウタン・エゴマ・マメ類―

(1)　ヒョウタン

　縄文時代の栽培型植物としてはじめて知られたのがヒョウタンである。1940年、埼玉県真福寺遺跡の晩期泥炭層から倒立状態で埋没した深鉢が出土し、その胴下半部から底部にいたる大破片の内面に、ヒョウタンの種子がこびりつくような状態で見つかった。現在では、滋賀県粟津貝塚（早～前期）、青森県三内丸山遺跡（前～中期）、鳥浜貝塚（前期）など、6ヵ所で確認されている。ヒョウタンの種子は自然のままでは長距離を伝播しないので、人が大陸から意図的にもち込んだことは明らかだが、食料として栽培されていたかどうかとなると判断はむずかしい[20]〔中尾 1977〕。鳥浜遺跡から出土したヒョウタンの表面は焼けてなく、炭化していないことに注目した西田正規は、果皮を容器として利用するために栽培されたと推定する〔西田 1980〕。したがって、食用以外の目的で栽培されていた可能性を念頭においておく必要がある。

(2)　エゴマ

　ヒョウタンの次に明らかになった栽培型植物はエゴマである。1978年に東京都なすな原遺跡の焼けた竪穴住居の床面近くで、火事で焼け落ちたと考えられる粟粒状の炭化物がみつかった。電子顕微鏡観察の結果、エゴマと鑑定される。この発見がきっかけとなって、これまで縄文時代のアワといわれていた資料のなかにエゴマがかなり含まれていたことも明らかになる。縄文前期の山梨県花鳥山遺跡を最古の例として、中世までの遺跡約10ヵ所で出土している[21]。

　エゴマは、学名を *Perilla frutescens var japonica* といい、かつては焼畑の輪作作物として最終年次に栽培されていた。上越・出羽山地、飛濃越山地、赤沢・丹沢山地で集中的に栽培され、焼畑と深い関係をもつ植物であったことが知られている〔須田 1995〕。

　江戸時代にはもっぱら燈油用だったが、現在の民俗例も考慮するとデンプン質のものにまぶして調味料として使われた可能性もある。エゴマが縄文時代のパン状炭化物のなかから見つかることが多いことを考えると、調味料説が有利と考えられる。また西田は、ウルシを塗料として使うときエゴマの油が溶媒として用いられている現在の使用例に注目し、ウルシ塗の技術と同時にもたらされ

た可能性を示唆している〔西田1989〕。

このようにエゴマもメジャーフードとしてつくられていた可能性は乏しい。

(3) マメ類

縄文時代のマメ類は、縄文前期後葉の山梨県京原遺跡例を最古例として6例報告されている〔長沢1995〕。しかも時期が古い例ほど粒が大きいという報告例もあるので、栽培されていた可能性は高いと考えられている〔長沢1995〕。

デンプン質食料であった可能性がもっとも高いマメはリョクトウである。現在までに岐阜県ツルネ遺跡など8ヵ所で出土している。鳥浜遺跡で見つかったリョクトウの種子がすべて炭化していたことや、火のそばで取り扱われていたことからわかるように、食料として利用されていた可能性は高いが、わずか9点しか出土していないので、メジャーフードといえる段階にはない〔西田1980〕。

このように雑穀・穀物以外の栽培型植物のなかで唯一、メジャーフードとなりうるマメ類ではあるが、注意しなければならないのが同定である。同定は保存がよくないと難しく、同定できても分類はきわめて大雑把なものにならざるを得ないという。現に、遺跡から出土したリョクトウ類似の種子のほとんどがアズキの仲間であったという分析結果もあるように[22]、リョクトウは同定上、まだ解決しなければならない問題を抱えている。

リョクトウにかわって近年注目されているのがアズキである。日本のアズキ（*Vigna angularis var. angularis*）は、大陸産とは系譜が異なることが判明し、日本の野生種であるヤブツルアズキ（*Vigna angularis var. nipponensis*）が西日本で訓育・栽培化された可能性が指摘されている。

以上のように縄文時代の栽培型植物のうち、ヒョウタンやエゴマはメジャーフードというよりもヒョウタンが容器、エゴマが調味料、もしくはウルシ塗り用の素材の一つなど、日常の食料以外の目的で利用されていた可能性の方が高い。マメはアズキのように日本列島で訓育された可能性のあるものが存在するが、出土状況からメジャーフードであった可能性は少ない。

2 メジャーフードに適する栽培型植物―雑穀・穀物―

次に、つねに縄文農耕との関係で取り上げられる雑穀と穀物についてその特性をみてみよう。草原そのものが大規模に展開しない日本列島では野生種が原則として自生しないため、草原種子の採取（Grassland seed collecting）が独自にはじまることはない〔中尾1988：343〕。したがって、日本列島で草原種子の採取や栽培がはじまるためには、中国・朝鮮半島などから草原種子自身と栽培技術がもたらされることが大前提である。

このような外来起源の草原種子には雑穀と穀物がある。

雑穀とは、小さな頴果をつけ夏作物として栽培される一群のイネ科穀類を指すが、イネ・コムギ・オオムギ・トウモロコシなどの大きな頴果をつける主要穀類は含まない〔阪本1988〕。土壌や気候条件などが悪い土地でもよく成育し、旱魃にも強く病害虫も少ない。頴果は小さいが、安定した収穫が得られるという作物特性をもつ。穂のまま束ねて納屋や穀物倉に貯蔵すれば、害虫もあまりつかず長期間保存が効き、救荒作物としても優れているという〔阪本1988：24〕。日本では古代からヒエ・アワ・キビ・シコクビエ・モロコシ・ハトムギの6種が栽培されていた。

縄文早期末の北海道中野B遺跡でみつかったヒエ属の種子が、今のところ雑穀最古の例である〔吉崎 1997〕。青森県富ノ沢（Ⅱ）遺跡の中期後半の住居からも2,000粒をこす炭化したヒエ属種子が出土している〔吉崎 1992b〕。これらのヒエ（*Echiinochloa crus-galli*）は、周辺に自生するイヌビエより種子のサイズが大きく丸くなる傾向があることから、栽培型と考えられている。今のところ栽培型と考えられているヒエは、日本列島での出土例がもっとも古いことから、縄文時代の雑穀栽培説のなかで近年もっとも注目されている植物である[23]。

ヒエとともに縄文農耕説の代表的存在であるアワは、確実な例がない。穎果が小さいため検出しづらいことが作用しているのかもしれない。朝鮮半島では、櫛目文土器時代後期（前15世紀）になって、平壌・南京遺跡や黄海南道・智塔里遺跡でモロコシとともに出土し、その後、朝鮮半島中部以北の一般的な作物として栽培されたことがわかっている。また釜山市東三洞貝塚で、約4,000年前のアワがみつかっているので、朝鮮半島北部だけでなく南部でも栽培されていた可能性が高まっている。日本列島でも将来的に出土する可能性は高い。なおヒエ・アワ以外の雑穀については、縄文時代の確実な例は知られていない。

日本列島でもっとも古い穀物は縄文中期のオオムギ（埼玉県上野遺跡、同ツルネ遺跡）で、穀物がかなり古くから日本列島にもち込まれていたことは確実のようである。しかし中期以降、栽培技術が継承されてきたと考えられる証拠はないので、弥生時代とのつながりは切り離して考えてよい。

弥生時代へとつづく唯一の穀物がコメである。岡山県南溝手遺跡でみつかった籾痕土器からは縄文後期後半、同県姫笹原遺跡の土器の胎土からみつかったプラント・オパールからは縄文中期までコメがさかのぼることが明らかにされている。このようにコメ自身は点々と弥生時代までつづくが、道具や農法の面で弥生時代と大きな落差が認められるため、系譜としては一応分けて考える必要がある。

縄文後・晩期農耕とむすびつけられることの多い雑穀と穀物だが、ヒエとコメをのぞくと確実な出土例はないのが現状である。

3　まとめ

縄文人が主に獲得していたと思われる植物性食料を検証したが、植物栄養学的にメジャーフードと考えられるのは、野生型の堅果類とヤマノイモやユリ類などの根茎類、栽培型のヒエ・コメに限られていた。次の問題は、これらが実質的に縄文時代のメジャーフードとして位置づけられていたかどうかである。それを知るためには、これらの植物の利用形態が問題になってくる。そこで採集から長期保存が可能な状態まで加工・処理する食料獲得活動全体を復元し、先の植物性食料の取り扱われ方を次節で検討することにする。

Ⅳ　植物性食料獲得活動の定義

1　植物性食料獲得活動の研究史——生態学的な使用法——

まず食料を獲得する活動を何と呼ぶかという用語の問題を整理しておきたい。文化人類学者、植物学者、考古学者の間で人間の植物に対する働きかけをめぐる呼び方は異なっている。最近の三内

丸山遺跡におけるクリやイヌビエと、人との関係に対するとらえ方にその違いを典型的にみることができる。

　考古学者は管理・栽培と呼ぶのが普通である。それはどのような考えにもとづいているのであろうか。代表的な2人の意見を紹介する。小林達雄は、単独でなくてもよい特定種を一定の範囲のところで栽培・管理するのが畠、さらにそれが生業のなかで相当のウェイトを占め、しかも途中で途切れることなく継続するのが農耕、と定義する〔佐々木・松山編 1988：347～350〕。林謙作は、農耕社会を「農耕が主要な生業となっている社会」という意味で用いるため、社会の生産システムにおいて農耕が占める比重や果たす役割にしたがって、その社会が農耕社会かどうか判断している。したがって縄文時代の植物栽培は「採集、狩猟、漁撈活動のごく一部を補う程度」の役割しか果たしていないので、縄文時代は農耕社会ではないとする〔林 1992a：100〕。小林も林も、農耕というためには生業活動全体のなかで栽培がかなりの比重を占めていることが必要、という判断である。それに対して佐々木高明はヒョウタンやエゴマの栽培を原初的農耕と呼んでいるし、佐藤洋一郎はＤＮＡをもとにクリ栽培説を主張する[24]〔佐藤 1999〕。

　日本の考古学者が農耕に関してこのような厳密な定義をおこなうのは、「経済的な画期や転換をもって時代を画する唯物史観の影響や、農耕の対象はあくまでも穀物である」という考え方に影響されているからであり、西田正規の指摘どおりである[25]。ただ欧米では、生業に占める栽培の比率は問わず、栽培種を栽培することが農耕にあたると考えている。西アジアやヨーロッパ、新石器革命のチャイルドもそうである。その意味では日本の考古学者だけが比率を問うていることになる。

　そこで、考古学は人と植物との具体的な関係を明らかにするのが目的なので、まずクリや根茎類を例に、具体的な関係を明らかにすることからはじめよう。

　「栽培」を栽培育種学のいう生殖を管理することと定義した場合、それは種付けや交配をおこなうことをいう。その意味ではクリなどの樹木類に対する栽培は非常に難しく、縄文時代に樹木を対象とした生殖の管理がおこなわれていたとは考えにくいという[26]。したがって栽培育種学的な栽培にはあたらない。

　しかし、縄文時代のクリに人の手が加わっていることは確実である。たとえば、縄文時代の遺跡から出土するクリのなかには実の大きさがかなり大きいものがあるし、ＤＮＡからも人の関与が明らかにされたといわれている[27]〔佐藤 1998〕。これなどは大きい実のなるクリだけを残し、あとは間伐するという人の手を加える行為が存在したことを意味する。それを西田はクリ栽培〔西田 1980〕と呼ぶし、辻誠一郎は植栽（Plantation）と呼ぶのである。

　したがって、栽培育種学的にはクリ栽培とはいえないが、人の手が加わることをどう定義するかが問題になってくる。

　また、根茎類についても同じような問題がある。栄養生殖で増えるヤマノイモは栽培育種学的にいうと栽培にはあたらないのであるが、渡辺誠のジネンジョ移植説〔渡辺 1975〕、今村啓爾のジネンジョ栽培説〔今村 1989〕など栽培と呼ぶ考古学研究者は多い。これは栽培を、植物利用の人工化として広く位置づけ、動物利用の人工化である馴育（Domestication）[28]と対置する考え方に近い生態学の考え方である〔大塚編 1994：255～256〕〔西田 1997〕。

このようにクリやヤマノイモと人とのかかわり方に関する議論は、明らかに栽培育種学とは異なる意味で、生態学や文化人類学が用いる「栽培」という用語を使ってきたことを示している。考古学では、「栽培」に限らず本来の定義とは異なる意味で用語が使われる例が多いが[29]、他の学問分野の専門用語を本来の意味と違えて用いる場合には、その定義を明示しておかないと学際的な議論の際に混乱することも多い。

そこで本書では、理解を共有するために栽培や農耕という用語を使うにあたって、どういう意味で用いているのか、立場を明らかにしておく。

2 定義の分類項目—四つの指標—

筆者は植物性食料を獲得する行為を三つの指標にしたがって分類したことがある〔藤尾 1993〕。まず植物性食料が野生型か栽培型か、その植物性食料がメジャーフードかどうか、そしてその活動が生業活動全体のなかでどのくらいの位置を占めているのかという、三つである。検討の結果、食料獲得活動を採集、管理、栽培、農耕の四つに整理した。この定義にしたがうと、栽培とは栽培型植物の生殖を管理する行為であり、農耕とは栽培がほかの生業に対して突出した活動であることをさすことになる。小林・林に沿った見解であった。

しかしその後、縄文時代のクリが栽培種か野生種かどうかをめぐる問題が植物学者の間でも決着していないことや、ソバのように野生種か栽培種か区別できないものを現在も栽培していることなど、野生型か栽培型という識別に関してはいくつかの難しい問題があることを知った[30]。このような問題は、西アジアのように野生のムギを採集しながら訓育が進んで栽培種が生まれる過程の研究が進んでいるコムギなどでは起こらず、訓育の過程がまだ明らかにされていないトウモロコシやクリ、ソバなどに集中してみられる。いわばこれからの分野なのである。

そこで、現在も植物学者の間でおこなわれている野生種か栽培種かという論争に、考古学から立ち入ることはできないので、今回はこの指標を外すことにした。ただし、西アジアのように農耕の発祥地では、栽培種かどうかが農耕の重要な根拠になっていることを明示しておく。

そこで今回は、指標を一つ新たに加えることにする。それは、生殖を管理する栽培がはじまる以前に存在したと考えられる縄文人と動・植物との関係に関するものである。生殖を管理しなくても動・植物に人間が手を加えたと考えられる例は、これまでにも数多く指摘されている。たとえば植物を対象にしたものでは、縄文人が手に入れたい植物だけを増やすために周囲の環境を人為的に改変したり、大きな実のなるクリだけを残してあとは伐採してしまうなどといった行為がこれにあたる。これは西田のいう人工化や辻の植栽に相当する。

鳥浜貝塚から出土したクルミやクリが二次植生で頻繁に出てくるものであることは、一次林を伐採してクリやクルミが育ちやすいようにした縄文人の森林に対する働きかけの結果であるし〔西田 1981〕、焼畑も福井勝義の半栽培型焼畑農耕—「遷移畑」—の概念 3〔福井 1983〕にしたがえば、栽培以前の人工化にあたる。

このように縄文人は植物自身に直接手を下して生殖を管理する以前に、目的とする植物が生育しやすい人工的な環境をつくり、大きな実をつける木を増やすという淘汰をおこなっていたと考えら

表3 植物と人間の関係

植物の種類		社会的な位置	工程	人工化	植物名
栽培型	メジャーフード	突出	播種→採集	農業	雑穀・穀物
				園耕	
	非メジャーフード			栽培	ヒョウタン・エゴマ
野生型	両方	網羅的	成育→採集	訓育	全植物
	メジャーフード			管理	クリ・根茎類
			採集	採集	
	非メジャーフード			採集	果実・その他

れる。そこで、このような植生・植物の人工化の有無を定義の指標の一つに加えることにする。

　以上の議論をふまえて、縄文人の植物性食料獲得活動を新しい四つの指標によって再定義する（表3）。

　指標1：人間が植物の一生のどの段階に関与するのか

　種まきから関与するのか（栽培相当）、成育の過程でか（管理相当）、それとも実がなってから食用部分を採ることだけにかかわるのか（採集相当）。

　指標2：植物に対する働きかけの程度—人工化の程度—

　人工化は、植物自身におこなう場合と植物をとりまく環境（植生）におこなう場合の二つがある。植物自身への人工化とは、交配や種付けなど生殖を管理すること、すなわち栽培にあたる。環境への人工化とは、大きな実のなるクリだけが育つように小さい実しかつけないクリを間引いたり、クリに陽が十分にあたるようにまわりの立ち木を伐採する行為などが含まれる。福井のいう遷移畑もこれにあたる。これにしたがうと、畠や水田は特定の植物を育てるための空間を新たにつくるという、最大規模の人工化ということになる。

　指標3：植物栄養学的にメジャーフード足りえるかどうか

　前回と同じ基準である。

　指標4：生業活動全体のなかで、ある植物性食料の獲得活動が占める比重〔林 1992b：100〕[32]

　非メジャーフードの獲得が生業全体に占める割合はつねに低いが、植物栄養学的にメジャーフードたりうる植物の獲得が占める割合は低い場合と高い場合がある。ただし、どうやってこれを判断するかの問題は残る。

3　まとめ

以上、四つの指標にもとづいて、縄文・弥生時代の植物性食料の獲得活動を四つに分類する（表3）。

(1) 採集（Gathering）

　実・果実・根茎部などの可食部を熟稔時に採る行為で、同一植物への関与はこの1回だけに限定される。途中の無意識な働きかけは含まない。対象は温帯森林の優占種であるミズナラ類、シイ・カシ類、トチノキなど、メジャーフードとなりうる植物と、山菜や果実などメジャーフードとはなり得ない植物がある。

(2) 管理・植栽（Husbandry, Plantation）

　イネをのぞいた植物の成育過程で、周囲の環境に人間が関与する行為を指す[33]。陽があたるよ

に環境を整えたり、大きな実だけがなる木を残して小さな実のなる木を間引いたりする行為などが考えられる。中尾佐助の半栽培や福井勝義の遷移畑（succession field）という焼畑の上位概念で説明されるクリやクルミなどの管理も、この段階に相当する[34]〔福井 1983・1988〕。対象はメジャーフードとなりうるクリ、クルミ、ジネンジョなどで、先述した西田のクリ栽培、辻のクリ植栽や、渡辺のジネンジョ移植、今村のジネンジョ栽培が該当する。縄文前期の鳥浜貝塚を初現とする。

（3）栽培[35]（Cultivation, Horticulture）

種まきの段階から人間が関与し、植物自身（栽培種）を育種学的に改変するとともに、種をまく場所として畑や田をつくるという環境の人工化もおこなう。このうち、栽培活動が生業活動全体の補助的な位置づけにある場合を園耕（Horticulture）という。対象は、非メジャーフードのヒョウタンやエゴマからメジャーフードの雑穀・穀物まで、あらゆる栽培植物にわたる。ヒョウタン、エゴマ、縄文ヒエは縄文前期から、穀物（コメ）は縄文後期後半から栽培していた可能性がある。

（4）農耕（Farming, Agriculture）

メジャーフードである雑穀や穀物などの栽培が、生業活動全体のなかで支配的な生産手段となる場合を農耕と呼ぶ[36]。この定義にしたがうと、縄文後・晩期の稲作は生業活動全体のなかで支配的な生産手段になっていないので、農耕にはあたらない。したがって「縄文稲作」と呼び、稲作が支配的な生業手段となる「弥生稲作」と区別しておく。

以上のように、採集、管理・植栽、栽培、農耕を定義した。クリ・クルミは管理・植栽[37]、イヌビエは採集、もしくは馴育、ヒョウタンは栽培、雑穀・穀物は園耕と農耕の二つの場合がある。本書では、この定義にしたがって記述をすすめることにする[38]。

V 労働形態と弥生稲作受容との関係

1 縄文人の食料獲得活動と労働形態

前節まで、縄文人が入手可能な植物性食料にはどんなものがあり、どのような特徴をもっていたのか、それらの獲得法をどのように呼べばよいのか説明してきた。縄文研究では、これまでメジャーフードとして重要なドングリ類やサケ・マスを用いて、各地の食料資源を類型化することで獲得法の特質を描こうとする試みを早くからおこなってきている。

たとえば山内清男のナッツ型、サケ・シカ型〔山内 1964〕、西田正規のナッツ型、サケ・ナッツ型、サケ・シカ型〔西田 1980〕はその典型である。また食料を直接対象とするのではなく、それを含む生態系をもとに、メジャーフードの種類を類型化した赤沢威の森林・汽水複合型、森林・大陸棚複合型、森林・淡水複合型〔赤沢 1983〕などもある。

このような生態系に規定される食料資源の採集時期は植生・資源や地域ごとに異なっているため、各地で独自の1年間の労働カレンダーができあがっていたと考えられる。たとえば堅果類・根茎類などのデンプン質食料を手にいれる「保存食料獲得活動」は秋、タンパク質を多く含む水産資源などを手に入れる「安定食料獲得活動」は春先から夏におかれるが、資源の中身は地域によってさまざまである〔西田 1980〕。

地域ごとに異なる生態系と縄文カレンダーは労働組織にも影響を与えることになる。たとえばサケ・ナッツ型の場合、デンプン質の保存食料を手にいれる「保存食料獲得活動」の期間は10月から1月までのほぼ4ヵ月間にわたっているが、ナッツ型の場合は10月からのわずか2ヵ月間で保存食料を獲得しなければならない。このためナッツ型の縄文人はサケ・ナッツ型の縄文人に比べて、短い時間に労働を集中させて効率よく獲得する必要がある〔西田1980〕。

　このような植生、縄文カレンダー、労働組織のありようこそが、のちに弥生稲作を受容する際に対応の違いをもたらすことになる。ここでは、まずこれらの食料獲得活動を規定する植生資源を検証したうえで労働組織を復元し、最後に弥生稲作受容との関係を考えてみたい。

2　縄文人の労働組織を規定した根本要因

(1)　植生によって異なる群生度

　メジャーフードである堅果類や根茎類を獲得するための労働形態を規定するのは、まず植生である。なかでも落葉樹林帯と照葉樹林帯で異なる可能性のある堅果類の群生度が問題となる。生態学では、森林内の一定の面積における樹種の数と特定樹種の個体数が緯度によって異なる、というフローラの一般的な法則がある[39]。熱帯では、1km²あたりの樹種は多いが1種類あたりの本数は少なく、緯度があがるにつれて樹種は減るとともに1種類あたりの本数は増加する。

　この生物の種類と個体数の傾向性が日本列島のなかでも認められるとすれば、緯度が低い照葉樹林帯では単位面積あたりの樹種が落葉樹林帯に比べて豊富だが、1種類あたりの量は少ないことになる。たとえばクリを例にとると、照葉樹林帯では単位面積当たりの本数は少なく、採集するのに効率が悪くなる。反対に落葉樹林帯では、単位面積あたりの本数が多く群生しているので、採集する側にとって有利に働く。さらに人間が管理・植栽したクリ林が形成されるとしたなら、採集の効率性は一層あがることであろう。

　クリやクルミは、落葉・照葉両樹林体に分布するにもかかわらず、遺跡から出土する果殻の量には差があったが、植生の違いとそれに起因する採集の効率性に原因があった可能性は十分に考えられる。フローラの法則が中緯度地帯に位置する日本列島内でも適用できるかどうかまだわからないが、ここまで述べてきたのは縄文人の手がまったく加わっていない一次植生の話である。ここで問題にしなければならないのは、管理・植栽によって人工化された二次的森林である。

(2)　植生ごとに異なる採集・加工処理・貯蔵法

　群生すれば同一種の実が一度に大量に実をつけるので、それを効率よく採集し処理して保存する集中的な仕組みが必要となろう。たとえば泉拓良は、群生するクリやトチという特定の堅果に大きく依存する中部・関東地方の縄文人は、秋になると採集・加工・貯蔵のための保存処理の作業をムラ総出で手分けして（分業）集中的におこなう、「分業集中型」の労働組織をもっていたと考えている〔泉1987〕。

　埼玉県赤山遺跡でみつかったトチなどの特定の堅果も、群生する特定種を単一の処理で集中的に加工・調理する分業集中型の労働形態のもとで獲得されたことを示す例である。同じく秋になって大量に遡上するサケ・マスを対象とした獲得活動も、特定種に大きく依存した労働組織の典型であ

る。

　それに対して照葉樹林帯の植生は、特定種が大量に群生することはなく、数多くの種が時期をずらして次々と実をつける状態が考えられる。したがって、縄文人は数多くの種類の堅果類をそれぞれの特性に応じて、もれなく採集することで対応する必要が生じる。

　近畿地方の北白川地域にみられる安定した集落は、落葉樹と照葉樹が同じテリトリー内に成育しているので、多種類の堅果類に依存していたと考えられている。このような地域には、シイやカシなどアク抜きが不要なドングリ類があったり、加熱処理型アク抜きを要するトチがあったりなど、加工法が一様でないので落葉樹林帯よりも効率が悪い。したがって集団の規模も小さく、機敏に対処できる形態をとっていたと考えられている。

　また保存のための加工処理の方法も落葉樹林帯とは大きく異なっている。西日本では、長期保存用の粉にするなどの加工法はとらずに、つねに新鮮なままで利用するのに適した貯蔵穴が発達している〔潮見 1977〕。複数の種類の堅果類が貯蔵された状態でみつかった岡山県南方前池遺跡の貯蔵穴からは、シイやカシなど複数種のドングリが生に近い状態でみつかっている。これは、採集したドングリを水分が豊潤な状態で貯蔵することで生に近い状態で保存しておき、いつでも必要なときに取り出して加工・調理していたことを推測させる。水につけておいただけではアクを抜くことができないトチが貯蔵されていることも、この予想を裏づけているし、数千年たった現在でも貯蔵穴から出土した堅果類から芽が出るのは、新鮮な状態が相当長くつづくことを証明している。

　このように、落葉樹林帯では少種大量獲得の労働形態、照葉樹林帯では多種少量獲得の労働形態が構築され、それぞれにあった貯蔵法を生み出していた。このような労働組織や貯蔵法の違いこそが、弥生稲作を受容する場合に大きく影響することになるのである。

3　縄文人の縄文カレンダー―労働形態と弥生稲作受容の関係―

　まず弥生稲作を早くからはじめた地域と遅れた地域の縄文カレンダーと労働組織を比較し、違いがみられるのか、みられるとしたらどこにみられるのかを確認することで、先の課題を検討してみる。まず縄文カレンダーとの関係である。

　弥生稲作を早くはじめるのは、西田のナッツ型（九州北部～瀬戸内海沿岸）や赤沢の森林・淡水複合型に属する縄文人である。彼らは、夏先の端境期にタンパク質を多く含む安定食料資源が不足する点や、多種少量の獲得法・労働組織をもつという点で共通している。逆に弥生稲作の開始が遅れる地域に共通しているのは、初夏に多くの水産資源を得ることができる点と、少種大量の獲得法・労働組織をもつところである。三つの例をみてみよう。

　鳥浜遺跡では、夏の間、三方湖の内水面を利用した網漁やヤナ漁で蛋白質を補給する「安定食料獲得活動」がさかんであった。弥生稲作は中期からはじまっている。赤沢が設定した森林・汽水複合型に属する有明海沿岸地域も、九州北部地域でありながら玄界灘沿岸地域に比べて100年ほど弥生稲作の受容が遅れるのは〔藤尾 1991a〕、安定食料が豊富にとれる有明海の汽水域をかかえているからではないかと考えている。最後に東北太平洋岸の森林・大陸棚複合型に適した縄文人は、春から夏にかけて水産資源の収奪行動を集中させることで、夏の間の水産資源が端境期に貴重な安定

食料を供給していた。この地域では弥生中期まで弥生稲作ははじまらない。

　このように弥生稲作の開始に早い遅いをもたらしたのは、従来からいわれている秋口に採集する保存食料の量以外に、夏先に安定食料が十分かそうでないかという問題があった可能性が出てきた。このうち保存食料は、確かに獲得する期間が短く、とれる量も相対的に少なくなるが、それは貧困を直接意味するわけではない。なぜなら集団の規模を小さくして網羅的な収穫機構をもつことで対応できるからである。西日本はそうした例である。しかし端境期に必要な安定食料の場合は、なければどうにもならない。

　このようにみてくると、食料窮乏説をもしとるとすれば、弥生稲作は堅果類などの保存食料不足が原因ではじまるというよりも、春から夏にかけてのもっとも食料が欠乏する端境期に、魚などのタンパク質の入手が難しい地域でもっとも早くはじまったといえよう。弥生稲作をすばやく導入するかどうかは、森林が秋に生産する食用植物を加工・保存・貯蔵して春から夏の端境期を乗り切る保存食料とするほかに、サケ・マスや内水面・汽水域における漁猟活動によって、蛋白質の補給（安定食料供給）をうまくおこなえていたかどうかにかかっていたのではなかろうか[40]。

　次に、労働組織との関係である。

　水田稲作を中心とする弥生稲作はつねに集中的な労働を必要とするが、なかでも春先から初夏にいたる時期は田植えとその後の雑草取りでもっとも重労働の時期にあたる。そしてこの期間こそ、安定食料獲得活動の期間と完全に重複する。したがって、もともと安定食料が不足気味のナッツ型の縄文人には、労働が集中するのは秋口なので、もし弥生稲作へ移行するにしても夏場の労働はさほどぶつからずにすむ。しかし、夏場に水産資源をとる労働が集中する安定食料獲得活動に重点をおいているサケ・ナッツ型の縄文人にとっては、時期が完全に重複することで多くの痛みをともなうことになる。一方、「保存食料獲得活動」〔西田 1980〕としてナッツ類の採集がおこなわれる10・11月は、弥生稲作の稲刈りの時期にあたるため、すべての縄文人にとって保存食料を採る時期とも完全に重なってしまうので、各集団ともナッツ類の収穫と稲作の刈入れが重複する危険度は変わらない。

　以上、縄文カレンダー、労働組織の両面から、弥生稲作への転換が早かった地域と遅かった地域の間で違いがみられるかどうか検討してきた。その結果、西日本の縄文人が弥生稲作に素早く転換できたとすれば、植生差に基づく堅果類を中心とした保存食料不足や資源的偏りが原因ではなく、夏の間の端境期にタンパク質食料がもともと不足するという安定食料不足に原因があり、同時に水田稲作を取り入れた場合でも、従来の夏場の労働とは基本的にバッティングしないという利点があったからと推測できる。

Ⅵ　小　結

1　複雑な植生

　中緯度温帯域に位置する日本列島にはきわめて多彩な植物性食料が存在し、縄文人の生活を支えていた。それらを育む植生は東日本の落葉樹林帯、西日本の照葉樹林帯といった単純な図式ではく

くれないほど複雑であった。たとえば照葉樹林は海岸部沿いに日本海側は秋田まで、太平洋側は宮城まで分布するし、落葉樹林は西日本の標高500m以上のところにまで分布する。このようなマクロな分布以外にも、低地では焼畑後の二次林として照葉樹と落葉樹が混交林を形成することが多いし、京都の北白川のように尾根筋と谷筋で落葉樹と照葉樹が棲み分けているところも存在するなど、ミクロにみても非常に複雑な様相を呈していた。

したがって、東日本と落葉樹林帯、西日本の照葉樹林樹林帯というくくりは、巨視的な観点からは意味があっても、各地における水田稲作受容の問題等を論じる際にはあまり適当でないことがわかった。

2 縄文時代の雑穀・穀物

縄文時代のメジャーフードとなりうる栽培型植物としてヒエ属とコメを確認した。それ以外には今のところ確実な雑穀や穀物はない。

3 植物獲得活動の定義

縄文人の植物性食料獲得活動を、植物に対する人工化の程度、メジャーフードとなりうるかどうか、生業活動全体に占める比重などを指標に四つに分類した。その結果、人工化をまったくおこなわないのが「採集」、植物の生育過程で周りの植生に手を加え、遷移を利用して特定の植物をとったり、大きな実のなるものだけを残すことで淘汰するのが「管理・植栽」、種を播き生殖を管理して植物自身に直接手を下すのが「栽培」、栽培が植物性食料の獲得活動全体のなかで補助的な生産手段段階にあった場合を園耕、栽培が支配的な生産手段になった場合を「農耕」と定義した。したがって、この定義にしたがう限り弥生農耕や縄文栽培という用語はなりたっても「縄文農耕」という用語は成り立たない。

4 食料獲得活動のための労働組織

フローラとファウナの一般的な傾向、すなわち高緯度になればなるほど動・植物の種の数が減り、特定種の数が増えるという傾向が日本列島のなかにも適用できるとすれば、縄文人の食料採集・加工活動に大きな影響を与えていた可能性を指摘した。すなわち、特定の植物が群生する傾向の高い落葉樹林帯では、クリやトチなどの堅果類とサケ・マスなど特定の魚類を、複数の集団が短期間に労働力を集中して採集から貯蔵までを一気におこなう分業集中型の労働形態が発達した。これに対して特定の植物は群生せず、多くの種類の植物が少しずつ分散して生息する照葉樹林帯では、多くの種類のドングリを少しずつ利用するために、集落を分散し、採集期をずらして採集し、貯蔵穴に生のまま保存して、必要なときに取り出して加工処理するという網羅分散型の労働形態が発達した。西日本の縄文人は環境に適応した労働形態で、人口支持力にみあった集団規模を維持していたのである。

そのようななか、弥生稲作の導入以前に畑稲作をおこなっていた可能性が高まっている西日本後・晩期の縄文人は、採集・漁撈・狩猟などと同じか、もしくは低い役割しか稲作に与えていなか

ったことが予想されている。すなわち園耕である。あらゆる食料資源に満遍なく依存するという縄文人の姿勢のなかに、縄文稲作が受け入れられたからである。このような縄文稲作のあり方は、コメを知れば農業社会への道をすぐに歩みはじめるという従来の考えとは明らかに一致しない。

5　弥生稲作をはじめる要因はナッツ類の慢性的不足ではなく夏先の端境期を乗り切るため

弥生稲作をいち早く開始した地域は、内水面や汽水域に生息する安定した食料資源（蛋白質）を利用できなかった地域、すなわち西田のいう安定食料獲得活動がさかんでなかったナッツ型、赤沢のいう森林・淡水複合型の地域とほぼ一致した。

ナッツ型の集団は、弥生稲作を取り入れた場合、秋にナッツの採集とイネの収穫が完全に重なるため獲得活動の季節性を分散できないが、田植え・除草をおこなう夏先は、どの型の地域よりも既存の労働組織との摩擦がもっとも少なくてすんだことが、ナッツ型の縄文人を弥生稲作へいち早く転換させる原因になったと考えた。これは弥生稲作へ転換する理由を経済的な理由に求めるとすれば、堅果類を中心とするデンプン質の保存食料の慢性的不足に求められるのではなく、食料が欠乏しがちな端境期にタンパク質を多く含む安定食料を獲得できなかったことにあった可能性を示すと考えた。

以上の結果を受けて、縄文時代の存在を確認したヒエ属とコメの栽培は、縄文社会のなかでどのように位置づけられていたのか、雑穀・穀物栽培の実態を検証する。まず第三章でこれら栽培活動の研究史を概観して、縄文時代の栽培活動がどのように考えられていたかおさえ、第四章で縄文時代におこなわれていたと考えられる稲作の実態、いわゆる縄文農耕論を考古学的に検証することにする。

註
1) 狩猟採集経済の不安定さ、それに由来する貧しい生活という縄文時代のイメージが、いつ日本考古学に根を下ろしたのかはわからないと林謙作は述べている〔林 1989：98〕。
2) 惨めな生活環境のなかから、どのように脱却していくか。西日本では文化発展が原始農業への集中へという方向で発露されたととらえている。
3) 狩猟採集経済の矛盾を回避するために、生産経済に対する強い要請があったと述べている。
4) 縄文人が植物食を重要な食料としていたという説は戦前からあるが〔直良 1938〕・〔和辻 1939〕、どうしても肉食というイメージが先行していたのである。
5) ブッシュマンの食生活の基盤となっている重要な資源の呼称としてはじめて登場した〔田中 1975〕。
6) R.B.リーとI.ド＝ヴィアが主催したシンポジウム"Man the Hunter"を受けたものである。
7) 落葉樹林帯とは落葉広葉樹林帯をさし、それに対する森林帯を常緑広葉樹林帯というのが本来の使い方であるが、本稿では前者を落葉樹林帯、後者を照葉樹林帯と呼ぶことにする。
8) この段階では、板付遺跡の縄文水田はまだみつかっていないので、水田稲作の開始と環濠集落の成立は同時であり、きわめて急激な農耕社会化であったという印象があった。
9) この生産力は、組織物の体内に蓄えられる有機物の量を基準に測定される第一次生産力を意味するので、食料資源の生産高とただちに結びつくものではない。
10) 佐々木高明は、作物栽培を農耕（crop cultivation）とよんだうえで、稲作以前の非稲作農耕の存在形態を原

初的農耕（incipient agriculture）、初期的農耕（early agriculture）に類型化した。原初的農耕は、半栽培を含む採集、狩猟、漁撈が主たる生業活動として営まれ、それらの活動によって支えられている社会において、ごく小規模におこなわれた農耕をさす〔佐々木 1988：16〕。具体的には縄文前期のヒョウタン、マメ類、リョクトウ栽培をさす。初期的農耕は、主食料の生産の大部分を焼畑や原初的な天水田などの農耕でまかなってはいるが、その生産の安定性が十分でないような農耕のことである。具体的に縄文後・晩期の西日本の山地に展開したとされる焼畑農耕をさす。

11) 吉良竜夫の温量指数がもっとも一般的である。1年のうち、月平均気温が5℃よりももっとも高い月を対象に、各月の平均気温から5℃を差し引いた値の合計で表現される暖かさの指数（warmth index）である。たとえば、札幌の温量指数は67.8°、以下、仙台90.8°、水戸101.6°、静岡128.7°、広島119.2°、福岡108.6°、鹿児島144.3°、那覇207.8°となる。

12) 辻誠一郎によれば、これまで作図されてきた温量分布図は、人間が手を加えなかった場合の理想的な植生図であるという。実際、縄文時代には人の手がかなり加わった二次林状態のもとで採集活動がおこなわれているため、この場合の植生図を早急に作成する必要があるという。

13) ここでは焼畑を福井勝義の定義〔福井 1983：239〕に準じて用いている。「焼畑とは、ある土地の現存植生を伐採・焼却等の方法を用いることによって整地し、作物栽培を短期間おこなったあと放棄し、自然の遷移によりその土地を回復させる休閑期間をへて再利用する、循環的な農耕である」

14) 温量指数140°〜120°と120°〜100°は、暖帯の特徴的な樹種であるナギ・イヌマキ・アコウから構成される。100°〜85°は、シイ・イチイガシ・アラカシ・タブ・モチノキから構成される。とくに三つ目のグループが東日本の秋田・宮城以南の海岸部まで分布しているのである。山中によると、140°〜120°に収まる九州の海岸部は、カシやシイを代表とする照葉樹林に覆われ、伐採してもすぐにもとの照葉樹林に戻ってしまい、かつジメジメしているので、焼き払って焼畑をおこなうには困難を伴うという〔山中 1979〕。それに対して120°〜100°に収まる関東から北陸以南の照葉樹林は、乾燥しているため焼き払いやすい。また焼き払ったあとは照葉樹林には戻らず、コナラをはじめとする落葉性の二次林になる。つまり、九州の海岸部に生息する照葉樹林は焼畑に向かず、関東から北陸以南に分布する照葉樹林が焼畑に向いていること、そこで焼畑をおこなえば落葉性の二次林になることに注意しておきたい。

15) クヌギのアク抜き法は民間伝承されていないという〔渡辺 1973〕。

16) 陣内遺跡では、トチノキは出土しているものの、クリやクルミ、シイ、カシ類は出土していない。

17) 九州中部の火山灰台地上に立地する遺跡では、もともと遺体が残りにくい。また調査自体も古くおこなわれたものが多く、遺体の検出自体がおこなわれていない。したがって、この地域の食料相は今後の調査次第である。

18) 根茎類の出土例には、神奈川県平塚市上ノ入遺跡からみつかった縄文中期のキツノカミソリ〔小島・浜口 1977〕、鳥浜貝塚のユリ科植物、新潟県大沢遺跡のヒガンバナ科とヤマノイモ科の花粉〔前山 1990〕、京都府舞鶴市松ヶ崎遺跡出土のヤマイモ属ムカゴなどがある。

19) 篠原徹氏教示。

20) ヒョウタンは、陽当たりのよい窒素などの肥料分が多いゴミ捨て場付近に生えたりするので、半栽培ととらえることもできるという〔中尾 1977〕。

21) 住居跡から出土することは少ないので、松谷暁子は栽培されていたのかどうかを示す証拠が少し弱いと指摘する〔佐々木・松山編 1988：367〕。シンポジウムのなかでの発言。

22) 吉崎は、マメを同定する場合、マメの半割状態で観察できる幼根と、初生葉の形態を分類基準とする方法だけが採用できるとし、大まかにマメを三つに分けた。リョクトウ、ダイズ、アズキなどのグループである。

アズキは、野生型・雑草型・栽培型があり、すべて日本列島に棲息している。とくに雑草型は食物として利用されてきたこともあって、縄文時代の栽培活動と結びつく可能性はかなり低い。リョクトウは、あきらかに外来の栽培種なので、縄文時代の栽培を考える場合には鍵となる。

23) ヒエは、東北アジアのイヌビエを祖先として栽培されたもので〔YABUNO 1962〕、阪本寧男は東日本で栽培化された可能性を主張している〔阪本 1988〕。ハマナスノ遺跡で出土したヒエ属種子は、現地のイヌビエより種子のサイズが大きい傾向をもつことから、吉崎らは縄文ヒエと呼んでいる〔吉崎 1992 a〕。吉崎は、東日本の竪穴住居の床面は、ヒエ属種子の出現頻度が高いことを理由に、縄文ヒエを縄文人が選択的に利用した可能性を想定し、種子のサイズが大型化することを栽培化への過程、すわなち訓育（Domestication）段階にあったものと理解している。ヒエの栽培型は、本州では縄文以降に増えはじめるのに対して、北海道では11世紀頃、ロシア沿海州地方でも13世紀までしかさかのぼらない。朝鮮半島や中国東北部も栽培型の古い例はみつかっていないので、現状では本州の栽培型がもっとも古いことになる。しかし、サイズの大型化は栽培された結果の一つではあるが絶対条件ではないので、栽培されたと断定することはできない。花粉分析やプラント・オパール、ＤＮＡによる検証がぜひとも必要である。なお、プラント・オパールは、イヌビエと栽培型ヒエを識別することはできないという〔藤原 1988〕。

24) 佐藤が用いる農耕の意味は不明である。文脈から推定すると、栽培によって生物資源を得ることらしい。それでは栽培とはどういう意味で使っているのか、これもよくわからない。文脈からするとヒトが何らかのかたちで植物の繁殖に関係することらしい。

25) 歴史学のこのような態度について西田は、人類の行動を熱く評価する歴史学のたまものであるという。それに対して、生態のレベルから人類の行動を冷たく評価することを提唱する。すなわち、それぞれの種が相手の種に対していかに働きかけているか、という視点が必要であるというのである。それにしたがうと、栽培は人間が植物に対しておこなう働きかけ―人工化―であって、強制の一つということになる。

26) 辻誠一郎氏教示。

27) 佐藤は、三内丸山遺跡出土のクリの実21粒のＤＮＡをＲＡＰＤ法によりＰＣＲ増幅し、電気泳動させた結果、多くの実でバンドパターンがそろうことを栽培の根拠としている。現在のＤＮＡ分析では、塩基配列の中身を調べ比較することによって、栽培の可能性のみならず、いろんなところから出土したクリ同士の系列や地域性まで検討することが可能になりつつある〔青木・新見 2001〕。バンドパターンがそろうことだけに、栽培の根拠を求める佐藤の方法では管理と栽培の区別が不可能であったが、こうした新しい方法の開発によって、欠点は是正されていくことであろう。

28) 生きた動物資源を略奪対象ではなく、いつでも利用できる対象にする、生かして貯蔵する人工化とみる〔大塚編 1994：155の小長谷有紀氏の発言〕。

29) 辻誠一郎氏教示。

30) 辻誠一郎氏教示。

31) 植生に人為的な改変を加え植生を遷移させ、特定の植物の繁殖を企てるやり方は、既存植生をクリアにし、その後の植生の遷移を利用するという焼畑の基本的特徴に通じるという理解を示している。

32) 本来なら植物性の食料だけではなく、動物性食料も含む縄文人の食料獲得活動全体を対象とする必要があるが、デンプンの食料源としていた植物性食料だけを扱った。

33) 植物資源を多少なりとも意識的に保護・管理している行為をさす〔Higgs & Jarman 1972〕。林謙作は「誘導・管理」と呼んでいる。ヒッグスたちは訓育と呼ぶ。人間にとって都合のよい品種を計画的につくり出していく行為は、野生の草原種が自生しない日本列島では、ヒエ属を除いて存在した可能性がないので設定しなかった。なお、林は訓育を「淘汰・訓育」と呼ぶ。

34） 焼畑は、自然植生に人為的な力を加えることで、対象となる植物の繁殖を促進できるという一般法則のうえに成立しているが、作物導入以前に、たとえば一次植生を破壊すると、ワラビ・ヒガンバナ→クズ・ワラビ→クリ・ナラ・クルミへと、最初は二次植物に移行する。そこで食用にならない樹木を薪などのために伐採すると、クリやクルミの密度が高くなっていく〔福井 1988：354〕。

35） 段階としては、栽培の前に訓育が存在する。イネやムギの野生種が棲息する地域で、人間が栽培種をつくり上げていく行為をさす。日本列島にはヒエ属とアズキを除くと雑・穀物の野生種は自生しないので、訓育が存在した可能性は考えにくい。

36） 農耕に対するこのような厳密な定義は日本考古学だけで、世界的には栽培植物に働きかけをおこないはじめてから以降は農耕と呼んでいる。日本考古学は唯物史観に厳格な例の一つである。

37） イモやバナナ農耕もアジアには存在するが、縄文時代に存在した可能性は考えにくいので、ここでは扱わない。

38） 食料ではないが、漆もこれに該当する。

39） 篠原氏教示。

40） この議論は、シンポジウムでおこなわれたものである〔佐々木・松山編 1981；368-376〕。端境期をどう補うかというテーマ設定でおこなわれた議論の中心には、木俣美樹男が主張する貯蔵していた堅果がなくなり、次にとれるまでの間を埋めるために雑穀の栽培がはじまったのではないかという説や、赤沢威の、西日本の縄文人は秋に採った堅果類を貯蔵しておいて、それだけで生きていた春から夏にかけて食料が不足気味の西日本では、渡来してきた栽培植物が入り込みやすいのではないかという説がある。

参考文献

青木摂之・新見倫子 2001：「クリ（*Castanea crenata*）品種間の識別に関する予備的研究—ITS1を用いて—」（『動物考古学』16，17-25

赤沢　威 1983：「日本の自然と縄文文化の地方差」（『人類学—その多様な発展—』14-29、日経サイエンス社）

　　　　 1988：「縄文人の生業—その生態的類型と季節的展開—」（『佐々木高明・松山利夫編『畑作文化の誕生』縄文農耕論へのアプローチ、239-267、日本放送出版協会）

泉　拓良 1987：「植物性食料」（『季刊考古学』21、63-67）

今村　啓爾 1989：「群集貯蔵穴と打製石斧」（『考古学と民族誌』61-94、六興出版）

江坂　輝弥 1959：「縄文文化の時代における植物栽培起源の問題に対する一考察」（『考古学雑誌』44—3、1-16）

　　　　 1995：「縄文時代に大陸から日本列島に渡来した有用植物の研究」（『考古学ジャーナル』389、1-3）

大塚柳太郎編 1994：「総合討論 新たな資源論を求めて」（『講座地球に生きる』3—資源への文化適応、243-283、雄山閣出版）

岡本　勇 1966：「弥生文化の成立」（和島誠一編『日本の考古学』Ⅲ—弥生時代—、424-441、河出書房）

国分　直一 1955：「粟と芋」（『薩南民族』7）

小島弘義・浜口哲一 1977：「上ノ入遺跡炭化球根」（『どるめん』13、90-95）

近藤　義郎 1962：「弥生文化論」（『岩波講座日本歴史』1、139-188、岩波書店）

阪本　寧雄 1988：『雑穀のきた道』—ユーラシア民族植物誌から—、NHKブックス546

佐々木高明 1988：「日本における畑作農耕の成立を巡って」（『畑作文化の誕生』縄文農耕論へのアプローチ、1-22、日本放送出版協会）

佐々木高明・木村利夫編 1988：『畑作文化の誕生—縄文農耕論へのアプローチ—』日本放送出版協会

佐藤洋一郎 1998：「三内丸山遺跡出土のクリのDNA分析について」(『史跡三内丸山遺跡年報』2、13-16、青森県教育委員会)

　　　　　　1999：『DNA考古学』東洋書店

佐原　　真 1975：「海の幸と山の幸」(坪井清足編『日本生活文化史・日本的生活の母胎』22-24、河出書房)

潮見　　浩 1977：「縄文時代の食用植物―堅果類の貯蔵庫群を中心として―」(『考古論集―慶祝松崎寿和先生63歳論文集―』121-144)

鈴木　公雄 1979：「縄文時代論」(『日本考古学を学ぶ』3、178-202、有斐閣)

須田　英一 1995：「エゴマの利用法とその民俗―宮城県本吉郡津山町、福井県勝山市平泉寺町の事例を中心に―」(『考古学ジャーナル』389、4-8)

田中　二郎 1975：「ブッシュマンの生態」(『生態学講座』25、共立出版)

千野　裕道 1983：「縄文時代のクリと集落周辺植生」(『東京都埋蔵文化財センター研究論集』2、25-42)

辻　誠一郎 1983：「可食植物の概観」(『縄文文化の研究』2、18-41、雄山閣出版)

藤間　生大 1951：『日本民族の形成―東亜諸民族との連関において―』岩波書店

内藤　幸雄 1987：『ヤマノイモ―栽培・貯蔵・利用―』農文協特産シリーズ57、農山漁村文化協会

直良　信夫 1938：「史前日本人の食糧文化」(『人類学・先史学講座』3、53-133、雄山閣出版)

　　　　　　1965：『古代人の生活と環境』校倉書房

中尾　佐助 1967：「農業起源論」(『自然―生態学的研究―』中央公論社)

　　　　　　1988：「先農耕段階とその類型―農耕起源論と関連して」(『畑作文化の誕生』335-344、日本放送出版協会)

長沢　宏昌 1995：「山梨県における栽培植物の出土事例」(『考古学ジャーナル』389、14-19)

西田　正規 1980：「縄文時代の食料資源と生業活動―鳥浜貝塚の自然遺物を中心として―」(『季刊人類学』11―3、3-41)

　　　　　　1986：『定住革命―遊動と定住の人類史―』新曜社

　　　　　　1989：『縄文の生態史観』考古学選書13、東京大学出版会

林　　謙作 1989：「縄紋時代史2」(『季刊考古学』28、93-100)

　　　　　　1991：「縄紋時代史10」(『季刊考古学』36、85-92)

　　　　　　1992a：「縄紋時代史12」(『季刊考古学』38、97-104)

　　　　　　1992b：「縄紋時代史13」(『季刊考古学』39、95-102)

　　　　　　1993：「クニのない世界」(『みちのくの弥生文化』66-76、弥生文化博物館)

福井　勝義 1983：「焼畑農耕の普遍性と進化―民俗生態学視点から―」(『日本民俗大系』5―山民と海人―、235-274、小学館)

藤尾慎一郎 1991：「水稲農耕開始期の地域性」(『考古学研究』38(2)、30-54)

　　　　　　1993：「生業からみた縄文から弥生」(『国立歴史民俗博物館研究報告』48、1-64)

堀田　　満 1983：「イモ型有用植物の起源と系統―東アジアを中心に―」(『日本農耕文化の源流』17-58、日本放送出版協会)

前山　精明 1990：『大沢遺跡』縄文時代中期前葉を主とする集落跡の調査概要、巻町教育委員会

松谷　暁子 1988：「電子顕微鏡でみる縄文時代の栽培植物」(『畑作文化の誕生』91-117、日本放送出版協会)

　　　　　　1995：「遺跡からのエゴマの出土と関連して」(『考古学ジャーナル』389、9-12)

YABUNO, T 1962：Cytotaxonomic Studies on the Two Cultivated Species and the Wild relatives in the Genus Echinochloa. *Cytologia* 27, 296-305

安田　喜憲　1980：『環境考古学事始』―日本列島二万年―、日本放送出版協会
山中　二男　1979：『日本の森林植生』菊地書館
山内　清男　1964：「日本先史時代概説、縄文式時代」(『日本原始美術』Ⅰ、講談社)
吉崎　昌一　1992a：「フゴッペ貝塚から出土した植物遺体とヒエ属種子についての諸問題」(『フゴッペ貝塚』北海道埋蔵文化財センター調査報告書72、535-547)
　　　　　　1992b：「青森県富ノ沢(二)遺跡出土の縄文時代中期の炭化植物種子」(『富ノ沢(二)遺跡Ⅳ発掘調査報告書(3)』1097-1110、青森県教育委員会)
　　　　　　1995：「日本における栽培植物の出現」(『季刊考古学』50、18-24)
　　　　　　1997：「中野B遺跡におけるヒエ属種子の検出」(『北海道中野B遺跡』Ⅲ―平成7年度―、北海道埋蔵文化財センター
渡辺　誠　1973：「縄文時代のドングリ」(『古代文化』25―4、127-133)
　　　　　1975：「食料獲得」(『考古学ジャーナル』100、31-34)
　　　　　1995：「縄紋宗教と食糧問題」(『季刊考古学』50、14-17)
和辻　哲郎　1939：『日本古代文化』改稿版．岩波書店
Higgs. E. S. & Jarman. M. R. 1972：The Origin of Animal and Plant Husbandry. In Higgs (ed.) *Papers in Economic Prehistory*, 3-13. Cambridge University Press.

第三章　縄文後・晩期農耕論の検証

I　目的と方法

　縄文人が弥生稲作をはじめた必然性を知るためには、縄文稲作と弥生稲作の違いを明確にしておく必要性がある。実際に縄文稲作の可能性が高まったのはここ5～6年で、それ以前は雑穀を対象とした、いわゆる縄文農耕の可能性が検討されてきた。ここでは、いわゆる縄文農耕の実態を知るための基礎作業として、考古学・民俗学・文化人類学・自然科学にわたってその研究史を振り返り、どのような根拠をもとに、どのような論理で、どのような農耕が想定されてきたのか検証する。そのうえで、これまでの根拠と論理が現在でも基本的に引き継がれていることを指摘し、新しい分析法を含めて現状はどうか検討する。

　縄文農耕論には、明治・大正におこなわれた「縄文原始農耕論」と、昭和以降におこなわれた縄文農耕論があり、後者は中部・関東地方の縄文中期農耕論と西日本の縄文後・晩期農耕論に分かれる。農耕論が対象となった時代や地域はさまざまだが、農耕が存在した理由と考えられた証拠は共通する部分が多く、しかも明治・大正期に根拠はほぼ出尽くしていることがわかる。ただその証明がなかなかできてこなかったところに、この議論の難しいところがある。そこでこれまでの縄文農耕論に関する研究史を五つの段階に整理して、その根拠や論理がどの段階でクリヤーされ、現在まで積み残されている課題は何かを明らかにする。

- 第一段階：縄文時代の農耕を当然のことと考えていた明治・大正時代の縄文農耕論で、中部・関東地方の「縄文原始農耕論」である。
- 第二段階：縄文時代の農耕を否定する山内清男と、補助的なものとして認める森本六爾が論争した段階である。
- 第三段階：1978年の板付縄文水田調査以前におこなわれた戦後の縄文農耕論を対象とする。中部・関東地方の縄文中期農耕論と、西日本の後・晩期農耕論が明瞭に区別されて議論された段階である。
- 第四段階：民俗・文化人類学から縄文時代の焼畑農耕論がさかんに提出され、縄文農耕論の理論的枠組みがつくられた段階である。
- 第五段階：板付縄文水田の調査によって、従来の晩期末（突帯文土器単純段階）の農耕は弥生初期の本格的水稲農耕として確定し、縄文農耕論からは除外された段階である。その結果、後・晩期農耕論の対象が後期後半～晩期末（黒川式）に絞られるようになって新しい段階に入る。とくに自然科学的な調査手法の発達によって、雑穀・穀物の起源が縄文前期までさかのぼるようになり、考古学からの検証が追いつかなくな

ってきている現状を扱う。

Ⅱ　縄文農耕論の研究史

1　第一段階：明治・大正の「縄文原始農耕論」

　縄文時代（当時は石器時代と呼称）の農耕が主張されはじめたのは明治の初期からで、かなり早い。神田孝平〔神田 1886〕をはじめとして、沼田頼輔〔沼田 1903〕、鳥居龍蔵〔鳥居 1924〕[1]、柴田常恵〔柴田 1924〕の議論がある。

　彼らは、縄文中期の八ヶ岳山麓で大量の打製石斧が出土することと、遺跡が大規模化することを農耕がおこなわれていたことを示す証拠と考えた。打製石斧を耕起具とした農耕によって人口が増加し、遺跡が大規模化したと考えたのである。

　打製石斧を農耕具とみる説をはじめて総合的に論じたのは大山柏である。大山は神奈川県勝坂遺跡の報告〔大山 1927〕のなかで、同遺跡から出土した打製石斧は、形態や製作技法からみて木を伐採する斧としては向かないことを指摘する。そのうえでヨーロッパの新石器時代資料や民族事例との比較をおこない、打製石斧が土を掘る道具であって、原始農耕作業用の具であったと結論づけたのである。このように現在の縄文農耕論の主な根拠となっている農具様石器の出現と遺跡の大規模化は、すでにこの段階から注目されていたことがわかる。

　弥生農業と対比する意味で「縄文原始農耕論」[2]と呼ばれていた明治・大正期の農耕論には三つの特徴がある。一つは、当時の研究者たちに縄文時代の農耕を論じることに対してまったく抵抗がなかったことである。むしろ縄文時代に農耕がまったくおこなわれなかったと考える研究者の方が少なかったという〔戸沢 1979〕。二つ目に遺跡の大規模化や社会の発展は農業によってこそ可能となるもので、狩猟採集社会では無理であるという考え方が一般的だったことである。三つめに、何を栽培していたのかという作物名が特定されていなかったことである。この点はとくに昭和初期に批判の対象となる。唯物史観導入以前の、進化論的歴史発展の考え方にもとづいていることがわかる。現在の縄文農耕論の課題である農具様石器の同定、狩猟採集社会における植物と人との関係が農耕以外には想定されていないこと、作物の特定ができなかったことが、日本考古学の黎明期から存在していたことがわかる。

　このように縄文時代の農耕を議論することがあたり前と考える人びとがいる一方で、農耕は古墳時代からと考える人びともいた。皇国史観に依拠して歴史を組み立てる人びとである。すなわち金属器を用い、農耕をおこなうのは、皇室の祖先である天孫族があらわれてからで、それは現在の古墳時代からである。縄文時代は先住民の時代（アイヌ）の時代なのだから、農耕をおこなっていないと考える。弥生式時代が設定される1930年代までは、このような考え方の方がむしろ主流であったといえよう。

2　第二段階：昭和初期の「縄文原始農耕論」―唯物史観による時代定義―

　西日本の縄文後・晩期を対象とした農耕論は、昭和になって提出される。小林久雄は、晩期（御

領式）段階の九州中部にみられる遺跡の大規模化と打製石斧の大量出土現象を根拠に、縄文原始農耕論を主張した〔小林久 1939〕。根拠も論理も中部地方の原始農耕論と同じである。しかし、打製石斧を耕起具にみたてた農耕によって遺跡の大規模化を説明する縄文原始農耕論は、何を栽培していたのかという具体的な例が示されなかった点を中心に批判されるようになった。

その代表である山内清男は、中部・関東における遺跡の増大や定住性を、農耕の結果ではなく高級採集狩猟民の枠のなかで考えた〔山内 1937〕。山内は植物栽培がはじまるのは弥生になってからで、縄文時代には農耕はおろか植物栽培さえもおこなわれなかったと考えていたのである。縄文研究第一人者であった山内の考えは縄文研究者に強い影響を与え、縄文時代は採集狩猟段階にあり、植物栽培がはじまるのは弥生時代以降であるという認識が広まることとなった。

一方では森本六爾のように、補助的な手段としての農耕を縄文時代に認めてもよいとする意見もあったが、〔森本 1934〕、縄文研究者の認識を変えることはできなかった。

このように縄文時代の農耕を容認していた明治初期から一転して、植物栽培や農耕を一切否定する方向に変わったのは、作物例が明らかでなかったこともさることながら、唯物史観をもとに縄文時代を狩猟採集経済段階と規定する考え方が定着したのが原因と考えられる。農耕のはじまりを熱く考える考古学は、山内清男からはじまったといっても過言ではない。

3　第三段階：戦後の「縄文原始農耕論」―中期農耕論と後・晩期農耕論への分化―

戦後の縄文原始農耕論は、中部・関東地方の中期農耕論と西日本の後・晩期農耕論に二分していく。中期農耕論は戦前の課題であった対象となる作物の同定を押し進める一方で、民俗学が提示した焼畑農耕説に傾斜していくが、作物の確証が得られない状況はつづいた。かたや後・晩期農耕論は、後期～晩期前半の畑作農耕説と晩期末の水稲農耕説に分化していく。

(1) 縄文中期農耕論

戦後の縄文中期農耕論の課題は、具体的な作物と農耕形態の明示だった。代表的な藤森栄一のクリ・ドングリ・ワラビを対象とした焼畑による季節的陸耕説〔藤森 1950〕をみてみよう。藤森は、伐採用の乳房状石斧、土掘用の打製石斧、調理・加工用の石臼・石皿の急増、石鏃の減少、土器の機能分化、蒸し器の完成、石棒・土偶の出現と定型化を根拠に焼畑農耕の開始と狩猟活動の低下を主張した[3]。また、当時の気候条件や作物相の復原をおこなうために花粉分析法を導入し、長野県曽利遺跡から出土したパン状炭化物の分析、三宅島や長野県、山梨県で現在もおこなわれている焼畑農耕の実態調査など、縄文中期の植生・作物・農耕形態の復元に関するさまざまな試みをおこなった〔藤森 1963〕。

ほかにも藤森の影響を受けて、澄田正一のヒエ原始農耕説[4]、酒詰仲男のクリ管理育成説[5]、江坂輝弥のトチ・ナラ管理説[6]、国分直一の里芋栽培説[7]が相次いで発表されている。また、縄文時代に農耕が存在したことを間接的に証明する証拠として、土偶や土器の蛇身装飾に注目する坪井清足〔坪井 1962〕や野口義麿〔野口 1963〕の研究など、側面から縄文中期農耕説を支持する研究もはじまっていたのである。

戦前の反省点をふまえて作物の具体化につとめたものの、対象と考えた作物のうち遺跡から出土

したのは堅果類だけで、それ以外は特定することができなかった。しかも堅果類は縄文時代に一般的な野生植物として、採集対象となっていたものである。したがって、遺跡から出土した堅果類が栽培されていたものか採集されていたものかの識別は難しく、戦前からの課題はまたもやもち越されることとなった。

結局、縄文中期の中部・関東に起こる考古学的な変化が、採集社会の発展の結果なのか、農耕の結果なのか明確にできなかったことが実情であった。

(2) 縄文後・晩期農耕論

後・晩期農耕論には、瀬戸内地方と九州中・北部地方を舞台に、縄文後期から晩期前半を対象とした畑作説と晩期後半を対象とした水田稲作説の二つがある。瀬戸内では、後・晩期の畑作と晩期終末の水田稲作をへて弥生水稲農耕への発展を主張する説が示された（藤田等〔藤田1956〕、潮見浩〔潮見1964〕[8]、春成秀爾〔春成1969a〕[9]）。九州では熊本・大分の火山灰台地上を舞台とする後・晩期の畑作説〔坂本1952〕[10]〔賀川1960・1961・1966・1967a・1967b・1967c・1968〕〔江坂1967〕[11]と西北九州（玄界灘沿岸）の沖積地を舞台とする水田稲作説〔森1960〕[12]がある。

この時期の後・晩期農耕論の特徴は、縄文文化に求められるものと縄文文化には求められないものの二つに分けて、農耕の証拠を考えるようになったことである。とくに後者の場合は外的影響のもと農耕がはじまったことを想定している。瀬戸内の農耕説の根拠とされた農具様石器の出現と遺跡の低地への進出、九州中部の後・晩期畑作説の根拠とされた農具様石器の出現、遺跡の大型化、黒色磨研土器の出現、アワ状炭化物の検出、土偶・石棒の増加は、すべて東日本縄文文化にみられる要素で、中部の中期農耕論の根拠とされたものを数多く含んでいる。したがって、縄文文化の枠のなかで社会の発展を説明できることとなる。それに対して西北九州水田稲作説の根拠とされた、機織り（組織痕文土器、紡錘車）、支石墓、炭化米、石庖丁、丹塗り磨研土器などの要素は、朝鮮半島起源と考えられるものであった。したがって西北九州の水田稲作説は縄文文化の枠のなかでは説明できないことが再認識される。

二説に対してさまざまな反応があった[13]。肯定説と否定説に分けてみてみよう。

まず西北九州縄文後・晩期農耕論肯定説である。完成された水稲農耕が弥生時代の当初から成立するためには、より原始的な農耕が縄文文化に存在した方が説明しやすいという発展段階論の立場から、西北九州の縄文農耕を肯定するものがほとんどである[14]。縄文後・晩期に併行する時期に、畑作をおこなっていた朝鮮半島の石器と同じものが九州でみつかることから、九州で畑作をおこなっていてもおかしくはないという芹沢長介[15]や、農耕が補助的な手段であったなら縄文時代にも認めてもよいという伊東信雄[16]の意見などがある。

次に縄文時代の農耕を否定する立場である。批判の矛先は賀川光夫のアワ焼畑農耕説に集中した〔乙益1967〕・〔佐原1968〕・〔木村1975〕。批判点は、対象とされている栽培植物（アワ）の証拠がないこと[17]をはじめとして多岐にわたっていたが、とくに方法上の手続きに二つの問題があった。

一つは渡辺誠が指摘する方法的な欠陥である〔渡辺1973〕[18]。すなわち縄文時代の農耕を証明するには、根拠とした要素のうち縄文文化の枠内で考えられるものと、縄文文化の枠内では考えられないものとをまず切り離すこと。そのうえで、もし縄文文化の枠内で考古学的な変化を説明できれ

ば、それは縄文社会の発展の延長線上に位置づけられるが、縄文文化の枠内で説明できなければ、そこではじめて外的な影響を想定し、農耕をはじめた結果と考えられるのかどうか検証することができると主張したのである。賀川らの議論には、まさにこの手続きが欠けていた。縄文文化にもとからみられる要素であっても、いきなり中国と結びつけた点に批判が集中したのである。

二つ目は狩猟採集経済段階における農耕の位置づけである。先述したように戦前においては、山内清男のように縄文時代の植物栽培をいっさい認めない立場と、森本六爾のように補助的な位置づけのもとで農耕を認める立場があった。戦後も、小林行雄〔小林 1951〕[19]、岡本勇〔岡本 1961〕[20]、赤松啓介〔赤松 1964〕[21]、乙益重隆〔乙益 1967〕[22]、春成秀爾〔春成 1969b〕[23]、木村幾多郎〔木村 1975〕[24]らによって縄文人が仮に農耕をおこなっていたとしても、それはあくまでも補助的な手段にすぎず、生業の中心はあくまでも採集・狩猟・漁撈にあるという実態が共通認識になっていた。したがって、むしろ生業の中心であった採集・漁撈・狩猟の実態解明こそが急務とされてきたのである。しかるに賀川の議論には、縄文時代の生業のなかで農耕をどのように位置づけるかという視点が欠けていたのである。

このように、もし存在したとしても生業のなかでは補助的にすぎないという縄文農耕に対する共通の理解が存在していたにもかかわらず、賀川説への反発があまりにも強かった反動で、縄文時代の農耕研究に関して考古学界は一種の閉塞状況に陥ってしまう。それを後目に1970年代になると、照葉樹林文化論をはじめとした弥生時代以前の農耕をめぐる議論が文化人類学や地理学など周辺諸科学から活発化し、縄文農耕論の理論的な追い風となっていく。農耕形態を理論的にサポートする「原初農耕」という概念もすでに提示されていたのである〔泉編 1970〕[28]。

4　第四段階：縄文農耕論と照葉樹林文化論

縄文農耕論に理論的な追い風を与えた民俗学・文化人類学や栽培植物の同定によって、栽培されていたものに直接迫る考古学以外の研究史を検証する。

(1)　民俗学からの影響（縄文農耕焼畑説）—水田稲作に比べて原始的という概念—

民俗学では、現存する水田稲作より原始的な農法として焼畑農耕を想定する。したがって弥生時代が水田稲作であれば、縄文時代には水稲栽培の前段階に位置づけられる焼畑農耕がおこなわれていたという論理である。考古学で縄文時代に焼畑農耕を想定するようになったのは、この民俗学の影響だといわれており〔能登 1987〕、澄田正一の「遊農性穀物栽培」説はその代表である〔澄田 1964〕。このように1970年代以前の考古学では、焼畑から水田に漸進的に移行するという民俗学の発展段階論の影響のもの、水田稲作に対する原初的な農耕という意味で焼畑を位置づける考えがあった。

(2)　文化人類学からの影響

縄文農耕論に影響を与えたもう一つの理論が、いわゆる照葉樹林文化論と半栽培概念である。

中尾佐助〔中尾 1966〕や上山春平〔上山 1969・1976〕が提唱した照葉樹林文化論は、植物学・地理学・生態学などの学際的な研究成果をもとに提唱された理論で、照葉樹林帯という同じ植物生態学的特徴を示す東アジアでは、同じような文化的要素がみられるという前提に立って縄文時代の

生業を考える点に特徴がある。それによると東アジアにおける照葉樹林帯には、野生植物採集段階、半栽培段階、根茎作物栽培段階、ミレット栽培段階などをへて、最後に水稲栽培段階に到達するという生業発展段階モデルがあてはまるという〔中尾 1967〕。したがって、弥生時代が水稲栽培段階にあったならば、照葉樹林帯に属する西日本の縄文時代には水稲栽培段階以前のミレット栽培段階があったという論理である[29]。

　この照葉樹林文化論をさらに発展させたのが、佐々木高明の照葉樹林焼畑農耕文化論〔佐々木 1971〕や日本の落葉樹林帯における生業発展段階を設定した市川健夫と斎藤功のブナ帯文化論[30]〔市川・山本・斎藤 1984〕である。佐々木説は、照葉樹林帯における水稲栽培以前の農耕が雑穀栽培を中心とする焼畑農耕として発達したと理解する点に特徴がある。上山はこれをうけて、それまで照葉樹林文化論の第三段階に位置づけていた根茎作物栽培段階を削除し、焼畑を基盤とするミレット栽培段階を第三段階として再設定した〔上山 1976〕。

　このような生業発展段階モデルを支えていたのが、中尾佐助の半栽培概念[31]である。これは、本来野生種であるクリが栽培以外のかたちで人間と関わるなかで大型化することはありうるとして、理論的に裏づけた概念である〔中尾 1977〕。生態学の側から「狩猟採集の段階でも人為的環境の中で経済がいとなまれる……」〔中尾 1997：13〕という定義が示されたことは、農業・農耕・栽培・採集以外にも植物と人間との関係が存在したことを意味し、水稲栽培以前の植物と人間との関係、すなわち縄文人と植物との関係を理解するうえで重要な役割を果たした。すなわち、水稲栽培以前の生業を説明する論理がここに示されたのである。

　渡辺誠が示した堅果類のアク抜き技術の開発・定着によって植物利用が飛躍的にさかんになるという説〔渡辺 1975〕は、この概念を理論的根拠としているし、福井県鳥浜貝塚のヒョウタンやリョクトウ、エゴマ[32]をはじめとする多くの植物種子、青森県三内丸山遺跡におけるクリの植栽などの利用形態を理解するうえで多くの示唆を与えたのである。

　このように現在の縄文農耕論は、発展段階論、半栽培概念、照葉樹林文化論などの理論的基盤のうえに成り立っていることがわかる。

(3) 自然科学と縄文農耕論―栽培植物の特定―

　縄文農耕論の理論的な追い風の役割を果たした文化人類学に対し、栽培されていた作物の特定に威力を発揮したのが自然科学的な手法である。これまで何を栽培していたのか、という問いに対して考古学は、籾痕土器など限られた証拠でしか対応できなかったが、植物遺体、花粉分析法、プラント・オパール法を中心とする自然科学的手法によって、縄文時代にさまざまな栽培種が存在し、なかには栽培されていた可能性をもつ植物も存在することを指摘できるようになる。ここでは1970年代にはじまった調査法とその調査で明らかになった事実を紹介し、あわせて限界と効能について指摘する。

A　植物遺体

　植物遺体は、その植物が存在したことを示すもっとも直接的な証拠である。したがって、発掘時の出土状況や種の同定がもっとも重要な作業となる。小谷凱宣が熊本県上ノ原遺跡（晩期前半）でおこなった水洗選別法の導入は、このような動きに対応した初期の例である〔小谷 1972〕。

板付縄文水田の調査以前には、これらの方法によって縄文時代に比定された雑・穀物の遺体はかなりの数に上っていた。この時点で縄文前期のソバ（北海道ハマノスノ）、中期のオオムギ（岐阜県ツルネ）、晩期末のコメ（佐賀県宇木汲田）がそれぞれの初現を示すものとして知られている。ただし遺体は存在したことを示すだけなので、もち込まれたのか栽培されていたのかを証明するには、花粉分析やプラント・オパールによる検証が必要である。ただ種類によっては同定の難しいものがある。たとえば、縄文農耕の対象として多くの研究者が想定するアワは、エノコログサとの区別が難しく、縄文時代のものはほとんどがエゴマと同定されている。

このように、遺体だけでは栽培されていたかどうかの判断や種の同定に限界がある。

B　花粉分析

花粉は植物の存在を示すだけでなく、栽培されていたかどうかの目安を示すことができる資料である。花粉分析から栽培の有無を推定するには二つの方法があった。一つは、雑穀・穀物の花粉をみつけてその数を調べ、量的基準をもとに栽培されていたのかどうかを直接判断する方法。もう一つは、花粉分析をもとに木本類から草本類への遷移を推定し、その原因を農耕に求める間接的な方法である。

雑穀・穀物の花粉を直接見つけることによって栽培の有無を推定する好例として、板付遺跡の稲作開始に関する中村純の研究をあげることができる。中村は、鹿児島から青森までの計30地点でイネ花粉の出現年代を調べた〔中村 1982〕（図6）。もっとも古いイネ花粉がみつかったのは福岡県板付遺跡で、今から3,700年前（縄文後期後半）の年代を示した。そして2,400年前（弥生早期）には現代の水田なみのイネ花粉比率である30％に達することを明らかにしている[33]。

この結果をふまえて中村は、イネ花粉比率が30％に達しない約3,700年前のデータについては、旧諸岡川に由来した沼のほとりで粗放なコメづくりがおこなわれたのか、後世の混じりこみなのか判断できないとし、稲作の存在については保留する。しかし、イネ花粉が現代の水田並の30％以上になる約2,400年前にはスゲ類の花粉もあらわれるところから、沼の水位が下がりスゲ類の茂る湿地で水田稲作がおこなわれていたと推定した。花粉比率30％が栽培かどうかを判断する基準として示されたのは重要である。

次に木本類から草本類への遷移を利用して農耕の存在を主張したのが安田喜憲である。四箇遺跡は福岡平野にある縄文後期の遺跡である。花粉分析の結果、花粉帯Ⅰではアカガシ亜属・シイノキ属・エノキ属・ムクノキ属などの木本類の花粉が高い出現率を示すのに対し、花粉帯Ⅱ

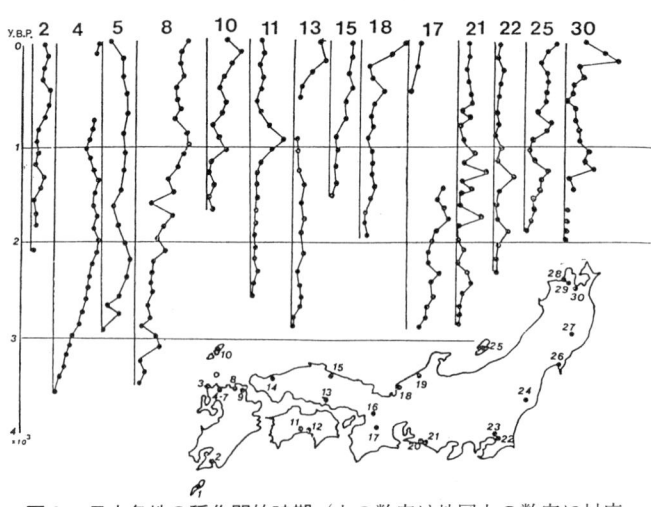

図6　日本各地の稲作開始時期（上の数字は地図上の数字に対応。中村 1982より転載）

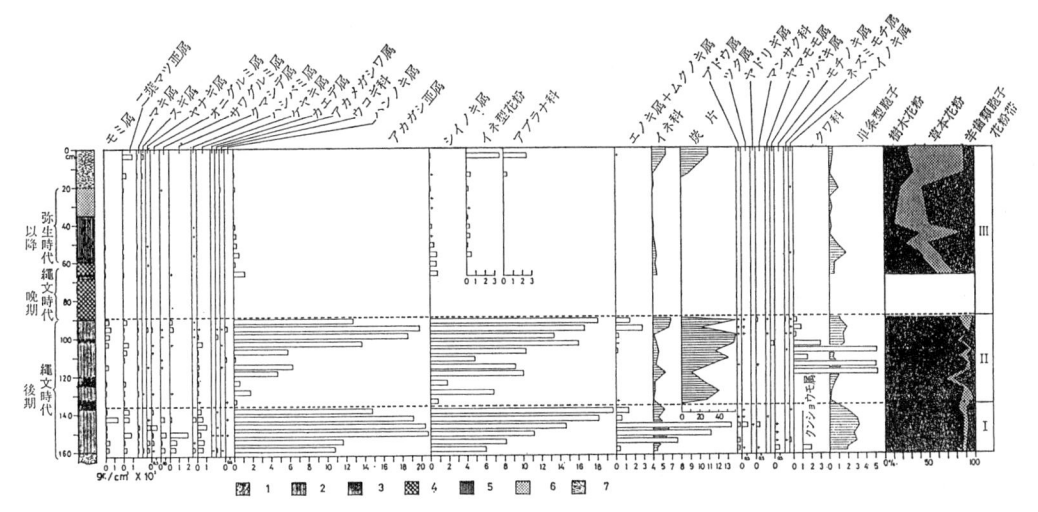

図7　福岡県四箇遺跡の花粉ダイヤグラム（出現率は単位体積あたりの出現個数。安田1982より転載）

1：亜円礫　2：暗褐色粘土質泥炭　3：青灰色細砂　4：粗砂　5：灰褐色シルト質粘土
6：暗褐色シルト質砂礫　7：暗褐色砂質シルト（水田耕土）

ではアカガシとシイノキが1/15、1/18に減り、あとの2属は一時的に消滅する。替わってカナムグラ属・ブドウ属・アカメガシワ属・クワ科など草本類のパイオニア的植物の出現率が高くなることがわかった（図7）。

　安田は、木本類の花粉が急減し草本類の花粉が増加したことを、遺跡の周辺が森林から草原へ遷移したことを意味していると理解した。しかも花粉帯Ⅱの土層中では花粉帯Ⅰに比べて炭片が増加することから、遷移の原因に火災が何らかのかたちで加わっていることは確実と考えた[34]。さらに四箇遺跡の包含層中から焼畑および焼畑の周辺にみられる雑草・木本の種子が見つかるという笠原安夫の指摘〔笠原1982〕をふまえて、四箇遺跡では照葉樹林を焼きはらって作物を栽培する焼畑農耕が存在したと結論づけたのである〔安田1982〕。

　木本類から草本類への遷移には、気候の変化がもっとも大きく関わっている場合が多いので、炭片の増加と焼畑雑草の出現を根拠に農耕の存在を認めた点に研究史的な意義がある。

　C　プラント・オパール

　プラント・オパール分析法は、イネ科植物の葉身にある機動細胞珪酸体のかたちや大きさが、属・種ごとに異なることに注目して、イネ科植物のなかの何にあたるかを推定したり（種の同定）、プラント・オパールの量（密度）から給元植物の量を推定する方法である。したがって、イネなのか、ヨシなのか、タケなのかの識別はもちろん、インディカかジャポニカか、また栽培された植物体量や種実生産量まで推定できるという〔藤原1991〕[35]。

　藤原宏志は、四箇遺跡と熊本県鍋田遺跡の地層から縄文後期のイネのプラント・オパールを、また小谷が水洗法をはじめて実施した熊本県上ノ原遺跡から出土した縄文晩期の土器の胎土中からもイネのプラント・オパールを検出している。現在では、早期の土器の胎土中からもみつかっているという。しかし1970年代は、栽培の有無を推定する基準（1gあたり何個）は示されていなかった。これらが明らかになるのは1980年代になってからである。

(4) 小　結

　以上のように、1970年代までに明らかになっていた縄文時代の雑穀・穀物の証拠は、民俗学・生態学・自然科学など周辺諸科学の進展によって、縄文時代前期までさかのぼることが確認され、コメも後期までさかのぼることが確認されている。これは考古学的な手法によって指摘された縄文農耕の証拠よりもはるかに古かった。1978年の板付縄文水田の調査以前に知られていた縄文農耕論に関係する考古学的事実をまとめておこう。

① 　考古学的に確認できる資料のうちもっとも確実な例は、前期のソバ、中期のオオムギ、晩期末の炭化米であった。また農具様石器の上限は縄文後期である。
② 　日本考古学では1930年代から縄文時代に生業の一部を担う農耕がおこなわれていたことを認めていた（森本六爾の指摘）。
③ 　縄文後・晩期に起こる考古学的な変化には、縄文文化の枠内で説明できる事項と、それだけでは説明できない事項の二つが含まれていたが、十分、分離されて議論されなかったため混乱が起こった。
④ 　民俗学や文化人類学は、発展段階論にもとづいて水稲栽培段階以前に焼畑農耕段階を想定する。考古学はこれを受け、焼畑農耕を縄文時代の農耕として想定した。焼畑農耕論と栽培や農耕以外の人と植物の関係を示す「半栽培」概念が縄文農耕論の理論的後押しとなった。
⑤ 　花粉分析やプラント・オパールによって、縄文晩期まで稲作がさかのぼる可能性が指摘された。

5　第五段階：現在の縄文後・晩期農耕論—縄文稲作の存在—

　福岡市板付遺跡でみつかった前5～4世紀の突帯文土器単純段階に属する水田および農工具は、それまでの晩期末水田農耕論が想定していたような原初的なものではなく、灌漑農業として完成された特徴を備えていた。この発見は時代区分論争を引き起こすとともに、縄文農耕論にも大きな影響を与えた。晩期末の水田農耕論は弥生時代の農耕として議論されることになり、縄文農耕論の主体は、後・晩期前半（前1,000年紀前半）に想定されている畠作農耕へと移っていったのである。この段階の考古学的調査と自然科学的調査についてみてみよう。

(1) 考古学的調査

　確実に時期を比定できる籾痕土器の発見によって、コメの存在がさかのぼった。岡山県南溝手遺跡や同津雲貝塚でみつかった縄文後期後葉(福田KⅢ式)に属する籾痕土器は深鉢の胴部破片で、土器の素地づくりの際に紛れ込んだ稲籾が付着して痕跡が残ったと推定されている〔平井泰1995〕。宮崎県黒土遺跡からは、晩期に属する土器片にイネ籾が混入した土器が、擦り切りの石庖丁とともに出土している。

　これらの発見によって、コメが後期後葉には確実に存在したことが明らかになったのである。残された問題は、これらのコメが栽培されていたのかどうかである。

A　石　器

　明治以来、縄文農耕説の根拠とされてきた農具様石器に関する研究は、1980年以降、製作技法の詳細な検討がおこなわれるようになり、朝鮮半島の畠作用石器との比較が形態面だけでなく、多方

面から検討されるようになってきた。

　高木正文〔高木 1980〕[36]、寺沢薫〔寺沢・寺沢 1981〕[37]、小池史哲〔小池 1980〕[38]、渡部明夫〔渡部 1990〕[39]、甲元真之〔甲元 1991〕[40]、平井勝〔平井勝 1993〕[41]は、縄文時代の打製石斧の一部と石庖丁状・石鎌状削器が、弥生時代の石鍬や石庖丁・石鎌と形態的に似ていること、製作技法がそれまでとは変化しており、朝鮮半島の石器との共通性が認められることを主な根拠に、縄文後・晩期には弥生時代の石製農具と形態的に類似する道具が出現し、雑穀・穀物の栽培・収穫に使われていたと考えられた。

　こうした、形態や製作技法などの型式学的方法が主流だった石器の研究は、今やイネ科植物と接触するときに刃部に付着するコーングロスなどの使用痕研究にまで及ぼうとしている。まだ本格的におこなわれているわけではないが、縄文時代の収穫具様石器のなかには、弥生中期に属する打製石庖丁の刃部にみられるほど濃密なコーングロスではないものの、それに準ずるものを観察できるという春成の指摘もある。これからすると弥生石庖丁と縄文石庖丁様石器とは使用頻度や使用法が異なっていた可能性も考えられる。

　B　石器組成・土器器種構成

　石器や土器の製作技法や形態の変化だけではなく、それぞれの器種組成をみることによって道具体系に総体的な変化がおきていないかどうかに注目したのが山崎純男である〔山崎 1978・1983〕。山崎は縄文後期と晩期に起こる石器組成の変化は質的に異なっていることを指摘した。まず九州の縄文後期後半に出現する浅鉢、穂摘具様石器、打製石斧、盛行する石皿は、アク抜き技術と半栽培を主とする東日本落葉樹林文化複合体が西日本に伝播したことによって起きた一連の変化であるとして、縄文文化の枠内で理解できるとした。ところが晩期になると、九州北岸部の低地に立地する遺跡では、高比率の浅鉢や打製石斧に加えて、伐採用の磨製石斧と粉食加工用の石皿や磨石類があらたに増加することに注目し、これらの変化の背景に、森林が伐採され、開地になった場所を利用した雑穀・穀物栽培がはじまった可能性を指摘したのである。

　すなわち九州の後・晩期にみられる変化にも、東日本からの文化伝播という縄文文化の枠内で起こった後期の変化と、朝鮮半島の影響によって雑穀・穀物栽培がはじまった晩期の変化の二つがあることが想定されたのである。

　C　祭祀遺物

　土器や石器などの変化に対して、縄文人の精神生活を示す道具の変化に注目したのは甲元眞之である。甲元は、縄文後・晩期の九州で急増する土偶や石棒は、前1500年ごろに朝鮮半島ではじまった櫛目文土器時代の畠作に代表される変化に対して、九州縄文社会が示した精神面での対応ではないかという説を提出した。つまり朝鮮半島南部にまでせまった畠作文化が、縄文社会に与える影響を最小限にとどめて、縄文社会の体制を維持するためにマツリをさかんにおこなった結果、土偶や石棒が増加したと推定したのである〔甲元 1991〕。甲元の指摘は、朝鮮半島における畠作開始が縄文人の土器づくりに関する考え方などに影響を与えたことで縄文社会に起こった動揺を鎮めるためにマツリを強化したという、近藤義郎見解[42]〔近藤1962〕の延長戦上にある。松本直子の指摘[43]もこの線で理解できよう〔松本 1996〕。

(2) 自然科学的証拠

板付縄文水田の調査以後、縄文後・晩期農耕説の推進役は自然科学が担うようになる。

雑穀は、北海道中野B遺跡で確認された縄文早期のヒエ属の種子、青森県三内丸山遺跡からは畠や水田の主要雑草だが種子が食用になるイヌビエのプラント・オパール、島根県板屋Ⅲ遺跡の早期に属する包含層からはキビ属のプラント・オパール、宮崎県桑田遺跡の晩期に属す土層中からは熱帯型ジャポニカのプラント・オパール、宮崎県黒土遺跡では晩期の層からアワやヒエが属するキビ属のプラント・オパールもみつかっている。熱帯型ジャポニカは熱帯島嶼部で栽培される畑作系の栽培イネである。

日本列島最古のコメは岡山県朝寝鼻貝塚から出土したプラント・オパールが根拠になっていて、縄文前期に比定されている[44]。また同県姫笹原遺跡の中期に属する土器胎土中、同津島岡大構内遺跡や同県南溝手遺跡から出土した縄文後期中葉の土器の胎土内からもイネのプラント・オパールがみつかっている〔高橋1994〕。

このように、雑穀もコメも、プラント・オパールでは縄文早期までさかのぼるというデータが得られている[45]。

6 まとめ

明治以来の縄文後・晩期農耕論について、どのような証拠をもとにどのような論理で主張されてきたかを検証してきた。考古学的には、農具様石器の出現と高地から低地へという遺跡立地の変化が、農耕がおこなわれていた証拠として地域や時期を問わず取り上げられてきたことがわかった。しかし、後・晩期に起こるこれらの変化が狩猟採集社会発展の結果なのか、それとも外的要因を受けて起こった新たな変化なのか、区別せずに議論されたことが方法的な問題であったことも指摘した。

現在は、証拠もますます細分化される傾向にあるが、水田や畠の跡といった直接的な証拠はまだなく、状況証拠の域にとどまっているものが多い。さらに後・晩期農耕論の背景には、当初から完成された形を示した弥生水田稲作の出現を説明するために、原初的な農耕が縄文時代に存在するという前提のもとで、焼畑農耕が想定されていた。この発展段階的な図式を論理的に支えたのが、考古学の縄文人主体論、民俗学の焼畑農耕論、生態学の照葉樹林文化論と半栽培概念だったのである。そして近年の自然科学的手法の進展は、縄文早期まで雑・穀物の存在をさかのぼらせつつあるが、考古学的な裏づけが追いつかない状況はますます広がりつつある。

以上、縄文農耕論の証拠と論拠をふまえたうえで、理論や自然科学的方法の問題点と今後の課題を指摘しておく。

Ⅲ 周辺諸科学と縄文農耕論

1 植物遺体

表4は、朝鮮半島の櫛目文土器時代後期、無文土器時代前期、および日本列島の縄文時代と弥生

表4　朝鮮半島・日本列島における栽培型植物関連資料出土遺跡一覧表（縄文後期～弥生前期併行期）

年代	時代	朝鮮半島	玄界灘沿岸	その他の九州	西日本	東日本
前2000	櫛目文土器時代後期 / 縄文後期中頃以前	釜山・東三洞（**アワ**）		熊本・古閑原（コメ？）	島根・板屋Ⅲ（キビ属〈P〉） 岡山・朝寝鼻（コメ〈P〉） 岡山・姫笹原（コメ） 福井・鳥浜（リョクトウ） 滋賀・粟津（ヒョウタン） 京都・桑飼下（**アズキ、ダイズ**） 鳥取・桂見（リョクトウ）	北海道・はまなす野（ソバ） 埼玉・上野（**オオムギ**） 神奈川・ナスナ原（**エゴマ**） 長野・大石（**エゴマ**） 同・荒神山（**エゴマ**） 同・月見松（**エゴマ**） 同・曽利（**エゴマ**） 同・上前尾（**エゴマ**） 同・伴野原（リョクトウ） 岐阜・ツルネ（**オオムギ**、**エンドウかダイズ**） 同・桜胴（リョクトウ）
前1000	早期無文土器時代 / 縄文後期後半～縄文晩期	平壌・南京（**アワ**） 黄南・智塔里（**アワ**） 慶南・漁隠（**コメ、アワ、ムギ、マメ**） 咸北・五洞（**アワ、ダイズ、アズキ**）、同虎谷（**キビ、モロコシ**） 平壌・南京（**コメ、アワ、モロコシ、ダイズ**） 京畿・欣岩里（**コメ、オオムギ、アワ、モロコシ**） 黄北・石灘里（**アワ、アズキ**）	福岡・四箇A（**オオムギ**・**アズキ？**）、同四箇東（コメ〈P〉、ムギ〈P〉） 同板付（ヒエ〈P〉） 福岡・広田（**アズキ**かリョクトウ）	佐賀・丸山（リョクトウ） 熊本・東鍋田（コメ〈P〉） 同上ノ原（**コメ、オオムギ、マメ類**、ソバ〈P〉）、ワクド石（コメ？）、古閑原（コメ） 長崎・小原下（コメ）、筏（**コメ、エンバク**）、百花台（コメ）、礫石原（コメ） 大分・大石（**コメ、アワ？**）？ 宮崎・陣内（ヒエ〈P〉）	岡山・南溝手（コメ）、津雲（コメ）	青森・石亀（ソバ〈P〉）、風張（**コメ、アワ、ヒエ**） 北海道・東風泊（ソバ〈P〉）
前500	前・中期無文土器時代 / 弥生早期	忠南・古南里（コメ）、休岩里（コメ）、松菊里（コメ） 慶南・大坪里（コメ）、江楼里（コメ）、大也里（コメ）、鳳渓里（**コメ、ダイズ**）、検丹里（**コメ、アワ、ヒエ**）	佐賀・菜畑（**コメ、アワ、アズキ、オオムギ**〈P〉）、宇木汲田（コメ）、福岡・曲り田（コメ）、板付（**コメ、ソバ**〈P〉）	長崎・脇岬（**オオムギ**）、山の寺（コメ）、原山（コメ） 佐賀・丸山（コメ）、福岡・長行A（コメ）、大分・恵良原（コメ）？荻原（コメ） 宮崎・黒土（コメ）	広島・名越（コメ） 鳥取・青木（**ヒエ、キビ**） 兵庫・口酒井（コメ）、今宿丁田（コメ）、岸（コメ） 大阪・鬼塚（コメ）、四ツ池（コメ）、長原（コメ）、久宝寺（コメ） 京都・京大校内（コメ）	青森・亀ヶ岡（コメ）？ 岩手・九年橋（ソバ〈P〉） 埼玉・真福寺（**ヒエ、リョクトウ、ソバ、ゴマ**）
前300	後期無文土器時代 / 弥生前期	咸北・虎谷（**アワかキビ**） 江原・中島（コメ） 平壌・石巌里（ヒエ） 京畿・麗妓山（コメ） 忠北・屯内（**アワかヒエ、ダイズ、アズキ**） 慶南・勒島（コメ）	佐賀・菜畑（ソバ〈P〉） 福岡・夜臼（**オオムギ**）、板付（**アズキ、コムギ**〈P〉）、津古内畑（**マメ類**）、門田（**ムギ、マメ類**）、諸岡（**オオムギ、モロコシ、アズキ？**）、立岩（**アワ**）	福岡・犀川（**コムギ**）、松ヶ迫（**マメ類**）	山口・綾羅木（**キビ？、モロコシ、コムギ、アズキ？、エゴマ**）、下東（**アズキ、エゴマ**）、宮原（**オオムギ、コムギ、ダイズ**）、無田（**オオムギ、コムギ、アズキ**）、辻（**マメ類**） 広島・亀山（ヒエ） 島根・タテチョウ（ソバ） 岡山・津島（ヒエ） 大阪・鬼虎川（アワ） 三重・納所（ソバ）	青森・剣吉荒町（コメ）、是川中居（コメ）、是川堀田（コメ）、砂沢（コメ） 千葉・荒海（**コメ、コメ**〈P〉）

凡例：太字は植物遺体、〈P〉はプラント・オパール、その他は籾痕土器である。

早・前期の遺跡から出土したと報告されている栽培型植物の主要な例を時期ごとに並べたものである。遺体はゴシック（太字）で、花粉分析やプラント・オパールによって存在が予想されているものも含めて参考までに明朝で表記した。なお表には出土状況や同定上、疑問視されてきた例も含めている。

　まず縄文時代の遺跡から出土した穀物・雑穀の遺体はとくに出土状況の点で疑問のあるものが多いとされているが、縄文後期後半を境にそれ以前と以後では、栽培型植物の種類が大きく異なることに気づく。すなわち後期後半以前の栽培型植物は、ツルネ遺跡のオオムギを除けば、すべてヒョウタン、エゴマ、リョクトウなどの蔬菜類で、雑穀・穀物は含まれていない。それに対して後期後半以降になると、雑穀・穀物の遺体を含めイネの花粉、プラント・オパール、籾痕土器など、雑穀・穀物の存在を意味する資料が増加する。出土状況に疑問の点が多いとはいっても、後期後半を境に蔬菜類から雑穀・穀物へと様相が大きく変わっている事実は、やはりある程度、実態を反映しているものとして注目すべきであろう。

　次に後・晩期農耕説の対象作物であるコメ、アワ、ヒエ、ソバの検出状況を詳しく把握し、現状での上限をおさえておく。

（1）コ　メ

　コメはもっとも穀粒が大きくみつけやすく、籾痕土器は1920年代から、炭化米も1960年代以降、数多く検出されている。しかし炭化米として確実に時期を押さえられる初現は、弥生早期（突帯文土器）段階までで、それ以前の例は混じり込みの可能性を否定できないという〔寺沢・寺沢 1981〕。イネ籾では弥生早期末の土器胎土中からみつかった宮崎県黒土例までさかのぼる。

（2）ア　ワ

　縄文後・晩期農耕論の作物としてよくあげられるアワだが、野生種のエノコログサとよく似ているために識別が困難で、とくに縄文時代の例はすべて疑問視されているのが現状である〔松谷 1988：99〕。したがって日本列島最古の確実なアワは、弥生時代前期の福岡県立岩遺跡、大阪府鬼虎川遺跡出土例である〔松谷 1988：99〕。ただプラント・オパールでは、弥生早期末のキビ属が黒土遺跡で確認されているので、アワがこの時期までさかのぼる可能性は否定できない。

（3）ヒエ属

　雑穀類のなかでもっともさかのぼるのがヒエ属である。第二章でみたように、縄文ヒエと呼ばれるヒエ属の種子が縄文早期の北海道中野B遺跡でみつかっている。これらはヒエの野生種と考えられているイヌビエよりも種子のサイズが大きいので、人が何らかのかたちで管理した可能性があると考えられている。元来、草原が発達しない日本列島では草原種子類の野生種がみられないため、雑穀・穀物の馴育は存在しないと考えられていたが、北海道から東北北部にかけての地域に自生する野生種のイヌビエが訓育（Domestication）されて、縄文ヒエがつくられていたとすれば[46]、日本で馴育がおこなわれていたことを示す唯一の例となる。

（4）ソ　バ

　種子からは野生種か栽培種かの同定ができないため、つくっていたのか自然に生えていたのを採集したのかの判断は難しいという[47]。

(5) まとめ

このように雑穀・穀物の植物遺体は、遺構の床面直上や火災住居内からみつかる一括遺物、もしくは土器の内容物としてみつかるなど、きわめて好条件のもとで出土することが望ましいが、実際にそのような好条件でみつかるのは弥生時代以降に限られている。これには何か意味があるのだろうか。縄文時代にはこれらの絶対量が少なかった可能性と、まだみつかっていない可能性の二つがある。また絶対量が少なかった背景には、稲作が生業の一部にすぎなかったからかもしれないし、つくられていたのではなく外からもち込まれていたからかもしれない。もう少し検証する必要がある。

2 花粉分析

花粉分析法にも次のような課題がある。遺跡のどこからサンプルを採取したかによって花粉の種類と比率に違いが出ることや、花粉ダイヤグラムではなくパーセンテージダイヤグラムや絶対量ダイヤグラムであらわすと、花粉のピークや下降の時期がかわったり、みられなくなったりする場合がある〔Rowley-Conwy 1981〕。花粉分析法もプラント・オパール法と同じく花粉の存否より比率が重要なのである。

3 プラント・オパール

プラント・オパールの問題点には次の三つがある。

土壌と土器の胎土中のプラント・オパールを調べるのが現在の一般的なやり方だが、日本列島でもっとも古い縄文後期後葉に属する籾痕土器が出土した南溝手遺跡の報告書では、試料1gあたりのプラント・オパールの量がおよそ5,000個以上の高い密度で見つかった場合に、イネが栽培されたと判断されている〔古環境研究所 1995〕。しかし、縄文後期後葉に比定される土器の胎土からは高い密度でみつかったものの、同時期の土層からはまったくみつかっていないなど[48]、胎土中と土壌中のプラント・オパールの量には食違いがみられる。

二つ目には、水稲か陸稲かの区別はまだできないことである。珪酸体の形状からヒエ・アワなどの作物と他のキビ属植物（雑草や野草類）との分離もまだ基礎データが得られていない〔藤原ほか 1983：88〕。

三つ目が土壌中のコンタミネーションである。プラント・オパールからは年代を直接はかることはできないので、後世のプラント・オパールが混ざるのを防ぐのが最低限の条件である。

このようにプラント・オパール法の有効性は高いが、コンタミネーション、胎土と土壌の矛盾、同定の限界など改善の余地が残されている。

4 理論的枠組み

水稲栽培段階以前の農耕形態として位置づけられてきた焼畑農耕であるが、焼畑から水稲栽培へと直線的に発展するものとして位置づけてよいのかという問題がある。もともと縄文時代後・晩期に焼畑農耕を想定するようになったのは、弥生時代の当初から完成された状態でみつかっていた水

稲農耕が存在するためには、それ以前により原始的な農耕があって、それから漸移的に発達して完成したのだという、発展段階論が根底にあったことを指摘しておいた。しかし、自立的漸移的弥生文化成立説の立場に立たず、突発的な弥生文化成立説の立場に立てば、必ずしも縄文時代により原始的な農耕を想定する必要はなくなる。実際、晩期後半から末に属す北九州市貫川遺跡からは紡錘形の石庖丁がみつかっているし、低地に遺跡が立地することとあわせて考えれば、水田稲作がおこなわれていたと考えるのはごく自然なことである。

佐賀県菜畑遺跡や福岡県野多目遺跡、板付遺跡でみつかった水田稲作は、灌漑システムと分化した農工具をともなう完成されたものであった。これは、戦いや環壕集落などの社会的な要素も内包する総合的な文化複合体がもち込まれた結果、定着したものと考えられる。したがって、これらはけっして縄文文化のなかから内部発展的に出てくるものではない。縄文時代からの漸移的な発展という意味で、焼畑農耕を水稲農耕以前に一律的に想定する必要性は少ないといってよいとも考える。

実際、焼畑農耕と水稲農耕が一直線上にあることを否定する見解もある。福井勝義は、水を管理する水田と植生の遷移を利用する焼畑とでは、原理・原則が異なると考えている〔福井1983〕。したがって、原理・原則の異なる焼畑と水田の関係を発展段階的にとらえることはできないと説く。弥生時代が水田栽培段階だからといって、縄文時代を焼畑農耕段階と単純にあてはめることはできないことになる。

これらの問題を解決するためには、弥生水田稲作の固定的なイメージから精神的に解放されたうえで、後・晩期農耕の証拠としてあげられている考古学的な証拠を素直に評価することによって、縄文後・晩期農耕をありのままに描くことが肝要である〔西田1977〕。もちろん世界中のさまざまな農耕形態との比較検討も必要になってこよう。弥生水田稲作と異なる農耕形態は地球上に数多く存在する。明治時代にはあたり前と考えられることもあった縄文時代の農耕を、狩猟採集段階には農耕があってはならないという唯物史観の枠にとらわれず描くとともに、縄文時代の人と植物との関係を明らかにしなければならないのである。それを農耕と呼ぶかどうかは、また別の論証が必要となる。

そこで次章では、研究史で想定されてきた縄文農耕の内容をふまえて、これまで根拠とされてきた事象を考古学的に再検証し、状況証拠を整理し、そこから縄文時代におけるどのような形態の雑穀・穀物と人間との関係が復元できるのか試みる。

註
1) 打製石斧を土掘具との判定にとどめ、縄文時代の農耕については慎重な態度をとった。
2) 縄文原始農耕論の研究史については、〔小林1951〕〔戸沢1979〕〔能登1987〕を参考にした。
3) 小林行雄は藤森の行動について、静岡県登呂遺跡の調査以降、明らかになっていった弥生農業論の進展に対抗して、縄文原始農耕論の復活を試みたものという理解を示している〔小林1951〕。
4) 美濃山地の縄文中期の遺跡では、河岸段丘面背後の傾斜面にある「自己施肥的土壌」を利用して原始農耕をおこなったこと、この耨耕農業社会の経験が弥生時代の尾張平野が高度な灌漑農業を受容する際の受け皿になったと説き〔澄田1955〕、のちに焼畑によるヒエ栽培を提唱した〔澄田1959〕。
5) 酒詰は、クリを縄文時代のデンプン質食料の最上位に位置づけた。クリは「管理育成」され、カチグリは

石皿や石棒によって粉砕され、食料にされたと考えている〔酒詰1957〕。
6）江坂は、トチやナラは石皿で粉食加工、ヤマイモ・カタクリ・ユリ・シダなどの根茎類は打製石斧で採取すると考えている〔江坂1959〕。
7）国分は稲作に先行するイモ作として、タロイモ系の里芋栽培を推定している〔国分1960〕。
8）藤田や潮見は、晩期初頭の山口県岩田遺跡にみられる打製石斧の大量出土や遺跡が低地に進出することを取り上げ、晩期前半には打製石斧を耕起具として使う畑作農業が、後半には水田稲作がはじまったことを示していると理解した。
9）春成は、岩田遺跡に石鎌形の磨製石器や穂摘具と考えられる打製石器がみられることは、打製石斧とセットになる新規の道具が晩期になって出現することを意味すると理解し、新たな世紀の労働部門の独立定着、すなわち畑作農業が出現した結果であるという解釈を示した。さらにこうした晩期農耕のあり方が弥生農業の開始に大きな影響を与えたと結んでいる。
10）坂本は、御領式土器段階における遺跡の大規模化と打製石斧の多量化に農耕的な性格をみた小林久雄の視点を受けて、熊本県菊池台地の縄文後・晩期遺跡、とくに三万田東原遺跡で畑作がおこなわれていた可能性を指摘している。
11）賀川は、縄文後期後半における黒色磨研土器の成立を中国黒陶文化の影響によるものとし、同時に機織り技術と農耕が渡来したと考えた。また晩期に急増する打製石斧や打製石庖丁形石器の分類と使用法の検討をおこなったうえで、これらが中国考古学で石鍬や石刀と呼ばれているものに対応すると考えた。そのうえで、とくに晩期初頭から中頃にかけての石器群のあり方が、中国半坡遺跡のあり方に符合するとして、焼畑農耕がおこなわれていたと結論づけている。
12）1950〜1960年代におこなわれた日本考古学協会による九州北部沿岸地域や長崎県島原半島の調査によって、縄文時代の最終末に弥生農耕文化を構成する要素の一部が存在することが明らかにされた。この調査結果をもとに、弥生文化の祖型となる文化が縄文後・晩期の九州北部に存在したという考えが強くなったのである。
13）当時の学会の反応を知る好例が、東北大学日本文化研究所が1968年におこなったシンポジウム「日本における農耕および弥生文化の起源と系統」である〔東北大学1968〕。
14）乙益重隆の「しかるにそれ以前の縄文晩期または後期に、何らかの形で穀類栽培がおこなわれた可能性は、多くの研究者が必然的に考える当然な趨勢であった」という発言から知ることができる〔乙益1967：12〕。
15）芹沢はこのシンポジウム以前と以後で、縄文農耕論否定派から肯定派に転じている。以前は、縄文農耕論の根拠である打製石斧や石皿を採集活動用の道具と考えていたし〔芹沢1956〕、岡山県南方前池遺跡でみつかった貯蔵穴のなかに栽培植物がまったく認められないことも、縄文農耕を否定する証拠と断じていたのである〔芹沢1960〕。しかしこのシンポジウムでは、朝鮮半島と同じ石鋸が九州から出土することを彼の地との交流を意味するものと前置きし、後・晩期の西日本で出現・急増する農具様石器が、併行する時期の朝鮮半島でおこなわれていたようなヒエ・アワを主体とする農業がおこなわれていた証拠とみなしている。芹沢の一連の発言は、賀川による大分県大石遺跡の調査成果を受けたものである。
16）伊東は、縄文時代の原始的農耕を当然視したうえで、縄文時代の生業の中心は狩猟と採集にあると認識していることからもわかる。
17）大石遺跡から出土したとされるアワ状炭化物を、農学者が正式に鑑定していなかったことがマイナス要因となった。
18）渡辺はそれまでの後・晩期農耕論の大きな根拠とされていた土偶やアク抜き技術、打製石斧など、縄文後期後半の西日本にあらわれる要素のなかには、東日本からの影響でも理解できるものがあった。したがって、

外的な影響のもとで後・晩期農耕の開始を論じるならば、まず最初に東日本縄文文化にも認められる要素を
まず除いてから、それでもどうしても説明できない要素があれば、そこではじめて日本列島外から伝播した
可能性を探るべきだと説いた。渡辺は、縄文後・晩期農耕論者が証拠とする要素のなかに、縄文文化の枠内
で十分に説明できる部分があるにもかかわらず、それを十分に区別しないで、安易に外的な影響と結びつけ
る傾向に警鐘を鳴らしたのである。

19) 小林は、藤森の縄文中期農耕論に対して、縄文時代における農耕の存否よりも、むしろ当時の文化をもっ
とも特徴づける生活形態がどのようなものであったかを重視しなければならないと説く。すなわち存在して
いたとしても補助的な手段であった可能性の高い農耕よりも、採集・狩猟活動の具体像の復元こそ重要だと
認識していたのである。

20) 岡本は、縄文時代の生業について、採集・漁撈・狩猟のなかで特定の生業の比重が増大することはあるが、
それはあくまでも季節的なものであって、一年を通じて特定の生産対象だけで生活することはできないと発
言している。

21) 赤松は、これまでの縄文農耕論が、原始農耕、水田稲作、農業などの定義を明瞭にしないまま議論されて
きた現状を批判する。そのうえで縄文原始農耕を認めるが、それはそう考えておく方が便利であるという意
味にすぎないという。しかしそのことと縄文社会が農耕社会であったこととはまったく関係のない別次元の
話であると説く。より重要なことは、原始農耕の存在ではなく、日本における原始農耕の発生・発展・衰退
の歴史、地域的な文化、それを基底とする縄文社会の経済構造、社会構造の解明こそ重要なのだと強調する。

22) 乙益は突帯文土器以前の西日本に生業のなかで突出しない農耕が存在するとして、「収穫民的な文化」と
いう用語を使っている。

23) 春成は、後・晩期の畠作農耕は弥生時代のように生業全体のなかで突出するわけではなく、一部にすぎな
かったと認識する。

24) 賀川を強く批判した木村幾多郎にしても御領系土器にみられる農耕的性格は認め、「御領文化圏における
農耕的性格」といっている〔木村1975〕。

25) 泉靖一が東北大学のシンポジウムで示した概念である。「原初的農耕（Incipient Agriculture）」とは、「採集、
狩猟、漁撈を主たる生業としている社会にみられる、ごく初歩的または副次的な農耕で、食料としてはたと
えば祭食とか間食といった程度で、あまり重要な意味をもっていない場合が多いようです」〔泉1970：38〕
という意味で使われている。

26) その後、前の二つの段階は、野生植物採集段階と半栽培段階が「照葉樹林前期複合」、根茎作物栽培とミレ
ット栽培段階は「照葉樹林文化後期複合」にまとめられる〔上山編1969〕。

27) ブナ地域では稲作以前に雑穀栽培がおこなわれていたとする説。

28) 半栽培とは、狩猟採集段階において人間が無意識に生態系を攪乱し、やがて「新しい環境に依存したもの
の中から、有用なものを保護したり、残したりするような……」〔中尾1977：13〕行為を指し、農耕の予備
的段階として位置づけられている。半栽培段階の植物は野生種に近いという。さらに後続する段階として
「部分的農耕」がある。現在の視点からみると、栽培し収穫しているとみえる行為だが、量的には採集狩猟の
ウェイトが高く、農耕は経済の一部を示すだけである。完全な農耕の段階はこのあとにやってくる。

29) 佐藤敏也・松本豪は、長野県荒神山遺跡で出土したアワ状炭化物を鑑定し、エノコログサ属のなかのアワ
の頴果に似ているとしながらも、アワとエノコログサを鑑定する決め手となる頴果の脱落性が炭化物からは
推定できないので、エノコログサ属という同定にとどめている。この問題は長い間決着がつかなかったが、
長野県大石遺跡出土のタール状炭化物がアワと鑑定されたことから、荒神山出土例もアワと鑑定されること
になった〔松本豪1977〕。しかし、その後の調査の結果、松谷暁子が縄文時代のアワと報告されているすべ

30) 現代の水田表土のイネ花粉の量を調べると、その他のイネ科花粉に対するイネの相対比はつねに30％以上になるという。したがってこの数値は、稲作の集約度を推定する尺度とされ、30％以下の比率であれば、現代より粗放な稲作であったか、他所から花粉が飛来して堆積したか、のいずれかにあたると考えられている。

31) イギリス中石器時代には、すでに火入れがはじまっているという説がある〔Simmons 1976〕。火入れをすると草の発芽が早くなり、草丈ものびる。草食獣はここに集まり、それを追って肉食獣も入り込んできて、絶好の狩り場となる。したがって火災の理由を必ずしも農耕に求める必要はない。

32) 宮崎県えびの市桑田遺跡の弥生早期に属する溝の埋土からみつかったプラント・オパールは、亜熱帯島嶼部に分布する畑作系のイネに類似していると報告されている。

33) 髙木は、縄文後・晩期の九州で出土する石庖丁状の石器と石鎌状の石器を取り上げ、これらが弥生時代の穂摘具や収穫具と形態的に似ていることを指摘し、後・晩期の農具として位置づけた。

34) 寺沢は後期後半から九州北部地域で出土例が増えてくる雑穀や穀物の遺体と、打製石斧・石庖丁状の石器・石鎌状石器を関連づけ、後・晩期農耕説を説いた。

35) 小池は、福岡県広田遺跡出土の晩期に属する石器を分類し、製作技法や使用痕を観察した結果、「打製石斧は、安山岩を素材とした例でも刃部に明瞭な摩耗痕がみられることから土掘具以外の用途は考え難く、対象物や砂質の土壌と考えられる」と述べる。すなわち、この時期の打製石斧には砂質な土地で使用した耕起具が存在すると位置づけたのである。

36) 渡部は、讃岐の縄文後・晩期にみられる横長の器体の左右に抉りを入れたスクレイパーを、弥生時代の石庖丁との形態的類似性をもって、穂摘具と判断した。

37) 甲元は、アズキやリョクトウを出土した縄文後期の四箇遺跡の石器に、それまでこの地域ではみられなかった石刃技法でつくられた石器が多いことに注目し、栽培植物と農具、石器製作技法が朝鮮半島からもたらされて、雑穀・穀物栽培がはじまったと考えた。

38) 平井は岡山県百間川沢田遺跡から、縄文後期中葉の土器にともなってみつかる石庖丁状削器や石鎌状削器について、採集以外の新たな食料獲得活動の可能性を指摘した。

39) 近藤は、縄文後期以降の土器にみられる無文化、器形の斉一化と簡潔化、黒色磨研化という新しい四つの要素が、朝鮮半島ではじまっていた櫛目文畑作文化と、それにともなう土器づくりの新しい変化に対応した動きであると理解する。しかし、そのような新しい動きも縄文土器通有の深鉢と浅鉢という基本的な組合わせを、農耕生活に対応した弥生土器の組合わせへと変化させるまでにはいたらなかったことを重視し、新しい事態が到来してきているにもかかわらず、文化が統一的な全体としていまだ変革されていなかったことに、西日本後・晩期社会の歴史的意義を認めている。

40) 松本は、縄文晩期前半の九州西北部の集団のなかに、朝鮮半島南部の土器の情報を得て、それを模倣しようとした志向性をもつ人びとがいた、という解釈を示している。

41) 岡山理科大学理学部人類学教室のホームページに掲載中。

42) 中国山地に所在する縄文早期の板屋Ⅲ遺跡から出土した土器の胎土中からもイネのプラント・オパールが検出されている。

43) 山田吾郎氏教示。

44) 辻誠一郎氏教示。

45) 南溝手遺跡の土層中からみつかるプラント・オパールの量が、栽培されていたと判断できるほどの量に達するのは弥生Ⅰ期以降である。土層と土器の胎土中からみつかるプラント・オパールの量の違いはどのように理解すればよいのか、今後の課題である。

参考文献

赤松　啓介　1964：「原始農耕についての断想」(『日本考古学の諸問題』29-41)
安藤広太郎　1951：『日本古代稲作史雑考』
石毛　直道　1968：「日本稲作の系譜―稲の収穫法・石庖丁について―(上)・(下)」(『史林』51(5・6)、130-150、96-127)
石田英一郎・泉靖一編　1968：『日本農耕文化の起源』角川書店
市川健夫・山本正三・斎藤功編　1984：『日本のブナ帯文化』朝倉書店
上山　春平　1969：『照葉樹林文化』中公新書
　　　　　　1976：『続・照葉樹林文化』中公新書
江坂　輝弥　1959：「縄文文化の時代における植物栽培起源の問題に対する一考察」(『考古学雑誌』44(3)、10-16)
　　　　　　1967：「稲作伝来文化に関する諸問題」(『考古学雑誌』52(4)、10-16)
大山　　柏　1927：「神奈川県下新磯村字勝坂遺物包含地調査報告」(『史前学研究会小報』1)
　　　　　　1934：「日本石器時代の生業生活」(『改造』16(1))
岡本　明郎　1961：「＜サケ・マス＞と＜とち・どんぐり＞―狩猟社会研究者への質問―」(『考古学研究』7(4)、2-4)
乙益　重隆　1967：「弥生時代開始の諸問題」(『考古学研究』14(3)、10-20)
賀川　光夫　1966：「縄文時代の農耕」(『考古学ジャーナル』2、2-5)
　　　　　　1967a：「縄文晩期農耕文化の一問題―石刃技法―」(『考古学雑誌』52(4)、1-9)
　　　　　　1967b：「縄文晩期農耕の一問題―いわゆる偏平石器の用途―」(『考古学研究』13(4)、10-17)
　　　　　　1967c：「縄文後・晩期農耕文化の一問題―石鍬などについての分類と技法―」(『史叢』11)
　　　　　　1968：「日本石器時代の農耕問題―剥片石器 Side blade―」(『歴史教育』16(4))
笠原　安夫　1982：「出土種子からみた縄文・弥生期の稲作」(『歴史公論』8―1、71-89)
神田　孝平　1886：『日本太古石器考』英文、叢書閣
木下　　忠　1954：「弥生式文化時代に於ける施肥の問題」(『史学研究』57)
木村幾多郎　1975：「九州考古学の諸問題―縄文時代後・晩期―」(福岡考古学研究会編『九州考古学の諸問題』6-20、東出版)
小池　史哲　1980：『二丈・浜玉道路関係埋蔵文化財調査報告―糸島郡二丈町所在遺跡の調査―』福岡県教育委員会
甲元　真之　1991：「東北アジアの初期農耕文化―自然遺物の分析を中心として―」(『日本における初期弥生文化の成立』553-613、文献出版)
古環境研究所　1995：「岡山県南溝手遺跡における自然科学分析 (1)・(2)」(『南溝手遺跡1』471-478、岡山県立大学建設に伴う発掘調査・岡山県埋蔵文化財発掘調査報告100、1995)
国分　直一　1960：「日本古代の芋作について」(『日本人類学会日本民族学会連合大会第14回記事』)
小谷　凱宣　1972：「縄文時代晩期の植物利用の研究―上ノ原遺跡の植物性遺物について―」(『民族学研究』36(4)、312-313)
小林　久雄　1939：「九州の縄文土器」(『人類学先史学講座』1)
小林　行雄　1951：『日本考古学概説』東京創元社
　　　　　　1971：「解説―原始農耕と稲作の起源―」(小林編『論集日本文化の起源』40-47、平凡社)
近藤　義郎　1962：「弥生文化論」(『岩波講座日本歴史』1―原始・古代―、139-188、岩波書店)
近藤義郎・岡本明郎　1962：「日本の水稲農耕技術」(『古代史講座』3、学生社)

酒詰　仲男　1957：「日本原始農業試論」
坂本　経尭　1952：「縄文式文化の耕作性について」（『熊本史学』1、12-15）
佐々木高明　1971：『稲作以前』日本放送出版協会
佐藤洋一郎　1992：『イネがきた道』裳書房
佐原　真　1968：「日本農耕起源論批判—『日本農耕文化の起源』をめぐって—」（『考古学ジャーナル』23、2-11）
潮見　浩　1964：「中・四国の縄文晩期文化をめぐる二、三の問題」（『日本考古学の諸問題』17-27）
潮見浩・近藤義郎　1956：「岡山県山陽町南方前池遺跡—縄文式末期の貯蔵庫発見—」（『わたしたちの考古学』7、2-7）
柴田　常恵　1924：「日本考古学」（『国史講習録』19）
末永雅雄・小林行雄・藤岡謙次郎　1943：『大和唐古弥生遺跡の研究』京都帝国大学文学部考古学研究報告16
澄田　正一　1955：「日本原始農業発生の問題—美濃・尾張の先史考古学的研究—」（『名古屋大学文学部研究論集』11、史学4）
　　　　　　1964：「濃飛山地に分布する石皿の機能について」（『名古屋大学文学部研究論集』32、史学11、33-52）
澄田正一・諏訪兼位　1959：「濃飛山地に出土する石皿の研究」（『名古屋大学文学部十周年記念論集』）
芹沢　長介　1956：「縄文文化」（杉原荘介編『日本考古学講座』3、43-77、雄山閣出版）
　　　　　　1960：『石器時代の日本』
　　　　　　1970：「農具と農耕」（『シンポジウム日本文化の源流—農耕文化の起源—』17-38、角川書店）
千野　裕道　1991：「縄文時代に二次林はあったか—遺跡出土の植物性植物からの検討—」（『研究論集』Ⅹ、215-250、東京都埋蔵文化財センター）
高木　正文　1980：「九州縄文時代の収穫用石器—打製石庖丁と打製石鎌について—」（『古文化論攷』69-108）
高橋　護　1992：「縄文時代の籾痕土器」（『考古学ジャーナル』355、15-17）
　　　　　1994：「縄文農耕と稲作」（『東アジアの古代文化』81、42-52）
中央道遺跡調査団　1975：『長野県中央道埋蔵文化財包蔵地発掘調査報告書』諏訪市3
寺沢薫・寺沢知子　1981：「弥生時代植物質食料の基礎的研究」（『考古学論攷』5、1-130、橿原考古学研究所）
戸沢　充則　1979：「縄文農耕論」（『日本考古学を学ぶ』(2)、173-191、有斐閣選書）
坪井　清足　1962：「縄文文化論」(石母田正編『岩波講座日本歴史』原始編1、109-138、岩波書店)
豊原源太郎　1988：「燃料文明と植物社会」（『日本の植生』73-90、東海大学出版会）
鳥居　龍蔵　1924：『諏訪史』第一巻
直良　信夫　1956：『日本古代農業発達史』
中尾　佐助　1966：『栽培植物と農耕の起源』岩波新書
　　　　　　1976：「半栽培という段階について」（『どるめん』13、6-14）
永峯　光一　1964：「勝坂期をめぐる原始農耕存否問題の検討」（『信濃』16(3)、26-32）
中村　純　1982：「花粉からみた縄文から弥生」（『歴史公論』8?1、71-77）
中山平次郎　1923：「焼米を出せる竪穴址」（『考古学雑誌』14(10)、10-21）
西田　正規　1977：「鳥浜貝塚栽培種子」（『どるめん』13、85-89）
日本考古学協会編　1949：『登呂』前編
　　　　　　　　　1954：『登呂』本編
沼田　頼輔　1903：『日本人種新論』

野口　義麿　1963：「縄文文化の蛇身装飾」(『古代文化』15(5)、120-122)
能登　健　1987：「縄文農耕論」(『論争・学説日本の考古学』3 —縄文時代—、1-29、雄山閣出版)
橋口　達也　1985：「日本における稲作の開始と発展」(『石崎曲り田遺跡』、5-103、今宿バイパス関係埋蔵文化財調査報告11、福岡県教育委員会)
春成　秀爾　1969a：「縄文晩期文化—中国・四国—」(『新版考古学講座』3 —先史文化—、367-384、雄山閣出版)
　　　　　　　1969b：「中・四国地方縄文時代晩期の歴史的位置」(『考古学研究』15(4)、19-34)
平井　勝　1993：『百間川沢田遺跡3』岡山県埋蔵文化財発掘調査報告84
平井　泰男　1995：「縄文時代後期の稲作について—籾痕土器とプラントオパール分析結果から—」(『南溝手遺跡1』1418-1421. 岡山県立大学建設に伴う発掘調査Ⅰ、岡山県埋蔵文化財発掘調査報告100)
福井　勝義　1983：「焼畑農耕の普遍性と進化—民俗生態学視点から—」(『日本民俗大系5 —山民と海人—』235-274、小学館)
藤田　等　1956：「農業の開始と発展—特に石器の生産をめぐる問題—」(『私たちの考古学』3(1)、4-11)
藤森　栄一　1950：「日本原始陸耕の諸問題—日本中期縄文時代の生産形態について—」(『歴史評論』4(4)、41-46)
　　　　　　　1963：「縄文時代農耕論とその展開—日本石器時代研究の諸問題—」(『考古学研究』10(2)、21-32)
　　　　　　　1970：『縄文農耕』学生社
藤森栄一編　965：『井戸尻—長野県富士見町における中期縄文遺跡群の研究—』
藤原　宏志　1991：「日本における稲作の起源と伝播に関わる一、二の考察」(『考古学ジャーナル』337、36-39)
　　　　　　　1995：「南溝手遺跡出土土器胎土のプラント・オパール分析結果について」(『南溝手遺跡1』457-459, 岡山県立大学建設に伴う発掘調査・岡山県埋蔵文化財発掘調査報告100)
　　　　　　　1998：『稲作の起源を探る』岩波新書554
松谷　暁子　1988：「電子顕微鏡でみる縄文時代の栽培植物」(『畑作文化の誕生』—縄文文化論へのアプローチ—、91-117、日本放送出版協会)
松本　豪　1977：「長野県諏訪郡原村大石遺跡で発見された炭化種子について」(『どるめん』13、81-84)
松本　直子　1996：「認知考古学的視点からみた土器様式の空間的変異」(『考古学研究』42?4、61-84)
森　貞次郎　1960：「島原半島(原山・山ノ寺・礫石原)及び唐津市(女山)の考古学的調査—おわりに—」(『九州考古学』10、6-10)
森本　六爾　1933：「弥生式文化と原始農業問題」(森本六爾編『日本原始農業』1-18)
　　　　　　　1933：「低地性遺蹟と農業」(森本六爾編『日本原始農業』19-35)
　　　　　　　1934：「農業起源と農業社会」(『日本原始農業新論』考古学評論1(1)、18-25)
八木奘三郎　1902：『日本考古学』
安田　喜憲　1982：「気候変動」(『縄文文化の研究』1、163-200、雄山閣出版)
山崎　純男　1978：「縄文農耕論の現状」(『歴史公論』4-3、106-112)
　　　　　　　1983：「西日本後・晩期の農耕」(『縄文文化の研究』2、267-281、雄山閣出版)
山内　清男　1925：「石器時代にも稲あり」(『人類学雑誌』40(5)、181-184)
　　　　　　　1937：「日本に於ける農業の起源」(『歴史公論』6(1)、266-278)
横山　浩一　1959：「手工業生産の発展—土師器と須恵器—」(『世界考古学体系』日本3(古墳時代)、125-144、平凡社)
渡部　明夫　1990：「縄文時代後・晩期の石器について」(『四国横断自動車道建設に伴う埋蔵文化財発掘調査報告』9、796-800、香川県教育委員会)

渡辺　誠 1973：「縄文時代のドングリ」(『古代文化』25(4)、127-133)

　　　　　 1975：「食料獲得」(『考古学ジャーナル』100、31-34)

Mellars, P.A. 1976：Fire, ecology, animal populations and man; a study of some ecological relationships in prehistory. *Proceedings of the Prehistoric Society42*, 15-46.

Rowley-Conwy, P. 1981：Slash and burn in the temperate European Neolithic. *Farming Practice in British Prehistory*. Edinburgh University Press.

Simmons、I. G. 1976：Evidence for vegitation changes associated with mesolithic man in Britain. In Ucko, P. J., Dimbleby, G.W.(eds.) *The Domestication and Exploitation of Plants and Animals*, 111-119. Duckworth.

第四章　縄文時代の雑穀・穀物栽培
―縄文後・晩期稲作の実態―

I　目的と方法

　前章で西日本の縄文後・晩期に雑穀や穀物の栽培がおこなわれていたという後・晩期農耕論を紹介した。これらの考古学的証拠とされている石器組成と土器組成の変化をまずとりあげて、畠作の結果だったのかどうか検討する。そして、もしそうだとしたら同じ時期の朝鮮半島の状況をふまえて、その社会背景について考えてみたい。
　前2000年紀後半から前5世紀までの西日本で、コメや雑穀を対象とした畠作がおこなわれていたのかどうかが争点になる。

II　縄文時代の石製農具

1　農具として使われた石器かどうか

　縄文後・晩期に穀物栽培がおこなわれていた証拠の一つに石製農具を加えるためには、まずその時代に農具としての機能を果たしたと想定される石器があり、それらがさらにある程度の量、存在していたことを明らかにしなければならない。そこで、まず後・晩期の農具とされている石器が農具として有効かどうかを検討する。そして石器組成にどれくらいの割合を占めていたのか算出する。最後に弥生時代の石製農具が石器組成に占めていた割合と比較することによって、縄文時代の農具としての妥当性について検証してみたい。
　縄文時代には、弥生時代の木製農具や石庖丁・石鎌がもっている機能を有すと想定されている石器がある〔藤田1956〕〔潮見1964〕〔春成1969〕〔高木1980〕。耕作土を耕耘する鍬状の打製石斧と、イネ科植物の茎の切断が可能な打製石器や鎌状の石器である。これらの石器は弥生時代の石製農具と形態が似ている点や、出現する時期が、それまで高いところに立地していた遺跡が低地へと降りてくる時期と一致することから、畠作や水田稲作の存在を物語る証拠ではないかと考えられてきた。まず、これらの石器が農具としての機能をもっていたのかどうか調べるために、形態的特徴と機能をみてみよう。

2　打製石斧

　打製石斧は、縄文前期の南関東地方に出現し、中期にかけて関東・中部地方を中心に盛行したあと衰退するが、弥生時代にも存続する。西日本には縄文中期末にあらわれ〔家根1992〕、後期後半になって普及する。形態的には短冊型・撥型・分銅型・鍬型がある。

まず短冊型が東日本にあらわれる。短冊型は、長さ20cm以下、刃幅5cm前後、重量100gほどの細長く薄く軽いものである（図8）。刃部の使用痕は刃に対して直角についていることが多いので、突き棒や掘り棒として、土中深くまでまっすぐ突き立てて使われたと考えられている〔今村1988〕。短冊型は縄文前期から形態的な変化もなく存続すること、イネの栽培には土中深く突き立てる作業は必要ないことなどから、イネの栽培に関係していた可能性は少ない。すでに指摘されているようにワラビ、クズ、カタクリ、ヒガンバナなど根茎類の採集具説〔渡辺1975〕やジネンジョ採集具説〔今村1988〕が妥当である。

縄文後期になると短冊型に遅れて撥型・分銅型・有肩型が東日本に、後期後半には西日本にもあらわれる。この三つこそ畠作との関連が想定されている打製石斧なのである。東日本と西日本におけるこれらの石器のあり方をみてみよう。

東日本では晩期後半に属する長野県中・南信地区でのあり方が注目される。河川沿いの沖積地に立地する遺跡から、撥型や分銅型の打製石斧が出土する(図8-3・4)。これらは短冊型に比べて刃幅が広く大形で重いので、短冊型とは異なる機能をもつと考えられる。立地を考えると穀物栽培との関連が注目される。撥・分銅型は浅く幅広く耕耘する鍬的な使用法への変化に対応した形態と考えられる。

これらの遺跡からは、すでに本格的な水田稲作がはじまっていた西日本の影響を受けたと考えられる土器が出土しているし、土器の胎土中からイネのプラント・オパールが検出されていることから、設楽博己はイネが栽培されていた可能性を指摘している〔設楽1989〕。さらに弥生時代のこの地方では、丸い刃部をもつ長さ15cm以上のナスビ型打製石斧(図8-5～9)が盛行し、畠作用の石製農具と考えられている。これらが出土する遺跡の立地も晩期後半の遺跡と同じであることからも、晩期後半の撥型・分銅型の打製石斧が弥生時代の石鍬と同じ機能、すなわち農具としての機能をもっていたと考えることができる。

西日本では、縄文後期後半から晩期初頭にかけて九州中部の火山灰台地上の遺跡（熊本県天城遺跡）や、低地に囲まれた台地上の遺跡（福岡県広田遺跡、香川県永井遺跡）から、打製石斧が大量に出土するようになる。ほとんどは短冊型であるが、なかには長さが20～30cm、重さが700g以上に達する、大形で重量を増した撥型の打製石斧がわずかながら存在する[1]（図9-1）。これら刃部幅の広い打製石斧の使用痕は、刃部に対して直角に、そして裏面に集中してみられることから、地面に向かってうち下ろすように使われたものと考えられる。これは鍬の使用痕と同じ部位にみられるもので、また同じつき方である。

以上のように、縄文後・晩期以降になると、東日本でも西日本でも鍬的な機能をもつと考えられる農具様の石器が出現し、増加することがわかった。

次に農具様石器が畠作で用いられていたのかどうか調べる必要がある。現在までのところ縄文後・晩期の畠の跡は日本列島でみつかっていない。しかし縄文後・晩期に併行する朝鮮半島櫛目文土器時代後期でも、最近、この種の鍬的機能をもつ石器が出土しはじめている。とくに東南部に位置する嶺南地方の実態が明らかになりつつある。

慶尚北道金稜松竹里遺跡では、縄文後期に併行する水佳里II式にともなって、長さ30cm程度と

92

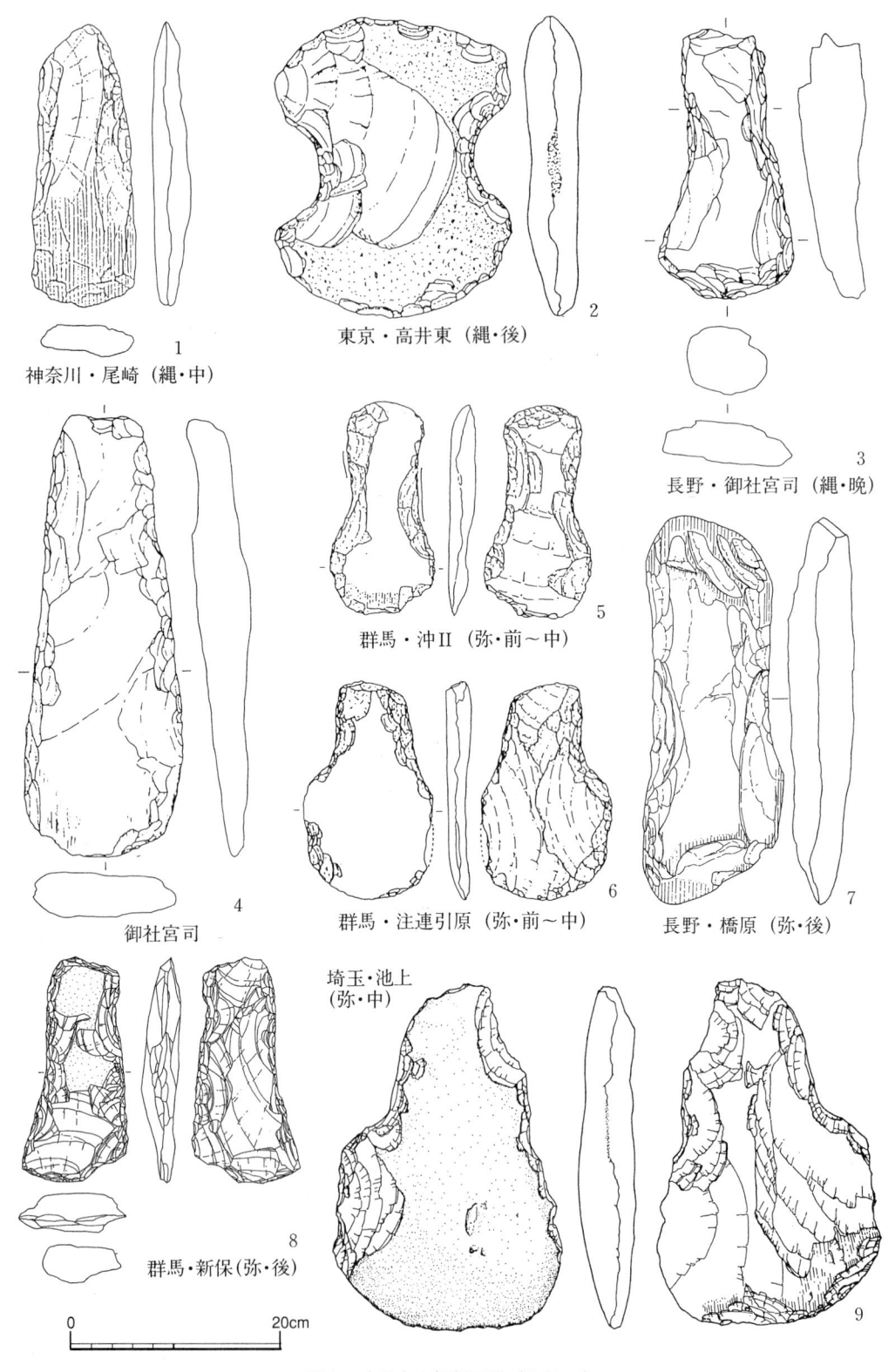

神奈川・尾崎（縄・中） 1

東京・高井東（縄・後） 2

長野・御社宮司（縄・晩） 3

御社宮司 4

群馬・沖Ⅱ（弥・前〜中） 5

群馬・注連引原（弥・前〜中） 6

長野・橋原（弥・後） 7

群馬・新保（弥・後） 8

埼玉・池上（弥・中） 9

0　　　　　20cm

図8　東日本の打製石斧（縮尺1/6）

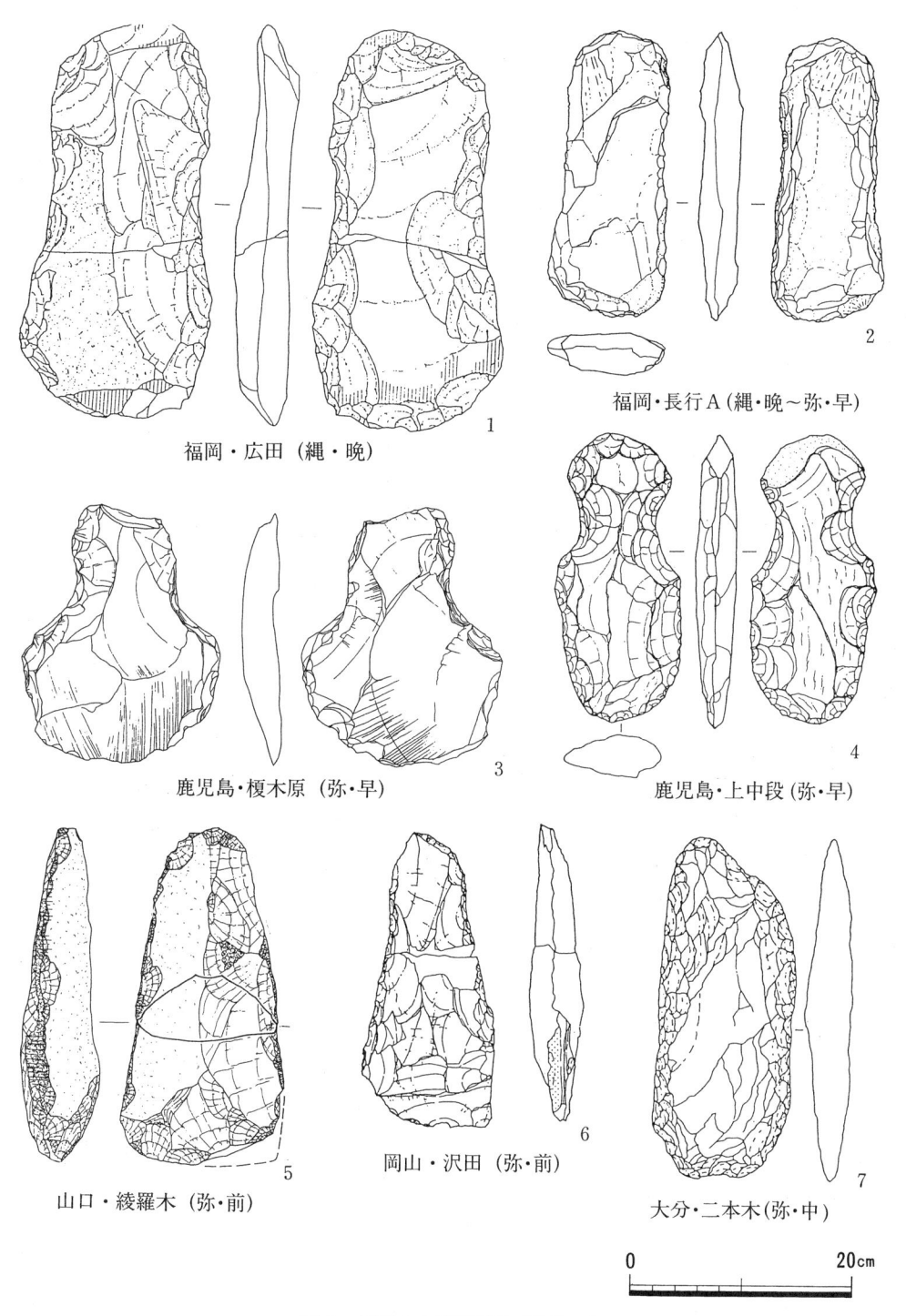

第四章　縄文時代の雑穀・穀物栽培　93

1　福岡・広田（縄・晩）
2　福岡・長行A（縄・晩～弥・早）
3　鹿児島・榎木原（弥・早）
4　鹿児島・上中段（弥・早）
5　山口・綾羅木（弥・前）
6　岡山・沢田（弥・前）
7　大分・二本木（弥・中）

0　20cm

図9　西日本の打製石斧（縮尺1/6）

長さ15cm程度の撥型の打製石斧が、粉ひき具のサドルカーン（鞍形石皿）とともに出土している〔啓明大博1994〕。松竹里例は、朝鮮半島南部の櫛目文時代後期に法量分化した撥型の打製石斧と調理具がセットで存在していたことを意味している。

櫛目文土器時代のこれらの石器が農具であるとの決定的な証拠はないが、早・前期無文土器時代（前10～7世紀ごろ）に属する大坪漁隠遺跡1地区や、中期無文土器時代（前6～4世紀ごろ）の大邱漆谷遺跡でみつかった畑跡出土の打製石斧の形態は、これとほとんど同じであった。漁隠遺跡ではコメ、ムギ、アワ、マメなどの遺体が検出されているところからみても、これらの打製石斧が畑作用の道具であることは間違いない〔李ほか1998〕[2]。したがって櫛目文土器時代の打製石斧のなかには農具として使われていたものが存在したことは確実である。

この朝鮮半島の打製石斧と、広田遺跡出土の撥型の打製石斧の製作技法が一致しているという指摘がある〔小池1985〕[3]。撥型の打製石斧は弥生時代以降も鹿児島や下伊那地方の台地上の遺跡で、刃部幅の広い有肩石斧（図9-3・4）として盛行することからすれば、その前段階である縄文後・晩期に打製石斧を石製耕耘具とした畑作がおこなわれていたことは十分に想定できる。

このように縄文後期に併行する朝鮮半島で撥型の打製石斧を耕耘具とする畑作が存在した可能性、朝鮮半島の打製石斧と同じ製作技法でつくられた打製石斧が九州北部の低地に立地する遺跡から出土すること、岡山県南溝手遺跡の籾痕土器〔平井1995〕をはじめとしたコメの存在などから総合的に判断して、次のように考える。東日本や西日本の縄文後期にあらわれる低地に降りた遺跡の人びとは、撥型・分銅型・有肩（鍬）石斧を使って周辺の砂質土壌を幅広く浅く掘り、コメをはじめキビ属、マメ類などを栽培していた。したがって、これまで東日本の影響で出現すると考えられてきた、これら刃部幅の広い打製石斧が朝鮮半島の影響によって出現した畑作用の耕耘用農具であった可能性が高まっている。少なくとも朝鮮半島南部では、漁隠の例から前10世紀頃には本格的な畑作農耕がはじまっていることは確実なので、縄文晩期の西日本で畑作がはじまっていた可能性は以前にも増して高まりつつあるといえよう。

3　収穫具

縄文時代には穂摘具型と石鎌型の形態をもつ打製石器が存在する（図10）。前者は弥生時代の瀬戸内地域を中心に分布する、長さが6cm前後で長方形をなす打製石庖丁に類似し、紐がかりのための抉りを短辺にもつ「有抉」ともたない「無抉」がある。後者は、長辺を一つの刃部とし、尖り気味の先端とは反対側の短辺を基端とするもので、打製と磨製がある。長さは13cm前後である。打製穂摘具形石器は、縄文後期後半に中・四国と九州に、石鎌形石器は中国、九州北・中部にあらわれる。これらの石器の刃部には、イネ科植物の茎や葉に含まれる珪酸体と石が擦りあったときに付着するコーングロスがみられるところから、イネ科植物を採集したときに使われた可能性が高い[4]。使用痕分析の早急な実施が必要である。

これらの石器も打製石斧と同じく、朝鮮半島南部との関係をうかがうことができる。先述した金稜松竹里遺跡ではやはり石鎌状の石器が縄文後期併行の水佳里II式や撥型の打製石斧にともなって出土しており、打製石斧とセットで西日本に伝わっていた可能性は十分に考えられる。また畑遺構

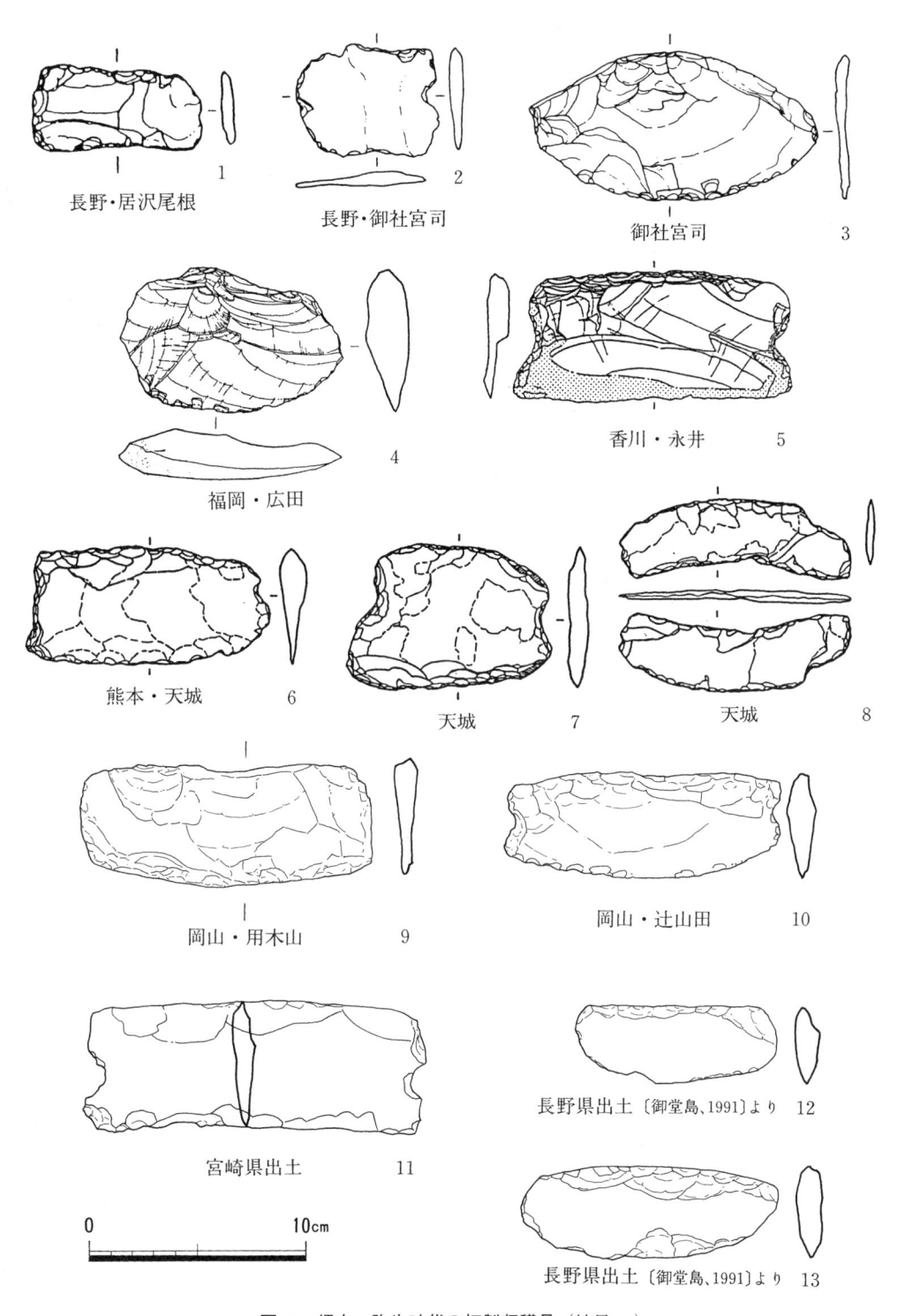

第四章　縄文時代の雑穀・穀物栽培　95

1　長野・居沢尾根
2　長野・御社宮司
3　御社宮司
4　福岡・広田
5　香川・永井
6　熊本・天城
7　天城
8　天城
9　岡山・用木山
10　岡山・辻山田
11　宮崎県出土
12　長野県出土〔御堂島、1991〕より
13　長野県出土〔御堂島、1991〕より

0　　　　　10cm

図10　縄文・弥生時代の打製収穫具（縮尺1/3）

がみつかった前1000年紀前半代の漁隠や漆谷ではすでに磨製石庖丁が出土している。弥生時代になると西日本の収穫具は磨製石庖丁と磨製石鎌に収斂されていくが、瀬戸内地域だけは縄文後・晩期と石材・外観とも同じ打製石庖丁を使いつづける。

このように西日本の縄文後期後半にあらわれる打製の穂摘具形石器や打製石鎌型の石器は、コーングロスの付着、併行する朝鮮半島の状況、弥生時代の収穫具との形態的継続性からみて、縄文後・晩期の収穫具である可能性は十分に考えられる。

以上の検討結果をもとに、撥型で大形の打製石斧と穂摘具様の石器を、イネ科植物を栽培するための耕耘作業、収穫するための収穫具として仮定することにする。次に、これらの石器が後・晩期の遺跡でどれくらい存在したのかを調べ、弥生時代の石器組成との違いを調べてみよう。

Ⅲ 石器組成の変化

1 石器組成の算出

前節で農具と考えた石器がどれくらい存在したのか調べるために、縄文後・晩期の石器組成を算出する。そして水稲農耕を確実におこなっている弥生時代の石器組成に占める耕耘具や収穫具の割合と比較してみよう。もしどのくらいの割合で存在するかわかれば、縄文稲作が縄文社会においてどのように位置づけられていたか知る重要な手がかりとなる可能性がある。

まず縄文と弥生という時間的に離れた石器組成を比較するためは、できるだけ基準を共通にしておく必要がある。まず石器組成に取り上げる石器の種類を決定するために、石器を用いておこなう食料獲得活動およびそれに関連する活動を列挙してみよう。

縄文時代におこなわれていた石器を用いた食料獲得活動には、前節でみてきた土掘具と収穫具、石鏃などの狩りをする狩猟具のような直接生産にかかわる道具以外にも、採集してきた堅果類を破殻して粉にしたり、根茎類を磨りつぶしたり、穀物などを製粉したりするための調理具（石皿や磨石など）がある。弥生時代になると大陸系磨製石器が朝鮮半島の影響を受けて出現するが、武器や石庖丁を除けばすべて木材の伐採・加工用なので、新たな食料獲得活動を直接的に担う機能をもつ石器は出現しないことがわかる。

そこで縄文時代の食料獲得活動に関わる石製道具を、狩猟具、収穫具、調理具、土掘具として石器組成の項目に加えることにする。弥生時代になると、畠や水田の造成をおこない、矢板や杭をつくるための道具として、伐採具や加工具が発達する。これらは間接的に食料獲得活動に関わっている道具とみることができる。したがって先の四つにこの二つを加えて、全部で六つの項目を基本に縄文・弥生時代の石器組成を算出した（表5・6、図11）。

算出結果は、石器組成の違いを視覚的に把握しやすい標準レーダーチャートを改変したグラフで表現した（図12）。また縄文時代と弥生時代の違いがグラフ上で対照的に表現できるように、縄文以来の狩猟具や土掘具、調理具と、弥生以降に定型化する収穫具を左右においたチャート図とした。石器組成を算出した遺跡は、西日本の縄文後期中頃から弥生中期までの遺跡と、東日本の縄文前期から弥生中期までの遺跡である（表7）。算出結果に有意性をもたせるため50点以上の石器が出土

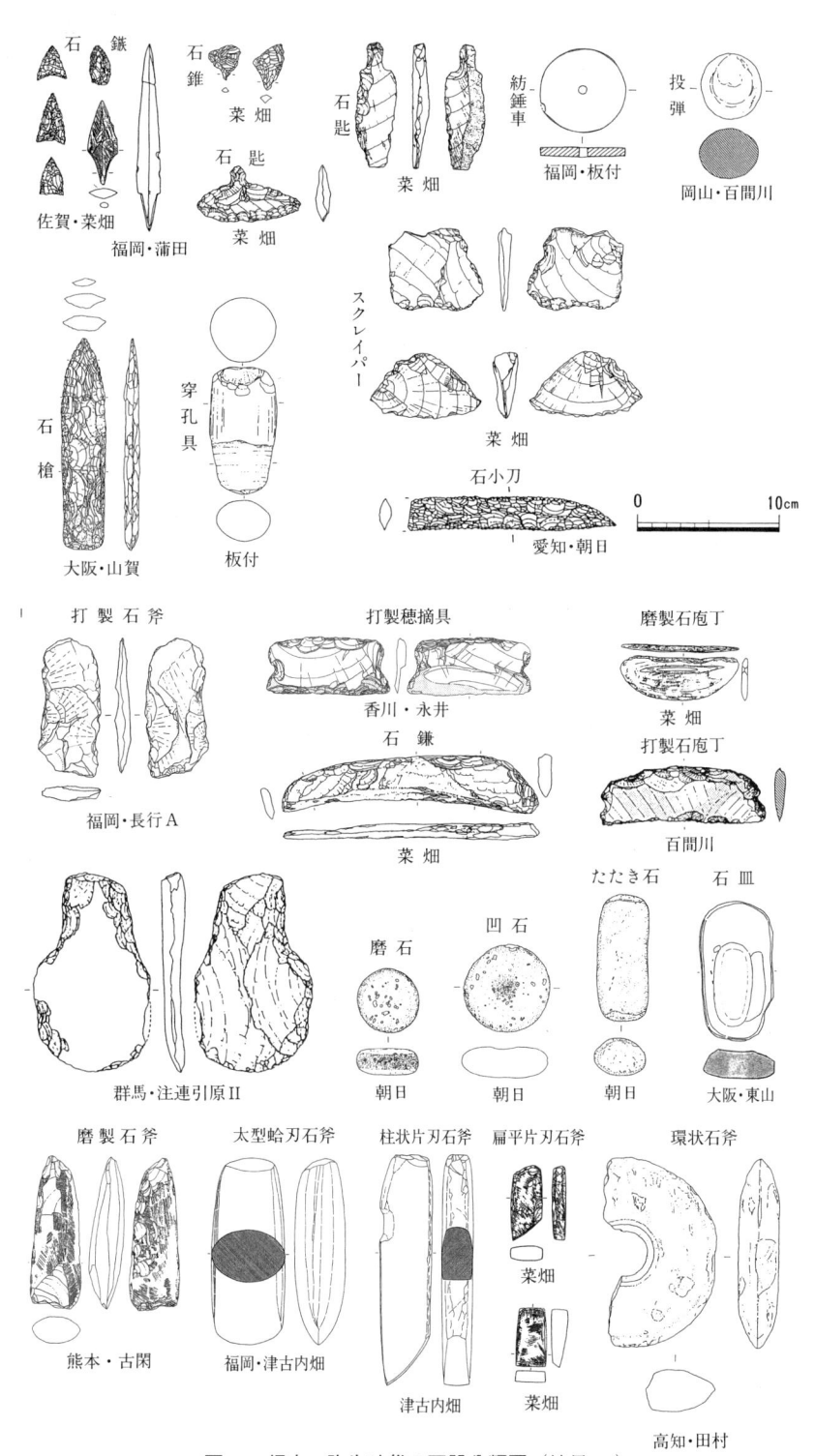

第四章　縄文時代の雑穀・穀物栽培　97

図11　縄文・弥生時代の石器分類図（縮尺1/5）

表5　縄文・弥生時代の石器分類（大別）

機能・分類		石器名
狩猟具		石鏃、石槍、(武器)
植物採集具	土掘具	打製石斧、石鍬
	収穫具	石庖丁、石鎌
食料加工具	調理具	石皿、磨石、凹石、敲石
漁撈具		石錘、軽石、浮子
木工具	伐採具	磨製石斧（両刃）、太型蛤刃石斧
	加工具	磨製石斧（片刃）、片刃石斧、柱状片刃石斧、扁平片刃石斧、穿孔具
その他	加工具	石錐、砥石、スクレイパー、礫器、剥片石器、石匙

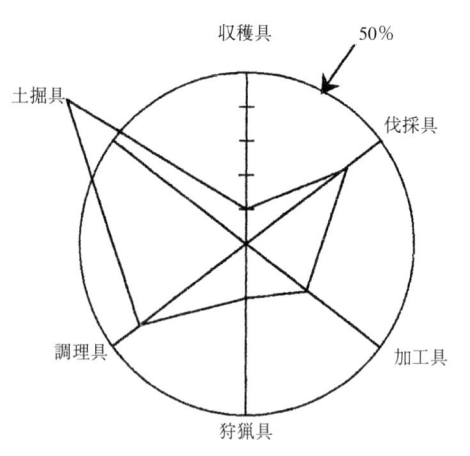

図12　石器組成チャート図

表6①　縄文・弥生時代の石器分類（詳細）

機能・分類	石器名		備考
狩猟具・武器	打製石鏃	凹基	平基はここに含める
		円基	突・凹基はここに含める
		有茎	
		アメリカ	
		不明	
	磨製石剣		西日本の弥生にあり大陸系と理解できるもの。東日本の縄文のものは祭祀具とする。
	磨製石戈		近畿の打製石戈は、畿内式尖頭器や石槍との区別がつきにくいので、こちらに一括。
	畿内式尖頭器		いわゆる石槍である。打製大型尖頭器、畿内式尖頭器、尖頭器、石槍状石器と呼ばれているもので、畿内中心に分布する。
	打製尖頭器		いわゆる尖頭器で、長さ5～6cm以上、重さ5g以上のもの
	投弾		弥生の九州北部に集中して分布
	その他		
漁撈具	石錘	有頭	棒状ともいい、中部型と呼ばれているもの
		打欠	
		切目	
		有溝	瀬戸内型と呼ばれているもの
		その他	
	石銛		福岡、佐賀、長崎、鹿児島の縄文前期～後期にみられる。類例は少ない。
	浮子		通称アバ
	打製石鋸		明確に鋸歯列をもつもので、韓国、西北九州の縄文中・後期～弥生にみられる。
	その他		アワビオコシ、滑石製有孔製品など。
土掘具	打製土掘具	短冊形	打製石斧、扁平打製石斧などと呼ばれているもの。土掻き具は除草具に含める。
		撥形	全長20cm以上のものは注意。
		分銅形	
		有肩形	
		その他	
	磨製土掘具		磨製石鍬、磨製有肩石斧と呼ばれているもの。弥生のみ。
	その他		

表6② 縄文・弥生時代の石器分類（詳細）（つづき）

機能・分類	石器名		備考
除草具	大型板状石器	打製	弥生の東北地方に特徴的な大型の石器で、刃部幅が8cm以上、刃はまっすぐで薄い。残杵処理などの機能が考えられている。
		刃部磨製	打製で刃部のみ磨製の大型石庖丁で、山陰に分布する。
		全磨製	大型の石庖丁で刃部も磨製である。通称バカ庖丁で九州にみられる。
	有肩扇状石器	打製	刃部打製のもので中部地方の有肩扇状石器などを指す。
		磨製	磨製の有肩扇状石器で小形と大形がある。福岡・佐賀両県にまたがる筑紫平野や韓国に分布。
	その他		
収穫具	打製穂摘具	有抉	いわゆる打製石庖丁のなかで抉りをもつもの。
		無抉	いわゆる打製石庖丁のなかで抉りはないが、形態が長方形・杏仁形、半月形で定型化したもの
		横刃形石器	いわゆる横刃形石器。穂摘具と明確にいえる場合はその旨を明記する。
		その他	
	磨製穂摘具		磨製の石庖丁である。
	打製石鎌		長辺の一つを刃部として、尖り気味の先端とは反対側の短辺を基端とする。
	磨製石鎌		九州では長さ15cmを境に大・小に分かれる。
	その他		
調理具	石皿類		石皿
	磨石類		磨石、凹石、叩石は一つの石器で複数の機能をもつ場合が多いので一括する。
	石臼		東日本の縄文にある植物加工具
	その他		
伐採・加工具	両刃磨製石斧		尖基で刃幅に対してかなり狭い。縄文に一般的だが、弥生にも存在。乳房状石斧はこれに含まれる。
	太型蛤刃石斧		側縁が平行して基部は厚く、側面観はふくれた凸幅二つからなる両刃をもつ。
	扁平両刃石斧		弥生の四国、愛知、北陸にみられる。
	円柱状石斧		両刃と片刃があり、徳島などに分布する。
	小型円柱状石斧		両刃と片刃がある。局部磨製である。
	柱状片刃石斧	抉入	断面が長方形、ないし台形を呈する厚手柱状の片刃。有溝石斧ともいわれている。
		抉無	上記の形態で抉りのないもの。
	小型方柱状片刃石斧		柱状片刃石斧を小形にした形態。有抉と無抉がある。ノミ形石器ともいう。
	扁平片刃石斧		鉋の刃のように、幅が広く薄い片刃の石斧。
	その他		対馬の扁平片刃磨製石斧（大陸系の可能性）などがある。
加工具Ⅰ	石錐	打製石錐	
		大形礫錐	
		磨製石錐	磨製の意味は、使用した結果、光沢をもつようになったという程度の意味。
	石小刀		両面調整尖頭削器のうち外湾する外側の刃部と、内湾もしくは直線形の内側の刃部を対辺にもつ細長い石器。弥生の畿内を中心に分布。
	石匙		つまみのついているスクレイパー
	スクレイパー		石匙をのぞく削・掻器。R.F.を含む。
	剥片石器		U.F.に限定。
	楔形石器		ピエス・エスキーユ
	その他		

表6③　縄文・弥生時代の石器分類（詳細）（つづき）

機能・分類	石器名		備考
加工具Ⅱ	砥石	本砥石	粗砥用、仕上げ用、手持ち用など細別可能。
		擦切用砥石	
	台石		
	玉用工具	玉錐	
		玉砥石	
	石槌		つきハンマー
	その他		ハンマー
紡績具	石製紡錘車		
	有孔石製円盤		孔をもつもの。
	その他		
祭祀具	石棒		縄文晩期の東北地方を中心に分布するもの。断面は丸みをもつ。
	石剣		縄文晩期の東北地方を中心に分布するもの。断面は紡錘形で両刃。
	石刀		縄文晩期の東北地方を中心に分布するもの。片刃である。
	有角石器		一端は撥形に広がった刃があり、もう一端は棒状を呈し、中央部の両側に突起がつくり出される。弥生の千葉、茨城を中心に分布する。
	有孔石器		
	環状石器類	環状石器	円盤状を呈し、中央に円孔を穿ち、周縁に刃部が形成される。
		多頭石器	有孔環状で、3～数頭の突起がついた石器。
	独鈷石		中央に2条の袴状突帯をもち、左右に刃のある棒状の石器。
	石冠		1) 湾曲した体部中央に突起をつける石器。
			2) 三角柱状の扁平な石器。
	御物石器		飛騨地方を中心に分布する装飾のついた異形石器。
	岩版		東海地方の縄文晩期を中心に分布。
	岩偶		東海地方の縄文晩期を中心に分布。
	その他		
用途不明	石製円盤		
	十字形石器		
	環石		
その他			

している遺跡を対象とすることにつとめた。

2　「石器型」の設定

　算出の結果、石器組成のなかには特定の機能カテゴリーの石器が50％以上の値を示して突出するものと、複数の機能カテゴリーの石器が比較的平均して出土するもののあることがわかった（表8）。そこでそれぞれを「突出型」、「平均型」と呼び、この視点でさらに石器組成を検証してみた。

　まず単独の機能カテゴリーが突出する型には、狩猟具突出型、土掘具突出型、調理具突出型がある。いずれも縄文時代に特有な食料獲得・加工具であった。縄文時代には突出型が三つともみられるのに対し、弥生時代には狩猟具突出型しかみられない。次に複数の機能カテゴリーの石器が平均して出土する型には、狩猟具・土掘具・調理具型、調理具・加工具型がある。このうち前者は縄

第四章　縄文時代の雑穀・穀物栽培　101

表7①　石器組成算出遺跡一覧表

遺跡名	県名	時期	石鏃	打製石斧	収穫具	調理具	伐採具	加工具	合計
桑飼下	京都	縄文後期中葉	38	751	0	78	24	15	906
			4.19%	82.89%	0%	8.61%	2.65%	1.66%	
永井1〜Ⅳ	香川	縄文後期中頃	25	41	97	55	3	0	221
			11.31%	18.55%	43.89%	24.89%	1.36%	0%	
永井Ⅰ〜Ⅳ	香川	縄文後期中頃	24	0	44	25	34	0	127
			18.90%	0%	34.65%	19.69%	26.77%	0%	
永井Ⅰ〜Ⅹ	香川	縄文後期中葉〜晩期前半	26	67	50	34	1	0	178
			14.61%	37.64%	28.09%	19.10%	0.56%	0%	
永井Ⅹ	香川	晩期前半	9	70	30	7	0	0	126
			7.14%	55.56%	31.75%	5.56%	0%	.0%	
永井Ⅹ全体	香川	晩期前半	3	69	32	3	1	0	108
			2.78%	63.89%	29.63%	2.78%	0.93%	0%	
柏田	福岡	縄文後期後半〜晩期前半	481	44	0	11	23	9	568
			84.68%	7.75%	0%	1.94%	4.05%	1.58%	
広田	福岡	縄文晩期前半	111	161	4	33	8	35	352
			31.53%	45.74%	1.14%	9.38%	2.27%	9.94%	
菜畑13下、13、9層	佐賀	縄文晩期末	19	0	0	12	19	0	50
			38.00%	0%	0%	24.00%	38.00%	0%	
礫石原	長崎	縄文晩期末	0	24	10	5	0	0	39
			0%	61.54%	25.64%	12.82%	0%	0%	
古閑	熊本	縄文晩期前半	10	155	0	326	105	17	613
			1.63%	25.29%	0%	53.18%	17.13%	2.77%	
天城	熊本	縄文後期後半〜晩期前半	3	415	19	58	30	0	525
			0.57%	79.05%	3.62%	11.05%	5.71%	0%	
麻生田大橋	愛知	弥生早期	159	1477	6	346	2350	0	4338
			3.67%	34.05%	0.14%	7.98%	54.17%	0%	
百間川沢田	岡山	弥生早期〜前期	327	9	14	28	4	1	383
			85.38%	2.35%	3.66%	7.31%	1.04%	0.26%	
中寺洲尾	愛媛	弥生早期〜前期	82	0	187	20	2	3	294
			27.89%	0%	63.61%	6.80%	0.68%	1.02%	
長行A地区	福岡	縄文晩期末〜弥生前期	3	74	1	10	8	0	96
			3.13%	77.08%	1.04%	10.42%	8.33%	0%	
菜畑9〜12層	佐賀	弥生早期	29	1	2	5	7	1	45
			64.44%	2.22%	4.44%	11.11%	15.56%	2.22%	
菜畑8下層	佐賀	弥生早期	2	1	4	2	9	3	21
			9.52%	4.76%	19.05%	9.52%	42.86%	14.29%	
曲り田	福岡	弥生早期	158	0	15	7	51	17	248
			63.71%	0%	6.05%	2.82%	20.56%	6.85%	
有田七田前	福岡	弥生早期	38	2	4	2	15	9	70
			54.29%	2.86%	5.71%	2.86%	21.43%	12.86%	
十郎川	福岡	弥生早期	53	4	29	37	24	17	164
			32.32%	2.44%	17.68%	22.56%	14.63%	10.37%	
野多目	福岡	弥生早期	51	5	1	2	4	0	63
			80.95%	7.94%	1.59%	3.17%	6.35%	0%	
宮の本	長崎	縄文晩期中頃	7	15	8	0	3	0	33
			21.21%	45.45%	24.24%	0%	9.09%	0%	
朝日	愛知	弥生前期〜後期	453	9	34	1440	206	231	2373
			19.09%	0.38%	1.43%	60.68%	8.68%	9.73%	

表7② 石器組成算出遺跡一覧表（つづき）

遺跡名	県名	時期	石鏃	打製石斧	収穫具	調理具	伐採具	加工具	合計
長原	大阪	弥生前期中頃～後半	188	0	0	14	0	0	202
			93.07%	0%	0%	6.93%	0%	0%	
山賀	大阪	弥生前期	52	0	9	20	3	1	85
			61.18%	0%	10.59%	23.53%	3.53%	1.18%	
永井	香川	弥生早期～前期	5	13	21	1	0	0	40
			12.50%	32.50%	52.50%	2.50%	0%	0%	
下川津	香川	弥生前期後半～末	22	68	243	48	5	0	386
			5.70%	17.62%	62.95%	12.44%	1.30%	0%	
中ノ池	香川	弥生前期～後期	11	25	79	60	0	6	181
			6.08%	13.81%	43.65%	33.15%	0%	3.31%	
田村Ⅰ	高知	弥生前期	27	1	8	45	12	26	119
			22.69%	0.84%	6.72%	37.82%	10.08%	21.85%	
田村Ⅱ	高知	弥生前期後半～末	28	7	56	143	43	22	299
			9.36%	2.34%	18.73%	47.83%	14.38%	7.36%	
綾羅木全期	山口	弥生前期後半～中期前半	43	40	44	174	40	29	370
			11.62%	10.81%	11.89%	47.03%	10.81%	7.84%	
綾羅木Ⅰ	山口	弥生前期中頃	5	3	6	27	2	2	45
			11.11%	6.67%	13.33%	60.00%	4.44%	4.44%	
綾羅木Ⅱ	山口	弥生前期後半	7	2	7	24	0	1	41
			17.07%	4.88%	17.07%	58.54%	0%	2.44%	
綾羅木Ⅲ	山口	弥生前期末～中期中頃	30	30	23	97	23	12	215
			13.95%	13.95%	10.70%	45.12%	10.70%	5.58%	
長行B地区	福岡	弥生前期後半～後期	0	0	29	0	11	0	40
			0.00%	0%	72.50%	0%	27.50%	0%	
板付会館第7層	福岡	弥生前期初頭	5	0	4	0	2	1	12
			41.67%	0%	33.33%	0%	16.67%	8.33%	
板付1区	福岡	弥生前期	22	0	26	26	56	10	140
			15.71%	0%	18.57%	18.57%	40.00%	7.14%	
板付2区	福岡	弥生前期～後期	22	0	34	9	21	4	90
			24.44%	0%	37.78%	10.00%	23.33%	4.44%	
板付H-5区	福岡	弥生前期～中期前葉	15	0	12	3	14	4	48
			31.25%	0%	25.00%	6.25%	29.17%	8.33%	
今川	福岡	弥生前期中頃～後半	33	0	0	1	6	7	47
			70.21%	0%	0%	2.13%	2.77%	14.89%	
比恵25次	福岡	弥生前期中頃～中期初頭	0	0	33	83	46	0	162
			0.00%	0%	20.37%	51.23%	28.40%	0%	
比恵26次	福岡	弥生前期後半	1	0	11	12	25	11	60
			1.67%	0%	18.33%	20.00%	41.67%	18.33%	
北松尾口	福岡	弥生前期後半～中期前半	102	0	39	0	13	17	171
			59.65%	0%	22.81%	0%	7.60%	9.94%	
鹿部山	福岡	弥生前期末～中期	1	0	17	10	14	20	62
			1.61%	0%	27.42%	16.13%	22.58%	32.26%	
菜畑8上層	佐賀	弥生前期初頭	20	1	11	13	26	112	183
			10.93%	0.55%	6.01%	7.10%	14.21%	61.20%	
菜畑7下層	佐賀	弥生前期後半	10	0	10	3	15	0	38
			26.32%	0%	26.32%	7.89%	39.47%	0%	

表8　石器型一覧表

石器型		時期	地域	遺跡名	大陸系磨製石器	水田・畠	備考
突出型	狩猟具A	後期～晩期	全日本	柏田、馬場川、山ノ内B			狩猟具以外は5％以下
	狩猟具B	突帯文土器～Ⅰ期、および併行期	全日本	山賀、長原、大開3、江口貝塚、馬見塚、九年橋、砂沢	一部にあり		調理具だけは10％を占める。九州以外にも例あり。
	土掘具	後期後半～晩期前半	全日本	天城、谷尻、上菅生B、駒方C			台地上、山間部に立地
	調理具A	縄文中～後期	東日本	梨久保、居沢尾根、貝の花、矢作、加曽利			
	調理具B	縄文～突帯文土器	西日本	古閑、口酒井			
平均型	狩猟・土掘・調理具A型	晩期	東日本	氷、沖Ⅱ			
	狩猟・土掘・調理具B	後期後半～突帯文土器	西日本	林・坊城、陣内、四箇A、永井、榎崎B、榎木原			大体満遍なく保有
突出型	狩猟具	突帯文土器～Ⅰ期	西日本	曲り田、菜畑9-12層、玉津田中、下七見Ⅱ、高宮八丁、山賀Ⅰ新	○	○	狩猟具が突出するが、そのほかの道具もそろっている点で狩猟具突出型とは異なる。
平均型	狩猟・土掘・調理具C型	弥生中～後期	東日本	牧野小山、馬橋、新保	○	○	
	狩猟・土掘・調理具D	Ⅰ期	西日本	高橋、田村Loc.16、上の島、菜畑8下層、下川津Ⅰ古	○	○	西日本前期初頭の標識遺跡にみられる。
	調理具・加工具	Ⅰ～Ⅳ	西日本	比恵25・26次、綾羅木郷、西ノ角、東山	○	○	鉄器普及

文・弥生時代の遺跡に、後者は弥生時代の遺跡にのみみられる。

　このように突出型と平均型という視点で縄文時代と弥生時代の石器組成を整理してみると、興味深い事実が明らかになる。縄文時代の石器組成は、狩猟具、土掘具、調理具という縄文時代の食料獲得活動を支える基本的な機能をもつ石器が単独で突出する型と、これら三つがバランスよく組み合わされた平均的な型からなっていた。それに対して弥生時代の石器組成は、縄文時代と同じ狩猟具突出型、狩猟具・土掘具・調理具平均型、そして弥生時代になって出現する調理具・加工具平均型からなっていた。縄文時代に突出型が目立つのは意外であった。

　五つの型に収斂される縄文・弥生時代の石器組成は、どのような地理的・時間的分布をみせるのか。図13・図14に示した。

　まず、東日本の縄文前期にあらわれるのが狩猟具突出型と土掘具突出型である[5]。次に中・後期になると、調理具突出型や狩猟具・土掘具・調理具平均型があらわれる。そして晩期のおわり頃には前節でみた農具様石器を含む狩猟具・土掘具・調理具平均型があらわれる。

　弥生時代になると、まず早期に狩猟具突出型があらわれる。この狩猟具突出型はいずれも大陸系磨製石器や朝鮮半島系の武器をともなっている点が縄文の狩猟具突出型とは異なる。その後、狩猟具の比率は次第に下がり、収穫具や伐採具の比率があがることによって、早期後半には調理具・加工具平均型が出現する。

　このような狩猟具、土掘具、調理具を基本とする縄文時代の石器組成から、収穫具や伐採具が加わった弥生時代の石器組成への変化は、東日本や九州北部など特定の地域にみられるのではなく、

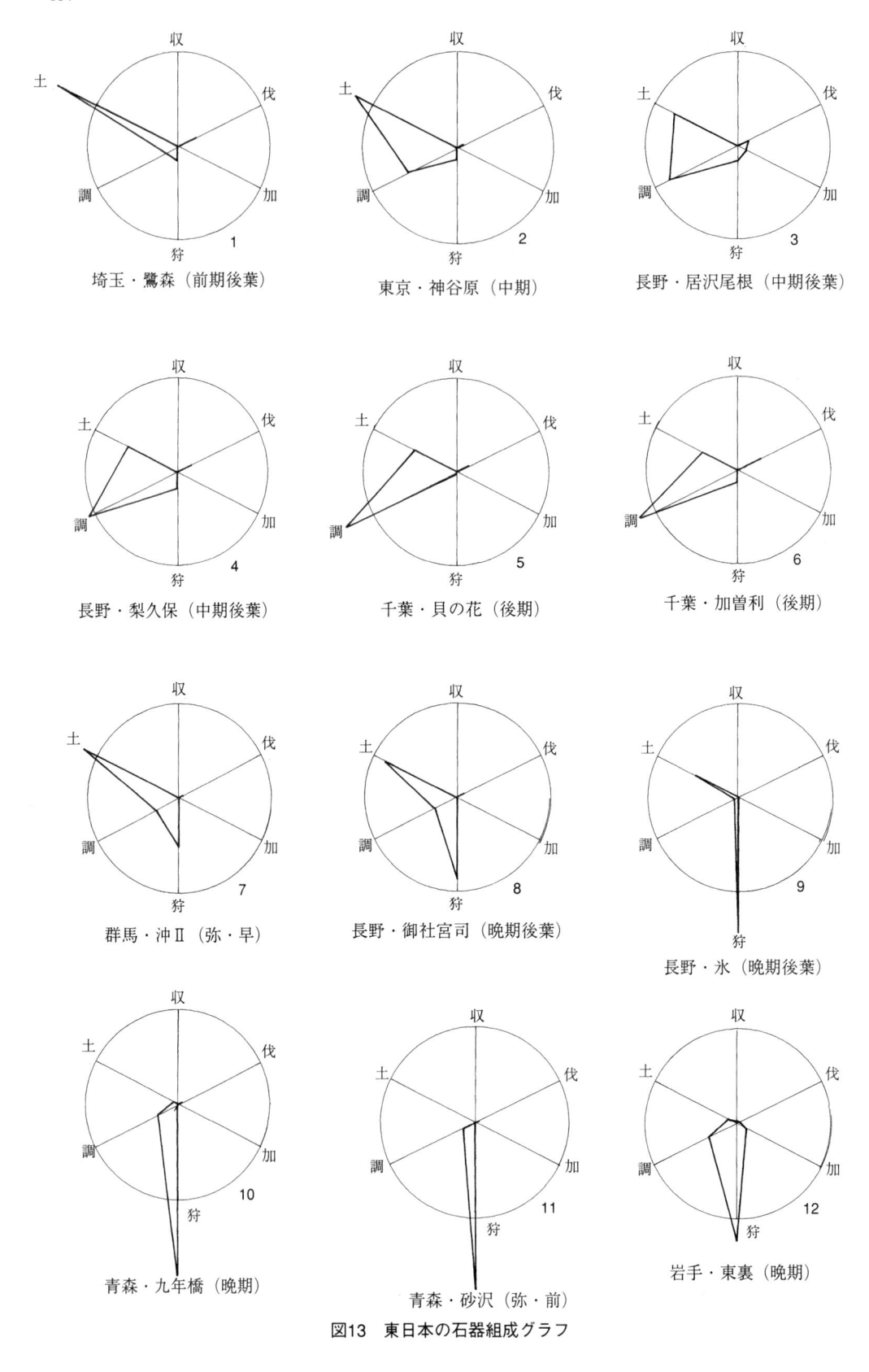

1　埼玉・鷺森（前期後葉）
2　東京・神谷原（中期）
3　長野・居沢尾根（中期後葉）
4　長野・梨久保（中期後葉）
5　千葉・貝の花（後期）
6　千葉・加曽利（後期）
7　群馬・沖Ⅱ（弥・早）
8　長野・御社宮司（晩期後葉）
9　長野・氷（晩期後葉）
10　青森・九年橋（晩期）
11　青森・砂沢（弥・前）
12　岩手・東裏（晩期）

図13　東日本の石器組成グラフ

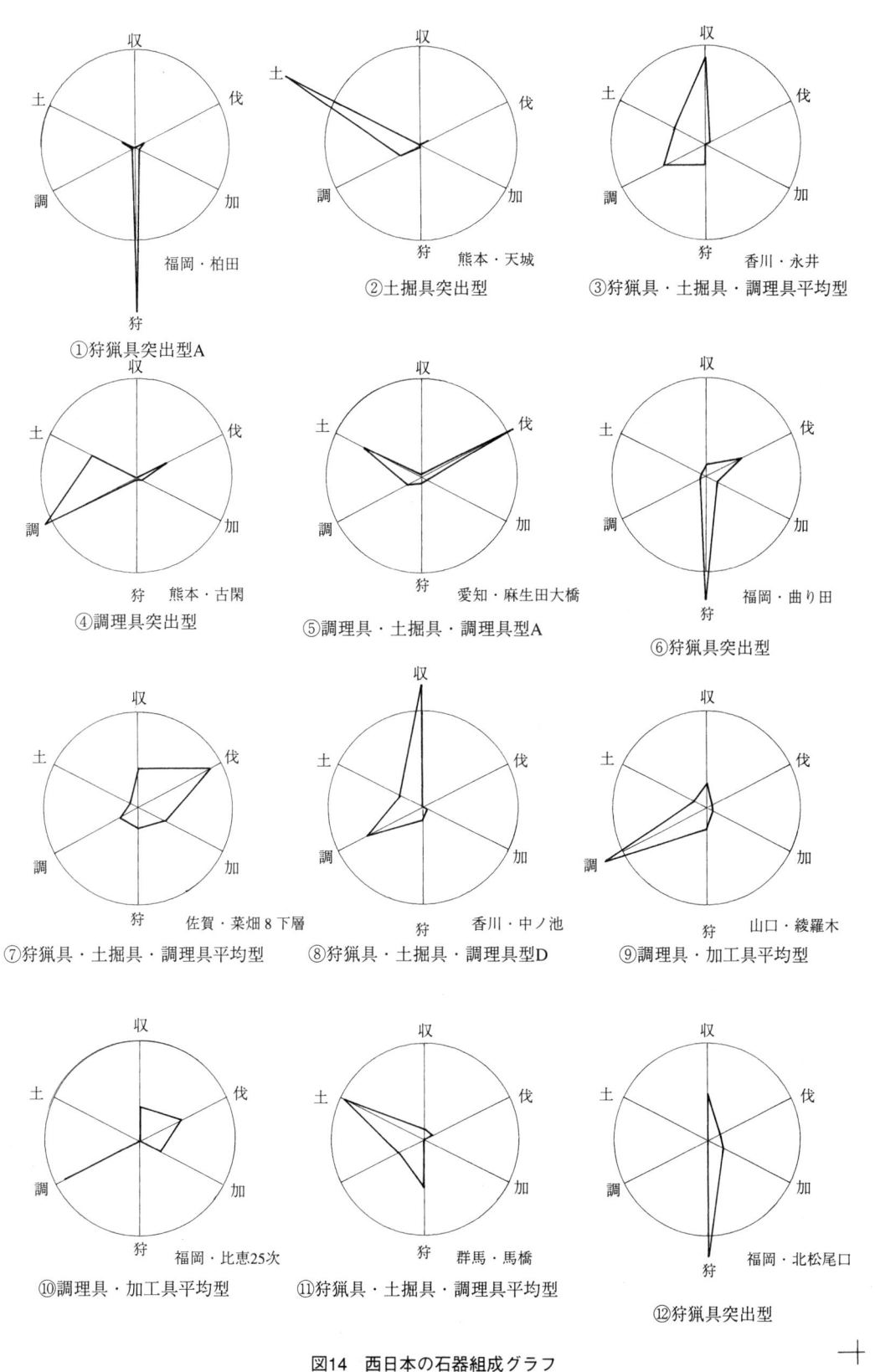

第四章　縄文時代の雑穀・穀物栽培　105

①狩猟具突出型A　福岡・柏田
②土掘具突出型　熊本・天城
③狩猟具・土掘具・調理具平均型　香川・永井
④調理具突出型　熊本・古閑
⑤調理具・土掘具・調理具型A　愛知・麻生田大橋
⑥狩猟具突出型　福岡・曲り田
⑦狩猟具・土掘具・調理具平均型　佐賀・菜畑8下層
⑧狩猟具・土掘具・調理具型D　香川・中ノ池
⑨調理具・加工具平均型　山口・綾羅木
⑩調理具・加工具平均型　福岡・比恵25次
⑪狩猟具・土掘具・調理具平均型　群馬・馬橋
⑫狩猟具突出型　福岡・北松尾口

図14　西日本の石器組成グラフ

時期こそ異なるもののどの地域でも同じ順番で起こっていることがわかる。したがって、石器組成を時間軸に沿って整理すると次のような五つの段階に分けることができよう（図15）。

3　石器型の時期別分布

①第一段階：狩猟具突出型、土掘具突出型があらわれる段階である。東日本では縄文前期後葉、西日本では後期後半になってあらわれる。その後東日本では中期になって調理具突出型があらわれる。

②第二段階：晩期初頭の西日本では低地に立地する遺跡を中心に、耕耘に適した大形の土掘具や収穫具が加わった狩猟具・土掘具・調理具平均型があらわれ、晩期後半には東日本にもあらわれる。

③第三段階：大陸系の磨製石器や武器をともなう狩猟具突出型が弥生早期の九州北部にあらわれる。また、大陸系磨製石器が出土しない西日本や東北地方などでも、ほぼ同じ時期にこの型があらわれる。

④第四段階：狩猟具の比率がしだいに下がり、大陸系磨製石器の伐採具や収穫具が加わった狩猟具・土掘具・調理具平均型が西日本の弥生早期にあらわれる。

⑤第五段階：西日本では、弥生Ⅱ～Ⅳ期に普遍的な石器組成として調理具と加工具が大半を占める調理具・加工具平均型があらわれる。加工具の中心を占めているのが砥石である。またⅣ期になると東日本にも大陸系磨製石器が加わるようになる。

このような汎日本列島的な石器組成の変遷は、どのような社会背景を反映しているのであろうか。まず各段階の石器型の詳細を検討しておく。

4　石器型の内容

(1)　狩猟具突出型

第一段階と第三段階にあらわれる。第一段階の狩猟具突出型には狩猟具以外の石器はほとんどみられず、その中心は打製石鏃である。縄文前期から弥生Ⅰ期までの各地にみられ、今回算出したなかでは縄文後・晩期の福岡県柏田遺跡、大阪府馬場川遺跡、同山ノ内遺跡を代表とする[6]。第三段階にあらわれる狩猟具突出型は、九州北部、西日本、東北地方に限定的にみられ、しかも狩猟具以外の石器もかなり含まれているという点で、第一段階の狩猟具突出型とは異なる。その最大の特徴は、九州北部の狩猟具突出型に含まれる武器と大陸系磨製石器である。武器には、朝鮮半島無文土器文化の産物である磨製石剣や磨製石鏃、さらに縄文時代からある打製石鏃も少し大形・重量化している〔山崎1983〕。大陸系磨製石器のなかでも伐採具である太型蛤刃石斧の比率が狩猟具の次に高いのが注目される。福岡県曲り田遺跡、佐賀県菜畑遺跡9-12層を代表とする。

西日本や東北地方の晩期～弥生Ⅰ期にあらわれる狩猟具突出型には明らかに武器といえる石器が含まれているわけではないし、大陸系磨製石器も確実にともなわない。狩猟具の次に比率が高いのは伐採具ではなく調理具である。大阪府長原遺跡、兵庫県大開遺跡3面、愛媛県江口貝塚、愛知県馬見塚遺跡、岩手県東浦遺跡、青森県九年橋遺跡、同砂沢遺跡を代表とする。

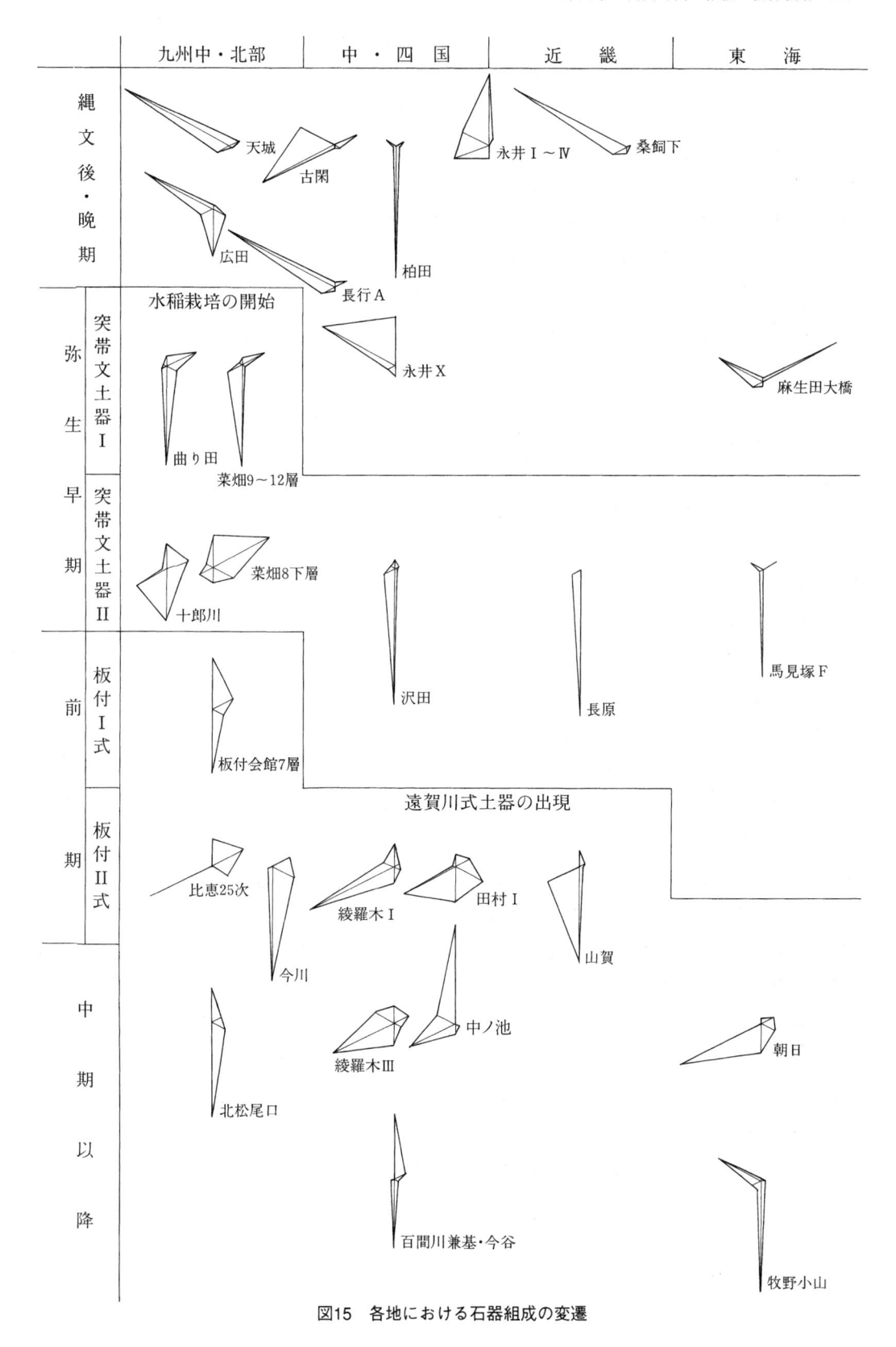

		九州中・北部	中・四国	近畿	東海
縄文後・晩期		天城　古閑　広田	柏田　長行A	永井Ⅰ～Ⅳ　桑飼下	
弥生早期	突帯文土器Ⅰ	水稲栽培の開始　曲り田　菜畑9～12層	永井X		麻生田大橋
	突帯文土器Ⅱ	十郎川　菜畑8下層	沢田		馬見塚F
前期	板付Ⅰ式	板付会館7層		長原	
	板付Ⅱ式	比恵25次　今川	遠賀川式土器の出現　綾羅木Ⅰ　田村Ⅰ	山賀	
中期以降		北松尾口	綾羅木Ⅲ　中ノ池　百間川兼基・今谷		朝日　牧野小山

図15　各地における石器組成の変遷

したがって、第三段階と第一段階にあらわれる狩猟具突出型は、異なる社会背景のもとに出現したと考えられると同時に、第三段階にあらわれる九州北部と、西日本・東北の狩猟具突出型にも背景の違いが想定できるのである。

(2) 土掘具突出型

第一段階にあらわれ、土掘具のなかでも短冊型だけ突出するのが特徴である。汎日本的に分布するが、東日本では縄文前期から中期、西日本では縄文後期後半から弥生早期にかけて盛行する。このことから、第一段階の土掘具突出型は東日本にまず出現し、後期後半になって西日本にあらわれることがわかる。縄文前期の埼玉県鷲森遺跡、中期の東京都神谷原遺跡、後・晩期の京都府桑飼下遺跡、岡山県谷尻遺跡、福岡県長行A遺跡、同権現塚北遺跡、熊本県天城遺跡、大分県上菅生B遺跡、同駒方C遺跡を代表とする。ただし後者の打製石斧には、刃部幅の広いものの割合が少し高い点が注目できる。

(3) 調理具突出型

縄文中期の東日本にまずあらわれ、後期後半になって西日本に出現する。東日本では中期の長野県梨久保遺跡、同居沢尾根遺跡、後期の千葉県貝の花貝塚、矢作、同加曽利貝塚にみられ、西日本では縄文後期後半から弥生早期までの熊本県古閑遺跡、兵庫県口酒井遺跡などにみられる。

(4) 狩猟具・土掘具・調理具平均型

この型は第二段階と第四段階にあらわれる。まず第二段階は西日本の縄文後期後半と、晩期の長野や群馬など東日本にあらわれる。この型の特徴は、農具様石器を含むことである。比率は高くないが、耕耘に適すると考えた大形の撥型や分銅型の打製石斧、打製の収穫具と考えた石庖丁様石器や石鎌状石器が10％以下の割合で加わっている。香川県永井遺跡、同林・坊城遺跡、福岡県四箇遺跡、宮崎県陣内遺跡、鹿児島県榎崎B遺跡、同榎木原遺跡、群馬県沖II遺跡や長野県氷遺跡を代表とする。次に第四段階は西日本の弥生早期～I期、東日本の弥生IV期にあらわれる。この型の特徴は大陸系磨製石器が含まれることである。なかでも収穫具として定型化した磨製石庖丁が加わっている点が注目される。したがって、第二段階にあらわれる型よりも農耕に依存する割合は確実に高いと考えられる。西日本では佐賀県菜畑遺跡8下層、鹿児島県高橋貝塚、高知県田村遺跡Loc.16、兵庫県上ノ島遺跡、香川県下川津遺跡、東日本では弥生中・後期の台地上の遺跡にみられる。愛知県牧野小山遺跡、群馬県馬橋遺跡、同新保遺跡[7]を代表とする。

(5) 調理具・加工具平均型

それぞれが30～40％の割合を占め、10％の割合で伐採具、収穫具、砥石がつづく。土掘具の割合はかなり低い。大陸系磨製石器を含む点が弥生時代にもっとも一般的な型で、地域を問わず存在する。チャート図上では上半分に偏っているため、下半分に偏る形で示される縄文時代の石器組成との違いは明確である。福岡県比恵遺跡25・26次、山口県綾羅木郷遺跡、長崎県西ノ角遺跡、愛知県朝日遺跡を代表とする。

5 石器型の考古学的背景

以上、設定した五つの石器型の背景となる生業体系について考察してみよう。

まず第一段階に東日本で出現する単一の機能をもつ道具だけが突出する狩猟具突出型、土掘具突出型、調理具突出型は、いずれも動物の狩猟、根茎類の採集、植物質食料の調理加工といった、縄文時代の基本的な食料獲得手段に直接かかわる道具のうちの一つだけが非常に多いことを示している。そのため、特定の食料獲得手段に大きく依存していたことを示す石器組成と考えられる。このように考えると、単一の機能が突出する石器型は、東日本の落葉樹林帯に生息する動・植物資源を狩猟・採集・調理するための道具体系がセットして定形化する以前の形態を示すか、それとも森林のあまりない、高いところに立地する遺跡などで狩猟が主な生業とならざるを得ない状況があらわれているのかのいずれかであろう。縄文後期後半の西日本における狩猟具・土掘具・加工具平均型の出現は、狩猟・採集・加工という採集経済の基本的機能を効率よく組み合わせる食料獲得体系が、この地で定型化したことを示すと考えられる。

　これと前後して土掘具突出型と調理具突出型も西日本にあらわれる。これは後期の寒冷化のため東日本的植生の南限が西日本の低・台地上に広がったことと無関係ではない。西日本の火山灰台地上では寒冷化にともなう植生変化によって、東日本的な食料獲得体系が根を下ろしたものと考えられる。この理解は、これまで渡辺誠を中心に説かれてきた東日本縄文文化複合体の西遷説とも矛盾しない。

　ところが、後期後半の低地の遺跡にみられる狩猟・土掘具・調理具平均型のなかには、耕耘や収穫の機能を想定した土掘具や収穫具が含まれているのである。東日本でも晩期になると高地から低地へと移った遺跡で、農具様石器を含むこの型があらわれることがわかる。この現象が東日本の縄文文化複合体の西遷説だけでは説明できないことは明らかである。したがって西日本の低地の遺跡にはじまる農具様石器を含む狩猟具・土掘具・調理具平均型の出現を、朝鮮半島畠作文化の影響を受けてはじまった縄文時代の穀物栽培を反映したものと考えることにする。

　縄文穀物栽培の開始が農具様石器の突出というかたちをとらず、縄文時代の基本的な獲得手段に加わるようなかたちをとることは、縄文時代の生業全体のなかに占める穀物栽培の位置づけを考えるうえで興味深い事実である。劇的に穀物栽培がはじまるのではなく、新たな栽培という食料獲得技術が、縄文の網羅的な生業体系の一つとして加わったことを示している。けっして突出するような出来事ではなかったのである。

　次に弥生早期（第三段階）になってあらわれたのは、農耕に直接関わる道具の突出型ではなくて、狩猟具突出型であった。しかも急増する打製石鏃の大形・重量化、朝鮮半島系の武器の出現に特色のある狩猟具の高比率化を、狩猟活動の活発化の結果とは考えにくい。したがって、山崎純男が指摘するように農耕開始期の不安定な社会が緊張状態に備えて、武器が急増した結果と考えてよいだろう〔山崎 1983〕。

　弥生早期に狩猟具が急増するのは九州北部地域だけではなかった。本格的な水田農耕がはじまっていない瀬戸内や近畿、さらに東北地方でもこの型があらわれることは、九州北部で起こった農耕社会の成立にともなう緊張状態の情報が本州の北端まで広がり、各地の縄文社会に動揺を与えた結果とは考えられないだろうか。

　弥生時代になって本格化した水稲農耕にともなって生じる石器組成の変化は農具の突出ではな

く、農耕の開始にともなって社会が質的に変化したことを示す武器型石器の突出であった。縄文後・晩期の穀物栽培の開始にともなって農具様石器が突出しなかったのと同時に、石庖丁など収穫具が突出しない点は興味深い。もちろん、この時期の狩猟具突出型から狩猟具を除いた石器の組合わせが、水田稲作色をもつことも忘れてはならない。森を切り開き、灌漑施設をつくるための杭や矢板を大量につくるために不可欠な伐採斧の比率がもっとも高いからである。これこそ水田稲作が活発であったことを示す間接的な証拠といえよう。

　以上のように弥生早期には伐採斧の増加というかたちで、水田稲作が活発化したことを示す石器組成があらわれることを確認した。

　第四段階になると実際に打製石鏃の比率が下がるために、農耕色の強まりが表面に出た石器組成へと変化する。収穫具の比率が相対的に上昇するために、狩猟具・土掘具・調理具型に収穫具が加わった組成があらわれるのである。

　その後は収穫具の比率が徐々にあがりはじめ、九州北部では早期後半、西日本ではⅠ期中頃に上昇が顕著になる。これは各地で環壕集落が出現しはじめる時期と一致している。水田農耕の本格化にともない社会の再編成が完了し、農耕社会が成立したことを意味するのではないだろうか。近畿や東海でも本格的な水田農耕がはじまる時期に、この石器型があらわれる。たとえば大阪府山賀遺跡のⅠ期後半における石器組成は狩猟具突出型で、収穫具はわずか2.5％しか存在しない。しかしⅠ期末になると石鏃の比率が下がるとともに、収穫具の比率が15％まで上昇している。

　東日本にこの型があらわれるのは弥生Ⅳ期になってからである。これも南関東における環壕集落の出現と一致しているので、水稲農耕を生産基盤とした農耕社会が南関東にも成立したことを示している。東日本にあらわれるこの石器型には、鍬型やナスビ型といわれている有肩石斧が目立つ。弥生中期から後期にかけての水田跡と木製農具がみつかった群馬県新保遺跡では、焼失した竪穴住居跡からムギや雑穀類が出土しているため、水田作と畑作をおこなっていたことは確実である。

6　石器型と後・晩期農耕

　縄文時代に一般的な食料獲得手段のなかで特定の機能を有する狩猟具・土掘具・調理具という石器が突出する石器型があらわれてから、水田農耕が本格化するまでの石器組成をみてきたが、ここで穀物栽培との関係にしぼってまとめておく。

①縄文・弥生を問わず、穀物栽培をおこなっていても石器組成上で農具が突出することはない。しかも弥生早期を除けば、穀物栽培をおこなう遺跡の石器組成は、狩猟具・土掘具・調理具平均型に農具様石器がともなうというかたちをとった。これは、農耕がはじまると農具の出現・増加が石器組成にあらわれるという予想に反するものである。

②石製農具の変遷をみると、縄文後期後半から晩期に耕耘用の打製石斧（撥・分銅・有肩型）と収穫用の打製石器があらわれる。弥生時代になると水田稲作をおこなう遺跡では石庖丁があらわれる。その時期は九州北部では早期、近畿ではⅠ期、南関東ではⅣ期である。

③漸進的な変化をみせる農具様石器に対して、急激で大きな変化をみせたのが狩猟具であった。九州北部では早期初頭、西日本ではⅠ期にあらわれる狩猟具突出型は、本格的な水稲農耕がは

じまった段階にあらわれることや大量の武器を含むことから、狩猟活動が活発化したとは考えにくく、農耕の開始・本格化にともなって再編成が進んだ農耕社会の質的変化による緊張状態に対応したものという山崎の説を追認した。

このように後・晩期の石器組成に、朝鮮半島の影響を受けて耕耘用と収穫用の石器が加わることも根拠に穀物栽培がはじまっていたと考えたが、穀物栽培が突出するというかたちをとらないことも指摘した。これは弥生時代でもしかりという点で新しい知見であった。この時期に大きな変化が起きないのは石器だけではない。次節では石器以外の道具にあらわれる後・晩期の変化が、穀物栽培の開始と関連したものといえるのかどうかについて考えてみよう。

Ⅳ 土器に起こる変化

1 器種構成の変化

西日本の土器様式は、縄文後期後半を境に大きく変化することが知られている。浅鉢の出現と急増、磨消縄文技法の導入と精製土器の黒色磨研化という変化である。この変化が起こる要因も、寒冷化にともなう東日本縄文文化複合体の西進に求める解釈〔渡辺1975〕が一般的である。

ところが最近、縄文後期後半に併行する時期の朝鮮半島南部で、雑穀・穀物栽培が存在した可能性を示唆する遺跡の発見が相次ぐとともに、日本でも同時期の籾痕土器が確実視されるようになってきた。このため、後・晩期農耕の存在が再び関心を集めるようになってきたのと同時に、これまでのように土器にみられる大きな変化の要因も、東日本の影響だけに求められるのかという状況になってきたのである。

そこで今回、後・晩期に起こる土器の変化を再度取り上げ、穀物栽培と連動した動きとしてとらえられる可能性があるのかどうか検討してみたい。この時期の器種構成上で最大の変化は、浅鉢の急増・減少・消滅と壺の出現・増加である。縄文後期後葉以降の西日本における器種構成の変化を図16に示した。まず浅鉢からみていこう。

西日本では、後期後葉を境に浅鉢の割合が40～50％に達して、それ以前に比べ急増する〔山崎1983〕。晩期初頭になると、一転して低地に立地する遺跡を中心に浅鉢の比率が低下しはじめ、九州北部では弥生早期初頭でついに消滅する。これまで、このような動向を示す浅鉢については次のように理解されてきた。

まず、浅鉢が根茎類や堅果類を粉状にしてこねたり〔渡辺1973〕、根茎類のアク抜きをおこなう道具〔山崎1978〕とみる考え方に立つと、浅鉢の急増はこれらの加工・処理作業がさかんになったことを意味する。とくに浅鉢の比率が高い遺跡が存在する九州中部の火山灰台地上では、落葉樹林帯の森を背景にこれらの活動が活発化したことは十分に予想できる。浅鉢の急増は、九州で土掘具突出型が出現する時期とも一致する。しかも土掘具のほとんどが根茎類を採集する道具と考えられる短冊型であることから、根茎類の採集・調理・加工という一連の作業が定形化して活発化していたことがわかる。したがって、この時期の浅鉢の急増は従来どおりの解釈で説明できる。

晩期初頭になると、低地の遺跡を中心に一転して浅鉢の比率は減少しはじめ、弥生早期になると

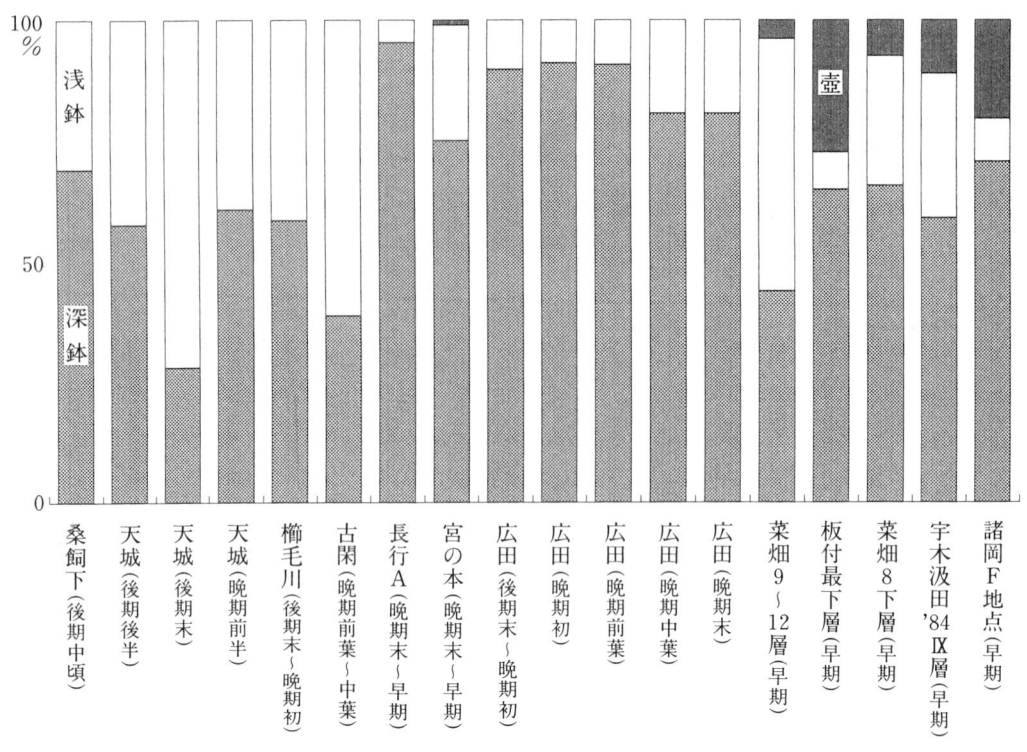

図16　縄文後期〜弥生早期の器種構成の変化

急減し消滅してしまう。浅鉢のこのような変化とあわせるかのように壺が増加し、弥生早期には器種構成上の30％以上を占めるようになる〔山崎 1978〕。このような晩期の動向は次のように理解されてきた〔山崎 1978〕。低地遺跡における浅鉢の急減は、焼畑の開始によって堅果・根茎類以外の植物性食料に依存する割合が高まった結果である。そして弥生時代になると、水田稲作の定着につれてコメへの依存が高まったことで、根茎類処理用具としての価値はますます下がり消滅してしまう。逆に種籾貯蔵用の壺の割合は増加する、というものである。山崎の説明が正しいとすれば、浅鉢の消滅と壺の急増こそ、焼畑の開始、水田稲作の開始という外的な影響によって、土器様式が大きく変化したことを意味する。

　以上のように器種構成の変化からみる限り、外的な影響によってはじまった農耕にともなう変化と考えられるのは、晩期初頭の浅鉢の減少、弥生早期初頭の壺の出現と浅鉢の消滅である。そして縄文後期後半の浅鉢の急増は縄文文化の枠内で説明できた。これらは渡辺・山崎の説くとおりであると考える。

　次に器種構成の変化以外に外的な影響を受けたと考えられる変化について考える。

2　深鉢の粗製化

　縄文後・晩期の土器に起こる変化の一つに、有文深鉢の文様が消失し粗製化する現象がある〔家根 1992〕。家根によれば深鉢の粗製化は、一次調整が巻貝から板工具へと替わること、最終調整をやがておこなわなくなり一次調整のまま仕上げること、の二つの面で説明できるという〔家根 同上〕

図17は、後期前葉に九州中部にはじまった深鉢の粗製化が近畿に及んでいく状況を示したものである。また関東でも後期中葉に有文深鉢の一部が大形・粗製化し、その後、数を増していくことが阿部芳郎によって指摘されている〔阿部 1994〕。関東の粗製化の例は、多様な形態をもつ煮沸用土器群の成立と理解されており、その背景に複数の食物加工工程の分立と、それにともなう作業の集約化の確立が想定されている。コナラ、トチなどの加熱型アク抜き処理を必要とする堅果類を大量に、かつ短期間に長期保存できる形態にまで処理する必要のある

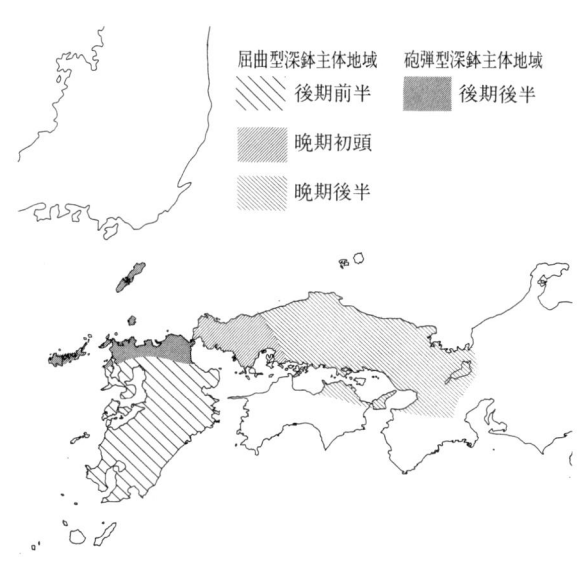

図17 縄文時代後・晩期における深鉢の粗製化の時期

関東では、加工処理の集約化にともなう粗製化として理解することが適当であろう。

しかし、水さらしだけで食用できるシイ、カシなどの照葉樹林性の堅果類を、地下水位の高い貯蔵穴で低湿地保存し、必要なときだけ取り出して加工処理する西日本では、深鉢の粗製化を関東と同じ背景で説明することには無理がある。そこには食料加工処理とは別の次元の背景が存在した可能性がある。そこで土器が粗製化する社会的な要因について検討してみよう。

先史時代の土器が粗製化する意味について、横山浩一は次のように指摘する。粗製化は手抜きの現象であり、土器づくり自身は下向きとなる。しかし土器づくりに手間をかけなくなることは、それまで土器づくりに費やしていた時間を他の活動に振り替えることができるようになったことを意味する。したがって粗製化は、土器づくりに対する意識の変化と社会の変化を意味するという〔横山 1959〕。この指摘が後・晩期の九州中部にはじまる深鉢の粗製化にあてはまるとすれば、縄文人の土器づくりに対する意識が変わったこととなり、何かその契機となったものを想定しなければならない。そして、その契機が東日本縄文文化に起因するものでないことは、九州中部でもっとも早くはじまることや、そのあと東へと及んでいくことからも明らかである。

そこで注目されるのは、地理的に近接し、すでに畠作をおこなっていた朝鮮半島における櫛目文土器の粗製化である。そして、もし櫛目文文化の土器づくりに対する考え方が入っているとすれば、畠作も伝わっていた可能性は否定できない。松本直子もその影響を受けて、九州の縄文土器に器形の斉一化や文様の簡素化がはじまった可能性を指摘している〔松本 1996〕。

朝鮮半島中部では、底・胴・口縁部のそれぞれに異なった文様を施していた櫛目文土器は、次第に底部→胴→口縁部の順で文様が省略され、無文の土器へと移行する。また嶺南地方では、口縁部だけ文様をもっていた前期の櫛目文土器は、いったん全面施文へと変わったものの、その後文様が省略されるようになり、末期に口縁部だけに簡単な文様を施した二重口縁土器があらわれてから無文土器へと移行する。このような無文化傾向が縄文土器に影響を与えた可能性が考えられる。

3　深鉢の器形変化―煮沸形態の変化―

　縄文後・晩期の西日本の粗製深鉢には、大きくわけて二つの器形がある。底部に向かって単純にすぼまる砲弾型と、胴部上半で内側に湾曲する屈曲型である（図18）。遺跡から出土する両者の割合を時期ごとにみると、とくに低地の遺跡で屈曲型が少しずつ減少し、砲弾型へと収斂していく現象を指摘できる。この背景と要因について考えてみよう。

　まず砲弾型と屈曲型という器形の違いは何を意味するのであろうか。いずれも二次焼成痕がみられることから、火にかけておこなう作業用の土器であることは明らかである。この時期、火にかける作業といえば日常の調理と、堅果類や根茎類のアク抜きを含めた加工を目的とした加熱処理である。これらの機能差と器形に関係があるのか検討してみたい。

　今のところ科学的な裏づけはないが、渡辺誠の説にしたがえば屈曲型の方が処理用に向くと考えられる[8]。仮に屈曲型が加熱処理用、砲弾型が調理用という使い分けがあったと仮定して、種々の現象がうまく説明できるかどうかみてみよう。屈曲型が加熱処理作業に用いられたと仮定すれば、低地の遺跡でみられる屈曲型の減少は、これらの遺跡で堅果類や根茎類の加熱処理がさかんでなくなったことを意味する。そのことを示す証拠は得られているのだろうか。二つのデータを提示しよう。

　縄文後期後半から弥生Ⅰ期にかけて、低地の遺跡ではドングリ・ピットが数多くみつかっている。弥生時代の遺跡からみつかる植物遺体のもっとも大多数を占めるのが、これらの堅果類である。これらの堅果類は第三章でみたように、生に近い状態で保存しておき、必要なときに取り出して調理するために保管されていたものである。したがって、ドングリ・ピット内から多数の堅果類がみつかるということは、それらが実際に使われなかったことを意味する。とくに弥生時代のものほどそ

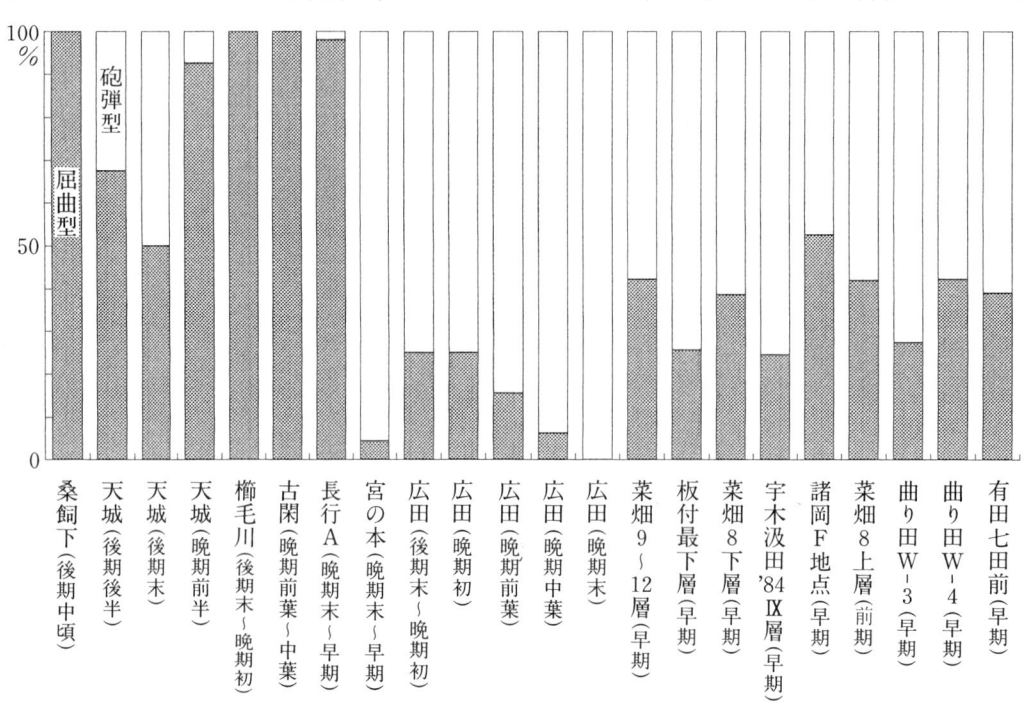

図18　深鉢における屈曲型と砲弾型の比率の変化

の傾向が強いという[9]。これが使わずにすんだから遺ったと理解できれば、堅果類に頼る場面が確実に低下していったとみて間違いないだろう。ただし、これは加熱処理が不要な堅果類の場合である。

　二つ目のデータは、弥生時代になってみられる煮炊き用土器の砲弾型への収斂化である。九州北部玄界灘沿岸地域では、弥生Ⅰ期初頭まで屈曲型が存続したあとⅠ期前半にはほとんど消滅する。その後、砲弾型が煮炊きの役目を100％果たすようになる。これは前時代の食物加工・調理体系のなかに位置づけられていた屈曲型が、前時代の食物加工・調理体系の消滅と連動して消滅した結果、砲弾型だけで弥生時代の食料調理機能を果たすようになったからと理解できる〔藤尾 1987〕。この傾向は、弥生早期以来、加熱処理用のみならず調理具のほとんどを屈曲型の二条甕が占めていた有明海沿岸地域でもみられる。佐賀平野や熊本平野では弥生Ⅰ期になるにつれて屈曲部がとる方向で屈曲型の胴部形態が変化し、Ⅰ期の前半にはほぼ砲弾化してしまう。玄界灘沿岸地域とは違って、屈曲型自身が砲弾型化していく例である。

　以上、屈曲型を堅果・根茎類の加工・調理用土器と仮定して検討してみたところ、数多いドングリ・ピットの存在、弥生時代に完成する砲弾型への収斂化が、堅果・根茎類へ依存する割合の減少や弥生的調理形態の定形化と連動して起こった動きとして、うまく説明できることがわかる。もし、このような社会的背景を縄文後・晩期にも適用できるとすれば、堅果・根茎類への依存する割合を減少させた原因こそ、低地における畠作の開始とそれにともなう社会の変化に求められるのではないだろうか。

4　西日本後・晩期にみられる考古学的変化の意味

　縄文後・晩期の西日本では、石器や浅鉢・深鉢・壺などの土器にいろいろな変化が起き、その要因には、東日本からの影響だけで説明できないものがいくつか存在したことを再確認した。まず縄文後期後半にはじまる有文深鉢の粗製化は、九州中部から近畿地方へと波及していく。近接する櫛目文土器の粗製化との関連を無視できないことを指摘した。晩期になると、西日本の低地に立地する遺跡で、東日本型の食料獲得・加工体系からの離脱が顕著になる。すなわち短冊型の土掘具・浅鉢・屈曲型深鉢などからなる堅果・根茎類の採集・加工・調理用セットが減少し、撥型の打製石斧や収穫具が加わった狩猟具・土掘具・調理具平均型の石器組成の出現と、新しい植物性食料の調理用土器と仮定した砲弾型深鉢の比率が増加する。これらの事態は、各地でみつかっている籾痕土器やイネ科植物のプラント・オパールがものがたる、コメを対象とした栽培活動が広い範囲ではじまったことを意味すると理解した。

　このような晩期における新しい生業のはじまりは、たとえ栽培活動が補助的なものであったとしても、土器づくりに対する意識に影響を与えるにいたり、精製深鉢の粗製化を進め、西日本全体へと拡がった。このように晩期の変化は縄文人が生業面・精神面あわせて変わりはじめたことを意味し、それは、まるで来るべき弥生稲作の本格的な取組みにむけての準備をしているかのようにもみえる。

　次項では、後・晩期の縄文人にこのような準備をうながした朝鮮半島の状況について整理する。

V 西日本縄文社会と朝鮮半島

縄文後・晩期の西日本縄文社会と併行する朝鮮半島の櫛目文後期、無文土器時代早・前期社会には、どのような農耕や文化が存在したのであろうか。この時期の朝鮮半島には、大きく三つの農耕段階が存在したと考えられる。まずそれぞれの特徴を説明する。

1 縄文後期後半～末併行──櫛目文畑作文化──

先述した慶尚北道・松竹里遺跡で想定される畑作に代表される。朝鮮半島で櫛目文文化に確実に属すると考えられる植物遺体は、平壌・南京里と黄北・智塔里、同馬山里でみつかったアワである（表4、79頁）。智塔里では第2文化層から石鍬、石鋤、石鎌、サドルカーンも出土していることから雑穀栽培型の農耕が想定されている（図19）〔甲元1973〕。朝鮮半島北部では櫛目文土器後期段階になるとアワが重要な畑作物であった可能性が高い〔安在晧1998〕。南部でも、アワがみつかった釜山市東三洞貝塚をはじめ、植物遺体こそ確認されていないが、松竹里では大形の撥型をした打製石斧と石鎌状の石器、鞍形石皿など石器が出土していて、組合わせは智塔里と同じである。したがって、アワをはじめとした雑穀が栽培されていた可能性がある〔啓明大1994〕。

このような櫛目文土器時代の雑穀・穀物栽培の特徴について、甲元眞之は、数種類の穀物と家畜に依存し、農耕生活に適した土器や石器の組合わせもまだ成立していない「複合的農耕」と性格づけている〔甲元1991〕。すなわち、この時期の農耕は、ほかの生業に対して突出していないという点で縄文穀物栽培と共通していて興味深い。

最終末になるとコメ関連のデータが増えてくる。京畿道・金浦郡、同高陽郡では前3000年紀後半の泥炭層からイネが出土しているし、金海・農所里貝塚から出土した土器の胎土中から稲のプラント・オパールが検出されている〔郭ほか1995〕。また詳細はわからないが、京畿道・金浦遺跡ではコメが出土しているという〔甲元1999a〕。これらのことから約4,000年前には湿地のようなところでイネが育っていた可能性が指摘されるように

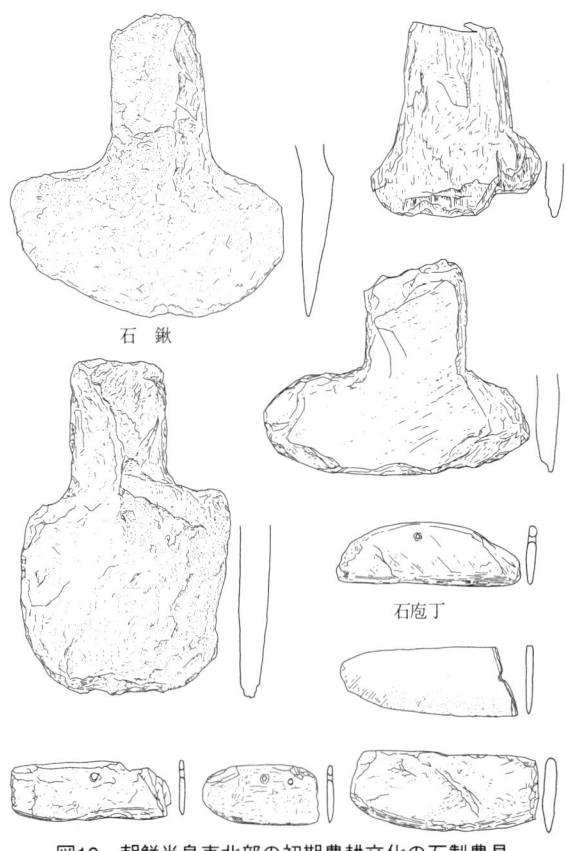

石鍬

石庖丁

図19 朝鮮半島東北部の初期農耕文化の石製農具
（甲元・山崎1984より転載）

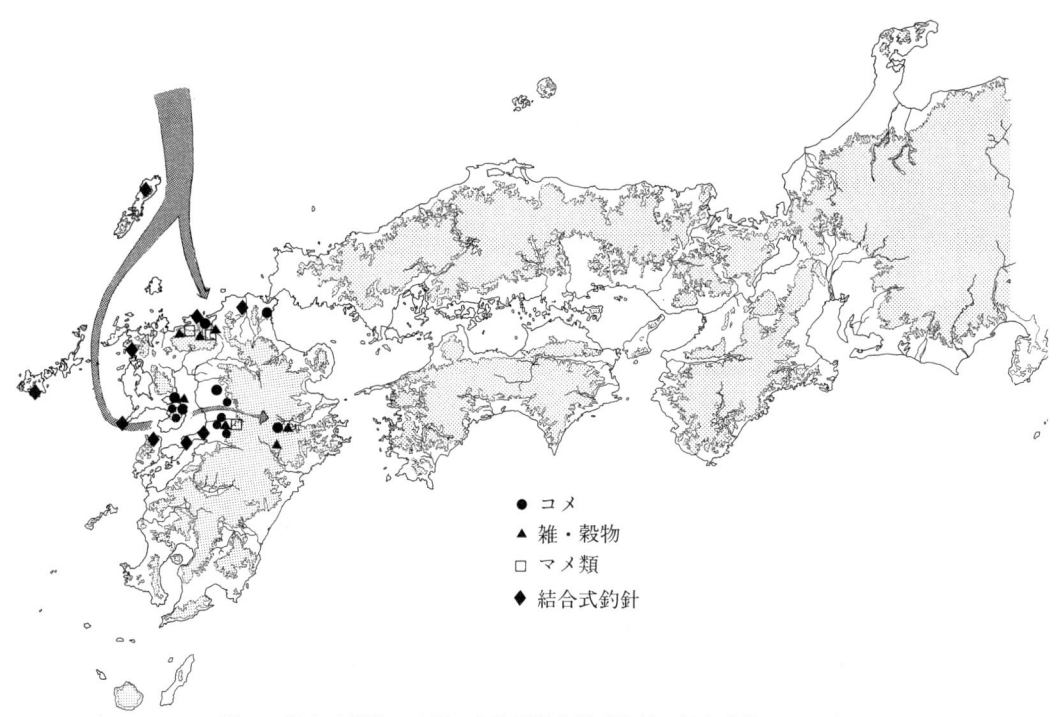

図20 縄文時代後・晩期の栽培型植物関連資料と結合式釣針の分布

なってきている〔安在晧 2000〕。籾痕土器を出土した縄文後期後葉に属する岡山県南溝手遺跡のコメの渡来ルートを考えるうえでも興味深い。この時期のコメも確実な渡来ルートは、やはり朝鮮半島経由だけであることがわかる。

第三章で示したように、コメの証拠は出土状況に不明瞭な点が多く、確実視されているものは少ないが、結合釣針の分布と重なるように九州中・北部を中心に報告されている（図20）。朝鮮半島の土器は櫛目文時代後期（水佳里Ⅱ式）の搬入品が対馬・ヌカシ遺跡で、模倣品が福岡県天神山貝塚、福岡市桑原飛櫛貝塚など、島嶼部や九州北岸部で出土している。したがって、この時代には対馬と朝鮮半島との間で直接行き来している人がいたことや、さらに九州北岸までも櫛目文土器に関する情報が確実に伝わっていることを予想させる。これらとともに畑作文化の情報も伝わっていた可能性は高いが、情報の入り方は断片的で体系だったものではないのが特徴である。

2 晩期後半併行—漁隠・欣岩里型畑稲作文化（無文土器時代早・前期）—

慶尚南道・漁隠遺跡1地区や京畿道・欣岩里遺跡に代表されるように畑稲作農耕をおこなっている段階である（図21）。前10世紀ごろに比定されている。コメは水陸未分化稲とされているので〔後藤 1991〕、水田稲作はまだおこなわれている証拠がみつかっていない。漁隠遺跡では、孔列文土器[10]段階の畑遺構（図22）がみつかった。南江の河岸段丘上につくられた、面積が3ヘクタールにも及ぶもので、畝がたてられている。これまで知られていなかった畑遺構がみつかったことで、畑作農耕が孔列文段階までさかのぼることはもはや確実となった。しかも、さらにさかのぼる可能性がある。住居跡からコメ・ムギ・コムギ・アワと石刀・磨製石斧・赤褐色磨研土器が出土したが

118

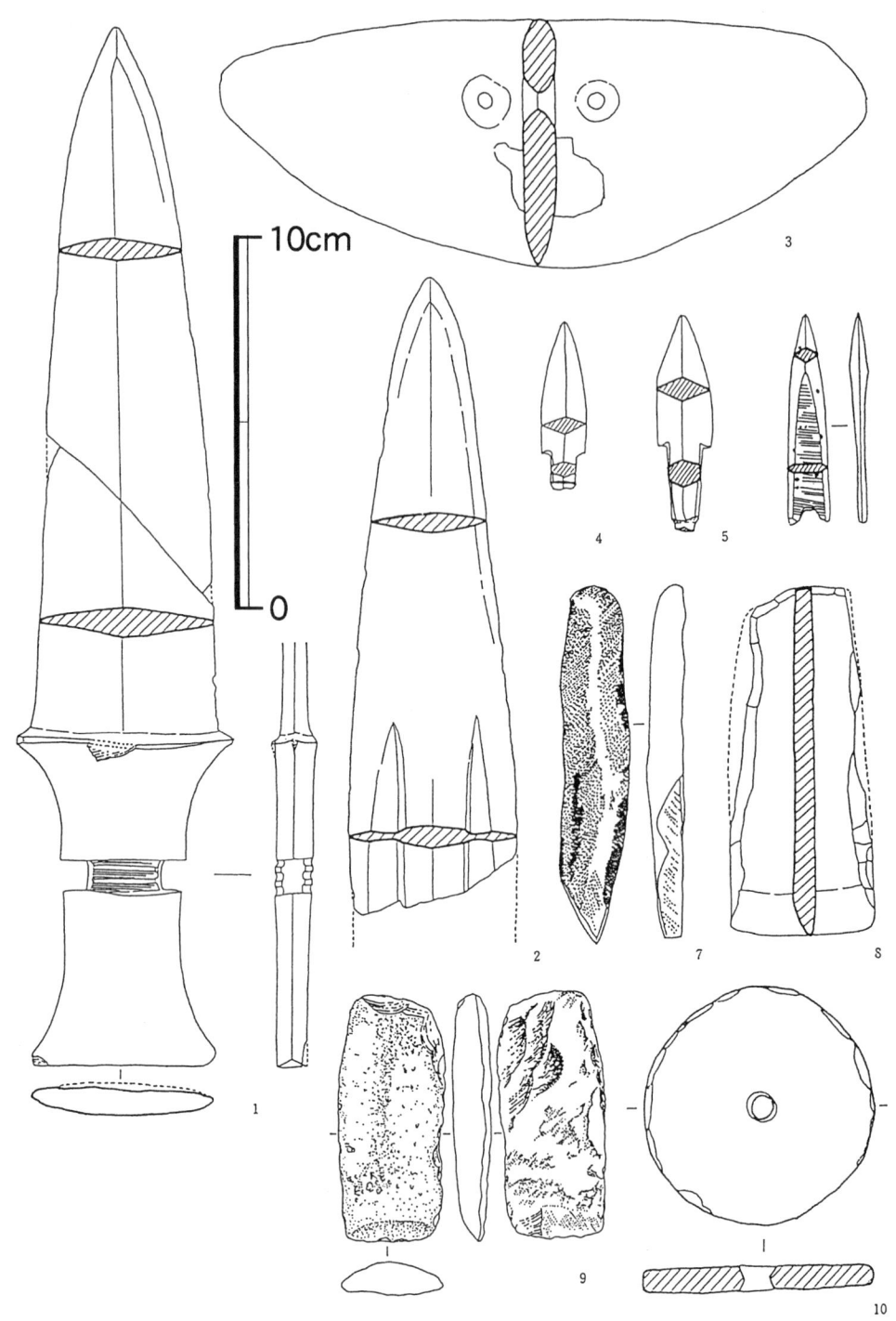

1・2：有柄式石剣　3：石庖丁　4〜6：石鏃　7：柱状片刃石斧
7：扁平片刃石斧　10：石製紡錘車

図21　京畿道欣岩里遺跡出土農工具
（小田・韓編 1991 より転載）

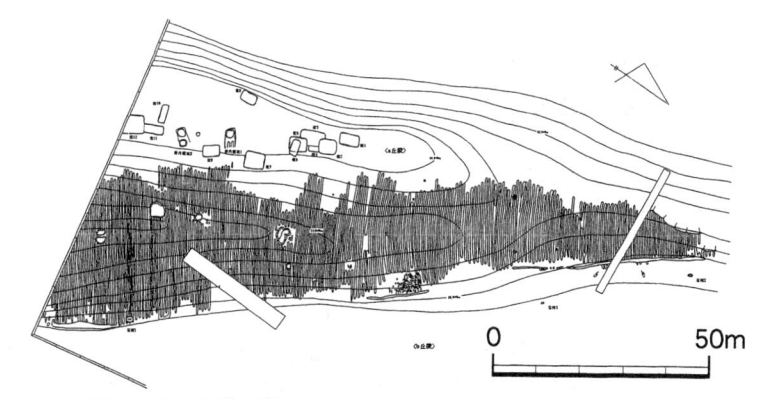

図22 慶尚南道漁隠遺跡1地区の畠跡 (李相吉1998より転載)

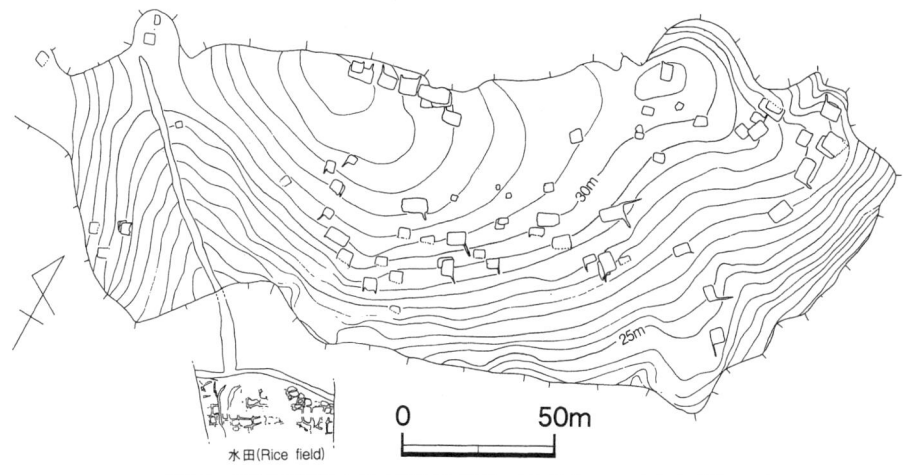

図23 慶尚南道蔚山無去洞玉峴遺跡 (李相吉1998より転載)

〔李相吉 1999〕、注目すべきは櫛目文土器最終末の鳳渓里式土器と突帯文土器が共伴する事実だったのである。住居跡から出土した炭化物から得られた炭素14年代は2850±60Y.B.P.(トロント大)であった。この状況を安在晧は無文土器時代のはじまりとみて、新たに早期を設定した。この時期の畠自体はみつかっていないものの、調査者の李相吉は、孔列文段階の畠遺構の下に最古の畠が埋もれている可能性を指摘しているし、住居跡出土の石器からみても、畠作が前10世紀までさかのぼることは確実になったのである〔安在晧 2000〕。このように櫛目文土器時代と違って、農工具や土器は農耕に適した道具としてすでに完成しているので(図21)、安在晧の指摘するように畠作が生業のなかでかなり大きな部分を占めていると考えられる。

　前7～6世紀になると、ついに水田が出現する。慶尚南道・蔚山無去洞玉峴遺跡から、孔列文段階に比定される断面逆台形の区画壕や用水路、水田がみつかった(図23)〔慶南大學校・密陽大學校 1999〕[11]。この文化の影響は、西日本の土器と石器にみることができる。孔列文をもつ土器(図24)や紡錘形の石庖丁の出土である(北九州市貫川遺跡)〔前田・武末 1994〕[12]。しかし文化の影響のあり方は体系的なものではなく、前代と同じく断片的である。

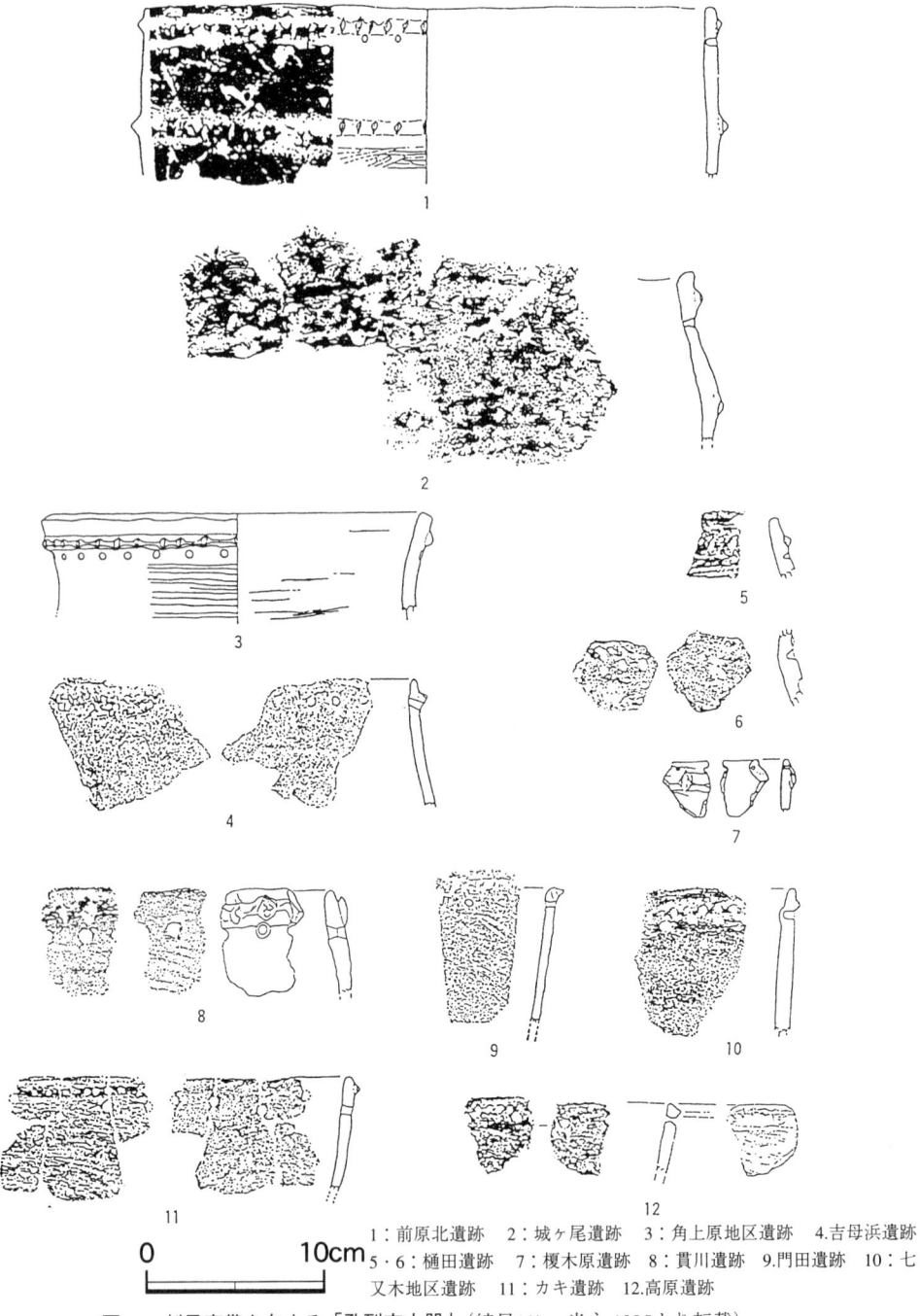

1：前原北遺跡　2：城ヶ尾遺跡　3：角上原地区遺跡　4.吉母浜遺跡　5・6：樋田遺跡　7：榎木原遺跡　8：貫川遺跡　9.門田遺跡　10：七又木地区遺跡　11：カキ遺跡　12.高原遺跡

図24　刻目突帯を有する「孔列文土器」（縮尺1/4、光永1995より転載）

3　縄文晩期末〜弥生早期併行—検丹里型水田稲作文化—

　慶尚南道・検丹里遺跡や忠清北道・休岩里遺跡を標識とする稲作文化で、しかも水田稲作として定形化している。それまでの畑作文化に金属器をともなう外来文化が融合し、朝鮮半島西南部の自然条件を基盤に成立・定型化したと考えられている〔鄭1992〕[13]。木製農具、石製農工具とともに農耕生活に適した土器が完成し（図25）、環壕集落も形成していることから、農耕社会が定形化し

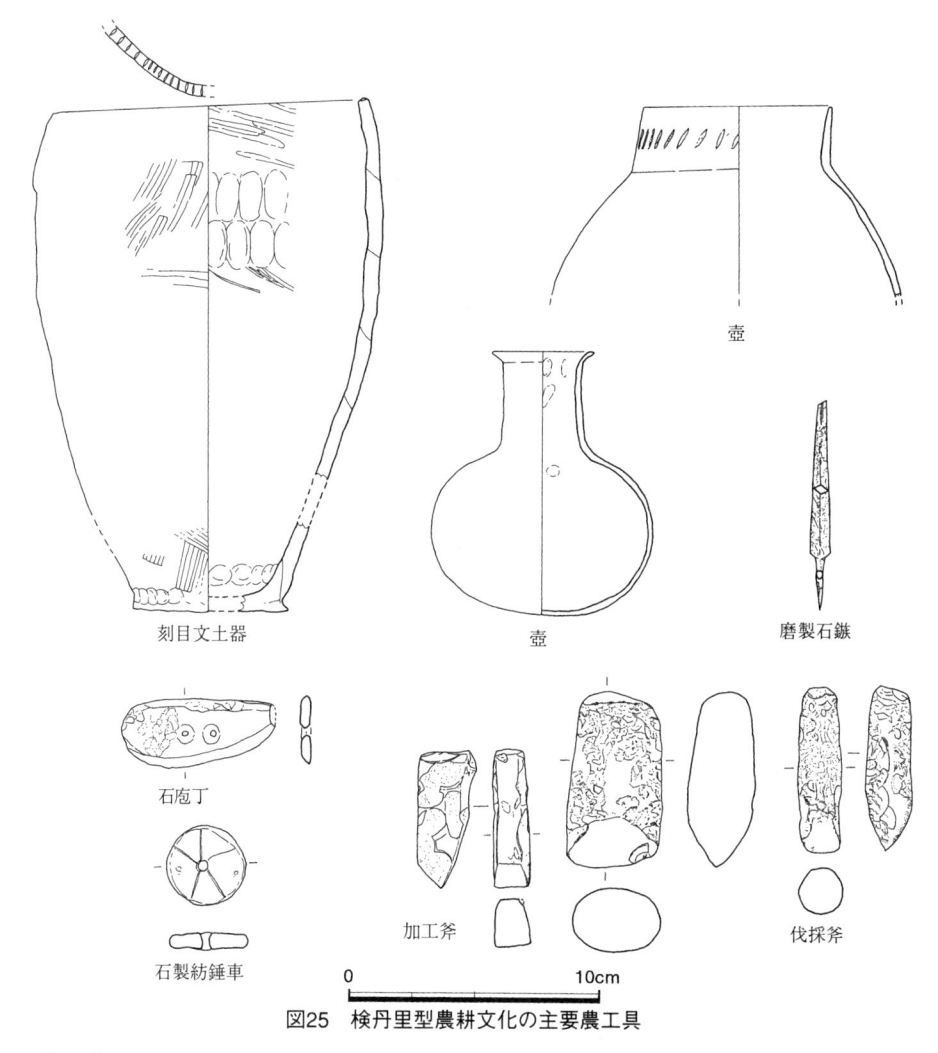

図25 検丹里型農耕文化の主要農工具

ていることがわかる。

　検丹里水稲農耕文化の西日本への影響は、前代の二つとは以下の点で質的に異なっている（図26）。まず個々の要素がバラバラでなく、生業面はもちろん、農耕社会へと質的転換を遂げたことを示す環壕集落や戦争などの社会面、そして遼寧式銅剣[14]などの青銅器を祭具とする精神面まで含む情報が伝わっていると思われる点である。この結果、九州北部地方に水田稲作文化が定着し、弥生時代がはじまる。壺という新しい器種の登場と、朝鮮半島系の煮炊き用土器の出現によって、はじめて土器様式上に大変化が起こる。さらに石器や木器にも朝鮮半島系のものがセットで加わる。やがて100年ほどすると、戦争や環壕集落などの社会面、さらに200年ほどして青銅器・木偶などの祭祀面の属性が加わる。

　以上、前2000年紀後半から前1000年紀前半までの朝鮮半島と西日本との関係をみてきた。当初、体系でなくて情報中心の影響だったものが、最終的に複合的な文化拡散となる。このような関係は実際にどのような交流を反映しているのであろうか。

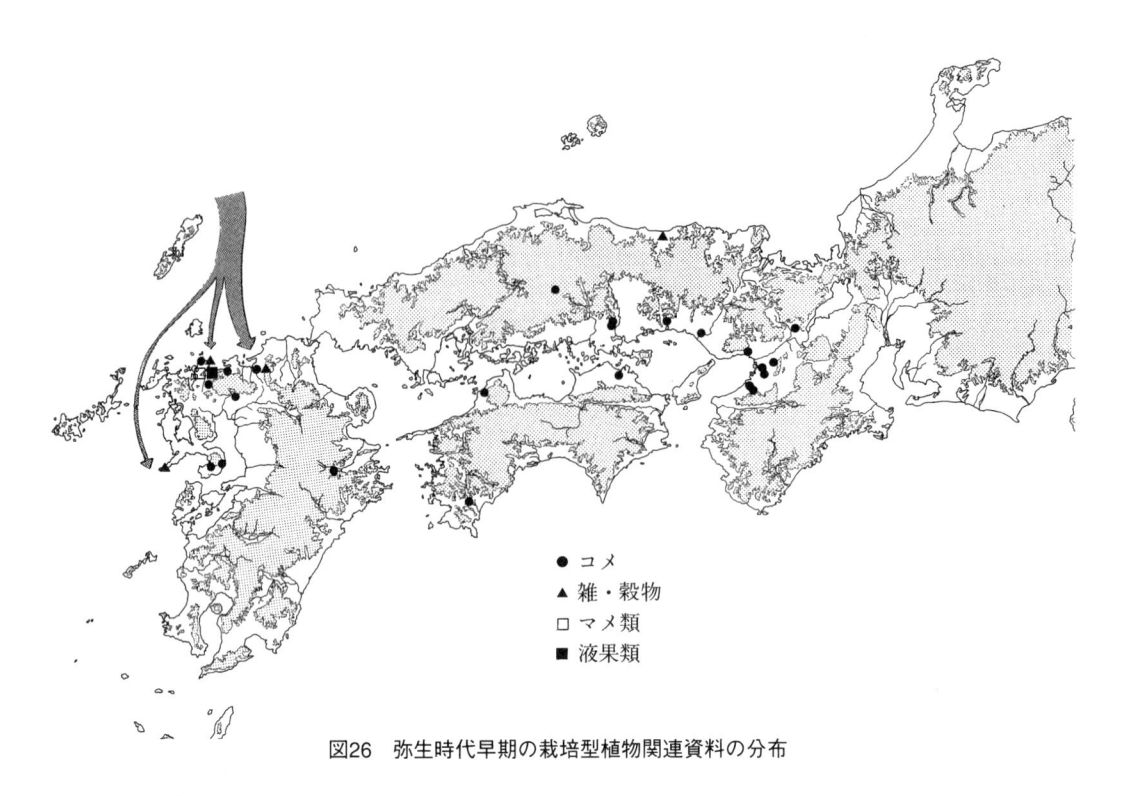

図26　弥生時代早期の栽培型植物関連資料の分布

● コメ
▲ 雑・穀物
□ マメ類
■ 液果類

4　朝鮮半島畠作・水田稲作文化拡散の実態

　櫛目文土器時代後期から無文土器時代中期にかけての朝鮮半島南部には、三つの農耕形態が存在した。そして併行する縄文後期後半〜弥生早期の西日本には、それらとの関係を示す文化要素がみられた。これまで、第三番目の検丹里型水田稲作文化が弥生文化の成立に大きな影響を与えたことは指摘されていたが、縄文後・晩期に併行する櫛目文型、漁隠・欣岩里型畠作文化についても、地理的な近さからみて後・晩期の西日本に何らかの影響を与えていたことが確実であると推定するに至った。

　ただ、三つの農耕文化と西日本縄文社会との接し方は少しずつ異なっていた。文化要素の入り方が断片的で体系だっていなかった櫛目文畠作文化や漁隠・欣岩里稲作文化と、生産・社会・祭祀面のすべてにわたり体系的な入り方をした検丹里型水田稲作では、伝わり方や伝えた人びとに質的な違いがあったのではないかと考えられるからである。

　そこで前2000年紀後半から1000年紀前半における朝鮮半島から西日本にかけての地域を舞台とした交流の実態について考えておきたい。

　これまでこれらの地域間において、文物や情報を行き来させていた文化交流の背景には、諸民族の移動や海洋漁撈民の生業活動が想定されてきた。諸民族が移動する要因には、気候変動と政治的動乱がある。気候変動に伴う東アジア地域における民族移動の可能性をはじめて指摘したのは金関丈夫である。金関は前1500年ごろ、寒冷化にともなって海退が起こり、東シナ海から黄海沿岸にかけての海岸部に広大な湿地帯が形成され、そこに移動してきた諸集団によって稲作や畠作がはじまったと指摘する〔金関 1955〕。そこで、中国の古環境復元によって得られた前3000年紀から前500

年頃までの気候変動のデータをもとに気候変動説を検証してみよう。

花粉分析による古環境復元〔王・張 1981〕によれば、山東半島や遼東半島で稲作がはじまったと考えられている前3000年紀〔町田 1987〕は、現在よりも年平均気温が2〜3℃高く湿潤だった第1暖期から、冷涼・乾燥した第3涼期へとかわる時期にあたる。第3涼期には、良渚文化がはじまったばかりの長江河口付近でも落葉広葉樹混交林におおわれていたことが確認されているので、もし遼東半島のある北緯40度付近まで稲作が拡がるとしたら、この時期ではなく、一つ前の第1暖期に拡がっていたと考えるのが妥当であろう。

前1800年頃、寒かった第3涼期が終わると、現在より年平均気温が1〜2℃ほど高く湿潤な第2暖期に入る。長江下流域では、多雨のため洪水が頻発したことがいくつかの遺跡の発掘調査で確認されている。良渚文化はこの洪水によって衰退したという説もあるほどである。第2暖期は前1500年頃におわり、ふたたび冷涼・乾燥した第4涼期に入る。弥生の小海退に相当するこの涼期は第3涼期に比べると暖かかったものの、長江下流域から広東にかけての中国東南部では稲作に不具合な環境が拡がっていた可能性がある。馬橋文化がはじまるのはちょうどこの頃である。そして前500年頃以降は、温暖湿潤な第3段階に入り、紀元前後のピーク時に向かって気温の上昇と降水量の増加が顕著になる。

この復元案にしたがうと金関のいう寒冷化は第4涼期にあたることがわかる。それでは前1500年頃、寒冷化にともなって諸民族が移動したことを示す考古学的証拠はあるのだろうか。前1500年頃の江南では、華麗な玉器と壮大な墳丘墓を特徴とする良渚文化が突然衰退し、窪み底の大形鉢や壺（凹底罐）を特徴とする馬橋文化が成立する。良渚文化は洪水によって遺跡が壊滅したことが発掘によって明らかにされているため、これらの遺跡の住人が移動を余儀なくされたのは事実であろう。そのなかには海退によって出現した可耕地に新出した集団もいたであろう。しかし、それが大陸間を移動したことを示す考古学的証拠はまだ得られていない。したがって金関が想定するように、暖期と涼期が交互に訪れては遺跡や文化が推移することは確認できるものの、それによって稲作が各所に拡散するといったことを示す考古学的証拠はまだそろっていないということになる。

次に政治的動乱からの待避説には、岡正雄の呉・越動乱にともなう非漢族の移動説[15]〔岡 1958〕、森貞次郎の燕の遼東進出にともなう玉突き説〔森 1968〕、樋口隆康の湖熟文化の非漢民族移動説〔樋口 1971〕[16]があるが、いずれも前5世紀から前3世紀ごろまでの話である。

一方、遼東から西北朝鮮にかけての青銅器文化の波及の背景に、諸民族の移動を想定する研究がある。とくに遼西・遼東地区に分布の中心をもつ遼寧式青銅器文化の南下をめぐる問題である。遼寧式青銅器文化の担い手を東胡に求める秋山進午〔秋山 1968・69〕や春成秀爾〔春成 1990〕の説で、この文化は前8世紀に遼寧地方に成立するという。やがてこの文化は、前4世紀末〜3世紀はじめには、燕の圧迫を受けて東胡が朝鮮西北部に流入することによって朝鮮半島に及ぶことになる。

このように、現在示されている民族移動説では縄文後期併行期の動向を具体的に説明できないものの、前8世紀以降であれば文献の助けなどを借りて語られはじめていることがわかる。前8世紀といえば、漁隠・欣岩里型稲作文化がすでに成立しているが、民族の移動が遼寧地方を舞台に起こっていることから推測すると、朝鮮半島内における稲作を含む畠作の拡大は、玉突き現象によって

説明することは可能だが、それが朝鮮海峡を越えて西日本まで及んだというのは、今の段階では難しい。

一方、海洋漁撈民の日常的な生業活動に文化要素移動の要因を求める説は、近年精緻になりつつある。甲元眞之は、前2000年紀の渤海湾と朝鮮南部、西北九州の間には、共通する漁具と漁法の存在からみて恒常的つながりがあったと想定し、それを通じて稲作を含む雑穀農耕が伝えられ、縄文社会と密接に係わりあっていたと考えている〔甲元 1999b〕。日本列島と朝鮮半島の間に、縄文前期以来、基本的にこのような恒常的なつながりが存在していたことは、ヒョウタンや抉状耳飾りが前期から存在することからみても十分に考えることができる。したがって黄海、東シナ海、日本海と魚を求めて長距離を移動する海洋漁撈民が、文化要素の伝達を担ったと考えることは別に無理なことではない。筆者も結合釣針と穀物遺体との分布を一致することから、後・晩期の情報伝達には海洋漁撈民が関係している可能性を指摘したことがある〔藤尾 1993〕。とくに入ってくる文化要素が断片的で有機的な関連にない櫛目文畠作文化や欣岩里稲作文化は、このような媒体によって伝達された可能性が高い〔藤尾 1993〕。高倉洋彰も、このような交流形態を短期・通過型の「漁民型交流」と呼ぶ〔高倉 1995〕[17]。

次に、前5世紀以降の検丹里型水田稲作文化の拡散期には、先ほど説明したように文化を構成する生業、社会、精神的な要素まですべて伝達している。朝鮮半島で実際にそのような生活を送っていた人びとでないと、伝達は難しかろう。したがって海洋民ではなく、農耕民が文化拡散に関わっていたと考えた方がよい。彼らが海を越えた理由については、中国戦国時代の動乱によって生じた民族の政治的移動や、弥生の小海退に伴う冷涼化によって暖かい土地を求めての南下、玉突き現象などによって朝鮮海峡を渡った可能性など諸説が提示されていたが、それを裏づける考古学的証拠は得られていないというのが現状であった。

しかし、青銅器を祭具とする検丹里型水田稲作文化の担い手たちの移動が、西日本の縄文社会に大きな変化をもたらすこととなったのは確実なので、第八章でこの問題について考えてみたい。

註

1) 香川県永井遺跡の打製石斧は短冊型が主流だが、京都府桑飼下遺跡の打製石斧に比べると撥型の比率がやや高く、大形のものもわずかながら存在する。永井遺跡を調査した渡部明夫は、晩期になると打製石斧が増加する反面、石皿が減少することを根拠に、ドングリ類に依存したそれまでの生活から、穀物に依存する生活へと転換したことを示すと考えている〔渡部 1990〕。

2) 柳昌煥氏教示。

3) 小池史哲は、広田遺跡の打製石斧のなかに、朝鮮半島の横剥技法でつくられている石斧があることに注目し、朝鮮半島からの影響を考えている〔小池 1985〕。

4) 春成秀爾氏の教示によれば、コーングロスの付き方は、弥生時代の石庖丁に比べてあまいという。これが何を意味するのかはわからないが、栽培が弥生時代ほど恒常的でなかったとも考えられる。もしそうだとすれば、縄文社会における稲作の位置づけを知る重要な証左となろう。

5) 縄文前期前葉以前の石器組成は石鏃と剥片石器が中心になるので、石鏃だけが突出する狩猟具突出型である（村田 1970）。その後、前期中葉の黒浜期から後半の諸磯期にかけての南関東では打製石斧が登場し、石

皿の定形化とあわせるかのように土掘具と調理具のセットが完成する。
6) データは示さなかったが、旧石器時代からつづく型である。まだ植物採集が生業のなかで主流を占める以前の遺跡や山間部の遺跡にみられる。
7) 新保遺跡では、弥生中期から後期にかけての水田跡や木製農耕具が発見されているので、水田稲作をおこなっていたことは確実だが、石器組成には収穫具の比率が高いなどの農耕色は直接あらわれていない。このような場合は、遺跡の立地から導き出せる情報と石器組成からいえる情報を組み合わせて、総合的に生業を判断せざるを得ない。実用の道具に石器以外の材質が多くなる弥生以降の生業パターンをみるには、木や鉄の道具を含めた組成研究の方法を実践する必要性が指摘されている〔石川1991〕。
8) 渡辺誠は、アクの出た煮汁と新しいお湯とを幾度となく取り替える必要がある加熱型アク抜き処理には、内容物がこぼれ出さないようにひっかかりや窪みをもつ器が有効と指摘している〔渡辺1996〕。
9) 弥生時代の西日本を中心に分布するドングリ・ピットや貯蔵穴は、九州北部、山口、大阪、奈良など、弥生稲作が早くからはじまる地域によくみられるという〔寺沢・寺沢1984：349〕。このような一見矛盾するような事情を寺沢は、「コメへの依存と期待が高まる地域こそ不時の事態への対応として積極的に貯蔵穴が採用されたのではないだろうか」と述べ、コメへの依存度が高まるほど、飢饉になったときの打撃が多いために、ドングリの貯蔵が不可欠だったという見解を示した。ドングリが主役の座をコメにゆずったのは確かで、そういう方針や姿勢の転換が、弥生的調理形態の定型化としてあらわれたことも十分に考えられよう。
10) 欣岩里式土器の指標は孔列文土器である。砲弾型の体部をもち、口縁部は直立する。最大の特色は口唇部から少し下がった器表に数cm間隔で径1〜2mmの孔をあけるところにある。孔は突き抜けたり途中で止めたり、また内から外へ、外から内へという多くのパターンがある。日本列島では1995年現在、西日本で45遺跡107例の出土がある。しかし搬入品はほとんどないと考えられている。東部九州に集中して分布し、弥生稲作が最初にはじまる西部九州には7遺跡しかない。欣岩里型農耕の拡散ルートを知るうえで参考になろう。日本列島で孔列文が施される突帯文土器は25％で少なく、しかもほとんどは黒川式併行の粗製深鉢や鉢に施文されることが圧倒的に多い〔光永1995〕。施文法は地域によって異なる。福岡県出土のものは内から外へ向かってあけられていて朝鮮半島的であるのに対し、南九州のものは外から内に向かってあけられているという。伝播ルートを考えるうえで興味深い。
11) 安在晧は、水田の時期について、ともなった有溝石斧を根拠に前期後半でも中期に近いところに位置づけており、報告者の見解とは異なっている〔安在晧2000：註9〕。
12) 早期無文土器の突帯文土器が黒川式に影響を与えて、日本に突帯文土器を誕生させたという意見もある〔李弘鐘1988・安在晧2000〕。しかし、現状では直接的な関係を認めることはできない〔藤尾2002〕。
13) 田村晃一は、松菊里型土器や松菊里型住居、特殊化した遼寧式銅剣、三角形石庖丁から、朝鮮半島の水稲栽培農耕が朝鮮半島西南部で熟成したのではなかろうかと推測している〔田村1990〕。
14) 日本列島で遼寧式銅剣の完成品はまだ出土していない。しかし、弥生人がその存在とその意味を知っていたことは、福岡県比恵遺跡で出土した遼寧式銅剣形の木剣からも明らかで〔吉留1991〕、弥生人はこれを使ってマツリをおこなっていたと考えられる。
15) 紀元前5〜4世紀に起こった呉・越の動乱にともない、江南の非漢民族社会に大きな動揺が起こり、その影響を受けて江南の稲作文化が日本に渡来したという説。
16) 西周から戦国時代に併行する江南の湖熟文化を担った人びとは、稲作農耕をおこない海上貿易にも長けていたが、秦・漢帝国の南方伸張によって海上に押し出され、日本に影響を与えたという説。
17) 縄文前期以降、朝鮮半島東・南海岸と対馬・壱岐・長崎西部にかけての地域に存在した、漁民同士の不断の交流によって、コメも列島に入ってきた。しかし、この交流が相互の社会や文化に大きな変化を与えるこ

とはなかった。それはあくまでも漁民の往来、もしくは海上での交流という短期的・通過型のものだったからと理解している〔高倉1995〕。

参考文献

安　承模　1998：『東アジア先史時代の農耕と生業』学研文化社
安　在晧　2000：「韓国農耕社会の成立」(『韓国考古学報』43，41-66)
秋山　進午　1968・69：「中国東北地方の初期金属器文化の様相」(『考古学雑誌』53-4、54-1・5)
阿部　芳郎　1994：「後期第Ⅳ群土器の製作技術と機能」(『津島岡大遺跡4』291-311、岡山大学構内遺跡発掘調査報告7)
石川日出志　1991：「弥生時代の石器」(『季刊考古学』21、63-67)
今村　啓爾　1989：「群集貯蔵穴と打製石斧」(『考古学と民族誌』61-94、六興出版)
岡　正雄　1958：「日本文化の基礎構造」(『日本民俗学大系』2、12-14、平凡社)
小田富士雄・韓炳三編　1991：『日韓交渉の考古学』六興出版
郭鐘喆・藤原宏志・宇田津徹朗・柳沢一男　1995：「新石器時代土器胎土から検出されたイネのプラント・オパール」(『韓国考古学報』32、149-162)
金関　丈夫　1955：「人種の問題」(杉原荘介編『弥生文化』日本考古学講座4、238-252、河出書房)
慶南大學校・密陽大學校　1999：『蔚山無去洞玉峴遺跡』
啓明大學校博物館　1994：『金陵松竹里遺蹟特別展図録』開校40周年記念特別展図録
小池　史哲　1985：「福岡県広田遺跡」(『探訪日本の縄文遺跡－西日本編－』345-351、有斐閣)
甲元　眞之　1973：「朝鮮の初期農耕文化」(『考古学研究』20-1、79-82)
　　　　　　　1991：「東北アジアの初期農耕文化—自然遺物の分析を中心として—」(『日本における初期弥生文化の成立』555-613、文献出版)
　　　　　　　1999a：「東アジア先史時代穀物出土遺跡地名表」(『環東中国海沿岸地域の先史文化』2、16-29、日本人および日本文化の起源に関する学際的研究、考古学資料集7、熊本大学文学部)
　　　　　　　1999b：「環東中国海の先史漁撈文化」(『文学部論叢』65、133-165、熊本大学文学会)
後藤　直　1991：「日韓出土の植物遺体」(『日韓交渉の考古学』六興出版)
阪口　豊　1995：「過去1万3000年間の気候の変化と人間の歴史」(『歴史と気候』1-12、講座文明と環境6、朝倉書店)
潮見　浩　1964：「中・四国の縄文晩期文化をめぐる二、三の問題」(『日本考古学の諸問題』17-27、考古学研究会)
設楽博己・外山秀一・山下孝司　1989：「山梨県中道遺跡出土の籾痕土器」(『考古学ジャーナル』304，27-30)
高木　正文　1980：「九州縄文時代の収穫用石器—打製石庖丁と打製石鎌について—」(『古文化論攷』69-108)
高倉　洋彰　1995：『金印国家群の時代－東アジア世界と弥生社会－』青木書店
田村　晃一　1990：「東アジアにおける稲作の起源」(『シンポジウム・東アジアからみた日本稲作の起源』福岡県教育委員会)
鄭　漢徳　1992：「東アジアの稲作農耕」(『新版古代の日本』2－アジアからみた古代の日本—、47-68、角川書店)
寺沢薫・寺沢知子　1981：「弥生時代植物質食料の基礎的研究」(『考古学論攷』5、1-130、橿原考古学研究所)
中村　慎一　1996：「良渚文化の滅亡と『越』的世界の形成」(『文明の危機—民族移動の世紀—』181-192、講座文明と環境5、朝倉書店)

春成　秀爾　1969：「中国・四国」(『新版考古学講座』3、367-384、雄山閣出版)
　　　　　　　1990：『弥生時代の始まり』東大出版会
平井　泰男　1995：「縄文時代後期の稲作について―籾痕土器とプラントオパール分析結果から―」(『南溝手遺跡1』418-421、岡山県立大学建設に伴う発掘調査、岡山県埋蔵文化財発掘調査報告100)
藤尾慎一郎　1987：「板付Ⅰ式甕形土器の成立とその背景」(『史淵』124、1-27，九州大学文学部)
　　　　　　　1993：「生業からみた縄文から弥生」(『国立歴史民俗博物館研究報告』48、1-64)
藤田　等　1956：「農業の開始と発展―特に石器の生産をめぐる問題―」(『私たちの考古学』3(1)、4-11)
前田義人・武末純一　1994：「北九州市貫川遺跡の縄文晩期の石庖丁」(『九州文化史研究所紀要』39、65-90、九州大学文学部)
町田　章　1987：「中国と朝鮮の稲作―考古資料からの考察―」(『アジアの中の日本稲作文化―受容と成熟―』99-138、稲のアジア史3，小学館)
松本　直子　1996：「認知考古学的視点からみた土器様式の空間的差異」(『考古学研究』42-4、61-84)
光永　真一　1995：「『孔列文土器』について」(『南溝手遺跡1』431-439．岡山県立大学建設に伴う発掘調査Ⅰ．岡山県埋蔵文化財発掘調査報告100)
村田　文夫　1970：「関東地方における縄文前期後半期の生産活動について」(『古代文化』22-4，75-88)
森　貞次郎　1968：「弥生時代における細形銅剣の流入について」(『日本民族と南方文化』127-161．平凡社)
家根　祥多　1992：「定住化と採集活動」(『新版古代の日本』5―近畿Ⅱ―、51-72、角川書店)
山崎　純男　1978：「縄文農耕論の現状」(『歴史公論』4-3、106-112)
　　　　　　　1983：「西日本後・晩期の農耕」(『縄文文化の研究』2、267-281、雄山閣出版)
横山　浩一　1959：「手工業生産の発展―土師器・須恵器―」(『世界考古学体系』日本Ⅲ(古墳時代)、125-144、平凡社)
吉留　秀敏編　1991：『比恵遺跡群』(10)．福岡市埋蔵文化財調査報告書255
李　相吉　1998：「大坪漁隠1地区遺跡出土の畠跡」(『南江ダム水没地区の発掘成果』99-110、嶺南考古学会)
渡部　明夫　1990：「縄文時代後・晩期の石器について」(『四国横断自動車道建設に伴う埋蔵文化財発掘調査報告』9、香川県教育委員会)
渡辺　誠　1973：「縄文時代のドングリ」(『古代文化』25-4、127-133)
　　　　　　　1975：「食料獲得」(『考古学ジャーナル』100、31-34)
　　　　　　　1995：「縄文宗教と食糧問題」(『季刊考古学』50、14-17)
王開発・張玉蘭　1981：「根拠花粉分析推論濾杭地区一万年多年来的気候変遷」(『歴史地理』1)

第五章　弥生稲作の開始と拡散
―農耕民の出現と在来民の農耕民化―

I　目的と方法

1　画一的農耕開始説の再検証

　弥生I期の西日本各地でみられる水田稲作への専業化（これを弥生稲作の開始とする）は、画一的な現象として説明されてきた〔佐原1975〕。西日本のI期弥生文化は九州北部から西日本各地へ入植した渡来人の子孫たちがもたらしたものだからである。その根拠とされてきたのが器形・文様・製作技法に斉一的な様相をみせる遠賀川式・遠賀川系土器である。

　遠賀川式土器は、出現する直前の土器型式である突帯文土器とは外見をまったく異にしているにもかかわらず、西日本のなかで地域差をほとんど認めることができないほど斉一的な姿をみせ、しかも短期間（約100年）に広がっていることが画一的な証拠とされた。渡来系の人びとの東進によって西日本で弥生文化がはじまり、画一的な弥生文化が定着するという説が受け入れられると、遠賀川式土器の斉一性はますます強調されるようなる。遠賀川式土器の設定当時から佐賀県柏崎貝塚や奈良県唐古遺跡において、突帯文土器が遠賀川式土器にともなうことは知られていたが、いつしか弥生I期の甕組成は遠賀川甕単純という印象をもたれるようになる。さらに戦後になって次々に発見された福岡の亀ノ甲タイプ〔小田1964〕、鹿児島の高橋II式土器〔河口1963〕、愛媛の阿方・片山式〔杉原1949〕など弥生I期の突帯文系甕は、甕組成のなかで遠賀川系よりも高い比率を占めていたにもかかわらず、九州北部や近畿など弥生文化の中心地から離れたところでみられる古い伝統の復活現象として理解されている。したがって弥生I期は、基本的に遠賀川甕単純の組成を示し、突帯文系甕は弥生文化の中心から外れた周辺地域にみられるにすぎないと理解されることになったのである。

　しかし、もともと遠賀川系土器にともなう突帯文系甕の位置づけはこうでなかった。小林行雄は奈良県唐古遺跡で遠賀川系土器と出土した突帯文甕を、弥生人が周辺の縄文人と交流した結果だと報告している〔小林1943〕。同時代の同じ地域に異なる土器を用いる人びとが生活していたという理解は戦前から存在したことがわかる。

　1980年代になると、このような画一的な弥生I期観の修正を余儀なくさせる事態が訪れる。これまで弥生文化の周辺地域と考えられていた、佐賀や熊本のI期における突帯文系甕と遠賀川甕との比率は、突帯文系甕が9割以上を占めていることが確認され、遠賀川系甕はほとんど出土しないことが確実になったのである〔藤尾1984〕。また、弥生文化の中心地と考えられていた大阪平野の弥生I期にも、晩期後半に直続する突帯文の甕・壺・浅鉢をもち、遠賀川系の土器をほとんどもたない集団の存在が確認された〔中西1984〕。この結果、西日本の弥生I期には、壺や高坏には遠賀川系を使う反面、煮炊き用土器には突帯文甕を使いつづける集団や遠賀川系甕をほとんどもたない集

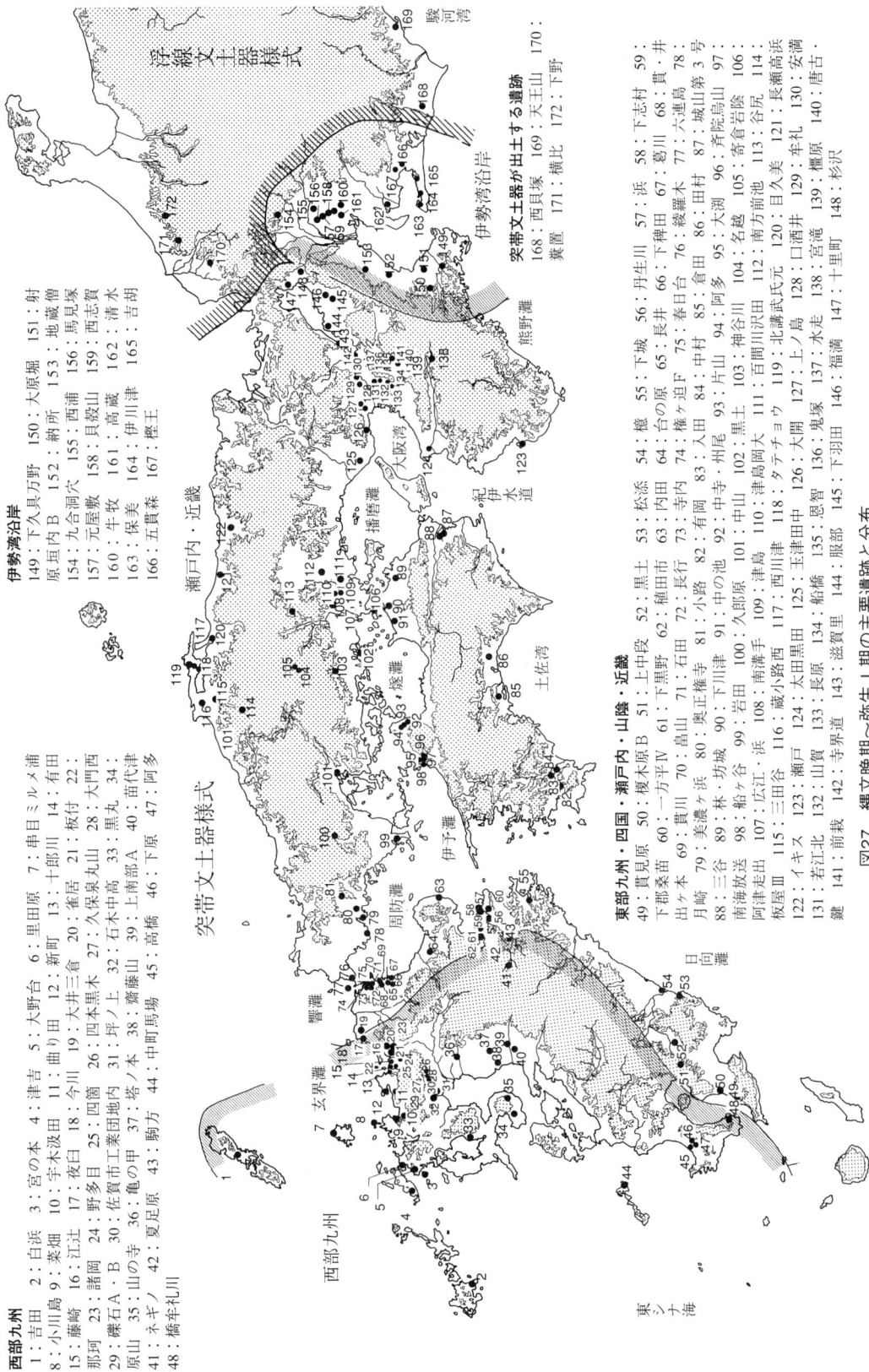

第五章　弥生稲作の開始と拡散　129

図27　縄文晩期〜弥生I期の主要遺跡と分布

西部九州
1：吉田　2：白浜　3：宮の本　4：津吉　5：大野台　6：里田原　7：串目ミルメ浦
8：小川島　9：菜畑　10：宇木汲田　11：曲り田　12：新町　13：十郎川　14：有田
15：那河　16：諸岡　17：夜臼　18：江辻　19：大井三倉　20：雀居　21：板付　22：
那珂　23：藤崎　24：野多目　25：四箇　26：四木黒木　27：久保泉丸山　28：大門西
29：磐石A・B　30：佐賀市工業団地内　31：坪ノ上　32：石木中高　33：黒丸　34：
原山　35：永ギノ　36：亀ノ甲　37：塔ノ本　38：斎藤山　39：苗代津　40：阿多
41：永ギノ　42：夏足原　43：駒方　44：中町馬場　45：高橋　46：下原　47：阿多
48：橋牟礼川

東部九州・四国・瀬戸内・山陰・近畿
49：貫見原　50：榎木原B　51：上中段　52：黒土　53：松添　54：億　55：下城　56：丹生川　57：浜　58：下志村　59：
下郡桑田　60：一万ケ丈IV　61：下黒野　62：畠山　63：稙田市　64：台の原　65：長床　66：下神田　67：磐川　68：貫井　78：
出ケ木　69：貴川　70：貫山　71：石田　72：長行　73：寺内　74：権ケ迫F　75：春日　76：綾羅木　77：六連島　78：三号
月崎　79：美濃ケ浜　80：奥正権寺　81：小路　82：有岡　83：入田　84：中山　85：倉田　86：田村　87：城山烏山　97：
88：三会下　89：林　90：功城　91：下川津　92：中寺　93：片山　94：阿多　95：大渕　96：斎院岩陰　106：
南海放送　98：蔵　99：岩田　100：岩田　101：中山　102：黒土　103：神谷川　104：名越　105：南方前池　113：谷尻　114：
阿津走出　107：広江　108：浜　109：津島　110：中山　111：百間川沢田　112：津島岡大　113：谷尻　114：
板屋III　115：三田谷　116：蔵小路西　117：西川津　118：タテチョウ　119：北溝武氏元　120：日久美　121：長瀬高浜　130：安満
122：イキス　123：瀬戸　124：太田黒田　125：王津田中　126：大開　127：上ノ島　128：口酒井　129：鬼塚　130：安満
131：若江北　132：若江　133：長原　134：船橋　135：恩智　136：鬼塚　137：水走　138：宮滝　139：檀原　140：唐古
鍵　141：前栽　142：守界道　143：滋賀里　144：服部　145：下羽田　146：福満　147：十里町　148：杉沢

伊勢湾沿岸
149：下久具万野　150：大原堀　151：射
原垣内B　152：納所　153：地蔵曽　156：馬見塚
154：九合洞穴　155：西浦　159：西志賀
157：元屋敷　158：貝殻山　162：清水
160：牛牧　161：高蔵　164：伊川津　165：吉胡
163：保美　166：五貫森　167：樫王

突帯文土器が出土する遺跡
168：西貝塚　169：天王山　170：
蓑置　171：横比　172：下野

瀬戸内・近畿
浮線文土器様式
突帯文土器様式

団が各所に存在していたことがわかってきたのである〔藤尾 1991a〕。

このような西日本におけるⅠ期の甕組成にみられる多様性は、弥生文化の受容が各地の在来集団にゆだねられており、けっして外来人側にはなかった可能性を示唆しており[1]、斉一的な弥生Ⅰ期観から多様なⅠ期観への転換をうながす起点となったのである。

1990年代前半の段階において、筆者は甕組成にみられる多様性を、西日本各地の在来集団がみせた個別的な選択の結果、生じたものと推定していたが、選択の過程や定着していく具体像を復原し、どうしてこのようなことが起こるのか、その要因を提示するにはいたってなかった。そこで本章ではこの課題に迫ってみることにする。具体的な手順と方法を以下に示す。

2　系譜を異にする甕をもつ集団の意味と各地の弥生文化成立過程

本章では西日本の弥生Ⅰ期にみられる甕組成の違いが何を意味しているのか解明することからはじめる。まず遠賀川系甕だけを用いるのか、反対に突帯文系甕だけを用いるのか。両方用いる場合の比率はどのくらいかなど、西日本各地の集団がもつ甕組成比率を算出する。次に、縄文から弥生にかけて継続して営まれた西日本の遺跡を取り上げ（図27）、縄文時代からそこに住んでいた在来人と、各地で最初に弥生稲作をはじめた人びととの系譜的な関係について調べる。もし、彼らの持物や土器の地域色などに連続性が認められれば在来人が弥生稲作をはじめたことになるし、不連続性があれば在来ではない人びとが弥生稲作をはじめた可能性が出てくるからである。同一集団か、それとも別の集団に入れ替わっているのか、個々の事例を検証する。日本列島初の弥生稲作は九州北部でどのようにしてはじまったのか。またそれ以外の西日本では、九州北部ではじまった弥生稲作を受けて、どのようにして受け入れて、各地ではじめるに至ったのかを調査する。最後に、東・北日本における弥生稲作の開始と定着過程についても考察する。

まず甕組成を算出する前に、議論の基礎となる西日本の弥生早・Ⅰ期の土器編年を提示する。

Ⅱ　弥生早・Ⅰ期の土器編年（西日本）

1　土器編年の大枠

弥生早期からⅠ期にかけての西日本の土器編年は、弥生早期が突帯文土器、Ⅰ期が板付式土器、遠賀川式・遠賀川系土器を指標とする（図28）。早・Ⅰ期編年はさまざまな細分案があるが、ほぼ六段階に大別することができる。また東日本との併行関係は表9に示した。

早期は古・新段階の二つに分かれる。古段階は突帯文土器が成立する段階で、玄界灘沿岸部では弥生稲作がはじまる。新段階になると中・四国、近畿で水田稲作の文化要素を断片的にみることができるが、弥生稲作をまだおこなっているとはいえず、水田稲作を縄文稲作としておこなっていた段階である。

Ⅰ期は板付Ⅰ式期、板付Ⅱa式・第Ⅰ様式古段階、Ⅱb式・中段階、Ⅱc式・新段階の四つに分かれる。まず、板付Ⅰ式期は、Ⅰ古・Ⅰ新式段階に分かれ、Ⅰ古式は玄界灘沿岸地域だけに認められる。最古の遠賀川式土器である板付Ⅰ古式土器が成立し、環壕集落が出現する。板付Ⅰ新式段階に

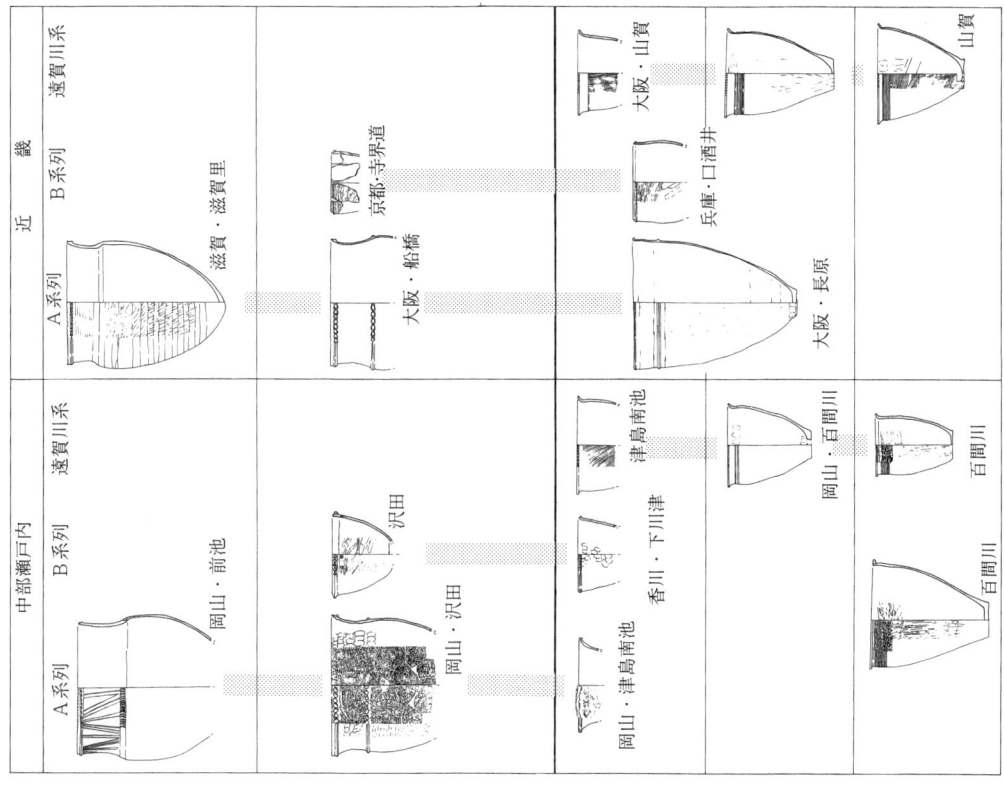

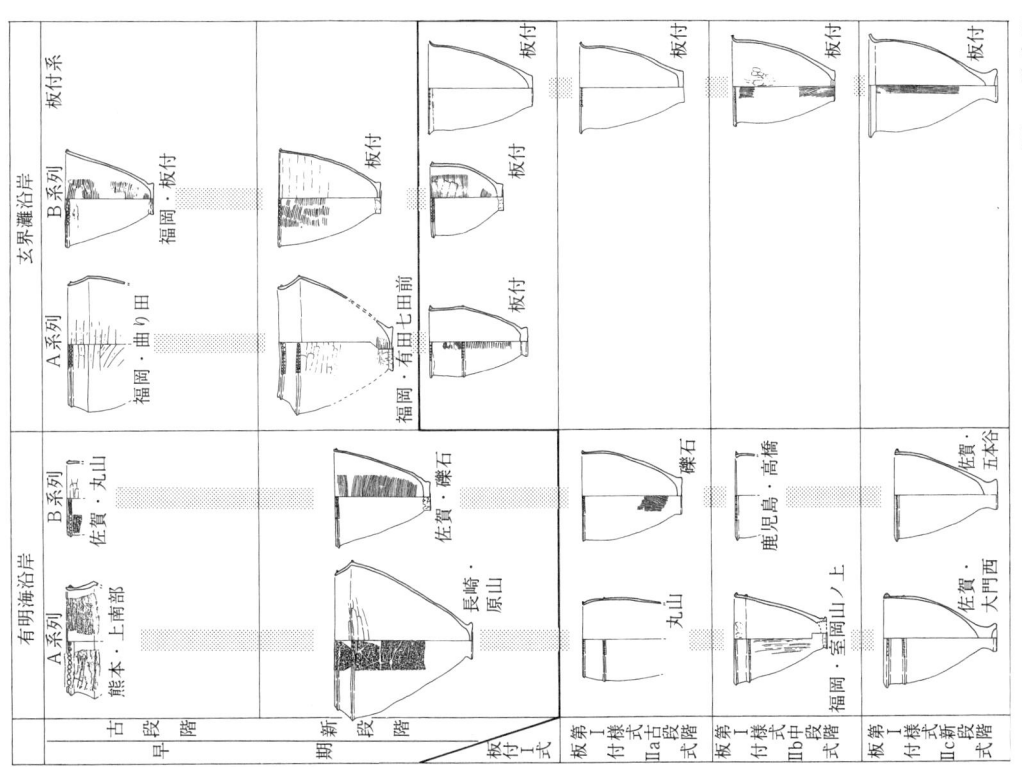

第五章　弥生稲作の開始と拡散　131

図28　弥生早・Ⅰ期の甕形土器編年図

表9 縄文後期～弥生Ⅵ期土器型式併行関係一覧表

	沖縄	九州	中・四国西部	中・四国東部	近畿	北陸	東海	中部	関東	東北	北海道
後期後半	大山室	西平三万田御領	(伊吹町)	彦崎KⅡ凹線文	一乗寺K1 元住吉山宮滝滋賀里Ⅰ	酒見 井口1 井口2 八日市新保	西北馬場Ⅱ吉胡KⅠ寺津下層	(+)(+)(+)(+)	加曽利B曽谷安行1安行2	宝ヶ峯コブ付(古)コブ付(中)コブ付(新)	手稲(+)堂林御殿山
晩期	室川下層宇佐浜仲原	広田黒川	岩田Ⅳ船ヶ谷	津雲下層谷尻	滋賀里Ⅱ滋賀里Ⅲa滋賀里Ⅲb	御経塚1御経塚2中屋Ⅰ	寺津元刈谷稲荷山	(+)(佐野Ⅰa)佐野Ⅰb	安行3a安行3b安行3c	大洞B大洞B-C大洞C₁	(+)上ノ国(+)
突帯文	(真栄里)	山の寺夜臼板付Ⅰ古	岩田Ⅴ	前池岡大沢田	滋賀里Ⅳ口酒井船橋	下野(+)長竹	西之山五貫森(古)五貫森(新)	佐野Ⅱ(+)女鳥羽川	安行3d、桂台	大洞C₂(古)大洞C₂(新)大洞A(古)	(+)ヌサマイ緑ヶ丘
Ⅰ		板付Ⅰ新板付Ⅱa板付Ⅱb板付Ⅱc	Ⅰ		長原水走	長竹柴山出村(古)柴山出村(新)	馬見塚樫王水神平	離山氷Ⅰ氷Ⅱ	千網荒海沖	大洞A(新)大洞A'砂沢青木畑	(+)(+)(+)
Ⅱ		城の越	Ⅱ		ジワリ	朝日・丸子	庄ノ畑	(岩櫃山)	寺下囲	恵山Ⅰ
Ⅲ	具志原	須玖	Ⅲ		小松貝田町磯部	瓜郷峯田	寺所阿島	(平沢)池上	田舎館	恵山Ⅱ
Ⅳ	アガジャンガー	後期前半	Ⅳ		戸水B	高蔵・白岩	北原・栗林恒川	宮ノ台	桜井	恵山Ⅲ
Ⅴ		後期中頃後期後半	Ⅴ前半Ⅴ後半		猫橋法仏	山中・菊川	中島・箱清水弥生町	久ヶ原天王山	江別C1～D
Ⅵ	(+)		庄内併行		月影	廻間	御屋敷	前野町		

なると九州東部、中・四国で、板付Ⅱa式・Ⅰ古段階には近畿でも弥生稲作がはじまって遠賀川系土器が出現し、中段階以降には環濠集落や方形周溝墓がつくられるようになる。板付Ⅱc式・Ⅰ新段階になると、九州北部では甕棺葬と青銅器の副葬が、近畿でも銅鐸祭祀がはじまり、青銅器を用いた祭祀の時代に入る。

2　器種構成

　早期突帯文土器様式には種籾を貯蔵する壺やお供え物を盛りつける高坏が出現することで、甕・深鉢・壺・浅鉢・高坏という農耕生活に適した土器の組合わせがはじめて成立する。だが、九州北部を除く地域では壺や高坏がほとんどみられない。それに対してⅠ期の遠賀川式土器様式の器種構成は甕・壺・高坏・鉢からなる。

　甕の形態は、口縁部と胴部を中心に突帯文土器と遠賀川式土器では大きく異なる（図29）。突帯文甕は、口縁部が外反しない単口縁をもち、器体に刻目をつけた突帯を貼り付けて口縁部や胴部にめぐらせた土器で、底部に向かって単純にすぼまる砲弾形（砲弾甕3）と、胴部で一度屈曲もしくは湾曲して底部に向かってすぼまる屈曲形（屈曲甕1・2）がある。一方、遠賀川甕は口縁部が如意状に外反し、砲弾形の胴部をもつ（4）。

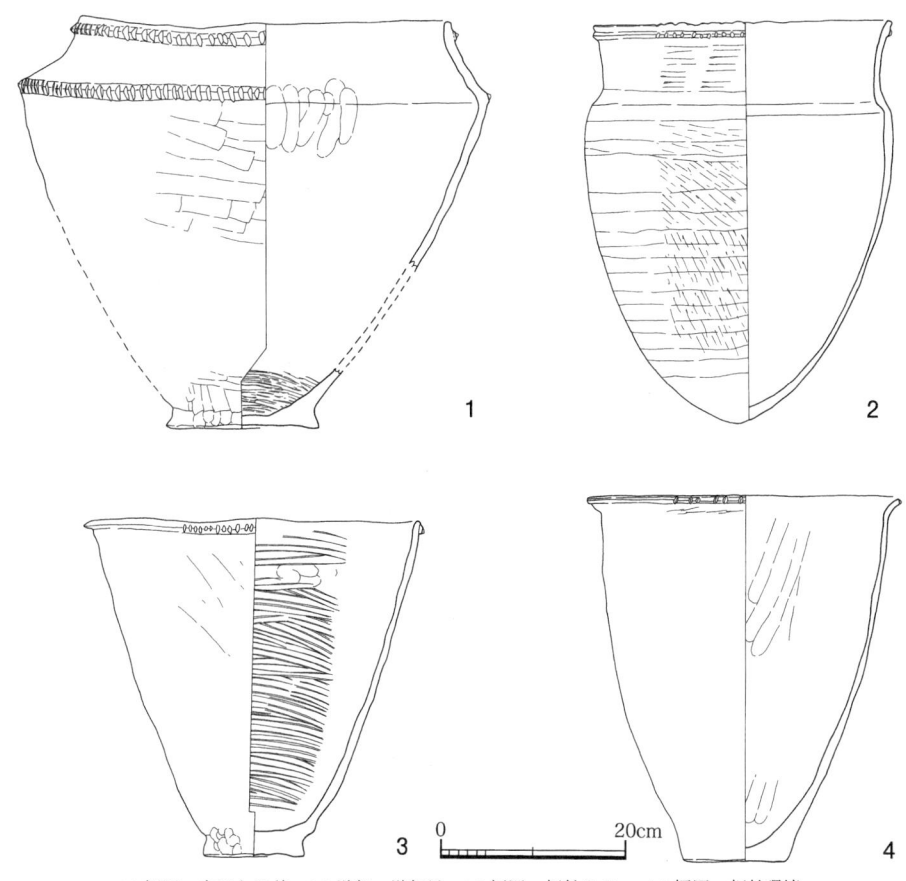

1：福岡・有田七田前　2：滋賀・滋賀里　3：福岡・板付 G-7a　4：福岡・板付環壕
図29　突帯文土器、板付・遠賀川系土器の甕（縮尺1/8）

3　突帯文甕を軸にした土器編年

西日本の弥生早・Ⅰ期の時間軸を、時間的な変化をとらえやすい屈曲甕を指標に設定した[2]。

(1) 突帯文甕

　時間的な変化をとらえやすい屈曲甕は、胴部の屈曲が次第に弱まって砲弾形の器形に近づくとともに、刻目の形状や口縁部突帯を貼り付ける位置（以下、「突帯の位置」と呼ぶ）が変化する点に、時間差がもっとも強くあらわれる。これらの変化をもとに弥生早・Ⅰ期の屈曲甕は三つに分けることができる。

① 屈曲甕1（屈1）：早期古段階に属す。胴部の屈曲は強く、刻目は大きい。突帯は口縁部端部から1cm前後下に貼り付ける、突帯を口縁部だけに貼り付ける一条甕と、胴部の屈曲部にも貼り付ける二条甕がある。図28の熊本県上南部A遺跡、福岡県曲り田遺跡、岡山県南方前池遺跡、滋賀県滋賀里遺跡例を代表とする。

② 屈曲甕2（屈2）：二条甕は屈曲が弱まるが。刻目はやや小さくなり、口縁部の突帯は口縁端部にかなり近づけて貼り付ける。早期新段階、板付Ⅰ、板付Ⅱa・Ⅰ様式古段階に属す。とくに板付Ⅱa・Ⅰ様式古段階に属すタイプは、ここ15年ほどの調査で存在がようやく確認できる

ようになった。図28の長崎県原山遺跡、福岡県有田七田前遺跡、佐賀県大門西遺跡、同宇木汲田遺跡、高知県田村遺跡、大阪府船橋遺跡、同長原遺跡を代表とする。

③ 屈曲甕3（屈3）：胴部の屈曲が完全になくなり砲弾甕と同じ胴部をもつようになる。刻目は定型化し口縁部の突帯は口縁端部に接して大形化して、胴部の突帯よりも大きくなる。板付Ⅱb・Ⅰ様式中段階以降に属する。図28の佐賀県丸山遺跡、同大門西遺跡、福岡県室岡山ノ上遺跡、岡山県百間川遺跡、大阪府水走遺跡を代表とする。従来の亀ノ甲タイプ、下城式、瀬戸内甕と呼ばれているものである。

一方、砲弾甕は、胴部形態を除く刻目の形状、口縁部突帯の位置などが屈曲甕と同じ変遷をたどる点に注目して、砲弾甕1（砲1）、砲弾甕2（砲2）、砲弾甕3（砲3）の三つに細別する。図28の早期の佐賀県丸山遺跡、礫石遺跡、福岡県板付遺跡、岡山県沢田遺跡、京都府寺界道遺跡。Ⅰ期の佐賀県五本谷遺跡、礫石遺跡、鹿児島県高橋貝塚、香川県下川津遺跡、岡山県百間川遺跡、兵庫県口酒井遺跡を代表とする。

(2) 遠賀川甕

九州北部とそれ以外の研究者は、これまで別々の基準で遠賀川甕を編年してきた。九州北部の遠賀川甕は文様をほとんどもたないので器形を重視した編年、それ以外の地域では豊富な文様（沈線の数や段・突帯などの種類）を重視してきた。基準が異なると分類に支障が出るので、本稿では九州北部でも畿内でも共通した属性である器形を基準に、遠賀川甕を四つに分け次のように位置づけた。

① 遠賀川甕1（遠1）：胴部はほとんど張らずに口縁部から底部に向かって直線的にすぼまるものである。口縁端部は丸く尖り気味である。そのため口縁部の刻目は全面につけられ、しかも間隔をあけてつけるものがもっとも古い特徴をもつ。刻目以外の文様はない。森貞次郎分類の板付Ⅰ式A甕に代表される〔森・岡崎1961〕。

② 遠賀川甕2（遠2）：胴部がやや張り、上半部が直立気味のものである。口縁端部は角がまだ丸みを帯びている。口縁部の刻目は全面につけられ、間隔は密である。胴部の上半に粘土帯の接合にともなってできた段をもつものがあらわれる。従来の板付Ⅰ式C〔森・岡崎1961〕、板付Ⅱa式やⅠ様式古段階に相当する。

③ 遠賀川甕3（遠3）：胴部が張るものである。口縁端部の形が方形になることで口唇部に平坦面が形成され、口縁の下端に刻目をつけることが可能になる。胴部上半に沈線を数本引いたものがあらわれる。板付Ⅱb式やⅠ様式中段階に相当する。

④ 遠賀川甕4（遠4）：遠3の器形で刻目をもたないものや、沈線を5本以上引いたものがある。従来の板付Ⅱc式やⅠ様式新段階に相当する。

Ⅰ期の編年ができたので、次に板付Ⅱa式やⅠ様式古段階の遠賀川系土器にともなう可能性のある突帯文系甕の特徴を詳しくみてみよう。

4 弥生Ⅰ期の突帯文系甕（板付Ⅰ新・Ⅱa式、Ⅰ様式古・中段階）

(1) 特徴

1970年代までは、福岡市板付遺跡の調査で設定された夜臼式土器（現在の夜臼Ⅱb式土器）を除

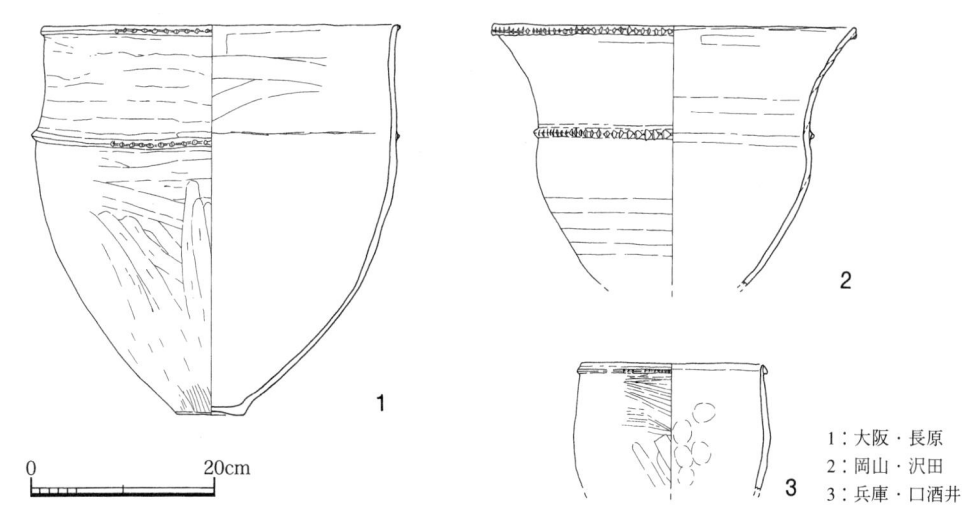

図30 Ⅰ期前半の突帯文甕（縮尺1/8）

1：大阪・長原
2：岡山・沢田
3：兵庫・口酒井

く、板付Ⅱb・中段階以降の筑後の亀ノ甲タイプや薩摩の高橋Ⅱ式などを、Ⅰ期の突帯文系甕と呼んでいた。夜臼式と亀ノ甲タイプとの間には100年以上のひらきがあったため、型式学的な連続性をつかまえることは難しかったが、1980年代以降の調査の結果、夜臼式と亀ノ甲タイプをつなぐⅠ期前半〜中ごろの突帯文系甕の存在がようやくわかるようになってきた。それらは先に分類した屈2・砲2に相当する。これらの突帯文甕の特徴をさらに詳しくみてみよう（図30）。

A　粘土帯の接合方法

基本的に早期の突帯文甕と同じ内傾接合である[3]。同時期の遠2が外傾接合であることとは対照的である。

B　器面調整

ほとんどがナデ調整である。板付Ⅰ式甕や遠賀川甕に一般的で無文土器に系譜をもつ刷毛目調整は基本的に用いない。

C　刻目の施文法

ヘラや木の板の木口を用いる。屈1・砲1に比べると刻目の大きさはこぶりで、刻んだ後に突帯上をていねいにヨコナデするために定型化した刻目に仕上がる。この結果、突帯の断面も端正な三角形になる。

D　口縁部形態

屈2の口縁部は、直口縁が基本である。しかし瀬戸内の屈2は口縁部が外反する（沢田、図30-2）。口唇部にも刻目を施す早期突帯文甕の手法が復活し、口縁部の突帯とあわせて、口縁部にあたかも刻目突帯が2条あるかのようにみえる。

E　口縁部突帯の位置と形態

中段階の突帯文系甕の口縁部突帯を貼り付ける場所は三つある。屈3・砲3の口縁部突帯のように、口縁端部まで上昇する新しい傾向をもつもの、家根分類〔家根1984〕のa4、b4、c3-1、c3-2のようになるもの（図31）、屈1・砲1のように口縁端部から下がった位置に貼り付け、古い特徴を残したままのもの（a1）がある。従来、口縁部突帯を貼り付ける位置は、新しくなるにつれて

136

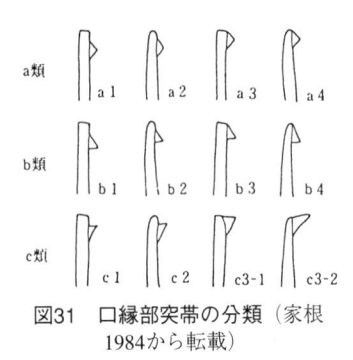

図31 口縁部突帯の分類 (家根1984から転載)

一律に上昇すると考えられてきたが、屈2のように上昇せず、古い特徴をそのまま残す突帯文系甕もあることがわかっている〔藤尾1991a〕。

(2) 遠賀川甕と屈2・砲2甕の折衷土器 (図32)

板付Ⅱa・Ⅰ古段階に遠賀川甕や遠賀川系甕に共伴する突帯文甕が普遍的に存在したことを示す証拠が、遠2と屈2・砲2双方の影響を受けた甕(折衷土器)の存在である (図32)。福岡県今川遺跡から出土した、遠賀川甕の胴部に刻目文を一条施文する甕(1)〔酒井1980〕、佐賀平野の屈2の胴部に遠賀川甕の外反口縁をもつ佐賀平野の甕〔藤尾1984〕(2)、香川県大浦浜遺跡の条痕文調整を施した遠賀川系甕などがある(3)〔大山・真鍋1988〕。

(3) 弥生Ⅰ期の突帯文系甕

突帯文土器はこれまで、早期のおわり、遅くとも板付Ⅰ式期までには終熄し、その後にはつづかず、Ⅱb・中段階になって再びあらわれると考えられてきた。しかしこれまでみてきたように、地域によっては屈2や砲2をはじめとした突帯文系甕がⅠ期Ⅱa・古段階にも確実に存在し、そのことによって早期突帯文土器とⅠ期後半以降の突帯文甕との型式的な連続性を確認することができた〔藤尾1991a〕。

それではⅠ期Ⅱa・古段階の突帯文甕はどのような分布をみせるのであろうか。次に、Ⅰ期突帯文系甕の分布とそのあり方をみてみよう。

5 弥生Ⅰ期の甕組成—集団ごとの甕の組合わせ—

弥生稲作が西日本の各地ではじまる板付Ⅰ新・Ⅱa式、Ⅰ様式古段階の時期に、遠賀川系甕との間で折衷土器をつくり出すほどの存在であった突帯文系甕は、どこに分布し、土器様式のなかでどのような位置を占めていたのであろうか。

屈2と砲2は、玄界灘沿岸地域以外の九州、中国、四国、大阪湾沿岸に分布する。型式名がある

1:福岡・今川
2:佐賀・大門西
3:香川・大浦浜

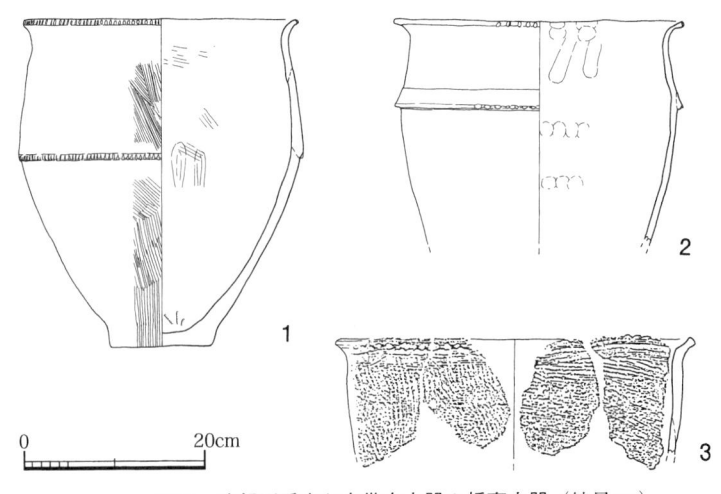

図32 遠賀川系甕と突帯文土器の折衷土器 (縮尺1/8)

表10　弥生時代Ⅰ期の甕組成

型	甕組成				代表的な遺跡
	板付Ⅰ	Ⅱa	Ⅱb	Ⅱc	
	早期	Ⅰ古	Ⅰ中	Ⅰ新	
A	●	●	●	●	佐賀 丸山、大門西、福岡 亀ノ甲、熊本 齋藤山、鹿児島 高橋、大分 駒形B、和歌山 太田黒田
	●	●	●		大阪 長原
B	◎	○	○	◎	福岡 板付、有田、佐賀 菜畑
C		●	◎	○	◎	愛媛 中寺・洲尾、阿方・片山、斉院烏山
		●	◎	○		高知 田村
		●	○	◎		広島 中山、岡山 津島、百間川、香川 大浦浜、中ノ池
D	●	○	○	○	福岡 今川、長行、山口 綾羅木、大阪 山賀、奈良 唐古・鍵

凡例：●突帯文系甕　○板付・遠賀川系甕　◎両者が共伴

のは有明海沿岸の亀ノ甲Ⅰ式〔藤尾1984〕、熊本の斉藤山Ⅰ式〔西1983〕、河内の長原式や水走式だけである。板付Ⅱb式・Ⅰ様式中段階〜板付Ⅱc式・Ⅰ様式新段階の突帯文系甕である屈3・砲3は、近畿以西の各地に分布し、九州の亀ノ甲タイプ、下城式、高橋Ⅱ式、中・四国の瀬戸内甕（逆L字口縁甕、中山Ⅱ式、阿方・片山式）とされてきたものが該当する〔藤尾1991a〕。西日本の各地に分布する突帯文系甕は遠賀川甕・遠賀川系甕と組み合わされて煮炊きに使われたが、突帯文系甕と遠賀川甕・遠賀川系甕の比率は集落によって異なる。突帯文系甕が一遺跡でわずか数点という遺跡もあれば、組成の9割以上を占める遺跡もある。また時期によって突帯文系甕の比率が上下する集団もある。

　このようなさまざまな組合わせは、AからDの四つにまとめることができる（表10）。表でいう「共伴」とは、突帯文系甕と遠賀川甕・遠賀川系甕の比率が5：5か、もしくは片方が3割以上を占める場合であって、片方が1割以下の場合は含めていない。

　A　Ⅰ期を通じて突帯文系甕が9割以上を占める組成である。有明海沿岸地域、薩摩地域、和歌山県紀ノ川流域以南、近畿地方の一部の集落にみられる。

　B　弥生稲作がはじまり、環壕集落が出現するときに限って早期突帯文甕と板付甕が1：1の割合で共伴する組成である。夜臼・板付Ⅰ式共伴期として知られている玄界灘沿岸地域をはじめ、1980年代になって確認された伊予、土佐、出雲の一部の集落にみられる。

BとCはⅠ期のある時期だけ、突帯文系甕と遠賀川系甕が共伴する組成で、もっとも分布域が広い組合わせである。

　C　板付Ⅱb・Ⅱc式とⅠ様式中・新段階にかぎって、突帯文系甕が3〜7割の割合で遠賀川系甕と共伴する組成である。弥生稲作をはじめた頃は基本的に遠賀川系甕だけを用いるが[4]、中段階に突帯文系甕が出現すると、次第にその割合を高めていくもので、なかには7割を超える集落もある〔藤好1982〕。豊後、安芸や伊予、吉備や讃岐など瀬戸内にみられる。この地域の突帯文系甕が下城式や瀬戸内甕[5]として知られている甕である。

　D　Aとまったく逆の組成を示すもので、Ⅰ期を通じて遠賀川系甕が9割以上を占める組成である。弥生Ⅰ期の典型的な甕組成として長いあいだ認識されてきた組合わせである。実際には、遠賀川下流域から長門にかけての響灘・周防灘沿岸の集落、近畿地方の一部の集落でみられる。

西日本全体がこの組合わせを示すと考えられてきたのだが、それほど分布域は広くないことがわかってきた。

このような四つのパターンは何を意味しているのだろうか。突帯文系甕と遠賀川系甕という系譜を異にする甕を組み合わせて用いた理由としては、第一章でみたように、在来系と外来系といった出自を異にする集団が一つのムラで生活し、それぞれ固有の甕を使っていたと考えることもできるし〔春成 1977〕、甕自身にもともと使用目的が決まっていて、一つの集団で使いわけていた可能性もある〔岡本 1966〕。

系譜を異にする煮炊き用土器を組み合わせて用いる背景を考えるために、まず早期の煮炊き用土器の地域色と比較してみよう。もし、早期の地域性が継承され、それを基盤にⅠ期甕組成がつくられているとすれば、出自を異にする集団に入れ替わったとは考えにくくなって、機能差の可能性が高まるし、逆に地域性が継承されず新しい地域色が生まれているとすれば、外からやってきた人びとによって早期の地域性が再編成された可能性も出てくるからである。

(1) 弥生早期突帯文甕の地域性

西日本の早期の甕組成を図33に示した。早期の突帯文甕には器形と刻目、突帯の位置を異にする多くの器種がある〔藤尾 1991a〕。先ほど説明した口縁部だけに突帯を貼り付ける屈曲甕である一条甕や、胴部にも突帯を貼り付ける屈曲する二条甕などは中心的な器種である。これらの器種分布が地域や時期によって特徴あるあり方を示している。たとえば、福岡平野では砲弾一条甕が主体と

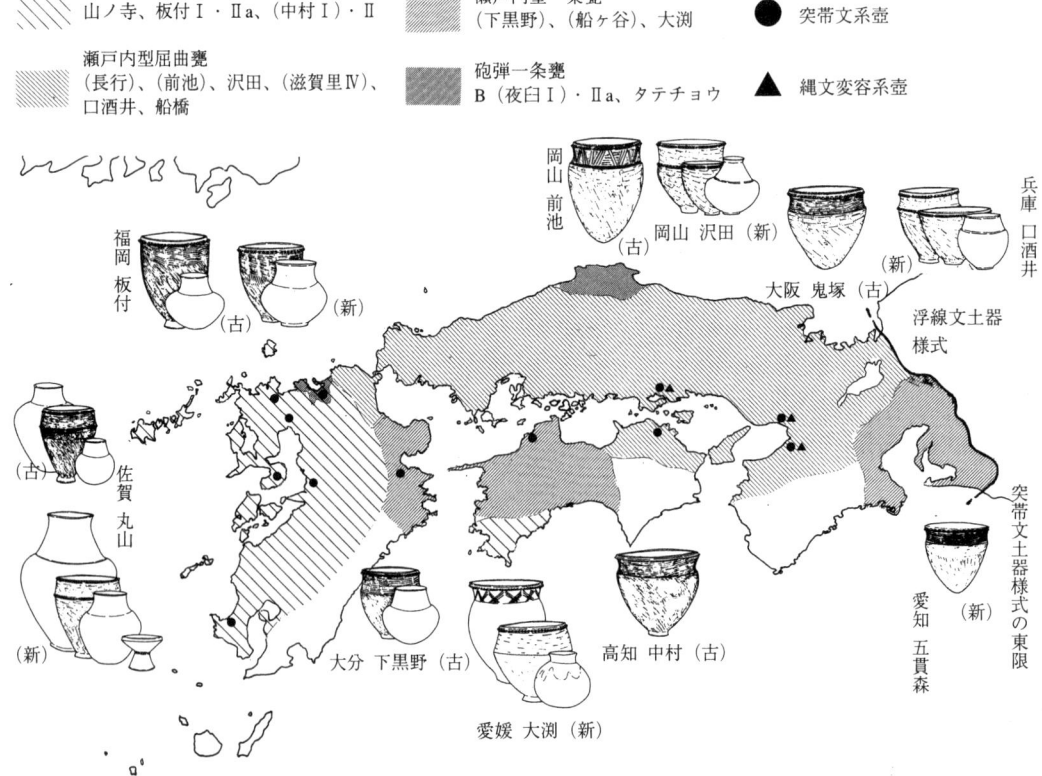

図33 突帯文土器様式圏内における弥生早期の主要な煮炊き用土器と器種構成
〔( ) 付の型式名は早期古段階に属す〕

図34　弥生Ⅰ期前半の主要な煮炊き用土器と器種構成

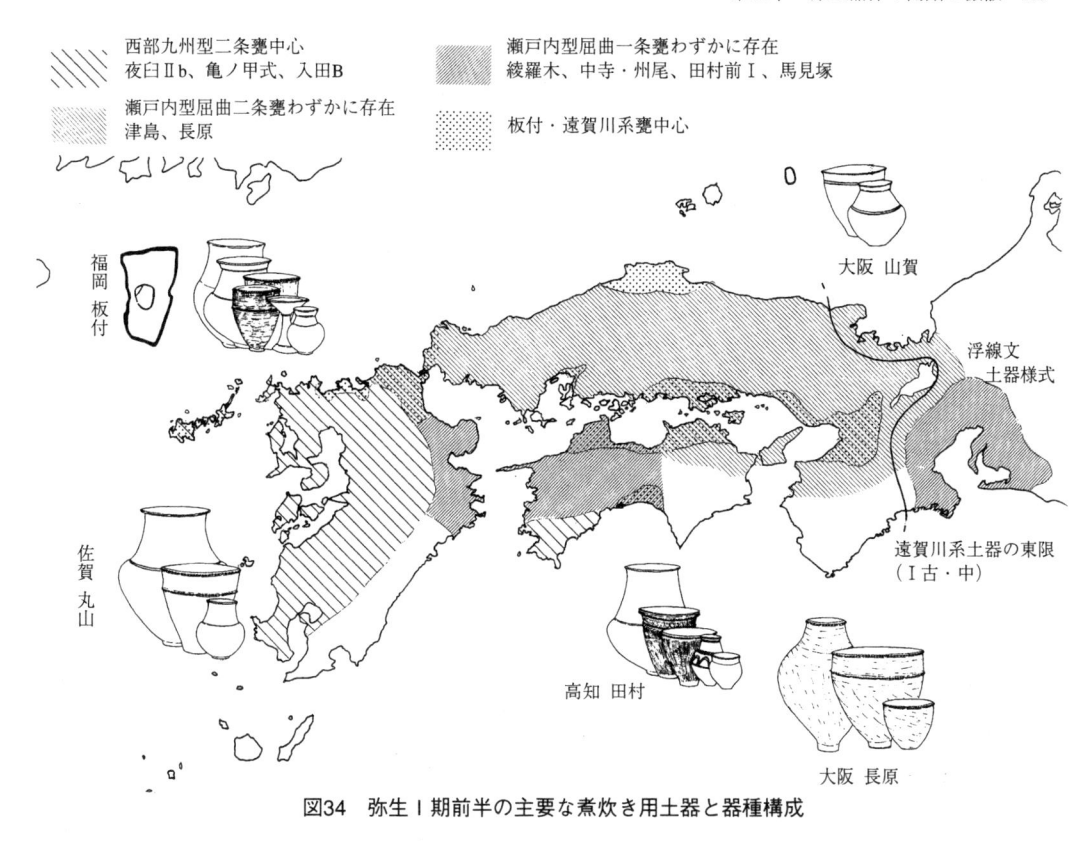

なり、有明海沿岸では西部九州型屈曲二条甕、瀬戸内・吉備では瀬戸内型屈曲一条甕が主要器種となる。

　このような器種分布のあり方から抽出できる早期の甕組成とⅠ期甕組成を比較すると、地域色が継続しているか変動したかを確認できる。図34に示したⅠ期の甕組成と早期甕組成を比較してみよう。

　二条甕が早期を通じて主要な甕であった有明海沿岸地域のⅠ期甕組成は、突帯文甕が9割以上を占めるAパターンで、しかもほとんどが西部九州型屈曲二条甕である。二条甕を早期新段階に受け入れた出雲・吉備・讃岐・近畿のうち、吉備と讃岐はⅠ期中・新段階に突帯文甕が3～7割を占めるCパターン、出雲や近畿は遠賀川系甕中心の組成を示すDパターンを示した。早期新段階に二条甕を受け入れず、瀬戸内型屈曲一条甕単純の組成を示した豊前・豊後・伊予・土佐のⅠ期甕組成は、弥生稲作の開始時にかぎって瀬戸内型屈曲一条甕と遠賀川甕が共伴し、中段階以降は突帯文甕が3～7割を占めるCパターンを示した。西日本で唯一、早期に砲弾型一条甕の比率が高かった福岡平野のⅠ期甕組成は、初頭に西部九州型屈曲一条甕と板付Ⅰ式甕が1：1の割合で共伴するBパターンであった。

　以上のように早期突帯文甕の地域色で括ることのできる地理的枠組みと、Ⅰ期甕組成で括ることのできる地理的枠組みはほとんど一致し、甕の地域性が継続していることがわかる。弥生稲作がはじまり農耕社会が形成されても、煮炊き用土器に早期の地域色が強くひきつがれていることは、弥生稲作をはじめた人びとが早期の人びとと出自的に同じであったことを示すと考える。このことは

大量の農耕民が外部から移住してきて弥生稲作がはじまったのではなく、在来人が弥生稲作をはじめたという考えを支持する証拠となる。

以上のように、弥生稲作に対する集団ごとの個別的対応の結果が甕組成の違いとなってあらわれたと考えられるのなら、出自差ではなく突帯文系甕と遠賀川甕の使い分けといった機能差か個別的対応の結果であると想定できるのではないだろうか[6]。

次に土器の地域性が変動せず、在来人が縄文稲作をおこなう生活から弥生稲作をおこなう生活へ転換したことを、遺跡のうえではどのようにとらえることができるのであろうか。遺跡や遺跡群の動態をミクロな視点から検討し、弥生稲作に対した在来人がとった個別的対応の具体像についてさらに迫ることにする。

まずⅢ節で弥生稲作発祥の地である玄界灘沿岸地域を、Ⅳ節で弥生稲作拡散地の西日本、Ⅴ節で東日本を扱う。

Ⅲ 弥生稲作の開始（玄界灘沿岸）

1 目的と方法

福岡・早良平野は日本列島でもっとも早く弥生稲作がはじまった地域の一つである。第四章でみたように、弥生稲作の直接の故地が年代や文化内容からみて検丹里型水田稲作文化にある可能性は高く〔藤尾1993〕、この文化を携えた渡来人が弥生稲作の開始に関与していたことは間違いないが、その関与度をめぐる現在の議論には大きくみて二つの意見がある。彼らの関与を大とみる春成秀爾〔春成1990〕と、少ないとして在来人の役割を大とみる橋口達也〔橋口1985〕に代表される。

この問題の難しいところは、実際に朝鮮半島からやってきた渡来人の人数について推定することができないことと、仮に人数を推定できたとしてもその数を多いとみるか少ないとみるかは、まさに歴史的な評価の点にあることである。したがって重要なのは、渡来人が伝えた検丹里型水田稲作文化に在来人がどのような対応をしたのかという交流の実態である。在来人が弥生稲作に転換するようになった契機と検丹里型文化の関係こそ明らかにする必要がある。次に検丹里型文化がもち込まれ定着していった実態を知るために、縄文後期から弥生早期にかけての遺跡動態や遺物のあり方をみてみることにする。

2 遺跡動態─福岡・早良平野─（図35）

(1) 縄文後・晩期、弥生早期

福岡・早良平野は、北に海、東・西・南に山塊がせまる扇状地形と、北に向かって流れる数条の二級河川で構成される。河川の上・中流域は山塊部と洪積台地からなり、台地上には縄文時代から継続的に遺跡が営まれているのに対し、下流域に遺跡があらわれるのは今から3,500年ほど前の縄文後期後半になってからである（有田・小田部遺跡第5次調査）。この地理的・歴史的環境を念頭におきながら、縄文後期以降の遺跡動態をみてみよう。

縄文後期には、早良平野を北流する室見川中流域の微高地に、植物性資源を高度に人工化して利

第五章 弥生稲作の開始と拡散　141

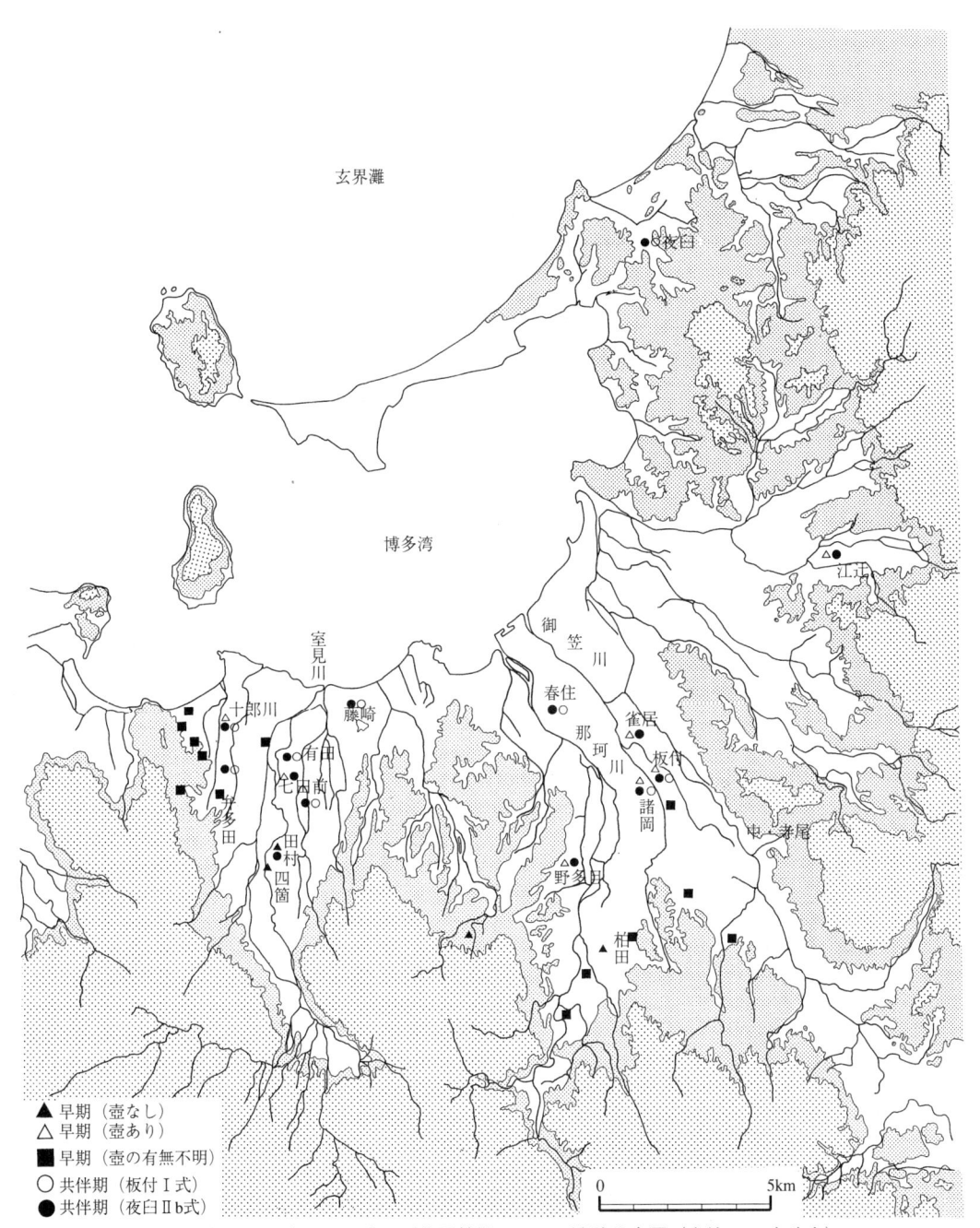

図35　福岡・早良平野の水田稲作開始期における遺跡分布図（山崎 1980を改変）

凡例：
▲ 早期（壺なし）
△ 早期（壺あり）
■ 早期（壺の有無不明）
○ 共伴期（板付Ⅰ式）
● 共伴期（夜臼Ⅱb式）

用するとともに、穀物栽培を一部取り入れていた、すなわち縄文稲作をおこなっていたと推測される縄文人が住んでいた。代表的なのが第三章で紹介した四箇遺跡を営んだ人びとである。彼らは穀物栽培をおこなう縄文稲作民ということができよう。一方、下流域には台地上に遺跡が1ヶ所存在するにすぎない。

　晩期には、下流域で河川の浸食・堆積作用による沖積面の形成が進んでいた〔藤尾編 1987〕。この時期は縄文のおわりから弥生のはじめにかけての小海退期にあたり、冷涼・多雨の気候条件のも

と、河川による谷の浸食・堆積活動が活発で、海岸線は現在よりもかなり沖にあった。このようななかで、のちに水田稲作の可耕地となる広大な後背湿地が形成されつつあったのである。

遺跡の調査では、この付近で2,500年前ごろに大規模な流路変更があったことを確認しており、その結果残された三日月湖状の低湿地が多数形成されていたと推定できる〔藤尾編 1987〕。晩期末から弥生早期にかけて、この低湿地で水田稲作をおこなう人びとがあらわれる。その代表的なムラの一つが有田七田前遺跡である。本遺跡からは晩期末に属する黒川式土器や近畿系の滋賀里Ⅲb式の深鉢が出土しているので、晩期のおわりには在来人が下流域に進出していたことは確実である。弥生早期になると、七田前遺跡のほかにも農耕集落が下流域に次々と出現し、縄文後・晩期以来、中・上流流域に存続する四箇遺跡や田村遺跡を代表とする、在来人の集落とあわせて平野全体の遺跡の数は急増する。

問題は、後期以来継続している四箇遺跡と晩期末から早期にかけて下流域に新たにあらわれる七田前遺跡のあいだに、生業や集団の出自に違いが認められるかどうかである。彼らの持ち物を手がかりに検討してみよう。

四箇遺跡の石器組成や土器の器種構成は縄文後・晩期と弥生早期で基本的にかわらないため、弥生早期に生業全体の補助的な役割にすぎない縄文稲作から、水田稲作に専業化した弥生稲作へ転換したという状況を認めることはできない。四箇遺跡は変わっていないのである。それに対して七田前遺跡は、種籾貯蔵用の壺や朝鮮無文土器の影響を受けた刻目文土器（板付祖型甕）などの新しい土器、大陸系磨製石器、木製農具を保有していることから、弥生稲作をおこなっていたと判断できる[7]。中流域の集落と下流域の集落の間には、縄文稲作をおこなう集団が存在する中流域と、弥生稲作をおこなう集団が存在する下流域という生業面での区別ができたが、渡来人と在来人といった出自的な違いを認められるかどうかが次の問題である。それを判断する指標として板付祖型甕の保有状況をとりあげたい。

板付祖型甕とは、弥生Ⅰ期初頭に成立する板付Ⅰ古式甕の祖型となる甕（図36-4〜7）で〔藤尾 1987a〕、器形や文様、色調や調整が突帯文土器とは異なるので区別はやさしい。七田前遺跡や十郎川遺跡では甕組成のほぼ1割を占めているが、弥生早期の玄界灘沿岸でも一部の集落でしかみつからない土器である。この甕が渡来人と深い関係にあることが家根祥多によって指摘されているので〔家根 1984〕、祖型甕をどれくらいもっているかが、中期無文土器文化との関係の深さをはかる指標になると考えられている。

そこで板付祖型甕の比率が甕組成の1割程度である早良平野の遺跡をみてみると、十郎川遺跡、七田前遺跡をあげることができる。2遺跡とも二級河川がつくった沖積地に立地し、壺・甕・高坏や大陸系磨製石器をセットで保有している。したがって、これらの遺跡は渡来人および渡来系の人びとを集団のなかに一定の割合で含み、弥生稲作をおこなっていたと推測できるのである。彼らが下流域にあらわれ弥生稲作を営みはじめる状況を推定してみると、縄文時代のおわりまで中流域の縄文人が生活の主要な舞台としていなかった下流域に彼らは進出し、弥生稲作へと専業化した生活を開始した。彼らのなかには朝鮮半島中期無文土器である松菊里式の鉢をもち、祖型甕が甕全体の約1割を占める七田前遺跡のように、朝鮮半島との関係をうかがえる人を構成員のなかに含んでい

第五章 弥生稲作の開始と拡散　143

韓国中期無文土器

1 休岩里
2 休岩里
3 檢丹里

4 曲り田
5 曲り田

A系列
B系列

板付祖型甕

6 板付環壕
7 板付環壕

10 板付水田下層
11 板付水田中層

12 那珂環壕
13 那珂環壕

板付Ⅰ古式

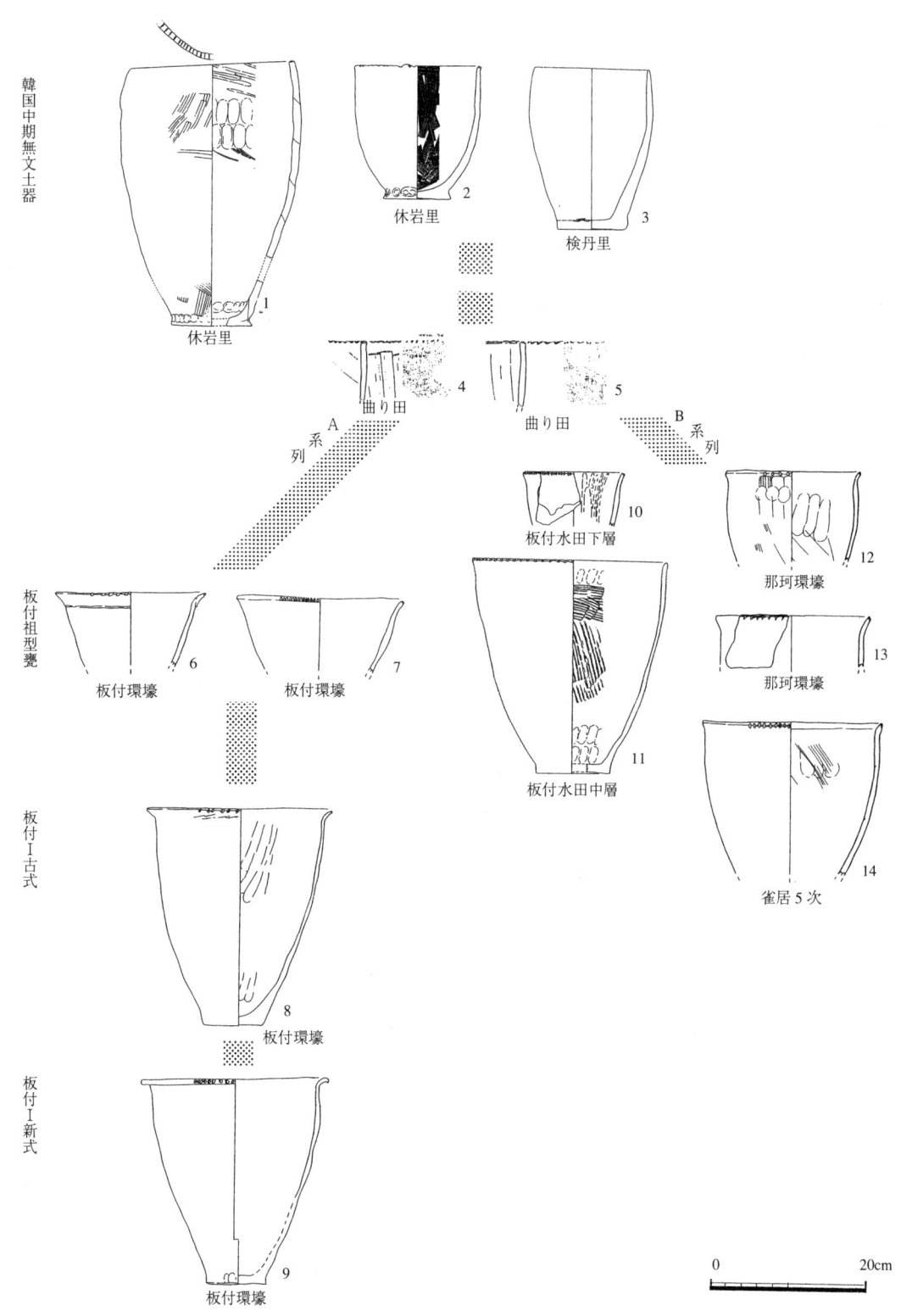

8 板付環壕

14 雀居5次

板付Ⅰ新式

9 板付環壕

0　　　　20cm

図36　中期無文土器、祖型甕から板付Ⅰ式甕への変遷図（縮尺1/8）

た可能性が高い。

　以上のように早期の早良平野には、縄文後期以来、中・上流域を活動の舞台として、生業の一部に穀物栽培を組み入れた生活を営んでいた在来民（園耕民）と、晩期末から早期初にかけて下流域の低湿地に進出し、弥生稲作に専業化した在来民と渡来人からなる農耕民が住んでいたと推定した。

(2) 弥生Ｉ期

　Ｉ期中ごろになると、中流域に占地する四箇遺跡の人びとが保有する壺の割合も、下流域で弥生稲作をおこなっている集団並の３割をこえ、木製農具や大陸系磨製石器もセットで保有するようになるので、彼らも弥生稲作へ転換したと考えられる。そして、おそらく早良平野に縄文時代から住んでいた他の在来集団も例外ではなかったと考えられる。

　一方、早期以来、平野の下流域で弥生稲作を営んでいた集団のなかにはＩ期にかけて環濠集落をつくる集団やつくらない集団、板付Ⅱa式以降も存続する集団と存続しない集団など、さまざまな集団があるが、彼らの甕組成を調べてみると、これまで知られていた通説とは異なる状況を確認することができる。これまでＩ期初頭の玄界灘沿岸地域の甕組成は、突帯文甕（夜臼式）と新たに創造された板付甕（板付Ｉ古式）が１：１で共伴することが知られていた。ところが板付甕をもたず突帯文甕だけを用いる集団の存在がわかってきたのである〔藤尾 1991b〕。たとえば七田前遺跡、福岡平野の那珂遺跡、野多目遺跡、雀居遺跡、糟屋平野の江辻遺跡は板付Ｉ古式甕をもっていない。

　すなわちＩ期初頭の早良・福岡・糟屋平野には板付甕と突帯文甕が１：１の割合で共伴する板付遺跡のような集団と、ほぼ突帯文甕単純の組成を示す那珂遺跡のような集団が近接して存在していたことを意味する。二つの集団は環濠集落をつくり、木製農具や大陸系磨製石器を用いて弥生稲作をおこなうという生業点での違いは少ない。ただ甕組成だけが異なるのである。そして、板付Ｉ古式甕をもつ集落はその後も存続していくのに対し、板付Ｉ古式甕をもたない集落のなかには、Ｉ期初頭で廃絶してしまうものや別のところに移動してしまうものが目立つ。このことは何を意味しているのであろうか。

　弥生稲作をおこなうという点での差異が認められないとすれば、板付Ｉ古式甕を保有することと、保有しないことがどういう意味をもつのか考えなければならない。まず板付祖型甕の保有状況からみてみよう。

　早期の板付祖型甕の有無を調べてみると、この下流域ではほとんどの集団がもっている。ところが板付Ｉ古式甕をもつ集団ともたない集団では、もっている祖型甕が異なっていることがわかったのである。かつて祖型甕には板付甕に発展するＡ系列と発展しないＢ系列があることを指摘したことがあるが（図36）〔藤尾 1987〕、板付Ｉ古式甕をもつ集団はＡ系列の祖型甕をもち、もたない集団はＢ系列の祖型甕をもっていたのである。したがって、前者は板付Ｉ古式甕を創造できるが、後者はできないことになる。

　早期の農耕民が農耕社会へと転換していく場合、板付Ｉ古式甕を創造した集団は環濠集落をつくり、拠点集落としてＩ期中頃以降も継続していくのに対し、板付Ｉ古式甕を創造できなかった集団のなかには、たとえ環濠集落をつくっていたとしても拠点集落として継続・発展していくことができなかった場合があったと考えられる。拠点集落になる集団と廃絶してしまう集団の違いは、板付

と那珂に典型的にみることができるが、祖型甕の違い以外に両遺跡には何か違いが考えられるのであろうか。廃絶してしまった那珂遺跡のある比恵・那珂台地で早期に何が起こっていたのか、Ⅰ期にかけての遺跡動態をみてみよう。

(3) 福岡市比恵・那珂台地における早・Ⅰ期の状況（図37）

比恵・那珂台地に、はじめて農耕民があらわれるのは早期新段階である。1～2の単位集団が、二重の壕をもつ直径約150mに達する環壕集落を台地上につくって居住していた（那珂37次）〔田崎 1994〕。水田は台地の西側に想定されているが、那珂川がすぐ近くを流れていることや、定型化していない灌漑施設をもっていたと考えられていることから〔田崎 1994〕、生産性の低い小規模な弥生稲作をおこなう、生産基盤の弱い集団だったと考えられる。環壕集落は、ほぼ150年間にわたり営まれⅠ期初頭まで存続するが、その次の段階(板付Ⅱa式段階)までは存続しない。そのかわり入れ替わるように、この地点から北に500mほど離れた同じ台地の反対側に新たな環壕集落（比恵3・8次）が出現する。しかし、今のところ那珂遺跡との関係を判断できる直接的な材料はない。那珂37次の人びとは、比恵・那珂台地最初の農耕集落である大規模な環壕集落をつくり、農耕社会化を達成していたと考えられるにもかかわらず、わずか150年足らずでこの地点から姿を消してしまうのはなぜであろうか。

ここで三つの可能性を考えてみたい。一つは、自然環境の変化で水田が使えなくなり、移動する必要性にせまられた可能性である。今のところ、弥生の小海退期に相当するこの時期に気温の低下や乾燥化などの急激な気候の悪化は確認されていないが、洪水や地下水位の上昇などで水田が使えなくなることのあったことが確認されている。たとえば板付遺跡G-7a・b区の早期の水田でも何回かの洪水を経験している〔山崎 1979〕。また、板付と同じ給水型の人工灌漑施設を備えた大規模水田をもつ野多目遺跡は、地下水位の上昇によって水路に多量の樹枝が埋没したことが原因で給水に支障をきたし、水田を放棄したことが確認されている〔山崎 1987〕。那珂遺跡の水田は未発見だが、このような原因で水田を利用することができなくなり、移動を余儀なくされた可能性は十分に考えられる。

二つ目は、他の農耕集団との土地や水をめぐる競争に敗れた結果、統合されたり移動を余儀なくされた可能性である。たとえば板付遺跡は、那珂遺跡の南、直線距離にしてわずか1kmしか離れていないところにある（図38）。両遺跡の間には幅数百mの浅い谷が入っていることが確認されているが、同じ諸岡川水系に農業用水を依存していることから、那珂遺跡と板付遺跡は水の確保や可耕地の拡大をめぐって、利害がぶつかりやすい位置関係にある。水や土地をめぐる争いが戦いへと発展することは、那珂遺跡の時期においてすでに確認されている。福岡県志摩町の新町遺跡では、この時期の戦死者と考えられる人の墓がすでに確認されているため〔橋口 1987〕、福岡平野の下流域でも早期のおわりごろには、限られた資源である水や土地をめぐる農耕集団同士の競争がおこなわれ、戦いに発展し、集団の再編成にいたる場合もあった可能性は高い。集落の廃絶や移動、統合はよくあることだったと理解できる。同じ水系の上流・下流という関係にある両者が、水や土地をめぐって競争関係に入ったとしたら、生産基盤が圧倒的に大きな板付遺跡に有利な展開となる。

三つ目は水田可耕地の狭小性である。田崎の指摘にあるように、水田をつくることができる空間

図37 比恵・那珂台地における弥生早期・Ⅰ期の遺跡分布図（田崎1998から作成）

は台地と那珂川にはさまれた狭い範囲であった。したがって人口増加にともなって可耕地の拡大ができず、広い土地を求めて移動した可能性である。

以上、那珂遺跡を中心にすえて比恵・那珂台地上の遺跡動態をみた。その結果、弥生稲作の開始期には環壕集落をつくるほど社会が発展した集団でも、洪水や地下水位の上昇、または集団間の競争によっては、ムラを捨て移動を余儀なくされることもあった可能性を想定した。

このようにⅠ期初頭段階で廃絶した例は、先にみた野多目遺跡や、松菊里型住居や無文土器をもつ粕屋町江辻遺跡〔新宅 1994〕など、例外的な現象ではないことがわかりつつある。そして興味深いのは、これらの廃絶してしまう遺跡の甕組成が板付Ⅰ古式甕をもたず、突帯文甕だけをもつという点で共通していることである。つまり逆にいうと、板付Ⅰ古式甕を創造できた集団だけがⅠ期中頃以降も存続できたことを意味している。

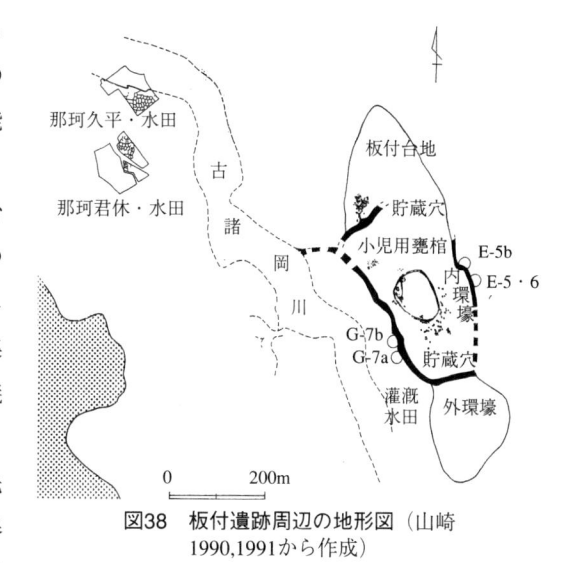

図38 板付遺跡周辺の地形図（山崎1990,1991から作成）

3　弥生Ⅰ期の福岡・早良平野に存在した三つの型の農耕民

これまでの検討から、弥生Ⅰ期の福岡・早良平野に三つの型の農耕民を確認した（図39）。

一つは、縄文後期以来、河川の中・上流域に集落を営み、主に採集や狩猟・栽培によって食料を獲得していた在来民（園耕民）である。彼らは同じ場所に占拠したまま弥生Ⅰ期中ごろに弥生稲作へ転換する（四箇遺跡）。彼らを在地型農耕民と呼ぶことにする。彼らが渡来系の人びとと関係していた可能性は少ない。次に弥生早期に河川の下流域に進出して弥生稲作をはじめる集団である。渡来系の人びとと関係のあった集団と考えられる。これらの集団はⅠ期のはじめには環壕集落をつくるまでの社会に発展するが、次の段階には集落を放棄してしまう那珂遺跡のような型と、さらに継続して社会を発展・拡大し地域の拠点集落となっていく板付遺跡のような型に分かれる。この二つは下流域に新たに進出してムラをつくったという意味で、進出型農耕民の那珂型と板付型とよぶ。

したがって弥生Ⅰ期には、在来民が在地で転換した在地型農耕民と、早期になって下流域に突然あらわれた進出型農耕民が、一つの平野のなかで活動していたことになる。従来、弥生文化成立期の集団動向は、縄文人と渡来人という出自の異なる対立的な概念をもつ二つの集団関係のなかで説明されてきた。しかし今回の分析の結果、縄文人とは在地の農耕民の集団（早期は園耕民、Ⅰ期に農耕民化）を指し、渡来人単独のコロニーはむしろ存在せず、実際には渡来人と在来民から構成された下流域に進出した進出型農耕民に相当すると理解した。

実は、この三つの型の農耕民こそ、最初に指摘したこの時期にみられる甕組成と密接な関係をもつのである。次にこの点を説明する。

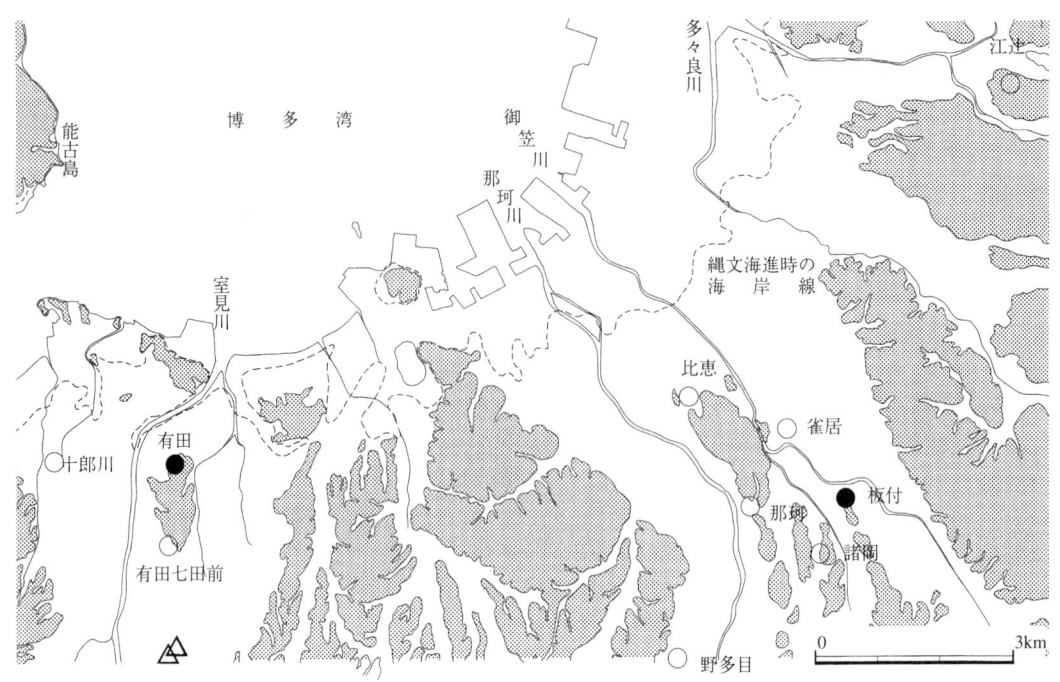

図39　福岡・早良平野における板付型●・那珂型○・四箇型△集落の分布
（小林・磯・佐伯・高倉編 1998から作成）

4　三つの型の農耕民とⅠ期甕組成の関係

　これまでこの地域のⅠ期甕組成は、初頭に早期突帯文甕（夜臼Ⅱb式）と板付Ⅰ古式甕が1：1の割合で共伴し、その後は板付Ⅱ式甕がほぼ100％を占めるという理解であった〔森・岡崎 1961〕。ところが今回、遺跡ごとに甕組成を検討した結果、これまでの甕組成があてはまるのは進出型農耕民の板付型だけであって、同じ進出型農耕民である那珂型にはあてはまらないことがわかった。このようにⅠ期を通じて継続・発展する集団だけが、Ⅰ期の初頭に限って突帯文甕と板付Ⅰ古式甕を同じ割合で使っていたことは、どのような意味をもつのであろうか。そもそも系譜を異にする二つの甕を同じ割合で用いることはどういうことなのか、何を反映しているのか、その実態について考えてみよう。

5　突帯文甕と板付Ⅰ式甕共伴の意味

　共伴現象の解釈には、第一章でもみたように時期差説〔森 1966〕、民族差説〔春成 1973〕、機能差説〔岡本 1966〕という三つの説があった。
　まず、単に時期の古いものが残存した結果共伴したという時期差説であるが、1割から2割の残存ならばその可能性も考えられようが、特定の器種に限って5割の残存という現象は時期差説では説明が弱い。もっと積極的な意味を考える必要がある。共伴現象がみられる集団に朝鮮半島系譜の道具や施設と縄文系の道具、そして弥生Ⅰ期に新たにつくり出された道具がみられることからすれば、単独の出自をもつ集団だけで構成されていたと考えるよりは、二つの出自からなる集団が共住することによって共伴現象が生じたとする集団差説が成り立つ可能性は高い。また、形態をまった

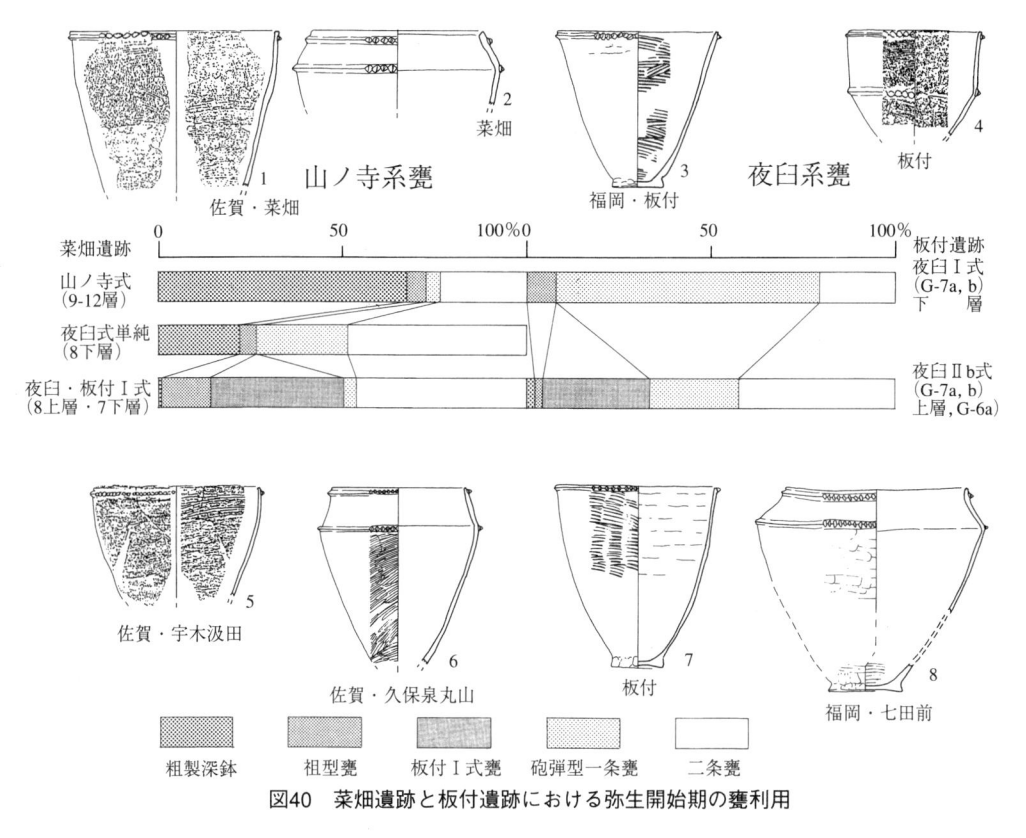

第五章　弥生稲作の開始と拡散　149

山ノ寺系甕　　　　　　　　夜臼系甕

1 佐賀・菜畑　　2 菜畑　　3 福岡・板付　　4 板付

菜畑遺跡	0　　50　　100% 0　　50　　100%	板付遺跡
山ノ寺式 （9-12層）		夜臼Ⅰ式 （G-7a, b） 下層
夜臼式単純 （8下層）		
夜臼・板付Ⅰ式 （8上層・7下層）		夜臼Ⅱb式 （G-7a, b） 上層, G-6a）

5 佐賀・宇木汲田　　6 佐賀・久保泉丸山　　7 板付　　8 福岡・七田前

粗製深鉢　　粗型甕　　板付Ⅰ式甕　　砲弾型一条甕　　二条甕

図40　菜畑遺跡と板付遺跡における弥生開始期の甕利用

く異にする甕の共伴が使用目的に応じた使い分けと解釈する機能差説の成り立つ可能性もある。

そこで本稿では集団差説と機能差説からこの共伴現象について考えることにする。

突帯文甕に屈曲甕と砲弾甕があることはすでに述べたが、この器形を異にする二つの突帯文甕と板付Ⅰ式甕がどのような比率でともなっているのか、組成を詳しく調べてみた〔横山・藤尾 1986〕。図40は、菜畑遺跡（図左）と板付遺跡（図右）における早期古段階からⅠ期初頭までの甕組成の変化を、砲弾型か屈曲型かという器形の違いに注目して示したものである。この時期の砲弾形を呈する煮炊き用土器には粗製深鉢（1）、砲弾甕（3、5、7）、板付祖型甕、板付Ⅰ式甕がある。一方、屈曲形を呈する煮炊き用土器は屈曲甕だけである（2、4、6、8）。

この図に示された重要な点は二つある。一つは早期においては菜畑と板付では主体となる突帯文甕の種類が異なること。ところがⅠ期初頭になると2遺跡とも板付Ⅰ式甕と共伴する突帯文甕が屈曲甕になることである。

主体とする甕が異なる点についてみてみよう。山ノ寺式段階の場合、菜畑では粗製深鉢が圧倒的に多く、次に屈曲甕である二条甕がつづき、屈曲甕と砲弾甕の比率は約3：1であるのに対し、板付の夜臼Ⅰ式期では砲弾甕（砲弾型一条甕）が圧倒的に多く、次に二条甕がつづき、両者の比率は約3：1である。菜畑と板付では砲弾甕と屈曲甕の比率が逆転していることがわかる。夜臼式単純段階になっても板付の甕組成は変化しないが、菜畑では粗製深鉢の比率が半減し、砲弾甕と屈曲甕の比率が高まる。その結果、砲弾甕と屈曲甕との比率が約1：1になり、板付と同じになる。

次に板付Ⅰ式甕に共伴する突帯文甕が2遺跡とも屈曲甕になるという点であるが、これは夜臼・

板付Ⅰ式共伴期になると菜畑と板付では早期後半に多かった砲弾型一条甕が一転して激減し、二条甕と板付Ⅰ式甕が大多数を占めるようになるからで、その比率は約1：1である。このことから砲弾甕に替わるように板付Ⅰ式甕が出現して、屈曲甕と1：1の割合で共伴して甕組成を構成したことがわかる。

早期の甕組成に関して、菜畑で粗製深鉢が多く板付で砲弾甕が多いという現象は、粗製深鉢、砲弾甕とも器形が同じである以上、機能差は考えにくく、単に菜畑で古いタイプの甕が残ったとして解釈できよう。しかしⅠ期初頭の菜畑と板付にみられた砲弾甕から板付Ⅰ式甕への交替はどのように解釈できるのであろうか。もし集団差を反映していたと仮定すると、なぜ同じ在来の甕である砲弾甕だけが減少して屈曲甕だけが残ったのかという説明が合理的にできないので、板付Ⅰ式甕と屈曲甕の機能差と仮定して二つの可能性を想定した。一つは、板付Ⅰ式甕、屈曲甕ともコメを調理する道具だが調理法が異なっていた可能性、もう一つは、板付甕がコメ調理用、屈曲甕はコメ以外の食料の加工・調理用であった可能性である。板付Ⅰ式甕と屈曲甕の違いは、器形と蓋の形態にある。器形の違いは熱効率などの問題もあろうが、第三章で説明したように屈曲形の器形をもつ深鉢が縄文後期後半から増加しはじめる背景については、それまで利用することの少なかったアクをもつ食料資源の加工・調理を頻繁におこなうようになった可能性を指摘しておいた。Ⅰ期初頭の屈曲甕の存在も、縄文以来の採集植物の加工・調理の必要があったことを反映したものという立場にたって考えてみたい。

西日本では、弥生時代になってもドングリが貯蔵穴のなかで水に浸った状態でみつかることが多いため、縄文以来の貯蔵法をほぼ踏襲していたことがわかる。ドングリのなかには、弥生早期の岡山県南方前池遺跡でみつかったトチノキのように加熱処理によるアク抜きが必要なものが含まれているので、弥生時代にも加熱処理をともなうアク抜きが必要なドングリを利用する事態が想定されていたことを示したものと考えられる。この時期の煮炊き用土器の蓋について、板付甕の外反口縁が内蓋の存在を意味し、屈曲甕の直口口縁は外蓋の存在を示すことはすでに指摘されている[8]〔山崎1980〕。外蓋から内蓋への変化は、検丹里式から松菊里式への変遷過程においてもみられる現象なので、コメを本格的に食しはじめた食生活の変化に対応したものと考えられる。以上のことから判断すると、弥生早・Ⅰ期にみられる屈曲甕は、加熱処理によってアク抜きをおこなうための土器と考えることもできよう[9]。

以上、日常のコメ調理には板付Ⅰ式甕を用い、ドングリのアク抜きをはじめ縄文以来の伝統的な加工・調理のためには屈曲甕を用いたことが、菜畑や板付にみられた屈曲甕と板付Ⅰ式甕の共伴現象の背景にあると推定した。このような現象は九州北部に限定されたものではない。河内などで、遠賀川系甕とともに出土する突帯文系甕が屈曲甕(屈2)であることからみても、弥生稲作をはじめた当初は、堅果類への依存が西日本全体で一定程度おこなわれ、加熱アク抜き処理がおこなわれていたことを示している。今後は、この仮説を検証するために、屈曲甕の内面に残る煮焦げを化学的に分析して、加工・調理の対象の解明をおこなう必要がある。

6　Ⅰ期甕組成の意味

　以上のように、Ⅰ期にみられる四つの甕組成のうち、D（遠賀川系甕単純）をのぞくA～Cは、集団差よりも機能差を反映していたと考える方がより合理的であることを論じ、しかも玄界灘沿岸地域では、甕組成がその後の集団の消長さえも規定することになった可能性のあることを確認した。研究史的には板付式：夜臼式の比率が1：1の遺跡が九州北部では大勢であったようにとらえられがちだが、玄界灘沿岸地域の下流域にある一部の遺跡を除けば、板付：突帯文=1：9の甕組成こそ九州の一般的な甕組成であることがわかった。にもかかわらず九州のほとんどの地域で1：9の甕組成をもつ集団が存続・発展していけたのは、渡来人を含む進出型農耕民との激しい競争関係がなかったことが原因の一つと考えている。

　玄界灘沿岸の在来人は、渡来系の人びととの相互交流の結果、無文土器社会とは異なる農耕社会化（弥生化）へと進んだ。しかし、諸条件の違いが発展性に不均等性を生じさせることになり、板付遺跡のようにその後の弥生文化形成へと継続・発展できた集団もいれば、那珂遺跡のようにその場所での存続ができなかった集団も存在した。その試行錯誤の結果が甕組成の違いとなってあらわれたと理解したことになる。

　玄界灘沿岸地域でほぼ100年の歳月をかけて創造・完成された弥生文化は、さらに100年ほどかけて急速に西日本に拡散する。西日本の各地では、玄界灘沿岸地域でみたのと同じ集団間の相互交流が起こった。西日本各地の在来人と九州北部で創造された弥生文化の情報をもつ外来人との間でおきた現象を、次節でみていくことにしよう。

Ⅳ　弥生稲作の拡散（西日本）

1　福岡県糟屋平野における弥生稲作の開始

　弥生稲作発祥の地の福岡平野に、多々良川をはさんで東接するのが江辻遺跡〔新宅編1998〕のある糟屋平野である。本遺跡は弥生早期に属する第4地点と、板付Ⅰ古式併行の第2地点からなる。最古の渡来人の環壕集落と報道されたのは後者である。

　第4地点は早期古・新段階にわたり存続し、土器には、東部九州系の屈曲一条甕（図41-2～4）、西部九州系の屈曲二条甕（5）、夜臼系の壺（7）など、西部九州と東部九州の要素が入り混じった境界領域的な土器相がみられる。早期の石器は大量の打製石斧を特徴とするため、縄文後・晩期に一般的な生業をおこなっていたと予想できる。ところが、第2地点にムラがつくられた板付Ⅰ古式併行期になると、様相が一変している。石器は初期水田稲作集落に典型的な農工具類をそろえているのである。すなわち江辻遺跡は、縄文以来の伝統的な生活をした在来民の第4地点と、弥生稲作民の第2地点が隣接して、時期を異にして存在する遺跡なのである。両地点は小さな谷をはさんで隣接している。土器は両地点が時期的に連続することを示している。状況からみて、第4地点の在来集団が弥生Ⅰ期への移行期に外から来た集団と大きく入れ替わって第2地点に農耕集落をつくったとは考えにくいことから、第4地点の人びとが、ある時期に弥生稲作に転換して農耕集落を第2地点につくったというのが無理のない解釈であろう。

152

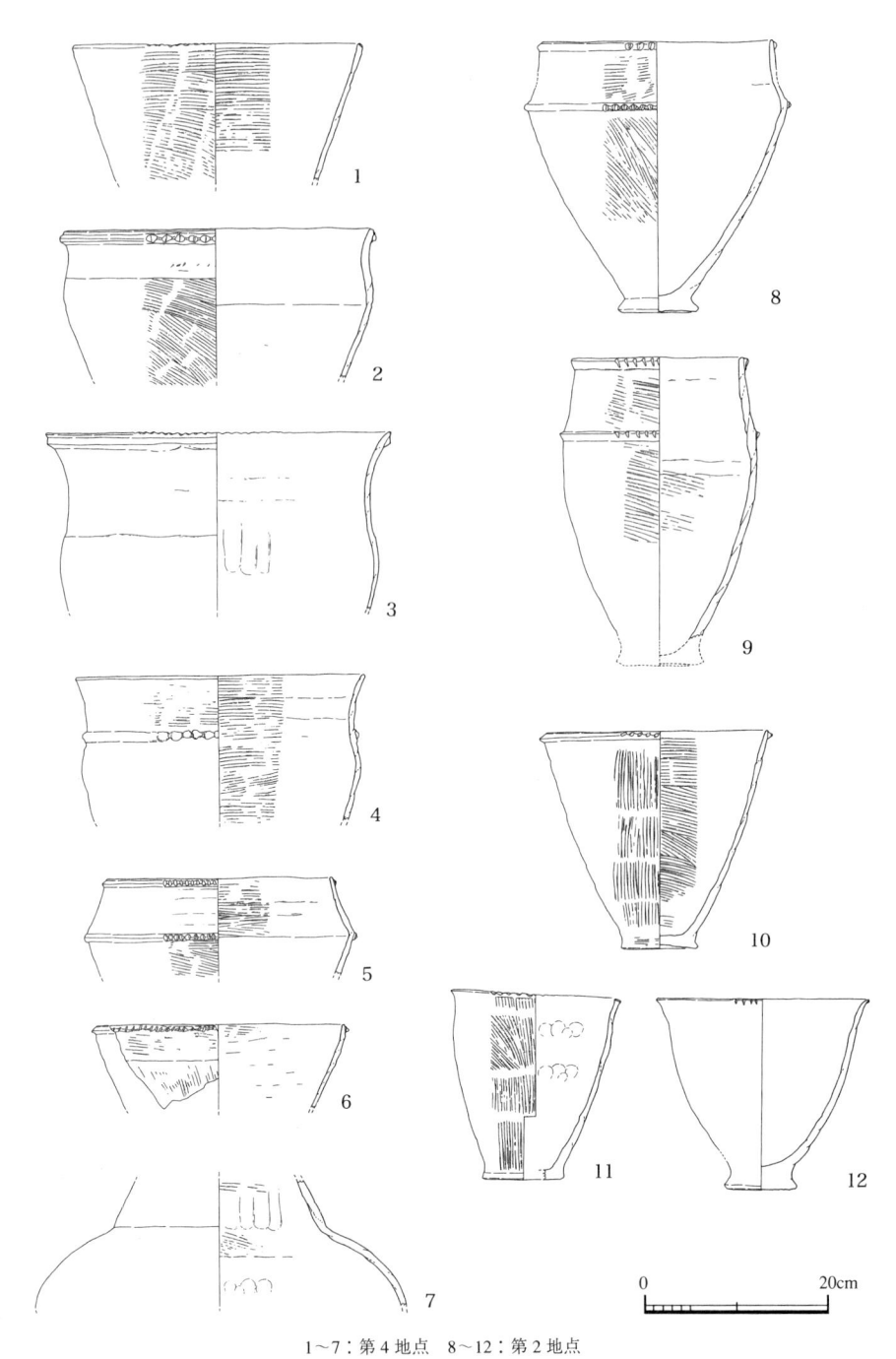

1〜7：第4地点　8〜12：第2地点

図41　江辻遺跡出土土器実測図（縮尺1/8）

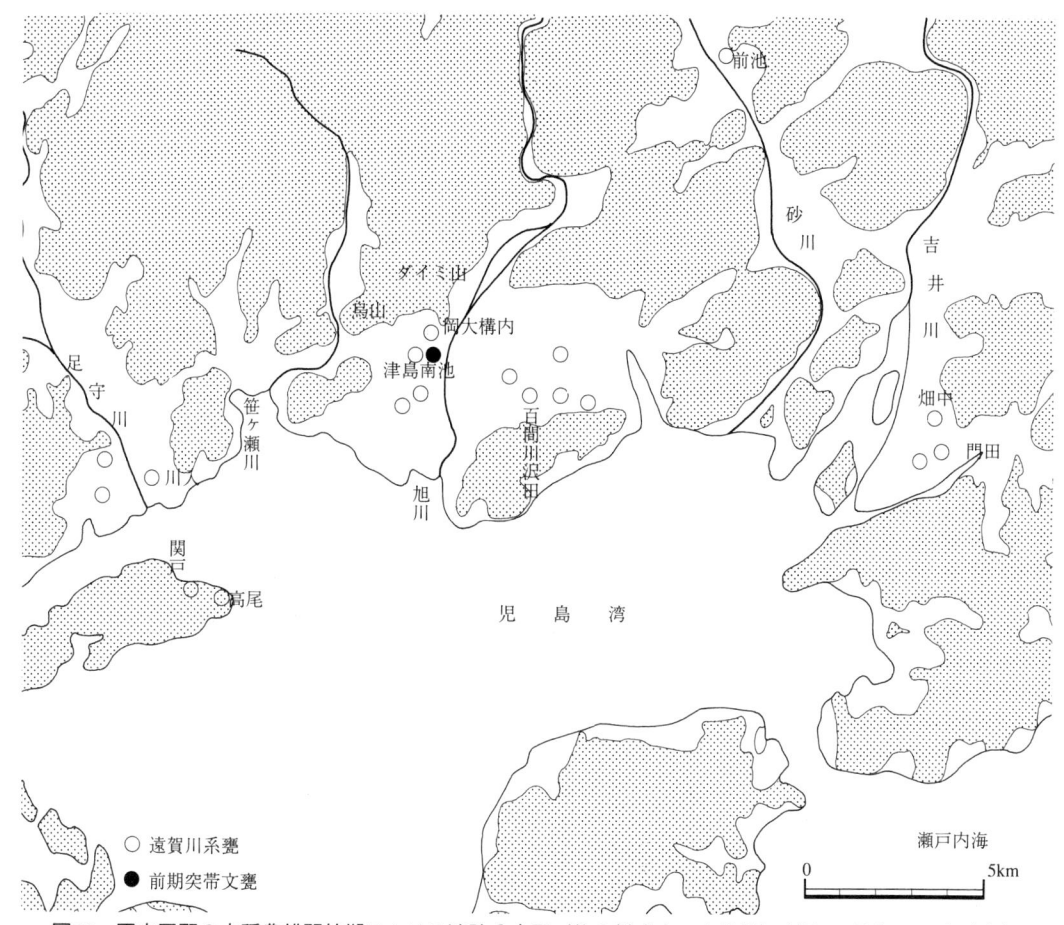

図42　岡山平野の水稲農耕開始期における遺跡分布図（第Ⅰ様式古・中段階）（藤田・柳瀬1987を改変）

　後述する香川県林・坊城遺跡と同じく、弥生早期のある段階で在来人が農耕民化してつくった遺跡が福岡平野に東接する地域でみつかったことは、弥生稲作の拡散が、まずどこでどのようにしてはじまったかを知るうえでの好例といえよう。弥生文化の東方への拡散は糟屋平野を皮切りにはじまったのである。

2　岡山平野における弥生稲作の開始

　岡山平野のⅠ期甕組成は、当初は遠賀川系甕単純の組成を示すが、Ⅰ期後半以降に瀬戸内甕と呼ばれる突帯文系の甕が3割ほどを占めるようになる（Ⅰ期甕組成C）。この甕組成はどのような背景のもとで生じたのであろうか。

(1)　弥生早期土器から弥生Ⅰ期土器への連続性

　図42に、Ⅰ様式古・中段階における遠賀川系甕（○）と突帯文系甕（●）の分布を示した。

　津島遺跡南池地点では、Ⅰ様式古段階に遠賀川系甕に混じって3点の突帯文系甕が出土している〔藤田1982〕。いずれも屈曲甕の流れを引く甕で、屈曲部にも突帯をもつ二条甕（図43-1・2）である。この土器と早期最終末の沢田式との間には型式学的な差が認められるものの、一つのタイプと

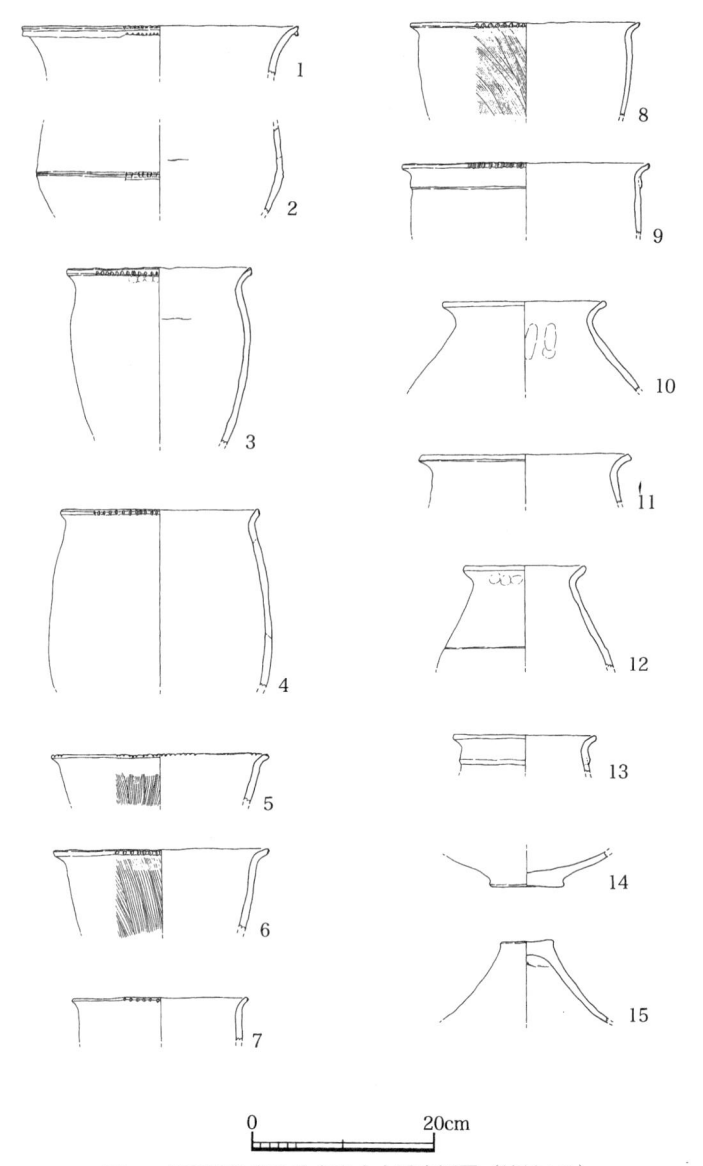

図43 津島遺跡南池地点出土土器実測図（縮尺1/8）

して設定できるほどの量ではないことを理由に、Ⅰ期まで残存した早期突帯文甕という見方が示されている〔平井 1995〕。確かに量的に少なく、板付遺跡で指摘したような使い分けを想定できる状況ではない。

このⅠ期突帯文系甕は、屈曲があいまいになった器形、遠賀川系甕にみられるような定型化した刻目、口縁端部に接するように貼り付けてヨコナデで端正に仕上げた突帯などに、早期の突帯文甕とは異なる特徴がある。したがって、単なる残存というより主体的に型式変化したとみるべきで、弥生化した突帯文系甕と考える〔藤尾 1991b〕。先に示した筆者分類の屈2に相当する。

最近では、岡山県菅生小学校裏山、窪木、南溝手、高峰、高山1号遺跡でもⅠ期突帯文系甕が遠賀川系甕にともなってみつかるようになってきた〔秋山 1995〕。岡山のⅠ期突帯文甕（屈2）と遠

賀川系甕のあいだには、突帯文甕が内傾接合、遠賀川系甕が外傾接合という違いが指摘されている〔藤田 1982〕。しかし遠賀川系壺や甕の口縁部外面の段のつくり方は、成形段階に粘土帯を積み上げていく際に生じる接合部の段を利用するもので〔藤田 1982〕、早期新段階にみられる浅鉢変容壺の口縁部外面に段をつくる際の技法と同じである〔藤尾 1991a〕。そのほか、遠賀川系土器にみられるヘラ描き文様は早期突帯文甕の文様に系譜を求めることができる。このように、岡山の遠賀川系甕は段のつくり方、文様に突帯文土器以来の技法を用いる点に、地元の早期突帯文甕との共通性が高い。このことは在来民によって岡山の遠賀川系甕がつくられたことを意味している。

農工具も九州北部の道具とは異なり、きわめて強い地域色をみせている。岡山平野では大陸系磨製石器がほとんど出土せず、縄文以来の同じ機能をもつ石器で代用する。すなわち地元に同じ機能をもつ道具があれば使い、それまで地元になかった機能をもつ道具だけを採用するという基本姿勢をうかがい知ることができる。

土器や農具に対して、このような強い在来色をみせる岡山平野の人びとは、弥生文化とどのように接していたのであろうか。

(2) 岡山平野における従来の弥生文化受容モデル

岡山平野の在来人が弥生稲作をはじめる過程は、西方からやってきた少数の農耕民のもたらす情報を選択的に受容して弥生化を達成するという在来的漸移的成立論が主流である〔藤田 1982〕〔網本 1985〕。狭小な水田しか確保できないところに立地する遺跡は規模も小さく、大規模な弥生稲作を展開していたとは考えられないことや、先述した土器や石器にみられる強い在来色がその根拠である。その代表的な存在が津島遺跡南池地点である。津島南池のほかにも、コメづくりは受容したものの、弥生稲作へは転換しなかった福田貝塚や広江・浜遺跡の人びと（縄文稲作をおこなう在来人）、コメづくりをまったく受け入れなかった人びと（コメをつくらない在来人）が想定されている〔藤田 1982〕。移住集団だけからなるムラが想定できないのは福岡平野と同じである。

最近では、秋山浩三が縄文後期後半に稲作がはじまっていた可能性をふまえて、弥生稲作に転換した在来集団を五つにわけている[10]〔秋山 1995〕。

① 縄文以来継続している縄文人のムラのなかに農耕民のムラができる窪木・南溝手遺跡（共住）
② 縄文人と農耕民が近接したところにムラを営み同時併存している津島地区
③ 農耕民が在地の縄文人がいないところに入植する香川県下川津遺跡（領域内住み分け）
④ 縄文人は弥生稲作をおこなわず遠賀川式土器だけを入手（領域外住み分け）
⑤ 縄文人が突帯文土器だけを使用している津島岡大、沢田遺跡

この分類を先の玄界灘沿岸地域にあてはめると、③は板付遺跡や有田遺跡など福岡・早良平野下流域の進出型農耕民。②と⑤は、私が以前に岡山で設定したグループである〔藤尾 1991b〕。岡山に特徴的なタイプは①のタイプで、かつて春成が板付遺跡で想定した共住に相当する〔春成 1973〕。1998年には小林青樹が筆者の見解〔藤尾 1991b〕を支持した論文を発表している。小林は、在来人である津島岡大の集団と新たにあらわれた津島南池の集団が同時併存していたことを前提に、両者の交流の結果、弥生化した突帯文系甕や突帯文の影響を受けた遠賀川系が存在することを指摘している〔小林 1998〕。

藤田にしても秋山にしても、モデル形成の根底には農耕民が西からやってきて弥生稲作がもち込まれ、それまでコメをつくっていた縄文人が水田稲作に専業化することによって弥生化するという考え方が基本である。いったいどれくらいの規模の農耕民がやってくれば、このような変化は起こるのか、また彼らはどこからやって来たのか。遺跡を手がかりに考えてみよう。

(3) 岡山平野の遺跡動態

　岡山平野の縄文人は、縄文後期以来、烏山、ダイミ山南麓の扇状地部で生活していた。朝寝鼻貝塚、岡山大学農学部自然科学研究科・生物応用工学科敷地内でみつかった貯蔵穴、岡山大学学生部男子学生寮敷地内（津島岡大）で確認された縄文後期から弥生Ⅰ期にかけて流れていた旧河川などに、生活のあとをみることができる。縄文後期の遺跡が、これより下流に存在した証拠は今のところみつかっていない。この状況は早期古段階（前池式）までつづく〔藤尾 1991b〕。早期新段階（沢田式）になると、ようやく下流域にも在来人が進出し、津島地区（津島江道遺跡）や百間川地区（沢田遺跡）で縄文稲作（水田）をおこなう人びとがあらわれる。津島地区では座主川を利用した水田が営まれていた。

　まず、岡山大学学生部男子学生寮の調査で明らかになった弥生早期の稲作の道具をみてみよう。壺と伐採用の大陸系磨製石器である太形蛤刃石斧には、かろうじて朝鮮無文土器文化の影響をみることができるが、加工用の斧や穂摘具は打製の石器を使用し縄文時代後・晩期とほとんどかわるところがない。このように早期在来人はほぼ縄文後期と同じ道具で稲作をおこなっていたことがわかる。早期稲作の内容を推定する手がかりは壺の比率にある。彼らが用いた土器のなかで壺の占める割合は数％台にとどまり、浅鉢は依然として3割という高い比率を占める。したがって、早期新段階に水田稲作がはじまっていることは注目できるものの、生業全体に占める割合は低く縄文稲作の段階にあり、生業のなかで補助的な段階にとどまっていたと思われる。

　弥生Ⅰ期になると、それまで在来人が利用していなかった低地部の沖積地に農耕民があらわれ、弥生稲作を開始する（津島南池）。扇状地上の在来人のムラから直線距離にしてわずか500mしか離れていないこの津島南池ムラの水田は、必ずしも生産性が高いとはいえない湿田で、しかも小区画水田であるが[11]、総面積はかなり広かったことが近年の調査で確認されている。しかし彼らは遠賀川系土器をセットで保有し、突帯文甕や浅鉢はほとんどもっていない。大陸系磨製石器も充実したものになっている。一方、この時期の扇状地上でも、縄文稲作が依然としておこなわれている。彼らが弥生稲作へと転換するのはⅠ期中段階以降である。

　以上のように岡山平野では早期新段階に水田で稲作をおこなっているが、コメづくりの道具や土器からみるかぎり縄文の生業構造のなかでおこなわれた縄文稲作段階にとどまっていた。在来人は自分たちのテリトリーである扇状地上の水田で、食料獲得の一手段としてコメをつくっていたのである。弥生稲作がはじまるのはⅠ期からである。早期には利用されていなかった低地部の沖積地に弥生稲作民があらわれ、小区画水田でコメをつくった。扇状地上では早期以来の縄文稲作が継続している。Ⅰ期古段階には、扇状地上の早期以来の水田と沖積地上の弥生Ⅰ期水田からわかるように、縄文稲作をおこなう在地型農耕民と弥生稲作をおこなう進出型農耕民が住み分けていたと考えられる〔藤尾 1991b〕[12]・〔秋山 1995〕。

(4) 進出型農耕民の出自

沖積地の進出型農耕民の出自について考える。

岡山地域ではこの時期の人骨が見つかっていないため、形質人類学的なアプローチはできず考古資料から推測するしかない。岡山地域の木製農具を検討した下條信行は、九州系の木製農具が使われていることを根拠に、九州からの移住を想定している〔下條 1995〕。九州から農耕民の移住を考えるのは従来からある伝統的な考えである。

それでは遠賀川系土器も、これまで考えられていたように九州北部から直接伝わったのであろうか。先述したように、この地の遠賀川系土器と在地の早期突帯文土器の間にみられる、製作技法や文様など、内在的な面にみられる高い共通性は九州北部からの伝播論では説明しにくい。

一方、このような九州北部からの伝播論に対して、九州北部とは無関係に西部瀬戸内地域で遠賀川系土器が独自に成立したという、遠賀川系土器自生説[13]が発表されてから久しい〔家根 1984〕〔平井 1995〕。自生説の根拠は、この地域の遠賀川系甕の成形技法が無文土器と同じ外傾接合という点にある。したがって、内傾接合でつくる九州北部の板付Ⅰ式甕の影響は考えられないという論理である。また、大陸系磨製石器がほとんど出土せず、縄文以来の伝統的な打製石器で対応している点も、この地域の独自性を補強しているかのようにみえる。

確かに岡山の遠賀川系土器には九州北部の直接的な影響を認めることはできないが、九州東北部や周防灘沿岸地域を含む西部瀬戸内的な要素との共通性は高い〔平井 1995〕〔田崎 1995〕。田崎博之は、土器情報の拡散が灘を単位とする交流圏を基盤としてリレー式に起こるとすれば、九州東北部（遠賀川下流域）から発信された情報が、まず西部瀬戸内（周防・伊予灘、広島湾）に達し、そこからさらに中部瀬戸内圏に拡散した時点で、西部瀬戸内と中部瀬戸内という各圏内で遠賀川系土器が成立するという理解を示した。田崎説は、刺激伝播[14]（stimulus diffusion）といわれるものに近い考えで、それほどの人の移動を必要としない伝播形態をさす。

土器からみると、岡山に弥生稲作を直接伝えたのは西部瀬戸内の弥生稲作民であったかもしれない。しかし、それは集団的な移住に伴うものではなく、縄文時代以来の情報の拡散と基本的には違わなかったと考えられる。したがって家根・平井の自生説は、岡山の遠賀川系土器が西部瀬戸内系という意味では正しく、西部瀬戸内の遠賀川系土器が九州北部系とは無関係とする点は正しくない。

以上のように、岡山平野の遺跡動態をふまえて弥生稲作民の出自を考えてみたが、津島遺跡南池地点に出現する弥生稲作民のベースは、扇状地上で縄文時代からコメをつくっていた在来人にあり、その一部が西部瀬戸内の弥生稲作情報を受けて沖積地に進出して弥生稲作をはじめたのではなかろうか。地元の縄文稲作民が刺激伝播を受け弥生稲作民化するという立場にたった考え方だが、この仮説を遺跡レベルで考える手がかりになる遺跡が、岡山の対岸の香川県高松市にある。

3 讃岐平野—林・坊城遺跡における弥生稲作の開始—

(1) 林・坊城遺跡

高松市林・坊城（ほうじろ）遺跡は、九州北部以外で弥生早期の木製農具が出土した唯一の遺跡である。木製農具は幅が80m前後の河川からみつかったもので、水田は河川のそばに拓かれていたと考えられて

いる〔宮崎編 1993〕。この遺跡に在来人があらわれるのは縄文晩期末の谷尻(なんじり)式段階である。後続する早期古段階の突帯文土器は未発見だが、新段階から弥生Ⅰ期までの土器は途切れることなく出土しているので、集落は早期新段階からⅠ期にかけて継続して営まれていたことがわかる。

早期新段階の集落は第二微高地と呼ばれる自然堤防上に、またⅠ期の集落は第一微高地に営まれている。このように連続する早期新段階とⅠ期の集落が別の地点に営まれていることからすると、早期新段階とⅠ期の集落を営んだ集団は一見、出自が異なっていたと考えることもできる。しかし、二つの微高地の間にある低湿地がある程度埋没したあとに溝が掘られていることが確認されていることからすれば、早期新段階以来住みつづけている人びとが溝を掘ったと考えたほうが自然である。そうだとすると早期新段階に第二微高地で集落を営んだ集団が、Ⅰ期に第一微高地に移動して集落を営んだという連続性を考えることができる。

林・坊城の早期集団とⅠ期集団の系譜が同一であるとすると、早期に縄文稲作をおこなっていた人びとが、Ⅰ期になると弥生稲作に転換して隣接する堤防上に引きつづき集落を営んだことになる。林・坊城遺跡では溝の最下層から、遠賀川系土器に混じってごく少量の突帯文甕が出土している。報告書では早期突帯文甕（報告書には晩期突帯文土器と記述）に比定しているが、実見したところ軽く施文された刻目や仕上げなどから判断して、沢田式新段階と同じタイプ（屈2）であった。遠賀川系土器に混じって出土した沢田式新段階の突帯文系甕と遠賀川式土器は同時併存していることになる。すなわち、岡山でも香川でも弥生Ⅰ期の弥生稲作民（遠賀川系土器を使う人びと）は、それまで突帯文土器をつくっていた在来人がⅠ期に弥生化した人びとだったのである。

(2) 林・坊城遺跡の意義

これまで瀬戸内では、早期からⅠ期にかけて継続する遺跡が知られていなかったので、早期の突帯文土器を用いる集団とⅠ期の遠賀川系土器を用いる集団は系譜を異にするという考えがあったが、林・坊城遺跡の成果がこの問題に決着をつけた。早期新段階からⅠ期にかけて遺跡が存続し、Ⅰ期古段階に突帯文甕と遠賀川系土器が同時併存することで、早期とⅠ期の遺跡を営んだ集団間に系譜的な連続性を認めることができる。これらのことから、在来人が弥生稲作をはじめることで弥生稲作民に転換し、遠賀川系土器をつくって用いたと解釈できる。

もちろん、早期からⅠ期にかけての同一集団による遺跡の連続性は、集団が完全に入れ替わったというこれまでの意見を否定するだけなので、外から弥生稲作民が移住し在来人と交流するなかで、在来人が弥生化していく可能性までを否定しているわけではない。むしろ沢田や南溝手でみつかった松菊里系の甕や松菊里型の住居などは、渡来人を含む外から来た人びとの存在を示唆している。

林・坊城遺跡で早期におこなわれていた稲作は木製農具を用いた水田稲作であったが、壺の比率が低いのでまだ支配的な生産手段にはなっていなかったと考えられる。その意味で縄文稲作といえる。彼らがつくった遠賀川系土器は、粘土帯の接合方法や壺口縁部の仕上げ方など、九州北部とは異なる特徴をもち、岡山と同じく西部瀬戸内の遠賀川系土器の影響を受けている。縄文後期以来つづく日常的な接触交流網を通じた情報のやりとりがあった結果であろう。

縄文時代と同じ方法・ルートをつうじて伝わった新しい文化の情報に刺激され、中部瀬戸内の在来人は一気に弥生化を達成した。九州北部に比べるとあまりにも短期間に起こった転換が、少数の

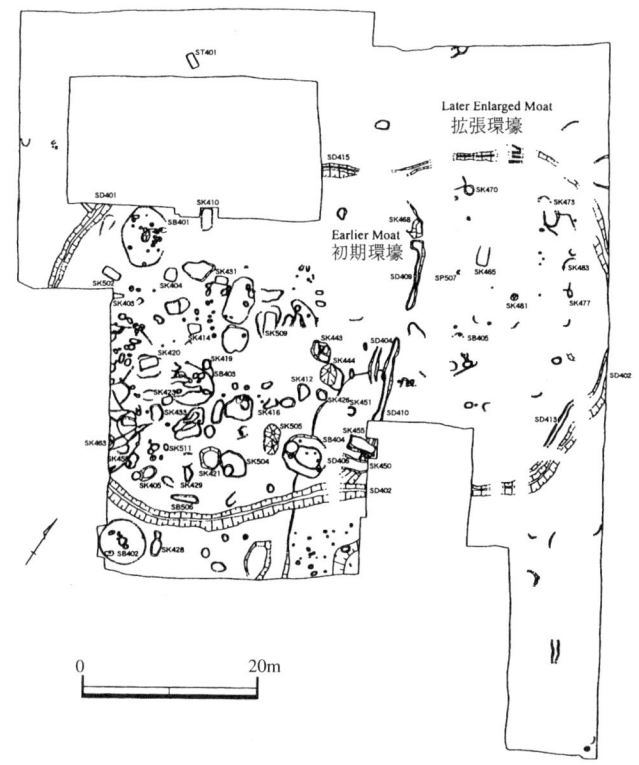

図44 大開遺跡遺構配置図（中村編2001を改変）

突帯文系甕と大量の遠賀川系甕という I 期古段階の甕組成を生み出したと考えた。先にみた江辻遺跡で弥生稲作が起こってからわずか一型式以内の出来事である。

I 期中段階以降になると、突帯文土器の流れを汲む瀬戸内甕の比率が3〜7割に達する甕組成Cになる。これも、 I 期古段階に起こった在来人の急速な弥生稲作民化と中・新段階における伝統性の復活を生み出したことが要因と考えられ、ここに在来人が刺激伝播を受けて弥生化していく瀬戸内の特徴的な姿をみることができるのである。

4　摂津における弥生稲作の開始

(1) 大開遺跡（図44）

I 期に属する神戸市大開遺跡は、突帯文土器を出土する遺跡のなかで集落構造を復原できる近畿では唯一の環濠集落である〔神戸市教育委員会 1993〕。遺構は早期古段階（滋賀里Ⅳ式）から新段階（口酒井式）にかけての時期と、 I 期の突帯文系土器である長原式からその後続型式までの2時期に大別できる。環濠集落は I 期に属する。口酒井式から長原式のあいだに属する住居跡はみつかっていないが、その時期に属する廃棄土坑があるので、調査者は、地形からみて環濠集落が成立する直前の集落が北西方向に存在したと考えている。したがって、早期古段階から I 期長原式および次の段階まで、地点を変えながら遺跡が継続して営まれていたと考えてよいだろう。縄文から弥生にかけて継続する近畿でも数少ない遺跡の一つである。

早期にコメなどの栽培活動がおこなわれていたかどうかは、花粉分析やプラント・オパール分析

がおこなわれていないのに加え、石器などの工具にも不明な点が多いためわからないという。

　長原式の段階になると環壕が掘られる。環壕は一度掘り直されており、掘直し前に1,200㎡だった初期環壕内の面積は、掘直し後（拡張環壕）に2,000㎡に拡張されている。環壕の断面形態は緩いV字形をなし、深さが1.5m、幅は最大2m前後と推定されている。環壕内には3～4軒の住居を1単位とする集団が4～5ほど想定されていて、総勢20人前後の構成員から構成されていたと考えられているが、女子供を含む20人前後の人数ではつくれないほど大規模な環壕である。土器や石器からみて水田稲作に専業化した弥生稲作民のムラと考えられる。

　大開遺跡の遠賀川系土器には、この地域で最古の遠賀川系土器を出土する遺跡として知られる吉田遺跡の土器と同じタイプに属し、Ⅰ期古～中段階の古いところに比定されるものが含まれる。したがって、共伴する長原式土器も古段階に併行することになる。ただ甕組成に占める突帯文系甕の割合は約1割で共伴とはいえないが、甕組成Dを示す近畿のムラのなかでは高い方に属する。

　土器を詳しくみてみると、江辻と同じ状況を指摘することができる（図45）。すなわち弥生早期に属す土器溜まりSX601・602から出土した突帯文土器には、滋賀里Ⅲb式(2)、屈曲甕(4)、組織痕文土器(3)などがみられ、在来の突帯文土器であることがわかる。Ⅰ期になると播磨型と呼ばれる在地の突帯文系甕(5)が出現すると同時に、突帯文甕の形態的なクセを残した遠賀川系甕（10・11）がみられるなど、明らかに在来の人びとの手によると考えられる土器ばかりである。したがって、大開ムラが在来民を中心とする弥生稲作民のムラであったことは間違いないと考える。

　以上のような遺跡や土器にみられる特徴は、どのような社会状況を反映しているのだろうか。

(2)　大開遺跡の特徴

　Ⅰ期の摂津には、吉田遺跡のようにほぼ遠賀川系甕単純の甕組成Dを示すムラと、甕組成の1割ほどが突帯文系の甕組成Dを示す大開遺跡が併存したことになる。甕組成Dを示すムラのなかにも、大開のように共伴とはいわないまでも突帯文系甕の比率がやや高いムラのあることがわかる。吉田ムラは大陸系磨製石器をセットでもち、縄文以来の土偶や石棒などの祭祀の道具は一切もっていないのに対して、大開遺跡は環壕をもつにもかかわらず大陸系磨製石器はわずかしかもたず、逆に縄文時代の祭祀の道具である石棒を12本もつ。これらは住居跡と土坑・溝から、すべて破砕された状態でみつかったものである。これらの石棒が環壕集落の成立とともに破砕されたものなら、西日本に一般的なあり方を示すといえるのだが、もし環壕集落と土偶を用いた縄文のマツリが併存していたとすれば、生産面や社会面の弥生化が進んでも、祭祀面の弥生化がまだ進んでいなかった集団であった可能性も出てこよう。

　土器と祭祀具のあり方から判断するかぎり、吉田ムラは縄文の祭祀の道具を必要としない社会で、人びとは祭祀面も含めて弥生化を達成した集団と理解できるので、大開ムラの位置づけは慎重におこなう必要がある。

5　河内平野における弥生稲作の開始

(1)　縄文稲作民と弥生稲作民の住み分け

　突帯文系土器を使う人びとと遠賀川系土器を使う人びとの住み分けが、はじめて指摘された地域

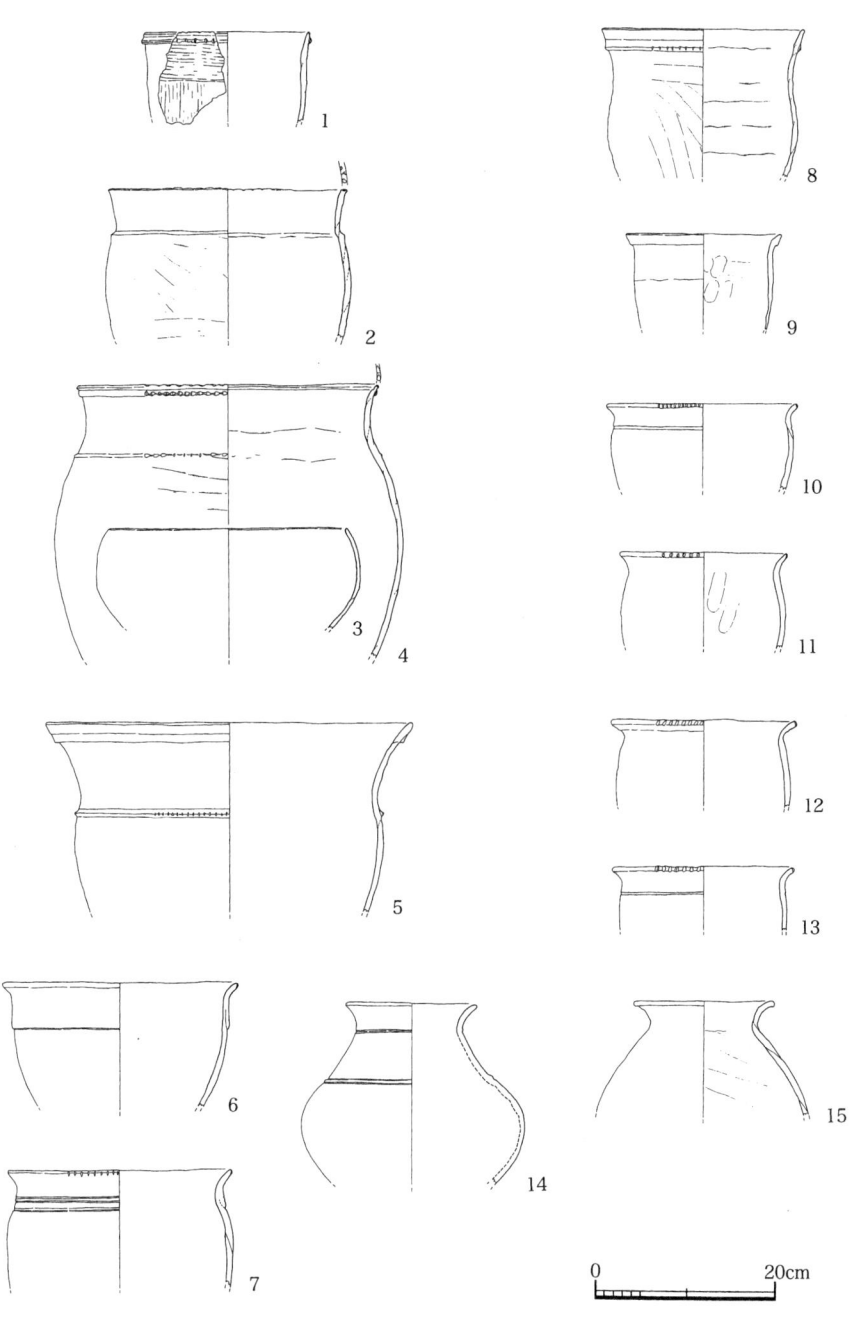

1～4：弥生早期土器溜まり　5～7、15：初期環壕　9～11：Ⅰ期住居跡　12～14：拡張環壕時の土坑
図45　大開遺跡出土土器実測図（縮尺 1/8）

が河内である。中西靖人は、突帯文系土器を高い比率で出土する遺跡と遠賀川系土器を高い比率で出土する遺跡が弥生Ⅰ期の河内にはあること、さらに前者は古河内潟の沿岸に、後者は河内潟にそそぎこむ長瀬川の中流域にみられることを指摘し、生業を異にする人びとの住み分け現象と理解したのである〔中西1984〕。

　もともと古河内潟の南・東沿岸には在来人の集落がなかったので、弥生Ⅰ期になってどこからか

弥生稲作民がやってくることで住み分けが生じるが、弥生稲作民の出自をめぐっては、河内の在来人に求める考え方と、河内外の人びとに求める考えがあった。中西は、弥生早期に稲作をおこなっていなかった在来人に求め、彼らがⅠ期に河内潟周辺に進出して弥生稲作民へと転換したと考える。その結果、早期以来の地にとどまったままの在来人とのあいだで住み分けが成立したと理解したのである。出自を同じくし生業を異にする人びとによる住み分けを想定する中西説に対して、森岡秀人は、弥生Ⅰ期中段階に河内よりも西の地域から弥生稲作民が河内潟周辺に入植した結果、縄文稲作をおこなう在来人と住み分けたと考える〔森岡1989〕。出自・生業とも異にする人びとによる住み分け説である。

　弥生稲作民の出自をめぐる中西の河内説（在来民）、森岡の西方説（外来民）が対立した状態のなかで、遺跡動態や遺物の検討を通して河内における園耕民と農耕民との関係について解釈を示したのが春成秀爾である。

(2)　河内の遺跡分布と甕組成

　突帯文系甕単純の組成をもつ遺跡（●）と遠賀川系甕単純の甕組成をもつ遺跡（○）の分布を図46に示した。春成は、それぞれの遺跡でわずかにともなうお互いの土器の出方をもとに四つのグループに分け、突帯文系のムラと遠賀川系のムラとのあいだにおこなわれていたであろう住み分けと交流を想定している〔春成1990〕。

　まず、生駒西麓の扇状地突端部に占地する鬼虎川遺跡、鬼塚遺跡、馬場川遺跡は、早期古段階から弥生Ⅰ期まで継続する突帯文土器の比率が高いムラで、突帯文系甕が90％以上、遠賀川系甕が10％以下という甕組成を示す。したがって、縄文時代以来ここに住んでいた在来の人びとは、遠賀川系土器をもつ農耕民のコメや先進的な道具と、自分たちが得ることができる石器や木器の原材料、および毛皮・獣肉を交換していたのではないかと説明した。

　次に上町台地の東側に立地する森の宮遺跡、桑津遺跡も縄文時代以来継続するムラであるが、甕組成に占める遠賀川系甕の比率は約17％で、先にみた生駒西麓のムラに比べるとやや高い。春成はこれらの遺跡のある場所が河内潟の入口に位置するため、遠賀川系の人びととの交流度が鬼虎川遺跡などに比べて高かったのが原因ではないかと考えている。

　三つ目が長瀬川以南の高位沖積部に立地する長原遺跡や船橋遺跡で、突帯文系甕を高い割合でもつ（甕組成A）在来人のムラである。長原遺跡では土偶や石棒など縄文系の祭祀の道具もかなり出土していること、墓域構造が円環構造で縄文的であることから、祭祀や社会構造は縄文時代のままであったと考えられる。この祭祀面の体質が遠賀川系ムラとの交流を妨げた結果、遠賀川系甕の比率をきわめて低いものにしたのではないか、と説明した。

　四つ目が河内潟東・南岸に立地する山賀遺跡、新家遺跡などⅠ期になって出現するムラで、遠賀川系甕単純の甕組成（D）を示し、突帯文系甕はほとんどもっていない。

　春成があげた三つの在来系の遺跡は、すべて採集経済のまま縄文時代から弥生Ⅰ期のはじめまで継続している。したがって、讃岐の林・坊城遺跡や摂津の大開遺跡のように、採集経済段階から生産経済段階へと転換し、継続する在来系の遺跡は、河内ではまだ確認されていないことになる。そのため遺跡動態からは稲作民の出自を推測しにくいのが現状である。

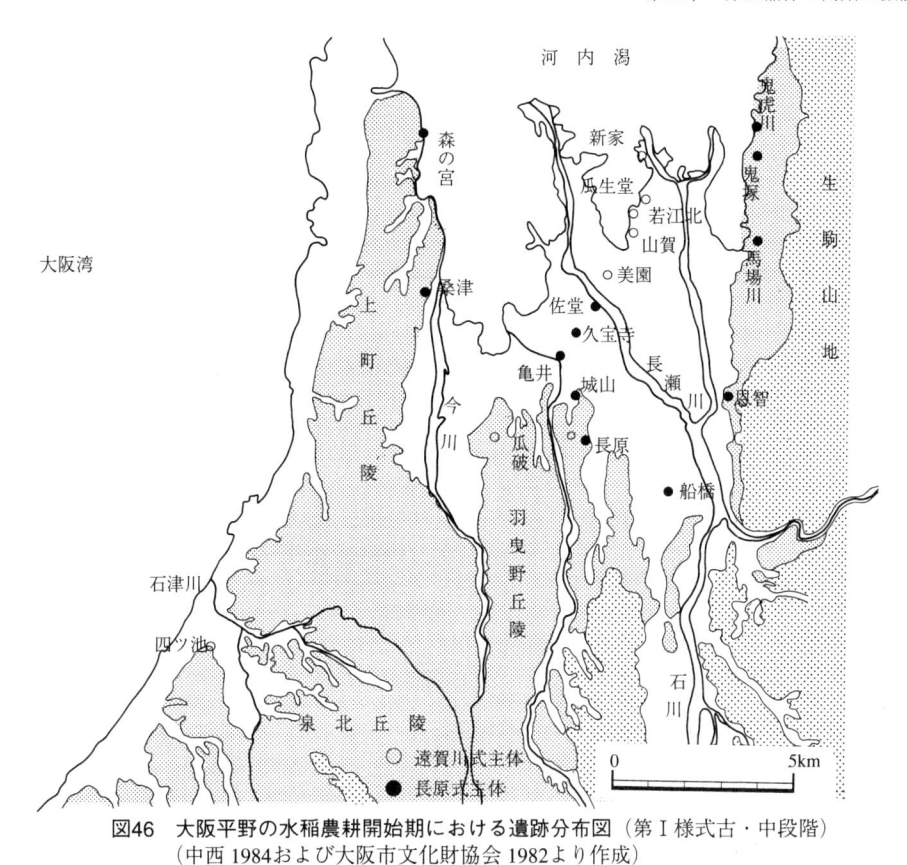

図46　大阪平野の水稲農耕開始期における遺跡分布図（第Ⅰ様式古・中段階）
（中西1984および大阪市文化財協会1982より作成）

　そこで土器と石器の石材に注目して河内の弥生稲作民の出自について考えてみたい。
　まず、生駒西麓の粘土でつくられた長原式の甕が、この時期の摂津の遺跡でかなりみられるようになることから、長原式甕が大阪湾沿岸地域を活発に移動していることがわかる。さらに、この時期の石器について山中一郎が興味深い指摘をしている〔山中1992〕。縄文時代、河内の石器の原材料は地元二上山のサヌカイトだけでまかなわれていたのに対し、縄文後期になると讃岐のサヌカイトが古河内潟周辺に入りはじめるという。弥生早期の突帯文段階にはその動きがいったん途切れるものの、Ⅰ期になると古河内潟の沿岸で弥生稲作をおこなう山賀遺跡では原材料の供給に異変が生じ、讃岐産の石材がかなりの量みられるようになるという[15]。それに対してⅠ期の長原遺跡では、縄文以来の二上山のサヌカイトが依然として使われつづける。
　山中の指摘からわかるように、弥生Ⅰ期に河内潟畔に新たに出現した山賀遺跡などにみられる石材供給や土器の動きは、西からの物資の流れがあったことを示している。このような社会経済的な変動は、中部瀬戸内と大阪湾沿岸という地域間において、人の移動を含む集団の再編成によって引き起こされた可能性を予想させる。中部瀬戸内ではじまった弥生稲作という大変革が、大阪湾沿岸地域で弥生稲作がはじまる引き金の一つになったとみてよい。中部瀬戸内から移動してきた弥生稲作民と河内の在来人がともに河内潟沿岸にムラをつくり、弥生稲作をおこなった可能性もあるため[16]、西方出自説を唱える森岡説を考慮しながら河内の遺跡動態を復原してみよう。

(3) 河内平野の住み分けが意味するもの

　弥生早期の河内でコメをつくっていた在来民がいた可能性は否定できないが[17]、そのコメづくりが食料獲得の一手段にすぎなかったという点では、九州北部を除く西日本早期の人びとと同じである。したがって縄文稲作民が存在した可能性はある。弥生Ⅰ期になると古河内潟周辺には、山賀遺跡のように、のちに環濠集落をつくる弥生稲作民があらわれるが、同じ時期の長瀬川の上流域には土偶や石棒など縄文以来の祭祀の道具を多数保有し、縄文的な祭祀をおこなう長原遺跡が存在した。祭祀や生業、社会構造をまったく異にする両集団が、河内平野の河内潟周辺と中位沖積地との間で住み分けていたことになる〔藤尾1991b〕。

　その後、東大阪市若江北遺跡、同水走遺跡、大阪市田井中遺跡の調査がおこなわれると、住み分け状態も単純ではないことが明らかにされた。田中清美の新住み分け論は、その成果をふまえたものである〔田中2000〕。また土器の分析から、大阪湾沿岸における遠賀川系甕の成立過程がきわめて漸移的なものであることもわかっており、西方からそれほどの外来民の移住を認めることは難しいと考えている〔藤尾編2001〕。

　Ⅰ期新段階になると、縄文的な祭祀をおこなう集団はみられなくなるとともに、長原式土器自身も姿を消す。おそらく弥生稲作民に転換して、水田稲作に適したところへ移動したのか〔中西1992〕[18]、弥生稲作民とのあいだに起こった再編成によって他の集団に吸収・統合されたものと考えられる。

　河内における弥生稲作への転換は、中部瀬戸内における弥生稲作の開始にともなう変動が、東部瀬戸内・大阪湾沿岸地域圏に刺激を与え、大阪湾沿岸の石器供給の変化や生駒西麓産の長原式土器の広域流通を引き起こさせたが、弥生稲作民の移動をそれほど認めることはできなかった。そして河内の在来人を中心とする弥生稲作民が古河内潟沿岸や内陸部にムラを構え、弥生稲作をはじめることで、この地の在地色の強い遠賀川系土器がつくられた可能性がもっとも高いのではないかと考えている。

6　近畿以西の弥生稲作拡散地にみられる甕組成の意味と集団との関係

　Ⅰ期に弥生文化が広がった粕屋地域、中部瀬戸内、摂津、河内の甕組成と遺跡動態を検討してきた。

　近畿には、遠賀川系甕だけの甕組成Dを示す集団のなかに、共伴とはいえないまでも突帯文系甕が1割前後と高い比率を示す集団の存在が明らかになった（大開遺跡）。突帯文系甕単純の組成をもつ集団には、以前より河内の長原遺跡の人びとが知られているが、彼らはコメを本格的につくらない在来の人びとである。福岡平野のⅠ期初頭にも突帯文系甕単純の人びとがいたが（那珂遺跡）、彼らは長原遺跡とは違って弥生稲作民であった。したがって突帯文系甕単純の組成をもつ集団であっても、縄文稲作段階にある場合と弥生稲作段階にある場合のあることがわかる。甕組成はかならずしも生業の違いを反映しているわけではないことがわかる。

　それでは甕組成の1割が突帯文系甕で、Ⅰ期になって弥生稲作をはじめた大開の人びとの存在をどのように解釈すればよいのであろうか。通常より高い甕組成の意味は何であろうか。彼らの人的構成は、在来民が多数を占めていることは明らかで、外来の人びとはわずかに含まれていたと考え

られる。外来の人びとは、遠賀川系土器の特徴や石器素材の流通からみて、摂津に西接する地域を出自とする可能性が高い。この場合は中部瀬戸内の農耕民がそれにあたる。

このように拡散地である西日本Ⅰ期の弥生稲作民は、在来人と、西接する地域を出自とする弥生稲作民から新たに形成された集団である。在来の人びとはもち込まれた遠賀川系土器の情報を伝統的な突帯文甕の器形や文様を中心にアレンジして特色を発揮し、地域独自の遠賀川系土器をつくりあげた[19]。ただし外傾接合や刷毛目などのそれまでの伝統にない新しい部分は踏襲したため、西日本のなかでの遠賀川系土器の地域性はきわめて小さくみえる。

7　東海における弥生稲作の開始

同じ西日本でも伊勢湾沿岸地域では様相が若干異なる。もともと突帯文土器様式圏の東の端にあたるこの地域では、早期新段階になると突帯文様が甕の主文様から壺の主文様へとかわることによって突帯文土器様式圏からはずれ、かわって条痕文土器様式圏（樫王・水神平式）[20]に入る。この地域では弥生早期新段階（馬見塚式）に、補助的な手段として稲作がはじまったと考えられている。

弥生稲作民があらわれるのはⅠ期中段階になってからである。弥生稲作民は条痕文土器を使う在来人のムラとは別のところにムラをつくる。在来人のムラは縄文時代以来の台地上につくられるのに対し、弥生稲作民のムラは低地に営まれた。古くから紅村弘が出自と生業を異にする人びととの「住み分け」を示すものとして注目してきた現象である〔紅村・増子 1975〕。

Ⅰ期の在来民による補助的な稲作の内容は、静岡県宮竹野際遺跡から知ることができる〔太田 1994〕。条痕文土器だけを出土する宮竹野際遺跡は水田をもち、またその耕作土中から打製土掘具が出土している。このことから在来人が水田でコメをつくり、打製土掘具を使って畠作をおこなっていたことが推定される。彼らは水田稲作をおこなうとともに畠作もおこなっていたことになるが、大陸系磨製石器や木製農具をもっていた痕跡はなく、壺の比率も3割に達しないことから、稲作は補助的な手段であった可能性が高いと考えられている〔設楽 1995〕。

以上をまとめると、東海地方には弥生早期以来、水田稲作を含む穀物栽培を生業の一部にもつ在来民（園耕民）が台地上にムラを構えていた。彼らが使う土器は条痕文土器である。そこに遠賀川系土器を用いる弥生稲作民が移住し、低地にムラを構えた。まさに出自や生業を異にする人びとが住み分けていたという紅村説を追認することができる。

ところが、伊勢湾沿岸地域には近畿以西の西日本とは異なる特殊な事情があった。それは遠賀川系土器分布圏のもっとも東にある地域であることと同時に、条痕文土器分布圏のもっとも西にあるという地理的特性である。この系譜を異にする二つの土器分布圏が重なりあったところに住み分けが起こっていることに注目した石黒立人は、この様式圏の重なりがこの地域にいろいろな影響を与えたことを重視している〔石黒 1995〕。とくにそれは住み分けの形成過程に端的にあらわれるという[21]。

まず弥生Ⅰ期中段階に弥生稲作民が低地に入植し、弥生稲作をおこない環壕集落をつくる。弥生稲作民の出自について、石黒は近江などの近畿地方の可能性を示唆し、しかもその数は縄文社会を変えるほど、かなり大規模であったと考えている。この段階の弥生稲作民の甕組成は遠賀川系甕単

純（甕組成D）である。ところが新段階になると、弥生稲作民がもつ甕のなかに条痕文甕が増えはじめると同時に、在来人がもつ土器のなかに遠賀川系土器を模倣した在地色の強い土器が増えはじめる。それぞれのムラで相手方の甕の比率が増すことの背景には、両集団間の接触・交流が本格化し、物資交換がおこなわれるようになるなどの社会背景があったのではないか、と石黒は説明している。なかには、農耕民系の人と在地系の人が同じ環壕集落内で共存した可能性すら考えられるという〔石黒 1995〕。

　石黒の推定によると、中段階の弥生稲作民のムラは在来の人間をまったく含まない外からやってきた弥生稲作民だけのコロニー的様相を示しているという。在来民との間の交流が進むと、新段階には弥生稲作民集団と在来人集団とのあいだに人の移動が起こるため、西日本にみられなかった現象がここに起こる。つまり、在来人と移住した人びととの間に接触交流が起こる前に無交渉の段階を想定するということである。この点は、この地域の地理的特性がもっともよくあらわれている例と考えられ、第七章で述べる相互交流モデルでもこうしたケースが想定されていることからわかるように、きわめて重要な段階といえよう。

　ただ石黒がいうように、この地域の外来系農耕民がすべてコロニーをつくっていたのかどうかは、これまでのところ東海地方には、弥生早期からⅠ期まで継続する遺跡がみつかっていないためわからない。在来人のなかに外来の弥生稲作民を受け入れて弥生稲作へ転換し、遠賀川系土器や大陸系磨製石器を用いるようになった人びとがいた可能性もまだ残っているので、今後の課題としておく。なお、この地域の土器の詳細な分析はおこなっていないので、この程度にとどめておく。

8　西日本における弥生稲作開始期の様相

　西日本の各地で弥生稲作がはじまる背景に、九州北部の弥生稲作民が直接移住したと考える研究者は、今やかなり少なくなった。むしろ隣接する地域圏ごとに、弥生稲作を経済基盤とする文化複合体が伝わっていくという下條信行のリレー文化伝播説が広く採られるようになっている。中部瀬戸内以西の西日本では、隣接する地域圏同士での人の移動は想定できるが、それは大規模移住によってコロニーがつくられるといったものではないことは、隣接する文化圏の土器がセットでもち込まれていないことや、土器の細部にみられる伝統的な継承からも明らかであろう。ただし近畿地方および東海地方はその限りでなかった。

　近畿への弥生稲作の拡散は、きわめて在地色の強い遠賀川系甕を用いているところからみて、隣接地域の弥生稲作民とのそれほど活発な相互交流の結果、おこなわれるようになったとは考えにくい。むしろ縄文以来の在来人のネットワークを通じた刺激伝播[22] (stimulus diffusion)によって情報が拡散したのではないかと考えた。刺激伝播とは、ある発想や考え方が伝わることによって新しいシステムが稼働しはじめることである。稲作をおこなっていたにもかかわらず食料獲得活動の一つにとどめていた河内の縄文稲作民が、稲作を生業の中心に位置づけ、社会の支配的な生産手段とする弥生稲作の生活に転換するためには、コメがもつ食料としての優位性だけが理由だったとは考えにくい。水田稲作への専業化という弥生稲作の開始がどのような意味をもつのか。コメに食料以外の価値を見出したがゆえに、拡大再生産によって余剰をつくり、蓄えていくこと自身が目的となる弥

生稲作という情報や考え方が伝わってはじめて、弥生稲作を採用しそれを基盤とする農耕社会への道を歩みはじめる人びとが出てくるのではないだろうか。さらに東海には、近畿で成熟した弥生稲作が弥生稲作民の移住・コロニーの形成という方法で拡散するという石黒の説があることを知った。土器の詳細な検討をおこなっていないため、検討後に再度検証する予定である。

　九州北東部から中部瀬戸内、近畿、東海とさまざまな形態で拡散した弥生稲作とそれを生産基盤として成立した西日本の農耕社会だが、それでも各地で等質的な様相をみせているのはなぜであろうか。弥生文化を構成する諸要素のなかでも、とくに水田稲作の技術、農耕社会の維持・運営の仕方から祭祀に関する部分にいたるまで、九州北部で創造された弥生文化の枠組みが忠実に守られているからではないだろうか。九州から伊勢湾沿岸地方にかけての地域では、朝鮮半島南部から伝わった稲作とそれをおこなうための道具などのハードウェアから、それをうまく運営していくための精神的な装置である祭祀や考え方などのソフトウェアにいたるまでが一体となった文化複合体が存在した。これが急激に等質的に拡がったのは、旧突帯文土器文化圏という地理的・歴史的に類似した生態的・技術的・祭祀的基盤をもつ地域圏だったからであろう。

　しかし、中部地方以東になると弥生稲作の伝わり方は本質的に異なるものとなる。九州北部から中部瀬戸内まで一気に拡散し、東海まで刺激伝播した弥生稲作の波はここでその歩みを止め、中部以東への拡散にはさらに数百年の年月を必要とした。弥生稲作はどのようにして東日本へ拡がっていったのであろうか。次節で西日本とは異なる東日本の弥生化を復元するとともに、その背景には何があるのか検証してみたい。

V　弥生稲作の拡散（東日本）

1　従来の東日本弥生文化開始論

　弥生稲作は、九州北部で弥生稲作がはじまってからわずか200年あまりで伊勢湾沿岸地域まで拡がるが、中部・関東地方ではさらに遅れること200年、弥生Ⅲ期後半(前1世紀)になってようやく拡がる。東日本の弥生稲作が西日本に比べてかなり遅れる理由については、これまで次のように説明されてきた。弥生時代当初の稲は耐寒性がなく、中部・関東・東北地方のような冷涼な地域では成育しにくいという自然環境原因説〔近藤 1962〕。またサケ・マスなどの水産資源にめぐまれていたのでコメをつくる必要はなかったという東日本縄文文化の豊穣説〔山内 1964〕が代表である。この2説の基本的な違いは、受け入れる側の在来人の拠って立つところが正反対である点にある。すなわち前者が弥生稲作をおこないたかったけれども自然条件的に無理であったという点にあるのに対し、後者は弥生稲作をおこなう必要がなかったという立場に立っている。

　亜熱帯起源の稲が寒い地域で成育するためには、品種改良が必要であることはいうまでもないが、水田稲作という高度な技術体系が円滑に動くためには自然条件と並んで社会の諸条件の整備が必要である。前節で述べたように突帯文土器が分布した九州から東海地方にいたる旧突帯文土器分布圏は、縄文後期後半ごろに形成された広域土器様式圏とかなり重複し、土器はもちろん自然環境・資源・生業活動などに共通する点が多かった。そのため広域土器様式圏の西の一角に根づいた弥生稲

作はまたたくまに広がるという共通基盤をもっていた。しかも弥生稲作はもともと自然環境や食料資源の面において、旧突帯文土器様式圏との共通性が高い朝鮮半島南部に系譜をもっている。したがって弥生稲作の情報・モノ・人はすぐに突帯文土器様式圏内に広まり、西日本縄文人の弥生稲作への取組みも技術的には容易であったと考えられる〔高倉1995〕。

一方、縄文晩期の中部・関東・東北地方には、突帯文土器様式圏に並ぶ広域土器様式圏である亀ヶ岡式土器様式圏が存在した。西日本とは異なる自然環境・資源・生業活動をもつ亀ヶ岡式土器様式圏内では、人・モノ・情報が突帯文土器様式圏内と同じように機能するというわけにはいかない。弥生稲作が東日本へ拡がるためには、自然環境・資源・労働組織の面で東日本に適するような質的転換が必要であった。もしそれがおこなわれないままもち込まれると、どういうことになるのか例をあげてみよう。

青森県砂沢遺跡でみつかった弥生Ⅰ期の水田は灌漑施設をもつ本格的なものであった〔弘前市教育委員会1991〕。しかも出土した遠賀川系土器の胎土や製作技法には、西日本の日本海側（山陰や丹後）の遠賀川系土器との共通性が多くみられることから、遠賀川系土器が西日本から直接伝わったという考えもあって〔佐原1987〕、西日本の弥生稲作がかなり直接的なかたちで拡散したことがうかがえる遺跡である。ところが、この稲作はこの地域に根づくことなく、このあと継続しない。それは気候の変化なども考えられるが、西日本型の稲作が海路で直接もち込まれたために、東日本の風土に適するかたちに変容していなかった可能性がある。すなわち、縄文以来の道具をそのまま用いるというハードウェア、土偶や石棒を大量に保有し縄文の祭祀をおこなうというソフトウェアなど、社会的・祭祀的な弥生化がおこなわれないまま、水田稲作だけをおこなった点である。

本節では、東日本の在来民が弥生稲作をどのようにして受け入れていったのか、受け入れるにあたってどのような点に注意する必要があったのか、その実態について検証することにする。

2　中部・関東地方

(1)　コメの登場

中部・関東地方に籾痕土器やプラント・オパールなどのコメが存在したことを示す証拠があらわれるのは、弥生Ⅰ期初頭に併行する浮線文土器段階である。

浮線文土器は、それ以前の土器とは大きく様変わりした土器である〔設楽1995〕。それまで器表全面を文様で飾っていた深鉢はもはや飾られなくなり、土器を整形したときの工具痕を残したまま仕上げるという土器の粗製化をみることができる。また波状口縁が消滅するなど、土器をつくるにあたり文様や外見には手をかけなくなるという機能面重視の傾向があらわれ、土器づくりとしては明らかに下向き傾向をみせる。設楽は、コメとともに西から土器づくりに対する新しい考え方が入り、この地域の土器づくりに影響を与えたと考える。

西から東へ流れた情報は、土器づくりに関する考え方だけではない。当時、日本列島の西の端ではじまっていた弥生稲作とそれにともなう大陸の新しい情報が、突帯文土器様式圏から亀ヶ岡土器様式圏へ伝わっていたことは、亀ヶ岡遺跡から出土した炭化米からも知ることができる。もちろん東から西へも情報が流れていたことも、福岡市雀居遺跡で東北地方の大洞C_2式土器が九州北部の

弥生早期新段階の土器である夜臼Ⅱ式にともなって出土したことからわかる〔松村 1995〕。このような縄文以来の情報網を使った活発な交流を通じて弥生稲作関連の情報が東日本へも広まったのである。

(2) 水田の出現

　弥生Ⅰ期古〜中段階併行期になるとこの地方にも水田があらわれる。山梨県宮ノ前遺跡でみつかった水田の畦は、岡山市百間川遺跡でみつかったものと同じお手盛りの畔で、矢板を打ち込んで強固につくられたものではなかったが、1枚あたりの面積を狭くすることで傾斜のある地形に対応した小区画水田であった〔中山 1992〕。ほかにも土器や石器に、以下に述べるような変化が起きる。

　壺形土器の出現という大きな画期が土器様式上に起こるのもこの時期である。壺は九州北部の夜臼系の壺ではないものの、瀬戸内や近畿でみられるような、突帯文土器の深鉢が変容した深鉢変容壺〔藤尾 1991a〕であった。口縁部に刻目をもつ突帯をめぐらし、器表面を棒の束のようなものでひっかいてつけた粗い条痕仕上げを特徴とする。壺の出現は籾の貯蔵がはじまったことを示すと考えられるのと同時に、縄文的器種構成の崩壊を意味する大きな画期として位置づけることができる。この時期の石器組成は、長野県石行遺跡で知ることができる〔竹原 1987〕。穀物栽培に直接かかわったと考えられる石器は打製土掘具と打製穂摘具だけで、それ以外は縄文晩期の石器組成と基本的に変わらない。しかも、この組合わせは弥生Ⅱ期以降も変わらないので、打製土掘具に打製穂摘具、そして縄文以来の剥片石器群をともなう組合わせが、Ⅰ期中ごろ〜後半の長野・山梨地域における基本的な石器組成であったと考えられる。

　このような石器の組合わせから考えられる穀物栽培は第三章でみたように畠作の可能性を示しているが、水田や壺が存在するので弥生Ⅰ期の中ごろには、この地域でも水田稲作がはじまっていたと考えることができる。ただ、水田稲作への依存度は、器種構成に占める壺の割合（10％以下）の低さからみて、まだそれほど高くなかったと考えられる。設楽は打製土掘具や打製穂摘具をアワやキビの雑穀栽培用の石器ととらえ、この地域では水田稲作よりも雑穀栽培に重点がおかれていたと考えている〔設楽 1995〕ので、先の石器組成は畠作を反映した可能性が高い。したがって、いわゆる縄文稲作の段階に相当するものと考えておこう。

(3) 弥生稲作の開始

　弥生Ⅰ期新段階併行の沖Ⅱ式段階になると、器種構成に占める壺の割合は20％台まであがり、水田稲作への依存度は前の段階に比べて確実に高くなったと予想される。このため、この地域で弥生稲作への転換が漸進的に進んだと考えられている（図47）。

　環壕集落や方形周溝墓など社会面の変化はまだ起こっていないが、祭祀の道具に変化がみられる点は注目される。土偶形容器の出現である（図48）。土偶型容器は粘土でつくった中が空洞の立像で、男女一対から構成される。設楽は男女の共同労働を基本とする弥生稲作が、縄文時代以来つかわれてきた土偶に影響を及ぼしてできた祭祀の道具ではないかと考えている〔設楽 1995〕。土偶自身は、この時期にも依然として存在しているものの、浮線文土器を使う人たちの頭のなかには、弥生稲作をおこなうにあたり男女の共同労働が不可欠であるという考えが芽生えていたことを示す証拠と考えられている。

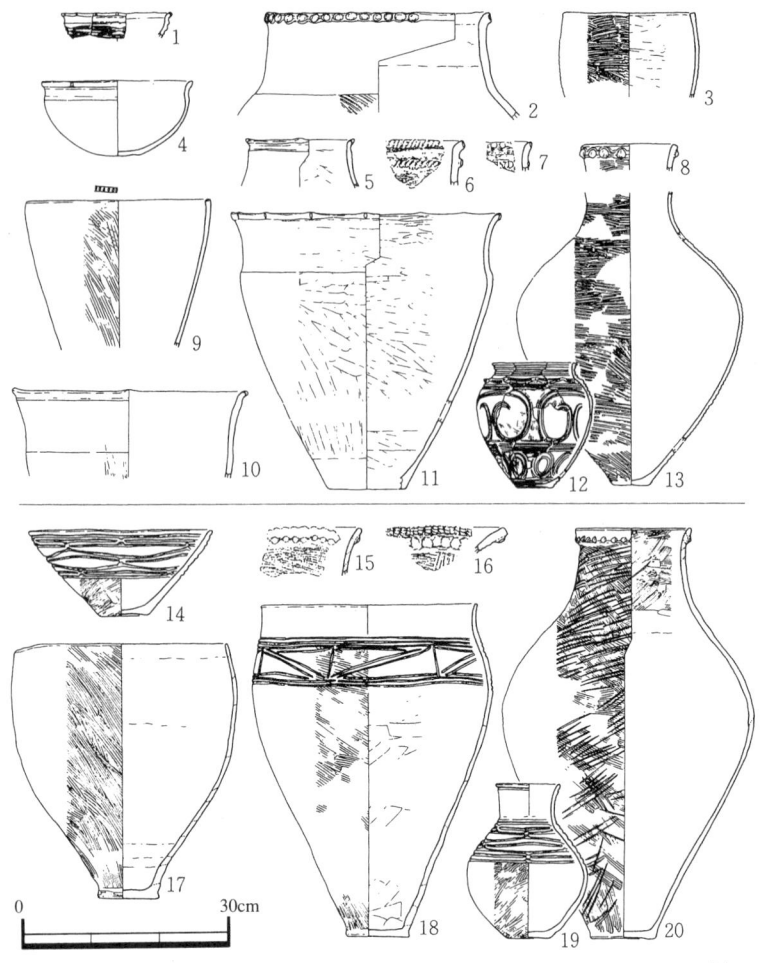

図47　長野県石行遺跡、群馬県沖Ⅱ遺跡出土土器実測図（設楽 1995 より転載）

　この土偶形容器に影響を与えたおおもとが西日本の木偶（人形型木製品）で、男女の共同労働を象徴するものとされている〔水野 1982〕。中部・関東の人びとが、木偶ではなく土偶形容器を用いている点に、縄文的価値観から完全に脱却しきれない彼らの精神世界の一面をみることもできるが、弥生稲作に必要な技術や道具だけではなく、弥生稲作を潤滑におこない豊穣を願う儀礼や祭祀など精神面の弥生化をおこないはじめているところに、社会の基本的な変化をみることができる。彼らは儀礼や祭祀に関する情報を受け取り、縄文以来の土偶を変容させ、男女協業を意味する形代（かたしろ）とすることで、縄文文化とはまったく違う論理で動いている弥生文化の精神世界に対しても独自の対応をはかりつつあったが、社会面での弥生化が進んでいないなど、不均質な発展の方向性が特徴ともいえよう。

（4）農耕社会の成立

　弥生稲作という最先端の技術と、独自の対応をはかった精神文化が入り混じる段階はやがておわりを告げる。前1世紀末の中期後葉になると南関東地方にも本格的な農耕社会が成立する。大陸系磨製石器や木製農耕具など、弥生稲作の基本的な道具がそろうとともに（神奈川県池子遺跡）、こ

れまで人びとの精神生活を支えていた土偶が、この時期になって完全に消滅する。環壕集落や方形周溝墓など新しいムラのかたちや墓、葬送儀礼があらわれるなど、社会面の弥生化が達成されるのと同時である。南関東の在来人は、ここにいたってようやく、社会組織や精神構造も含めて弥生稲作に転換したと考えられる。

　このような精神面を含めた弥生化という変革は、在来の人びとだけの力で達成できたのではないことが、東海地方の影響を強くみせる土器などから予想されている。千葉県木更津市の常代遺跡でみつかった方形周溝墓の溝から、地元の土器に混じって器形や文様、胎土に東海地方西部の特徴をもつ土器が出土した〔甲斐1994〕。これらの土器は死者を埋葬するにあたって供えられたものなので、死者と東海地方西部とは何らかの関係があった可能性が考えられている。南関東の弥生化に東海地方西部はどのようにかかわっていたのであろうか。今後の大きな課題といえよう。

　(5) 中部・関東地方の弥生化の特徴

　これまでみてきたように、中部・関東地方の弥生化にはいくつかの段階が認められた。まずコメがあらわれる（おそらく畠作として）のがⅠ期初頭併行期で、水田でつくられるようになるのはⅠ期の中ごろ併行期である。

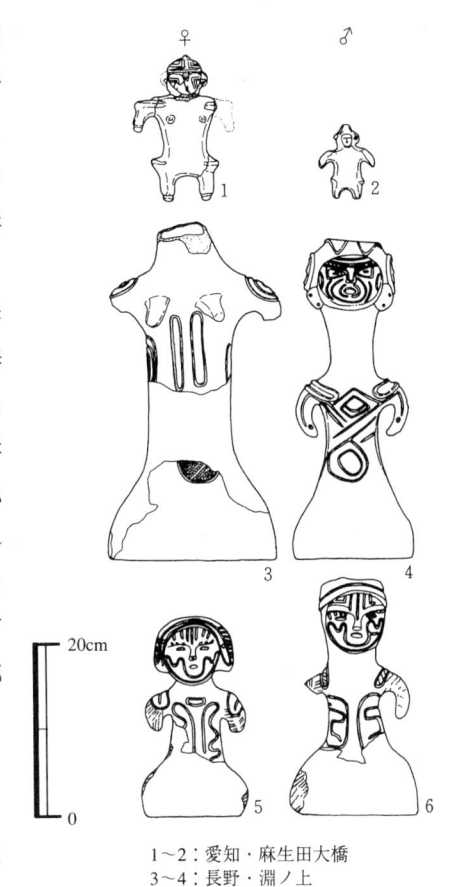

1〜2：愛知・麻生田大橋
3〜4：長野・淵ノ上
5〜6：山梨・岡

図48　土偶と土偶型容器（設楽1995より転載）

稲作がはじまったころの関東地方は、気温の低下時期にあたる〔辻1995〕。デンプン供給源であった堅果類の生産量も低下したと考えられるので、コメは堅果類にたよっていたデンプン不足を補う食料として導入され、採集・狩猟活動のかたわら、水田や畠でつくられるようになった可能性もある。コメは食料源の一部だったのである。この点は西日本の縄文後・晩期の稲作にきわめてよく似ている。

　大きな変化が起こりはじめるのはⅢ期古〜中段階（弥生中期中葉〜後葉）である。東海地方西部とのかかわりが深いと考えられる人びととの交流が活発化し、弥生稲作に関する技術や道具などのハード面はもちろん、コメの豊作を願う祭祀や新しい理念、価値観などのソフト面も根づく。壺・甕・高坏という弥生稲作民の土器のセット、大陸系磨製石器、木製農具などの最先端の道具や、方形周溝墓・環壕集落など新しい墓制と農村のかたちなど、弥生文化の社会面が導入される。その一方で、これまで彼らの精神世界を支えてきた土偶はⅡ期で完全に消滅する。弥生稲作を推進し、生産量を高め拡大再生産をおし進めていくうえで支障となったと考えられる古い道具や考え方は、次々に廃棄され消滅していく。

　土偶が、コメをつくりはじめた弥生Ⅰ期ではなく、弥生稲作がはじまる直前のⅡ期に消滅するこ

とに注目する必要がある。Ⅰ期に水田稲作をおこなうようになっても土偶が消えなかったことは、土偶に代表される縄文的な祭祀をおこなうことと、補助的な手段としておこなう水田稲作が両立できたことを意味する。しかし、Ⅲ期に成立しはじめる農耕社会や稲作の祭祀と土偶はあい入れずに廃棄された。もし弥生稲作を経済基盤とする社会システムがもつ基本理念や祭祀と土偶のもつ機能が両立できず、土偶の廃棄へとつながったとすれば、土偶の機能と土偶を用いる祭祀の内容に対して、ある程度具体化することが可能となる。この問題については、第八章でもう一度考えることにする。

中部・関東地方にコメが入り、縄文的生業の枠組みのなかで縄文稲作がはじまってから弥生稲作がはじまるまで300年あまりかかっているが、同じ段階を終えるのに1,200年あまりかかっている九州北部に比べると、その速度はかなり速い。弥生化が生業面、社会面、精神面と順をおって段階的に進んでいることからすれば、情報が段階を追って伝わっていることを意味するが、弥生Ⅳ期に一気にすすんだ大変革は、九州北部における弥生早期の成立と同じく外的要因を想定するのが妥当であろう。

3　東北地方
(1)　コメづくりのはじまり―縄文稲作―

東北地方は、弥生時代の籾痕土器が日本列島ではじめて確認された地方である〔山内 1925〕[23]。縄文後期に属する炭化米や籾痕土器も確認されているので、コメがつくられはじめたのがこの時期までさかのぼる可能性は否定できないが、もっとも古い確実な証拠は、青森県砂沢遺跡でみつかった弥生Ⅰ期末に属する灌漑施設をもつ水田である。この水田は1枚あたりの面積が小さい小区画水田で、地形にあわせた高い土木技術をみせているが、農具や生活の道具類はきわめて縄文的な要素と弥生的な要素が入り混じったものであった〔弘前市教育委員会 1991〕。土器組成は、遠賀川系土器こそ少ないものの、種籾貯蔵用の壺をもち器種構成は弥生的である。Ⅱ期には木製農具もあらわれる。その一方、大陸系磨製石器はもたないので縄文以来の加工具で木製農具をつくり、剥片石器で収穫していたと考えられる。しかも剥片石器は9割が晩期と同じ頁岩製で、石器材料の供給体制にも変化はみられないという[24]。砂沢の人びとは、在来の道具では代用できない木製農具だけはⅡ期に受け入れているが、石製加工具は石材を含めて縄文時代の伝統を継承している。さらに社会面や祭祀面の道具となると縄文文化そのものである。環壕集落、方形周溝墓、鳥形・人形木製品、青銅器はなく石剣・土偶・土版といった縄文以来の祭祀の道具でさかんに祭祀をおこなっていたと考えられる。

以上のように弥生の要素を一部に取り入れた技術・生産面、まったく受け入れていない社会・精神面から砂沢の人びとのくらしを推定すると、彼らの稲作が生活の中心に位置づけられていたとは考えにくい。彼らにとってのコメは食料源の一つであって、縄文以来の伝統的な社会や生業機構のなかにコメは位置づけられていたと考えられるのである。その意味で、灌漑施設をもつ水田で稲作をおこなっていたとしても、砂沢の場合は縄文稲作段階にあったといえよう。宇野隆夫はこのような砂沢のあり方について、稲作をおこなううえで必要最小限のものだけを受容し、あとは従来のモ

ノで間にあわせたとして、ここに西日本の縄文人よりも徹底した、東北縄文人の主体性をみている〔宇野 1996〕。

(2) 弥生稲作のはじまり

弥生時代Ⅱ〜Ⅳ期（中期）になると、東北南部と北部では異なる展開をみせる。

東北南部の仙台平野で本格的な弥生稲作がはじまる。仙台市の富沢遺跡〔仙台市教育委員会 1991〕や中在家南遺跡では水田や木製農具はもちろん大陸系磨製石器もあり、農工具が完全にそろっている。さらに砂沢遺跡にはなかった鳥形木製品や各種の祭器など、弥生の祭祀の道具まで備えている。しかし環濠集落や方形周溝墓をつくることはなかった。東北南部の在来人のなかには生業面・精神面の弥生化は達成したが、社会面の弥生化は達成していなかったことを意味する。

同じ時期の東北北部でも水田がみつかっていて、弥生Ⅲ・Ⅳ期に属する青森県垂柳遺跡の水田は、総面積が4,000㎡に達する広大なものだが、1枚1枚の水田は平均8㎡前後に区画された小区画水田であった。しかし砂沢と同様、それ以外の要素には縄文以来の特徴が強く残されている。彼らが用いた土器は装飾や形態に縄文以来の特徴が強く継承されているし、石器も在来のもので、石材を含む剥片石器の供給体制も変わっていない。唯一存在する大陸系の片刃石斧も擦り切り技法でつくられている点からみて、西日本系の扁平片刃石斧とは別の系譜をもつ北方系の石斧と考えられている。祭祀の道具は、熊の装飾が施された北海道南部の恵山文化の影響が強いものであるし、土偶は東北地方でももっとも新しい時期に位置づけられるものである。

このように東北北部の垂柳遺跡の遺構や遺物は、整備された水田をもちながらも農工具やマツリの道具は在地系もしくは北方系で、社会面・精神面の弥生化は達成されていないという点で砂沢遺跡と同じ様相をみせる。

4 東北縄文人と弥生稲作・弥生文化

以上のように東北北部と南部では弥生文化に対して異なる対応をみせていたことがわかる。

まず異なる点をあげると、北部では木製農具を除くと、縄文以来の道具を駆使して稲作をおこない、土偶や熊形木製品を用いた縄文以来のマツリを継続している。もちろん環濠集落や方形周溝墓はつくることはない。したがって、弥生化の達成度をほとんど認めることはできない。対照的に南部では、社会面の弥生化こそ認められないものの、弥生の農工具で稲作をおこない、木の鳥を使って弥生の祭祀もおこなうなど、生業面・精神面については弥生化を達成していると考えられる。

北と南の違いは石器素材の流通という点にもあらわれている。林謙作は、縄文から弥生への転換期に北部と南部では剥片石器の石材の供給体制に違いがみられるという〔林 1993〕。もともと東北地方では剥片石器の石材として頁岩を使い、その供給体制が確立していた。北部では稲作がはじまっても縄文以来の供給体制を継続し、頁岩製の剥片石器を使いつづけたのに対して、南部では弥生中期になると石材が雑多になり、質は落ちても手近な石材を使うようになるという。石材の供給体制は長年かかって形成されたもので、ムラとムラとの強い結びつきのうえに成り立っている。稲作をはじめるにあたって、この結びつきに変化が起きた南部と変化がおきずにそのまま継続した北部では、弥生文化への取組み方に違いがあったとみることができよう。

以上をまとめてみると東北地方では、石材供給によるムラとムラとの結びつきや縄文以来の祭祀を崩し、精神面の弥生化を達成してまで弥生稲作をおこなった南部の在来民に対し、石材供給の結びつきを維持し、縄文祭祀を継続しながら水田稲作をおこなった北部の在来民という違いを認めることができた。ただし南部でも、社会構造や集団関係が変化といった社会面での弥生化だけは達成されていない。

　南部と北部が弥生文化に対してこのような異なった対応をとったのはなぜであろうか。また南部でも社会面の弥生化がおこなわれなかったのはどうしてであろうか。研究史的に稲作の開始を阻害した原因としてあげられている、稲作不要説、自然条件不適説、労働組織説との関係からさぐってみよう。

　禰冝田佳男はサケ・マスや堅果類などもともと自然の生産力が高い東北地方は、水田稲作に専業化する必然性がなかったという、1960年代以来の天然資源の豊穣説に立脚した稲作不要説をとる〔禰冝田 1993〕。この説は以下の理由から可能性は低い。田舎館以降、東北北部には北海道続縄文文化の恵山文化の南下にみられるように、気温が低下した可能性が説かれていて、天然資源も窮乏した可能性がある。つねに安定した資源を自然から確保できていたとは考えにくい。

　次に、自然条件の不適説である。仮に東北地方の在来民が稲作に専業化しようとしても東北地方の風土や気候は稲の生育に適したものではなかった。とくに太平洋側では、高温・多湿が必要とされる夏の成育期にオホーツク海高気圧から吹き込む北東の季節風によって冷害にみまわれやすい。稲作への専業化は危険が大きすぎることは近世の大飢饉をみるまでもない。ただし、田舎館の時期は、列島全体が高温期にあったことが知られているので、少なくともこの時期に関しては稲の生育に適していたと考えられる。田舎館が衰退するのは、先述したような後期にかけての低温化の可能性が高い。したがって数百年にもわたって環境が変わらなかったとは考えられない。

　最後に労働組織の面からも東北地方の稲作への専業化が難しかったことを林謙作が述べている〔林 1993〕。東日本縄文人の資源利用は、限られた短い期間に特定の種類の資源を多量に採るという少寡・多量方針にあった。この方針を徹底するには、資源の採集から加工・保存処理までのあいだに多くの集団による分業集中型の労働組織が不可欠となる。したがって、たとえある集団が稲作に専業化しようとしても、協業や分業をおこなっている他の集団の了解が必要となる。一つの集団でも欠けるとたちまち社会全体に重大な支障が生じるからである。すなわち林は、既存の労働組織や資源利用に農耕という新規の活動を組み込めるかどうかの決定権が、東日本の個々の集団にはなかったと指摘するのである。この傾向は北部ほど強固であったと考えられる。

　以上のように、どれか一つの理由だけが弥生稲作化を遅らせたとは考えにくいし、つねに同じ自然条件が維持されたとも考えられない。したがって自然条件と労働組織という二つの制約が複雑に絡み合って、北部と南部の対応の違いとなってあらわれたものと考えている。すなわち高温期には東北の北部までかなりの規模で水田稲作がおこなわれるものの、まもなく訪れた低温期には東北の南部まで稲作前線は後退してしまう。安定した水田稲作を基盤に農耕社会化が進むまもなく、環境変動で撤退を余儀なくされる。また、東北の在来民が西日本の集団のように稲作の選択権を個々にもっていなかったという労働組織上の要素も、専業化を遅らせた理由の一つとみてよいだろう。

東北北部では弥生Ⅰ～Ⅳ期にも土偶や石棒を用いた祭祀がさかんにおこなわれていて、彼らの価値観や精神構造が依然として縄文時代のままだったことを反映している。従来の協業・分業機構を円滑に維持するためのマツリを活発におこないながらも、水田稲作をおこなった。それは縄文稲作であるかぎり可能だったのである。東北北部の在来人は、資源利用の多様性を是とする縄文以来の基本方針のまま、コメを灌漑施設の整った水田で木製農具を用いて耕作した。しかしコメは彼らが利用する食料の一つにすぎなかった。東北北部における弥生時代の稲作は、西日本の縄文後・晩期にみられる縄文稲作と段階的には同じだったと考える[25]。

Ⅵ　弥生稲作・弥生文化に対する在来民の対応

1　弥生化に対する対応

　水田稲作への専業化、環壕集落、方形周溝墓、戦いのはじまりに代表される社会機構や仕組みへの質的転換、人・鳥形木製品、青銅器に代表される精神面の質的転換など、日本列島各地の在来民が弥生化するためにはいくつものステップが必要で、在来民ごとに異なる個別的対応をはかっていたことを指摘してきた。

　これを示す考古学的な指標として、突帯文系と板付・遠賀川系甕の組合わせにみられる四つの型を西日本で想定し、個別的対応との関連を検討してきた。その結果、西日本には在来民だけから構成される集団と、在来民のなかに1割程度の比率で外来の人びと(渡来人、その子孫および弥生稲作民)を含む二つの集団が存在し、それぞれが実にさまざまな個別的対応をはかっていたことを明らかにした。その点で1991年の論文〔藤尾 1991b〕で結論とした、地域を単位とした個別対応説をここに撤回したい。伊勢湾沿岸以西では、地域によって弥生化までの時間には早い遅いがあったものの、遅くとも前2世紀前半（Ⅰ期のおわり）には、精神面を含めて弥生化を達成していたことがわかった。

　一方、東日本では弥生化の達成度に地域によって違いのあることがわかった。三つの要素のすべてを弥生時代中期後半までの間に達成した利根川以西の関東、中部、北陸、東海と、生業面・精神面だけ達成した東北南部、縄文稲作の段階に留まったと考えた東北北部である。弥生文化への対応が西日本と東日本でこのように異なるのは、これまで説明されてきた自然条件の違いに加えて、林謙作のいう労働組織に違いがあった可能性もあらためて確認した。それは限られた短い期間に特定の種類の資源を大量に採り、保存処理まで一気におこなう少寡・多量方針に適応した東日本の労働組織と、ある一定の期間内に複数の種類の資源を少しずつ採り、保存処理の方法もさまざまな多寡・少量方針の労働組織をもつ西日本縄文人の違いが、弥生文化に対する対応の違いとなってあらわれたというものであった。すなわち、複数のムラの強い結束によって保たれていた労働組織をもつ東日本では、弥生文化へ機敏に対応できず硬直化していたのに対し、集団の規模が小さくそれぞれの独立度が高い西日本では、弥生文化への対応が柔軟におこなえたという意味である。

　確かに労働組織の質的転換が、水田稲作という生業を採用するにあたっての前提条件となったことによって、生業面の弥生化が達成されたことはいうまでもない。しかし労働組織が西日本に比べ

れば同質であった東北南部と北部の間で社会面や精神面の弥生化をめぐって異なる対応がみられる理由までも、労働組織とそれにともなう食料獲得機構の違いで説明することは難しい。何か別の説明が必要であろう。そこで次にこの問題について考えてみる。

2　社会面・精神面を含めた弥生化の仕組み

　社会の仕組みや祭祀的な生活などに質的転換をもたらした社会面や精神面の弥生化とは、いかにして達成されたのであろうか。従来の考え方は第一章でみたように、まず水田稲作の定着を前提とした農業社会が成立し、社会基盤が固まったあとにマツリや祭祀的側面が主体的に整備されるという漸進的主体の弥生文化成立論であった。下部構造が上部構造を規定するという史的唯物論によった考え方である。

　このような従来の考え方に対し本書では、検丹里型水田稲作文化の拡散時から社会や宗教の仕組みに関する知識や情報も文化複合体の一つとして入っていて在来民の知るところであり、その仕組みや考え方に則って水田稲作の専業化や社会・精神生活の質的転換が進んだのではないかという考えを念頭において議論してきた。それこそ、1,200年ものあいだ水田稲作に専業化しなかった縄文人が、前5世紀ごろになって弥生化への道を突然歩みはじめる理由と考えられるからである。

　遺跡を調査すると、まず水田稲作の道具や暮らしぶりを示す道具などのハードウェアが変わり、環壕集落・方形周溝墓・戦いなど社会の質的変化が起こり、最後に精神面などの道具があらわれるというように、順番に変化しているようにみえる。このことが経済面から弥生化が達成されていくという考え方につながるのである。

　しかし、このような考古学的事実と私が今回主張する逆の見方とは実は対立しないのである。上部構造が下部構造を規定するというのは、まず方針がありそれにそって変化させていくということであって、目的が何もなく、まず生業の変化が社会の変化を起こし、最後に祭祀生活が変化するという、神の手に導かれるような発展段階説を否定しているにすぎない。

　水田稲作への専業化は、堅果類や根茎類に大きく依存しながらも、栽培や漁撈を網羅的に組み合わせていた縄文的な生業から、一つの生産手段に特化するということを意味するが、特化は経済面だけでなく社会面・精神面でも起こるのが弥生化の大きな特徴なのである。たとえば土偶祭祀から人形木製品や青銅器祭祀への転換は、森羅万象の霊から祖先神への特化と考えることもできるし、水田という不動産の誕生は相続をおこなうための特定集団の特化を意味する。だとすれば、弥生化の達成には社会的・祭祀的な仕組みの大転換が不可欠となる。

　遅い早いの差はあれ、面的に弥生化が進んだ利根川以西と点的で進んだ東北との違いをもたらしたのは、生業・社会・精神面のすべてにおいて質的転換をはかるという考え方の有無にあるのではないかと予想するのである。そして、このような考え方をもたらした契機こそ、渡来人の組織的集団的来訪ではないだろうか。

　弥生文化の根底にある特化という考え方の詳しい中身については第八章で検討することにして、まず上部構造が下部構造を規定するという考え方で、新石器時代のはじまりを説明しつつある、近年のイギリス新石器時代研究をみてみよう。そこではどのような議論がおこなわれているのだろうか。

註

1) 弥生I期の稲作は、九州北部出身の弥生人が東や南へと進出し、各地に入植してはじまったという伝播論で説明されてきた〔佐原1975〕。この説の根拠は遠賀川系土器様式という斉一的な土器が広い範囲に急速に分布するようになるという考古学的事実から出てきたものだが、その根拠が崩れたために伝播論自体も再考を迫られている。

2) 弥生稲作を特徴づける壺は、早期には保有する集団と保有しない集団があるので、編年をおこなう際の基準とすることはできない。浅鉢も早期新段階以降、消滅していく器種なので、同じく適当でない。

3) 縄文土器や弥生土器は、幅2～3cmの粘土の帯を積み上げながら土器をつくっていくが、1本1本の帯の接合面を土器の内側に向かって傾けて積み上げる技法を内傾接合、外側に向かって積み上げる技法を外傾接合という。突帯文土器や九州の遠賀川式甕が内傾接合であるのに対し、朝鮮早～中期無文土器や近畿・中国・四国の遠賀川系甕は外傾接合でつくられている〔佐原1964〕。しかし私が実見したところでは、高知県田村遺跡から出土した屈2甕のなかにも外傾接合のものが1点含まれているので、外傾接合を地域的な特性として一括できるかどうかの判断はまだできないと考える。

4) 香川県下川津遺跡では、I期古段階の遠賀川系甕に混じって屈2甕が少量出土することが知られている。その割合は、1遺跡で10点以下ときわめて少ないため、甕組成パターンとして設定できない。しかし古段階に弥生化した突帯文系甕が存在することは、瀬戸内甕が突帯文甕系列に属することを証明する証拠の一つといえよう。

5) 瀬戸内甕の系譜については、秋山浩三が主張する遠賀川系説〔秋山1992〕と、筆者の主張する突帯文系説〔藤尾1991a〕がある。突帯文系とする説は古く、佐原真はI様式新段階の壺にみられる貼り付け突帯が甕に影響を与えて出現したと考えた〔佐原1970〕。しかし、口縁部の突帯や刷毛目を施さない器面調整から判断すれば、九州の亀の甲タイプなどと同様に、早期突帯文甕に系譜をもつI期の突帯文甕と考えられる。

6) この考えは、各地で弥生稲作がはじまるにあたって、外からやってきた人びとの存在を否定するものではないし、彼らの役割を過小評価するものでもない。渡来人数の多寡と歴史的な評価とは別である。

7) これらの道具を単品でしかもっていない場合は、縄文稲作との境界が曖昧になり、弥生稲作だったのかどうかの判断が難しくなる。北九州市の貫川遺跡では黒川式土器にともなって石庖丁が出土しているが〔前田・武末1994〕、ほかの農工具はもたず、土器も縄文土器そのままである。

8) 板付I式甕は、朝鮮無文土器時代中期の松菊里式の甕と同様、口縁部が外反している。外反した口縁部の内面に木製の蓋をのせて落し蓋のように使いながら調理していたことは、土器の口縁部内面に残る煮焦げのあとから推定できる。雑炊状の汁が煮たってくると煮こぼれが生じるが、ふくたびに蓋をもち上げる。落し蓋は甕内部の圧力を抜くための工夫と考えることができる。

9) アク抜きをおこなうためには、煮立ったお湯で何度も煮る必要があるという〔渡辺1995〕。湯が沸騰してアクが溜まった時点で、お湯を入れかえる必要が生じるが、アクが溜まったお湯を捨てるためには土器を傾けなければならない。その際、土器内面に何らかの引っかかりがないと、ドングリの実は外にこぼれ出てしまう危険性が高い。そこで実が外にこぼれないように口縁部の内面を折り返したり、胴部の上半で湾曲させたり屈曲させたりする工夫が凝らされる。

10) このモデルでは、1～3の農耕民の出自が外来系か在来系なのか明らかにされていない。

11) 津島地区の東側には一級河川の旭川が流れているが、水田は旭川のちょうど死角にあたるところにあるので、洪水の危険が少ない好立地である。

12) 土器の連続性のところでもふれたように、住み分け説の根拠は、突帯文甕の最新型式ともっとも古い遠賀川系甕の同時併存である。今回設定した沢田式新段階の甕は、古いタイプの甕が単に残存するといった様式

上の問題ではなく、器形や刷毛目技法の採用など型式学的な特徴からみて、明らかに型式変化したものである。わずか数点しか出土していないので、板付遺跡のように使い分けを想定することは難しいが、Ⅰ期突帯文系甕として設定することに支障はない。今のところ、岡山地域では、Ⅰ期突帯文系甕単純の組成をもつ遺跡や高い比率を示す遺跡はまだみつかっていない。扇状地上で縄文後期以来継続して集落を営んでいた在来集団もⅠ期中段階には弥生稲作へ転換しているので、この地域すべての在来人が九州北部の在来人よりも速いスピードで弥生化したことがわかる。このような地域全体の弥生化が、縄文のままの生業体系でありつづけることを許さず、そうした地域の気風が突帯文土器を主流としない状況を生み出したものとは考えられないだろうか。

13) 西部瀬戸内や岡山において遠賀川系土器が独自に成立するという自生説は、従来の編年観を根底から覆す意見である。しかし以下の点に疑問が残る。岡山でもっとも古い遠賀川系甕は、板付Ⅰ式甕に比べて胴部形態が張るなどの新しい特徴をもつ。また祖型甕がこの地域ではみつかっていないので、遠賀川系甕がもつ外反口縁の出自を松菊里式に直接求めるしかないという状況に陥っている。これらの点から自生説の根拠は依然として希薄であるといわざるを得ない〔藤尾 2002〕。

14) 刺激伝播とは、アメリカの人類学者A.L.クローバーが提唱した伝播形態の一つである。「伝達されるのは新しい産物とかプロセスの複雑な全体あるいは創意工夫の細部ではなく、むしろアイデア、すなわち、そのようなプロセスが可能だという認識、どうしたらそれが実現できるかということの理解」〔大貫 1979：129〕〔Renfrew 1973〕だという。「別の文化の例を先例として、それによって始まった新しい型の発展である」

15) 山賀遺跡のⅠ期中段階の石材は、サヌカイトの36％が香川県坂出市金山を原産地とすることが報告されている。

16) 中西靖人は、山賀遺跡で出土したサヌカイトの36％が金山産だったとの報告を重視して、河内の農耕民のなかに中部瀬戸内からの移住者がいた可能性を想定している〔中西 1992〕。

17) 中西は、口酒井遺跡で籾痕土器が出土したからといって、彼らがコメをつくっていたことを示すとは限らないとしたうえで、摂津から河内へのコメのもち込みを認めない。むしろ近畿以外からのコメのもち込みを考えている。長原遺跡ではコメが入ったままの状態で遠賀川系壺が出土しているので、このような状況が早期の摂津や河内にも存在した可能性を想定している〔中西 1992〕。

18) 弥生早期やⅠ期中段階までコメをつくらなかった在来民は、新段階になってようやくコメをつくりはじめるが、彼らが縄文時代以来の土地で稲作をおこなったのか、それとも可耕地に移動してはじめたのかは、集団によって異なるという〔中西 1992〕。

19) 若江北遺跡では、遠賀川系甕が成立する過程を次のように復原した〔藤尾編 2001〕。一言でいうと中部瀬戸内から一段階遅れてはじまり、しかもかなり在地的な動きをみせる。つまり、在地の屈曲一条甕が遠賀川系甕に変容していく過程を認めることができるのである。この地域で遠賀川系甕が定形化するのは中段階の削り出し突帯が出てきてからとなる。西部瀬戸内から中部瀬戸内の遠賀川系甕が突然定形化するのに比べると、この地域の定形化への動きは遅い。したがって弥生稲作の拡散は、灘を単位とする地域間のリレー式伝播によって、中部瀬戸内までは一気に起こるものの、そこから東へは縄文以来のネットワーク上を情報が行き来したことによって伝わったと考えられる。長原式の活発な交流はこの動きの傍証といえよう。すなわち西日本における弥生稲作の二段階拡散説を提唱するものである〔藤尾 2003〕。

20) 土器の器表面を二枚貝や櫛で荒々しく仕上げる土器をさし、在来の縄文系の人びとが外から入ってきた弥生人に抵抗してつくった土器であるという〔設楽 1995〕。縄文土器の器種構成は壺と甕を基本とし、縄文以来の浅鉢は既になく、遠賀川系土器と同じ器種構成をもつ。弥生化した縄文系土器ということで西日本の突帯文系土器に対比される。

21) この現象は、西日本でみた遠賀川系甕と突帯文系甕をもつ人びと同士の住み分けと同じである。
22) 定義については先述したので、ここでは原水爆の開発競争を例をあげることにする。アメリカがはじめて開発・実験に成功した原子爆弾は、厳重な情報封鎖にもかかわらず、ソ連や中国に拡散していった。ウランの核融合を利用した新型爆弾の開発は、第二次世界大戦中のナチス・ドイツや日本でもおこなわれていたが、日の目をみることはなかった。原子爆弾の製作に携わったアメリカの研究者や製作技術に関する情報が移動することがなかったにもかかわらず、共産圏で開発に成功したのは、こういう爆弾をつくることが可能なのだという情報が伝わるだけで十分だったのである。これも刺激伝播の好例の一つといわれている。
23) 籾痕土器を発見した山内清男は、底部に籾痕を残していた土器を石器時代、すなわち縄文土器として報告した〔山内 1925〕。当時稲作は古墳時代に本格化すると考えられていたので、この報告は学界に大きな衝撃を与えたのである。
24) 木製農具しか採用しなかったことは、縄文の工具箱にもとからなかった道具だけを採用し、あとは自前のもので間に合わせたことを意味する、と楢冝田はいっている〔楢冝田 1995〕。
25) 林謙作は、このような段階をエピ縄文と呼んでいる。

参考文献

秋山　浩三　1992：「弥生前期土器―遠賀川式土器の地域色と吉備―」(『吉備の考古学的研究』上、75-110、山陽新聞社)

　　　　　　1995：「吉備―縄紋系ムラと共存した弥生ムラ―」(金関恕・大阪府立弥生文化博物館編『弥生文化の成立―大変革の主体は「縄紋人」だった―』141-151、角川書店)

網本　善光　1985：「稲作受容期における中部瀬戸内地域の遺跡の動向」『比較考古学試論』5-47、雄山閣出版)

石黒　立人　1995：「中部・東海―東西二極構造の結節点―」(金関恕・大阪府立弥生文化博物館編『弥生文化の成立―大変革の主体は「縄紋人」だった―』170-179、角川書店)

宇野　隆夫　1996：「書評　金関恕＋大阪府立弥生文化博物館編『弥生文化の成立―大変革の主体は「縄紋人」だった―』」(『考古学研究』43(1)、104-109)

大阪市文化財協会　1982：『大阪市平野区長原遺跡発掘調査報告』

太田　好治　1994：『宮竹野際遺跡』2、浜松市文化協会

大貫静夫訳　1979：『文明の誕生』岩波現代選書32

大山真充・真鍋昌宏　1988：『大浦浜遺跡』瀬戸大橋建設に伴う埋蔵文化財発掘調査報告書5、香川県教育委員会)

岡田　博　1985：「高縄手B調査区」(『百間川沢田遺跡2・百間川長谷遺跡2』、262-360、旭川放水路《百間川》改修工事に伴う発掘調査Ⅵ．岡山県埋蔵文化財発掘調査報告59)

小田富士雄　1964：『亀ノ甲遺跡』八女市教育委員会

河口　貞徳　1963：「鹿児島県高橋貝塚発掘概報」(『九州考古学』18、1-9)

神戸市教育委員会　1993：『神戸市兵庫区大開遺跡発掘調査報告書』神戸市教育委員会・(財)神戸市スポーツ教育公社

紅村　弘・増子康真　1975：『東海先史文化の諸問題』

小林茂・磯望・佐伯弘次・高倉洋彰編　1998：『福岡平野の古環境と遺跡立地―環境としての遺跡との共存のために―』九州大学出版会

小林　青樹　1998：「弥生時代早・前期の津島岡大遺跡とその周辺」(『津島岡大遺跡』10, 117-124, 岡大構内遺跡発掘調査報告14)

小林　行雄　1943：「土器類―縄文式土器―」(『大和唐古弥生式遺跡の研究』92-94、京都帝国大学文学部考古学研究報告16)

近藤　義郎　1962：「弥生文化論」(『岩波講座日本歴史』1、139-188、岩波書店)

酒井　仁夫　1980：『今川遺跡』津屋崎町文化財調査報告書4

佐原　真　1970：「大和川と淀川」(『古代の日本』5―近畿―、24-43、角川書店)

　　　　　　1975：「農業の開始と階級社会の形成」(『岩波講座日本歴史』1、114-182、岩波書店)

　　　　　　1987：「みちのくの遠賀川」(『東アジアの考古と歴史』中、265-291、同朋舎出版)

設楽　博己　1995：「中部高地・関東―条痕文文化の広がり」(金関恕・大阪府立弥生文化博物館編『弥生文化の成立―大変革の主体は「縄紋人」だった―』180-192、角川書店)

　　　　　　1995：「東日本における弥生時代の始まり」(『展望考古学』75-83、考古学研究会)

下條　信行　1995：「瀬戸内―リレー式に伝わった稲作文化」(金関恕・大阪府立弥生文化博物館編『弥生文化の成立―大変革の主体は「縄紋人」だった―』131-140、角川書店)

新宅　信久　1994：「最古の渡来系稲作集落―福岡県江辻遺跡―」(『季刊考古学』45、89-90)

新宅信久編　1998：『江辻遺跡第4地点』粕屋町文化財調査報告書14

杉原　荘介　1949：「伊予阿方遺跡・片山遺跡調査概報」(『考古学集刊』2、12-23)

仙台市教育委員会　1991：『富沢遺跡』

高倉　洋彰　1995：『金印国家群の時代―東アジア世界と弥生社会―』青木書店

竹原　学　1987：『松本市赤木山遺跡群』2、松本市文化財調査報告47)

田崎　博之　1994：「弥生文化と土地環境」(『第四紀研究』33(5)、303-315)

　　　　　　1995：「瀬戸内における弥生時代社会と交流―土器と鏡を中心として―」(水野佑監修『古代王権と交流』6、29-59、雄山閣出版)

　　　　　　1998：「福岡地方における弥生時代の土地環境の利用と開発」(『福岡平野の古環境と遺跡立地―環境としての遺跡との共存について―』102-107、九州大学出版会)

田中　清美　2000：「河内潟周辺における弥生文化の着床過程」(『突帯文と遠賀川』869-902)

辻　誠一郎　1995：「植生の地史的変遷」(大沢雅彦・大原隆編『生物―地球環境の科学―南関東の自然誌―』55-68、朝倉書店)

寺沢薫・寺沢知子　1981：「弥生時代植物質食料の基礎的研究」(『考古学論攷』5、1-130、橿原考古学研究所)

中西　靖人　1984：「前期弥生ムラの2つのタイプ」(『縄紋から弥生へ』120-126、帝塚山考古学研究所)

　　　　　　1992：「農耕文化の定着」(『新版古代の日本』5―近畿1―、93-118、角川書店)

中村慎一編　2001：『東アジアの囲壁・環濠集落』金沢大学文学部

中山　誠二　1992：『山梨県韮崎市宮ノ前遺跡』韮崎市教育委員会

禰宜田佳男編　1993：『みちのくの弥生文化』大阪府立弥生文化博物館

　　　　　　1995：「東北―水田稲作だけを受容した独立した文化―」(金関恕・大阪府立弥生文化博物館編『弥生文化の成立―大変革の主体は「縄紋人」だった―』193-203、角川書店)

橋口　達也　1985：「日本における稲作の開始と発展」(『石崎曲り田遺跡』3、5-103、二丈浜玉道路関係埋蔵文化財発掘調査報告11集、福岡県教育委員会)

　　　　　　1987：『新町遺跡』志摩町文化財調査報告書7

林　謙作　1993：「クニのない世界」(『みちのくの弥生文化』66-76、大阪府立弥生文化博物館)

春成　秀爾　1973：「弥生時代はいかにしてはじまったか―弥生式土器の南朝鮮起源をめぐって―」(『考古学研究』77、5-24)

　　　　　　　1990：『弥生文化の始まり』東京大学出版会
平井　　勝 1995：「遠賀川系土器の成立」(『展望考古学』67-74、考古学研究会)
弘前市教育委員会 1991：『砂沢遺跡発掘調査報告書』本文編
藤尾慎一郎 1984：「亀ノ甲タイプの再検討―弥生時代前期の突帯文系土器―」(『九州考古学』59、35-46)
　　　　　　　1991a：「水稲農耕と突帯文土器」(『日本における初期弥生文化の成立』187-270、文献出版)
　　　　　　　1991b：「水稲農耕開始期の地域性」(『考古学研究』38(2)、30-54)
　　　　　　　1993：「生業からみた縄文から弥生」(『国立歴史民俗博物館研究報告』1-66)
　　　　　　　1999：「福岡平野における弥生文化の成立過程―狩猟採集民と農耕民の集団関係―」(『国立歴史民俗博物館研究報告』77、51-84)
　　　　　　　2002：「瀬戸内における遠賀川系甕の成立過程―弥生土器瀬戸内起源説の検証―」(『環瀬戸内の考古学』283-312、古代吉備研究会)
　　　　　　　2003：「河内における遠賀川系甕の成立―弥生稲作二段階拡散説―」(『国立歴史民俗博物館研究報告』歴博開館20周年記念論文集)
藤尾慎一郎編 1987：「福岡市早良区有田七田前遺跡1985年度発掘調査」(『九州文化史研究所紀要』32、73-126、九州大学文学部)
　　　　　　　2001：『弥生文化成立期の西日本・韓国の土器』(考古学資料集19、国立歴史民俗博物館)
藤田　憲司 1982：「中部瀬戸内の前期弥生土器の様相」(『倉敷考古館研究集報』17、54-132)
藤田憲司・柳瀬昭彦 1987：「弥生時代」(『岡山県の考古学』107-197、吉川弘文館)
藤好　史郎 1982：『中の池遺跡発掘調査概要―香川県丸亀市金倉町所在の弥生時代遺跡の調査―』丸亀市教育委員会
前田義人・武末純一 1994：「北九州市貫川遺跡の縄文晩期の石庖丁」(『九州文化史研究所紀要』39、65-90、九州大学文学部)
松村　道博 1995：『雀居遺跡』3、福岡市埋蔵文化財調査報告書407
水野　正好 1982：「弥生時代のまつり―その成立と転回―」(『歴史公論』82 ―弥生人の精神生活―、85-94)
宮崎哲治編 1993：『林・坊城遺跡』高松東道路建設に伴う埋蔵文化財発掘調査報告書2、香川県教育委員会・㈶香川県埋蔵文化財調査センター
森貞次郎・岡崎敬 1961：「福岡県板付遺跡」(『日本農耕文化の生成』37-77、東京堂)
森岡　秀人 1989：「稲作はどのように広がっていったか」(『争点日本の歴史』1、203-219、新人物往来社)
家根　祥多 1984：「縄文土器から弥生土器へ」〔『縄文から弥生へ』49-91、帝塚山大学)
　　　　　　　1987：「弥生土器の誕生と変貌」(『季刊考古学』19、13-18)
　　　　　　　1993：「遠賀川式土器の成立をめぐって―西日本における農耕社会の成立―」(『論苑考古学』267-329、天山舎)
山崎　純男 1979：「G-7a・b調査区」(『福岡市板付遺跡調査概報』40-51、福岡市埋蔵文化財調査報告書49)
　　　　　　　1980：「弥生文化成立期における土器の編年的研究―板付遺跡を中心としてみた福岡・早良平野の場合―」〔『鏡山猛先生古稀記念古文化論攷』117-192)
　　　　　　　1987：『福岡市野多目遺跡群』福岡市埋蔵文化財調査報告書159)
　　　　　　　1990：「環濠集落の地域性―九州―」(『季刊考古学』31、57-61)
　　　　　　　1991：「北部九州における初期水田―開田地の選択と水田構造の検討―」(『日本における初期弥生文化の成立』350-394、文献出版)
山中　一郎 1992：「石の動き、土器の動き」(『新版古代の日本』5 ―近畿1―、73-92、角川書店)

山内　清男　1925：「石器時代にも稲あり」(『人類学雑誌』40(5)、181-184)
　　　　　　1937：「日本に於ける農業の起源」(『歴史公論』6(1)、266-278)
　　　　　　1964：「日本先史時代概説―縄文式文化―」(『日本原始美術』1、140-144，講談社)
横山浩一・藤尾慎一郎　1986：「宇木汲田遺跡1984年度出土の土器について」(『九州文化史研究所紀要』31、59-101、九州大学文学部)
吉留　秀敏　1991：『比恵遺跡群』10、福岡市埋蔵文化財調査報告書255
　　　　　　1992：『那珂―二重環濠集落の調査―』福岡市埋蔵文化財調査報告書366
渡辺　誠　1995：「縄文宗教と食料問題」(『季刊考古学』50、14-17)
Renfrew, A. C.　1973：*Before Civilization*: The radiocarbon revolution and prehistoric Europe. Jonathan Cape. (大貫静夫訳『文明の誕生』岩波書店)

第六章　新石器時代観の変化
―ブリテン考古学を中心に―

Ⅰ　目的と方法

　採集・狩猟に基盤をおく生活を送り、土器のない中石器時代にかわってはじまるのが新石器時代である。新石器時代は農業・牧畜がはじまった時代として知られているが、この時代観は、20世紀前半にイギリスの考古学者、G.V.チャイルドによって提唱されたものである。チャイルドはそれまで磨製石器の時代であった新石器時代の指標を農業・牧畜の時代へと変更したのである。ところが現在、農業・牧畜の時代という新石器時代観がゆらいでいる。近年、本家本元であるブリテン島の前期新石器時代には、農業がおこなわれていた形跡は認められないという意見が出されはじめている〔Thomas 1991〕。もしそれが事実なら、ブリテン島の新石器時代前期はチャイルドの定義からはずれることになる。

　このように先史時代観がゆらいでいるのは何もヨーロッパだけでなく、日本の縄文時代もその例外ではない。農耕・牧畜をおこなっていない縄文文化は、新石器時代にはあたらないと佐原真が主張しはじめてからかなり久しいし、日本列島には旧石器時代から磨製石器があることも問題を複雑にしている。

　チャイルドが定義を変更した背景には第一次世界大戦後の世相が関係しているといわれているし、第一章でみたように弥生文化の成立をめぐる考え方も、世相と不可分のものであった。ブリテンでの見直しの動きが、現代社会の世相の変化に関係しているとすれば、そもそも時代観とは何なのであろうか。

　そこで本章では、ヨーロッパ新石器時代観とその変遷過程を検証するなかで、ヨーロッパの新石器時代観がどのような世相を受けて見直されてきたのか、今後どのように変わろうとしているのか、それはどのような現在の世相を反映しているのかについて考えてみたい。この作業は、縄文文化を農耕のない文化、弥生文化を農耕の文化という枠でくくってしまってよいのかどうかという問題を考えるうえでも大いに参考になる。ひいては今後の弥生文化観はどうあるべきか、という問題にまでつながるものと考える。

　まずヨーロッパで新石器時代が設定されてから、チャイルドの時代をへて現在にいたるまでの新石器時代観の変遷をブリテン考古学を中心にみることからはじめよう。

　図49は、ブリテン島の新石器時代遺跡と地理的位置を示したものである。また表11は、ブリテン島と日本列島の先史時代のタイムテーブルである。ともに参考にされたい。

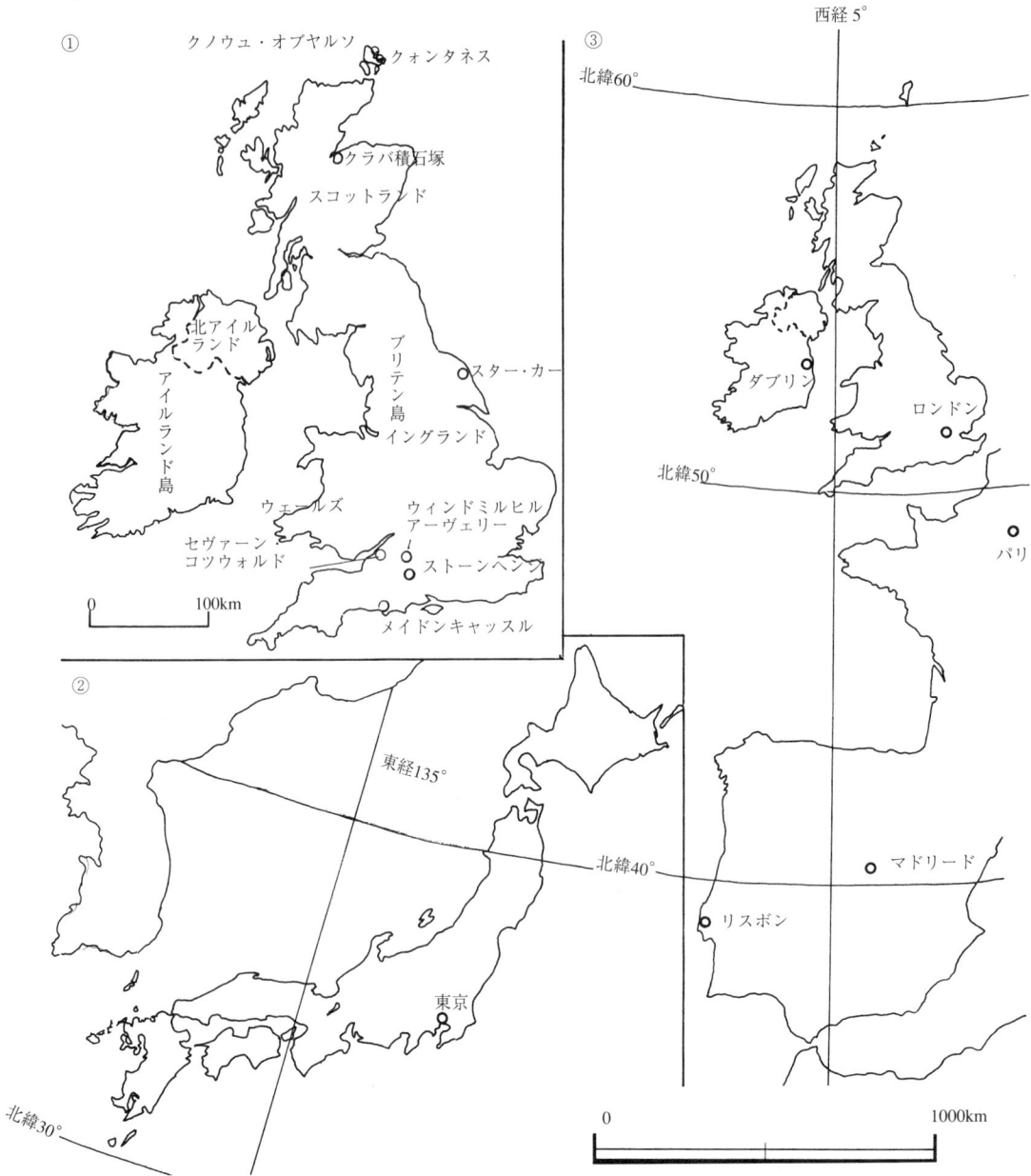

図49 ブリテン島と日本列島の位置と面積の比較およびブリテン島新石器時代遺跡分布図（日本②とブリテン島③を同じ縮尺で緯度をあわせて比較したもの。ブリテン島がかなり高緯度にあることがわかる。ブリテン島は日本列島と比べて面積は2/3、人口は1/2である）

Ⅱ 新石器時代観の成立—技術様式として—

1 「新石器時代」の提唱

　ブリテンの新石器時代研究は、19世紀にデンマークのC.J.トムセンが提唱した石器時代、青銅器時代、鉄器時代という三時期区分法〔Thomsen 1836〕を、ブリテン島にローマが進入する43年以前の先史時代に適用することからはじまった。その後、J.ラボックが、ヨーロッパの石器時代を、

第六章　新石器時代観の変化　185

表11　ブリテン島と日本列島の先史時代編年

Date 年代	England イギリス	Japan 日本
12,000B.C.		Paleolithic 旧石器時代
10,000B.C.	Paleolithic 旧石器時代	AMS早期
9,000B.C.		Incipient Jomon 縄文草創期 *Late Glaciation* 後氷期
8,000B.C.	Ealier Mesolithic 前期中石器 *Late Glaciation* 後氷期	Initial Jomon 縄文早期
7,000B.C.		
6,000B.C.	Later Mesolithic 後期旧石器 *The Change of animals phase which inhabit forest*	
5,000B.C.		AMS前期
4,000B.C.	Forest Destruction	Early Jomon 縄文前期 *Centered on the marine tragression* 縄文海進のピーク
3,000B.C.	*Temperate: Heavy Rain* Windmill Hill / Silbury Hill / Stonehenge Earlier Neolithic 前期新石器 Westkennet Long Barrow	Sannai-Maruyama 三内丸山 AMS中期 Middle Jomon 縄文中期　AMS三内丸山
2,000B.C.	Later Neolithic 後期新石器 *Temperate: Dry* Earlier Bronze 前期青銅器 Avebury	AMS後期 Late Jomon 縄文後期　Oyu Stone Circle 大湯環状列石、Kius キウス Teranohigashi 寺野東 Minamimizote 南溝手 the oldest rice impression on pottery
1,000B.C.	Later Neolithic 後期青銅器	AMS晩期 *the marine digression* Final Jomon 縄文晩期　AMS早期
500B.C.	Iron Age 鉄器時代	Itazuke 板付　Magarita 曲り田　Nabatake 菜畑
1B.C.	Roman Period ローマ時代 *Roman Conquest* ローマの征服	Yayoi Period 弥生時代　Ikegami-Sone 池上＝曽根
A.D.500		Kofun Period 古墳時代　Hashihaka 箸墓

絶滅動物とヨーロッパを共有していたときの堆積物の時代と、それより新しい磨製石器の時代の二つに分けることで、旧石器と新石器という現在の区分が設定されたのである[1][Lubbock 1865]。この区分は、石器の製作技法と動物相を基準にしたという意味で、技術様式や地質学の要素を指標としたものである[2]。したがって、新石器時代の設定当初においては新石器時代と農業との関連づけはなかったことになる。

2　農業と新石器時代の接点
(1)　巨石記念物と新石器時代

　農業と新石器時代はどのようにして結びついたのであろうか。イギリスにおける研究は、第一章でみたように弥生文化が水田稲作と関係することを一つ一つ実証してきた日本考古学とはかなり異なっている。以下、ブリテン新石器時代研究の歴史を振り返る。

　ブリテン新石器時代の代表的な考古資料といえば、巨石記念物[3]である（図50）。ヨーロッパの人びとは、巨石記念物がつくられた時代を新石器時代と考えていた。人びとの関心は、巨石記念物がつくられたのはいつか、誰がつくったのか、彼らはどんな生活をしていたのか、という点にあり、これがまさしく新石器時代研究の目的でもあったのである。縄文・弥生研究が土器を研究対象として所属年代と使用者の特定からはじまったように、ブリテンでは土器のかわりに巨石記念物が研究

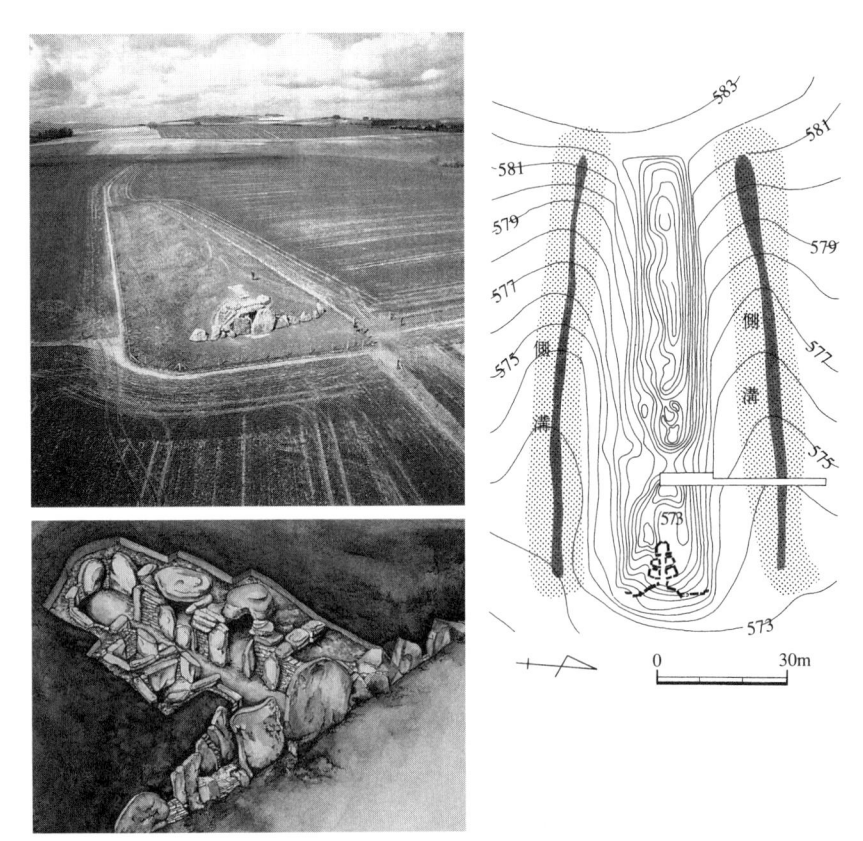

図50　イギリス・ウィルトシャー州ウェスト・ケネット長形墳航空写真（左上）と石室模式図（左下）および墳丘測量図（右）（〔藤尾 1996〕より作成）

対象でつくられた時代とつくった人びとに関心が集まったのである。

(2) 新石器時代の年代

ヨーロッパ先史文化の源はオリエントにあったと考えられ、オリエントの先進的な文化の影響を受け、西ヨーロッパに巨石記念物がつくられるようになったと考えられていた。その文化的影響のメカニズムを説明する理論が伝播論である。すなわち新しい考え方や発見は、人の移動とか伝播という平和的プロセス、たとえば隣接地域間の接触によって伝達されるという考え方である。伝播論で説明するかぎり、年代がわかるもっとも古い文化であるオリエント文明、なかでも古代エジプト文明よりも、ヨーロッパ先史時代の年代がさかのぼることは論理上ありえない。伝播論にもとづくかぎり巨石記念物の上限は、最初から決まっていたのである。

伝播論を最初に主張したのは型式学の祖として有名なO.モンテリウスである。彼はヨーロッパの巨石墓（巨石記念物）と冶金術の系譜をオリエントにはじめて求めた〔Montelius 1903〕。したがってオリエント文明の年代が上限となり、そこから伝播してくる時間を数千年と見積もることで、ブリテン新石器文化の年代の上限が決められたのである。

(3) 巨石記念物の造営者

西ヨーロッパの新石器時代が農業の時代であるという認識は、巨石記念物をつくった人びとが農業をおこなっていたに違いないというところに由来する。これは巨石記念物のような壮大な人工物は農業社会でないとつくれないという当時の進化論的な考え方にひきずられていたからである。新石器時代の社会観を支えていたのは、農業を経済基盤とする社会でないとこのような建造物はつくれないという固定観念だった。第一章で説明したように、金属器を用い農耕をおこなうのは高塚古墳をつくった天孫族からであるという考えにも通じるものである。したがってチャイルド以前、農業と新石器時代はもともと別の問題だったはずだが、巨石記念物に引張られて関連があると考えられていたにすぎなかったのである。

いずれにしても磨製石器を用いるという定義のもと、金属器を用いて農耕をおこない、巨石記念物をつくる農耕民の時代、という新石器時代の内容がここに確立する。

(4) 新石器時代＝農業の時代へ―巨石記念物の造営者の生業として―

モンテリウスが唱えた伝播論は、チャイルドによってパラダイムとして設定される。伝播論はトムセンの三時期区分法では無理だった文化集団の識別を、地理的視点によって可能にした点に特徴がある。チャイルドは、文化的集団または文化というまとまりでとらえられる土器・道具・装飾品・埋葬儀式、住居形態などの複合体（complex）は、ピープルと呼ぶまとまりを物質的に表わしたものと規定している〔Childe 1929〕。そして文化の変化や発達は、人の移動を含む情報の接触・交流によって起こり、思想や変革は伝播によって集団から集団へと伝えられるという考えが、ここに定着するのである[4]。また伝播論は、農業の生業としての優位性と採集狩猟民に対する農耕民の指導性、そして人は農業を知ると神の手に導かれるように農業をはじめる、という当時の常識にも支えられていた。明治・大正期の皇国史観に裏づけられた日本民族起源論も同じ背景をもっている。

このような考え方をベースに、農業も巨石記念物とともに近東からヨーロッパへ伝播したものとして、新石器時代研究のなかに明確に位置づけられた。その伝播経路を次に示す（図51）。農業や

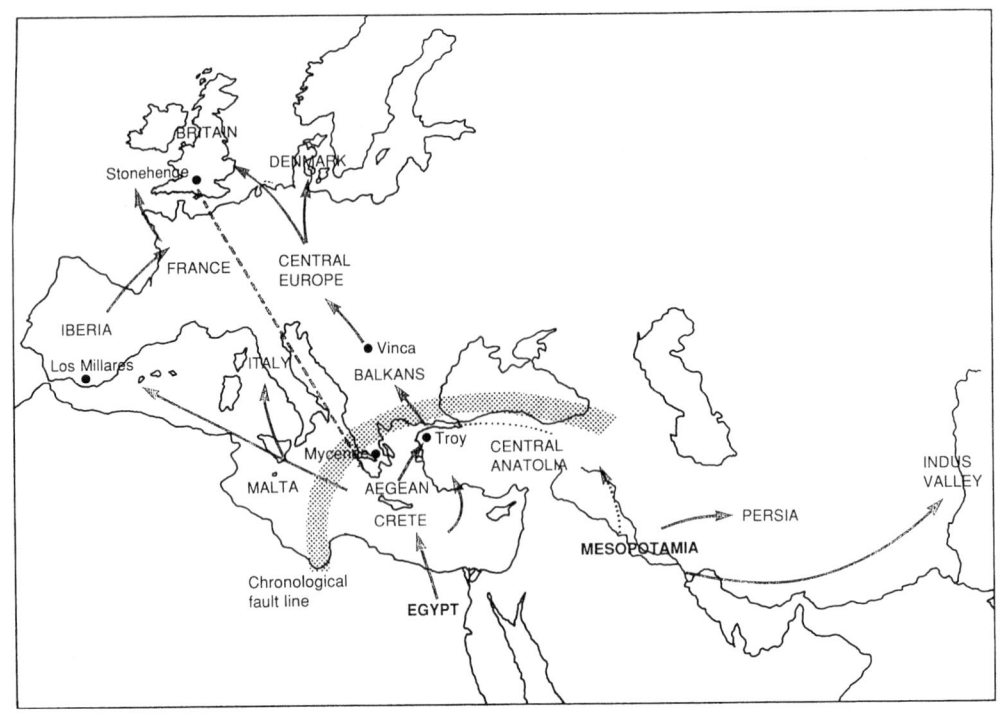

図51　1960年代以前の伝播論に依拠した文明のヨーロッパへの伝播（Renfrew 1991より転載）

牧畜、土器製作などを代表とする新石器時代の技術は、近東で発明されてから近東の人びとによってアナトリアからエーゲ海地方へと広められ、ヨーロッパの東端に伝わった。ここを起点に二つのルートに分かれヨーロッパ各地へ拡がっていく。一つは地中海からイベリア半島をへて西ヨーロッパへいたる西まわりルート〔Childe 1925〕、もう一つが黒海からドナウ川をさかのぼり中部ヨーロッパ平原へ出るルート〔Childe 1927〕である。どちらも西ヨーロッパや北ヨーロッパが最終到達地である。

3　農業の時代の確定—経済様式への脱皮—

(1) 技術様式から生産様式へ

　チャイルドは、先史時代における経済的転回を重視し、農業と牧畜の開始によって新石器時代がはじまると新たに定義した。この定義によってラボックの技術様式による区分から、経済様式によって区分される時代へと新石器時代観は大きく転換することになる。

　チャイルドが経済様式を指標に新石器時代を再評価したのは、経済的転回によって社会が変わると考える史的唯物論に理論的根拠をもっていたからだが、注目したいのは再評価がおこなわれた1920年代という時代である。時は第一次世界大戦が終わってすぐである。パックス・ブリタニカの時代は戦争とともに終わり、大英帝国は超大国の座をアメリカに譲ることになってしまった。

　戦後の荒廃のなかで西ヨーロッパは、「進歩」という言葉に疑念を抱き傷ついていた。このような世相のなかでチャイルドは、いつの時代であっても「進歩」は有効なのだ、ということを証明しようとし、その典型例として産業革命を重視した。産業革命期の新しい社会的生産力、経済的再編

成が政治・宗教に比べられないほどの種々の作用をブリテンに与えたと、チャイルドはその歴史的意義を評価する。そのうえで、産業革命と同じ効果をもつ別種の経済的転回が先史時代にもあったとみる。これが新石器革命なのである。

チャイルドが新石器時代を経済様式として位置づけたのは、史的唯物論の影響もさることながら、イギリスが当時おかれていた政治・経済的立場に負うところが多かったからと考えられる。

(2) チャイルドが定義した新石器時代農業の内容

チャイルドのパラダイムによって、巨石記念物のあるところには農業が存在することになった。しかしその農業とは、私たちがイメージする内容とはほど遠いものである。チャイルドは新石器革命の所産とした西アジアの農業の特徴を次のようにいっている〔Childe 1936〕。

・大麦や小麦の耕作はコメほどあまり多くの努力を要しない。耕地の準備や播種、除草に共同体全員の協力がいるが、これは季節的にすぎず、コメづくりのような継続的なものではない〔禰津訳 1942：129-130〕。
・耕作と牧畜の存在は最低限必要である。なぜならもっとも古い基本的産業と考えられるのは畜養的耕作だからである。畜養的耕作とは、牧畜をおこなったあとで、その糞尿を肥料として利用する半牧・半農の耕作のことである〔同143〕。
・耕作と牧畜が始まることによって自給自足が可能になるとともに過剰物蓄積がおこり、萌芽的交易の基礎ができる〔同155〕。
・新石器時代に土地はまだ不足していなかった〔同179〕。
・新石器初期の墓や村落に、族長制を示す確実な証拠はない。メガリスは王の墓ではない。戦争の存在を示す明白な証拠はない〔同185〕。

これらの記述からチャイルドのいう西アジアの農業は、あとに述べるニュー・アーケオロジーが定義する農業や、これまで述べてきた弥生稲作とはかなり異なり、時代を画する経済的転回とはいいながらも、かなり原初的な内容であることがわかる。このような特徴をもつ西アジア農業の伝播によって、ヨーロッパ各地ではじまった初期の農業とはどのように考えられていたのであろうか。

(3) 1950年代までのヨーロッパ考古学における新石器時代農業観

1950年代には、バルカン半島、ドナウ流域、黒海沿岸、南イタリアの新石器時代農業の内容が明らかになった。

バルカン半島ではじまった農業は、ドナウ川流域の黄土地帯や黒海沿岸の黒土地帯のような肥沃な土地で大きく発展する。その内容はだいたい共通していて、農業と牧畜を主としながらも狩猟や漁撈を組み合わせたもので、移動農耕をおこなう集団もいる。ただし人工灌漑農業はまだおこなっていない。作物は一粒小麦や大麦などの穀物に、マメやアマ、果樹や野菜を加えたもので、家畜にはウシ、ヒツジ、ヤギ、ブタがいた。農耕具は石鍬・石鎌で、伐採・加工用の石斧と粉食加工用の石皿や磨臼がともなう。なかには環壕集落をつくる文化もある。

このような豊富な考古資料によって農業がおこなわれていたことをヨーロッパのなかで裏づけることができるのは、バルカン半島やドナウ川流域の肥沃な土地だけで、辺境地のブリテン島や北海・バルト海沿岸地域など西北ヨーロッパでは新石器時代農業の存在を示す考古学的な証拠はきわ

めて少なかった。G.クラークを中心とするケンブリッジ学派はこのような状況を打開するために、生業活動の復原をめざして自然科学的な調査をおこない、人工遺物に頼らず、動・植物遺体や花粉分析などから、農業の内容解明へと取り組みはじめたのである。

このように1950年代のヨーロッパ新石器時代研究には二つの流れがあった。遺構・遺物とも豊富なバルカン半島やドナウ流域などの東・中央・南ヨーロッパ。もう一つが断片的な考古学的証拠を補うかたちで、自然科学的調査の成果に依存することによって、かろうじて農業の内容を予想できた西北ヨーロッパである。ところが1960年代に入ると伝播論を支えてきた年代観に激震が走ることになる。

Ⅲ ^{14}C革命—伝播論の崩壊と新石器時代観—

1　第一次^{14}C革命

動植物の炭化物中に含まれる^{14}Cの量から、絶対年代を知ることができるという画期的な方法は、世界の考古学に多大なる貢献をした反面、チャイルドの伝統的枠組みの理論的基盤である伝播論に大きな打撃を与えた。^{14}C年代測定の結果、近東より西北ヨーロッパの巨石記念物の方が古いことが明らかになったのである。ブリテンは先進地から優れた文化や技術を受け取って文明化したと考えていたのに、新石器時代のはじまりがこれまでより1,000年もさかのぼったことで、今までお手本と考えていた東地中海地域よりも古くなってしまったのである。考古学者は、先史ヨーロッパの文化を過小評価していたことを知り、巨石記念物や金属器生産はすべて西北ヨーロッパの独創と考えざるを得ない状況に追い込まれることとなった。

モンテリウスやチャイルドは、人類文化の重要な革新や進歩がただ一度だけ生じ、接触を通じて他の地域に伝播するという単系進化論だったが、西北ヨーロッパの方が古いとなると、西北ヨーロッパや近東などいろいろな場所で重要な革新や進歩が起こったことになる。多系進化論の登場である。

2　第二次^{14}C革命—年輪補正の登場—

つづく年輪年代法による補正年代の登場は、かろうじて保たれていたヨーロッパ内における各文化間の時間的前後関係さえも成り立たなくした。西北ヨーロッパの巨石記念物は東地中海のミケーネ文明よりも古くなったし、バルカンの金属器文化はエーゲ海文明よりもさかのぼった。西北ヨーロッパ先史文化は、第一次^{14}C革命によって近東よりも古くなり、第二次^{14}C革命でエーゲやミケーネよりもさかのぼった。これによって、西北ヨーロッパ先史文化に祖型はなくなり、独自に成立・発展したと理解せざるを得なくなる。

伝播論はここに完全に姿を消した。G.クラークは、伝播論者のいうモデルを侵略者ノイローゼとまでいい切っている〔Clark 1966〕。もはや文化の発展に関する考え方は伝播による文化変化から、内的な発展によって起こるという方向へと大きく転換する。農耕の開始についていえば、農耕は外からやってきた農耕民のイニシャティブによってはじまるのではなく、在地の採集狩猟民の主体的

選択によってはじまるという考え方が強まってくるのである。

Ⅳ 理論考古学と新石器時代観

1 最初から決まっていた新石器時代＝農業社会観

　¹⁴C年代測定法によって得られたヨーロッパ各地の年代は、文化変化や文化の発達現象を伝播論で説明することを不可能にしたので、多系進化論が幅をきかせてくる。似たような条件をもつところでは、人間の精神が似たような働きをするので、どこででも同じような発見や発展が起こるという考え方で、その根底には人間の精神という本質があり、文化の発生や発達は精神に規定されるという考え方にもとづいていた。

　多系進化論のように、人類の歴史に生じたことすべてを人間の精神に求める考え方に対して、対象とする文化の社会的・経済的な仕組みを明らかにすることで、文化発生の機構にせまろうとしたのがC.レンフリューを代表とするプロセス考古学である[5]。レンフリューは、環境を異にする異文化間にみられる普遍的な法則を明らかにするため、生業、技術、社会組織、交易、コミュニケーション、人口、人口密度などの指標をとりあげた。農業もその指標の一つである。

　ブリテン新石器時代の農業問題を考えるといってもとくに前期については集落や農具などの具体的な考古資料はほとんどないといってよい状況である。レンフリューは、動・植物遺体や花粉分析などの自然科学的な調査を駆使して、農業問題に取り組もうとした。彼の新石器時代農業観は、G.クラークが1950年代に自然科学的手法を駆使して復原した案に支えられていたが、また別の方法でも農業の内容を明らかにしようとした。

　レンフリューはブリテン新石器時代をチーフダム社会[6]（首長制社会）と考えていたが、ブリテン新石器社会をチーフダム社会と認めるためには、みたさなければならない条件が二つある[7]。農業とモニュメントである。まずモニュメントは、チーフダム社会において宗教・社会・文化センター的役割をもつ施設として重要な位置を占めたが、レンフリューはモニュメントにブリテン新石器時代を代表する考古資料である巨石記念物をあてたのである。巨石記念物は、1960年代まで合葬墓（collective tomb）と考える説が主流であったが[8]、レンフリューはブリテン新石器社会（分節社会 segment society）のテリトリーを示すメルクマールであり、センターであると位置づけたのである〔Renfrew 1973a〕。そうなると農業社会の産物として長い間考えられてきた巨石記念物＝モニュメントをもつブリテン新石器社会は、当然、農業社会ということになる。

　また、チーフダム社会は農業社会であるという前提があった。レンフリューはブリテン新石器時代の農業を混合農業と考えていたので、その面でもチーフダム社会の条件をみたしていたことになる。

　以上のようにプロセス考古学においても、農業がおこなわれていたことを示す考古学的な証拠が不十分のまま、1950年代からの自然科学的手法とチーフダム社会であるという大前提から演繹的に導き出された結論によって、新石器時代は農業社会でありつづけたのである。

　それではレンフリューが混合農業と考える思想的基盤となった、1950年代のG.クラークを中心

とするケンブリッジ学派の仕事をみてみよう。

2　新石器時代農業の実態（1950年代）

　クラークは、ブリテン新石器時代には農具のような人工遺物が少ないことをふまえ、自然科学的なデータを活用した〔Clark 1952〕。たとえば、花粉分析をおこない樹木花粉が減少して草本類が増加することがわかると、森林が伐採され農地がつくられた可能性を考える。あわせて炭化物が確認できれば、森林を伐採したあと乾燥させて燃やし、灰を肥料として用いる焼畑農業がおこなわれたのだと考えた。第二章で紹介した安田喜憲の研究のもとになった研究こそ、クラークたちの仕事である。

　生産していたのは、植物遺体として検出された小麦と大麦で、近東からギリシャを通って全ヨーロッパに広がったものである（図52）。農具にはムギの穂を収穫する摘み鎌（reaping knife）がある。摘み鎌は中石器時代の人びとが野生のグラス類を採るために使用したのがはじまりで、エジプトやイランの初期農耕民も使用していた。刈り取られたムギの穀粒はひき臼で製粉される。なお鎌（図53、sickle）が登場するのは金属器時代になってからである。

　クラークは、動・植物遺体、わずかな収穫具、花粉分析などのデータをもとに、ブリテンを中心

図52　ヨーロッパにおける農業経済の拡大（Clark 1977より転載）

とする新石器時代の農業を、冬を越すための食料を貯蔵することが第一の目的である混合農業と考えた[9]。クラークが明らかにした新石器時代の農業は、チャイルドが想定した蓄養的農耕[10]に近いようにみえる。

3　新石器時代農業の実態（1980年代）

その後、新石器時代の農業観はどうなったかというと、1979年に出版された『ブリテン先史時代への招待』〔Megaw・Simpson 1979〕によると、新石器時代には大麦と小麦の混作と家畜をセットにした農業がおこなわれていたと解説されている。また、サウス・ストリート長形墳（long barrow）の墳丘の下からみつかった鋤痕状の遺構を新石器時代の畠の跡として取り上げている（図54）。これこそ広大な畠にたわわに実った麦畠の情景がイメージされるもととなった。

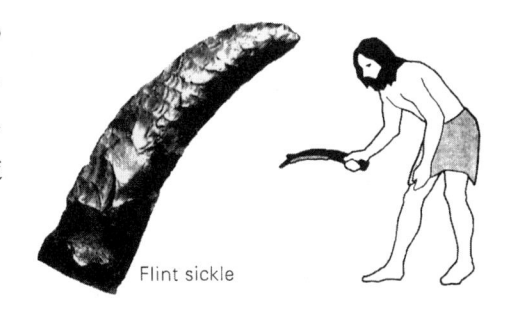

図53　ブリテン新石器時代の摘鎌と石皿
（Mitchell&Middleton 1979より転載）

1983年に刊行されたブリテン考古学の概説書にも、新石器時代農業に関する次のような記述がある〔Lesley & Adkins 1983〕。新石器時代は農業を経済基盤とする。農業には、森林伐採→作物栽培→放棄→森林再生→森林伐採を繰り返す焼畑農業と、一度森林を伐採すると森林は再生されず、恒久的に農業をおこなう混合農業がある。前者は、ヨーロッパ大陸での存在は明らかだが、ブリテンには確実な証拠がない。混合農業とは、前期新石器時代の農業形態で、根拠となる考古資料には次のようなものがある。耕作は十字形鋤を引かせた牛耕で、最初に土を砕きそのあと鍬や踏み鋤などの木製農具で耕作する。収穫は小麦の場合、摘み鎌（reaping knife）と、木にフリントの刃を埋め込んだ結合ナイフ（composite reaping knife）でおこなう。大麦は根刈りする。収穫した麦の穂は、脱穀し風簸した穀粒だけを貯蔵穴（grain storage pit）などに保管する。調理は必要なときに取り出しておこない、引き臼（図53）で粉にして食べる。家畜はウシが大半で、ヒツジかヤギ、ブタがともなう。狩猟が占める割合はかなり低い。後期新石器時代になると、混合農業から牧畜農業へ変化する。森林に住むブタを森で放し飼いにした結果、森林が再生したと考える。

1980年代に示された以上のような新石器時代の農業観は、クラーク以降、新たに発見された考古学的なデータをもとに復原されたものである。なおヨーロッパの新石器時代研究を引張ってきた巨石記念物が、この段階にいたっても新石器時代に農業があったことを示す前提として位置づけられていたことはいうまでもない。

集落遺跡は、あとで述べる断欠周溝状遺構を除くと、前期を中心に単独の住居などが散発的にみつかっているだけで、しかもその実態は柱穴や貯蔵穴といったピット程度のものであり、農耕をおこなっていた人びとの住居にしてはあまりにも貧弱である。後期になると集落遺跡の数こそ増える

図54　サウスストリート長形墳の墳丘下からみつかった鋤痕〔Megaw & Simpson 1979〕より転載）

が、農耕集落と考えられるものはやはりみられない。この時期の有名な住居跡としてよく紹介されるスコットランドやブリテン北西部の海岸部にある敷石住居は、とても農業を生産基盤にしていたとは思えない立地にある。新石器時代の農耕集落としてもっとも有名な遺構が断欠周溝状遺構（causewayed enclosure）である（図55）。この遺跡は、平面形が略円形で、1〜4条の周溝をめぐらし、溝の内側に土塁をもつ構造に特徴があり、径は数百mに達するものもある。間隔をあけて掘られている円弧状の溝にこの遺構の名前の由来があるが、溝のなかからは、土器や動物の骨、人骨、焼けた有機物が大量に出土する。はじめてみつかった断欠周溝状遺構がウィンドミル・ヒル遺跡(2)である。この遺跡は、新石器時代が農耕社会であったことを示す証拠とされた重要な遺跡の一つである。断欠周溝状遺構は農耕社会に特徴的な環壕集落に構造が似ていたし、何よりも新石器時代に出現する土器をともなったからである。しかも、このような大きな遺跡をつくった社会は農耕社会だったに違いないという当時の常識が加わった[11]。このあたりは巨石記念物と同じ扱いである。

このようにクラーク以降、考古学的証拠も増えていたが、まだまだ農耕社会と断定するには考古学的証拠に乏しいといわざるをえない。

4　二次的な農業問題

以上のように、ヨーロッパ西北部、とくにブリテン前期新石器時代農業社会説の考古学証拠をみてみると、この程度の遺物や遺跡の内容で農耕社会とよく判断できたものだと思う。それにもかかわらず、ブリテン考古学界で新石器時代に農業がおこなわれていたと考えてきたのはなぜであろう

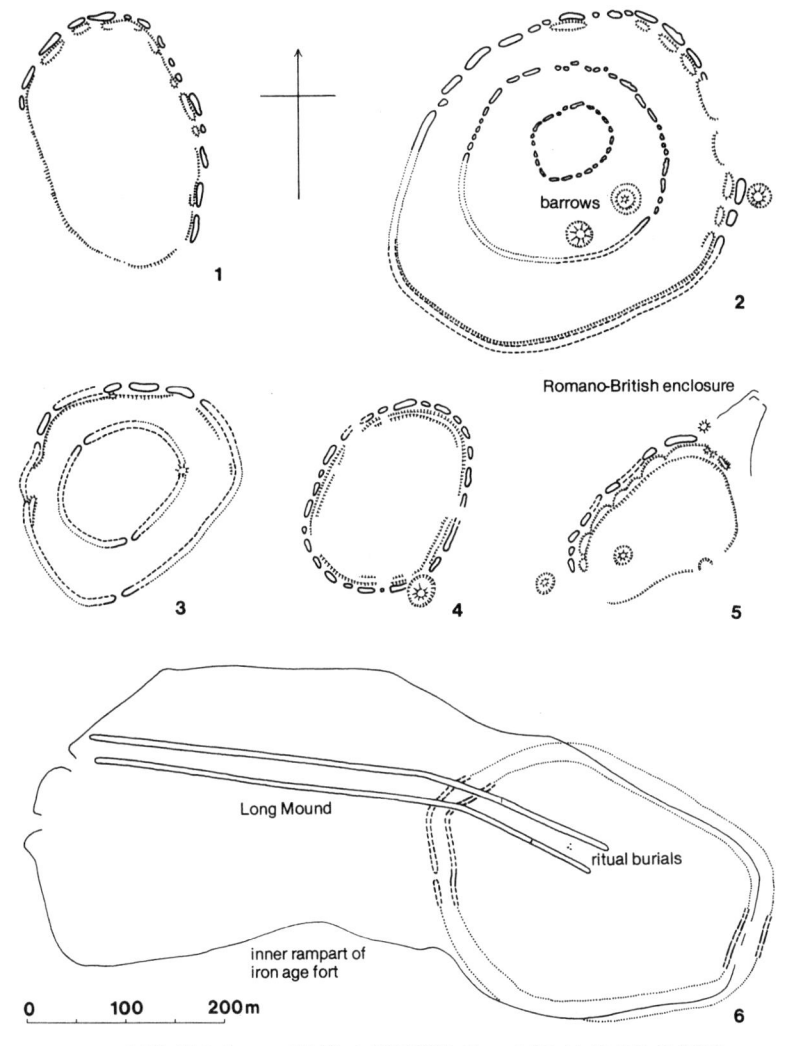

図55　イギリスの断欠周溝状遺構（Megaw & Simpson 1979より転載）

1：Barkhale, Sussex　2：Windmill Hill, Wiltshire.　3：Robin Hoddd's Ball Wilts.
4：Whitesheet, Wilts.　5：Kuap Hill, Wilts.　6：Maiden Castle, Dorset

か。理由の一つに理論考古学の方法論がある。ブリテンの考古学者は、ブリテン新石器時代像がオリエントに匹敵するぐらい立派なモニュメントとあまりにもお粗末な遺物や貧弱な集落という、不釣合いな証拠にもとづいてつくられていたことに気づいていた。金属器も知らない野蛮なヨーロッパ人が、なぜこのようなモニュメントをつくることができたのか、その疑問を解くために新石器時代研究はあったようなものである。なかでも記念物を生み出した当時の社会組織に強い関心があった〔Renfrew 1973a・73b・76〕。

　レンフリューは、ブリテン島南部に位置するウェセックス地方の新石器文化がどのような社会組織であったかの復原を試み、首長制社会であったという結論に達しているが、首長制社会であるためには先にみたように移動式農耕を基本とする高度な農業社会でなければならない。逆にいうと、首長制社会とするためには、この地方の新石器社会が農業社会であり、政治・宗教センターとして

の巨石記念物が必要なのである。プロセス学派の演繹的手法をここにみることができる。農業は、新石器社会を首長制社会とするための前提条件として、はじめから存在するものとして議論が進められたのではないかという疑念すらいだいてしまうのは考えすぎだろうか。

そしてもう一つの理由は農業の絶対視である。すなわち巨石記念物や断欠周溝状遺構のような壮大な人工物は、農耕社会でないとつくれないという常識があった。巨大な人工物はピラミッドや神殿と同じ位置づけだったことが、考古資料が不足するなかで農業社会説を当然視する姿勢につながっていったと推測する。

5 ポストプロセス考古学と農業問題

1980年代に入ると、レンフリューのプロセス考古学は、次のような理由で批判されるようになる。まず異文化間にみられる普遍性を強調するあまり、個々の文化や集団の考古学的データとその構造性を無視する傾向があること、象徴性に対する不十分な対応や自己勝手な歴史的脈絡のなかで解釈することなどである。これこそI.ホッダー率いるポストプロセス考古学からの批判であった。

しかし彼らの農業に関する研究に関しても、プロセス考古学とさほど変わらないほどの問題をかかえていると考えられる。ホッダーの新石器時代観がレンフリューとほぼ同じであったことは、R.J.ブラッドレィとの共著からもわかる〔Bradley & Hodder 1979〕[12]。たとえばポストプロセス考古学は、農業の発達にともなう経済の発達と人口増大によってリネージの果たす役割が高まり、競争集団に対抗するために自己の象徴性を高める目的で、モニュメントをつくったと考えている[13]。やはり新石器時代農業の発達がモニュメントを成立させる前提条件と考えているのは明白である。

6 理論考古学にとっての新石器時代観

レンフリューやホッダーにとって農業とは、新石器時代の社会組織を説明したり、チーフダムなどの社会モデルを適用するために必要な前提条件だった可能性が高い。まず農業ありきの新石器時代という大前提が、考古学的データから復原される実態と大きくかけ離れる原因になったと考える。資料を実証的に積み上げたあと、復原された生業構造を根拠に、農業社会であったかどうかを判断する日本考古学の帰納論的方法とは異なる演繹論的方法の当然の帰結であったのではないだろうか。

V 新石器時代農業社会観への疑問—変わる新石器時代観—

1 新石器時代観の見直し

1980年代の終わりごろから、新石器時代＝農業社会観を支えてきた考古学的証拠に対する疑問が提起されはじめた。たとえば、花粉分析などの自然科学的データと、当時知られていた農工具・集落などの考古学的資料から、農業が存在したと本当にいえるのかという根本的な疑問である。

J.トーマスは、新石器時代の経済、記念建造物（巨石記念物）、埋納行為、土器、葬送儀礼など、あらゆる証拠に対して疑問を提起した〔Thomas 1991〕。そして1980年代まで新石器時代を農業社会

と考える根拠となってきたデータを再検討し、それらが農業が存在したといえるだけの内容を備えていないという結論に達したのである。その実証の過程は次章で詳しくふれるとして、ここでは彼の疑問の根底にあった唯物史観に対する疑念について説明しておこう。チャイルドの時代観やG.クラークの混合農業説を規定している理論そのものに対する疑念である。

トーマスは、新石器時代の指標を技術様式から経済様式へと大きく転換させたチャイルドの研究を検討した。もともと技術・地質様式として出発した新石器時代を、新石器革命という名のもとに経済的現象である農業の開始と結びつけてしまったため、土地利用、磨製石器、土器、農業同士の関係がわからなくなったという[14]。つまり、狩猟・採集・農業の境界があいまいになってしまったのである。たとえば、土器をもっているのに（新石器時代の要素）、食料を求めてさまよい歩く（定住しない採集狩猟民—forager—）段階（中石器時代の要素）が、新石器時代に存在するという事実が出はじめていることなどは、その典型であろう。

ブリテン新石器時代が混合農業経済であるという時代観は、先にみたように1950年代から1970年代にかけて、G.クラークを中心とするケンブリッジ学派が主導した先史経済学的接近法によってつくられたものであった。その根本思想が、経済こそ人類の生活のすべてを規定する下部構造なのであるという史的唯物論にあったことはいうまでもない。クラークらが構築した新石器時代農業社会観のなかで、トーマスがとくに問題としたのは次の2点である。

一つは、集落や住居、農業、貯蔵形態など、農業生活の実態を示す証拠が圧倒的に不足するなかで、混合農業社会という矛盾した解釈をおこなったこと。二つ目は、新石器時代と農業を同一視し、文化や社会的な革新があたかも農業の開始に従属して起こったかのごとく説明してきたことである。トーマスは経済の変化がないとすべてのものが、とくに文化的な事象は変わらない、という考え方こそ反省すべきだと強調している。

2　新石器時代観の再定義

トーマスは、唯物史観の批判、考古資料の再検討をふまえ、新しい新石器時代観を提案した。

まず新石器時代を経済様式としてとらえないことである。新石器時代はキリスト教や共産主義の出現などに対比できる歴史的な社会現象であり、人類社会を演出した歴史的な事件であったと理解する。もちろん経済的な現象としてとらえられる部分もあるだろうが、ほかの場面では宗教的な社会現象だったかもしれないのである。すべてを経済的現象として理解するのではなく、人間の精神的な欲求にもとづいて演出された歴史的な事件であったと考える。レンフリューはかつて多系進化論を批判したが、その時点に、ある意味では戻ったことになる。

最終的にトーマスは、これまで混合農業の証拠とされてきた内容では、新石器時代を農業社会として描くには不十分であるとした。たとえば、栽培植物が存在するからといって農業に生産基盤をおいていたと考える必要はない。小規模な園耕作（Horiculture）だって考えられるからである。縄文時代のヒョウタン、アズキ、ヒエ、コメの問題を考えても当然の結論である。そのうえで次のような新石器時代観を示した。

ブリテン前期新石器時代の人びとは、儀礼用の穀物と肉を手に入れるために、園耕作で穀物を栽

培し、ウシの群れを連れて季節的に移動し、一定の領域内を循環していた。儀礼のときには、住居から遠く離れたモニュメントでウシやブタを殺し、奉納品として埋納した。彼らは、堅牢な木造の建物に住んでいなかったし、同じ場所に通年的に定住することはなかった。広々とした麦の穂が波打つ畠に労働に向かうこともなかったし、人口の過剰や土地不足もなかった。日々の食料の大部分は、野生植物の採集でまかなわれていた。穀物や家畜の肉は、モニュメントでおこなわれる儀礼に用いられ、利用されたあと埋納された。つまり、ブリテン新石器時代の人びとは儀礼のために穀物と肉を手にいれる必要があり、そのために園耕作で穀物を栽培し、家畜を飼養していたという時代観なのである。

VI 小　　結

　ラボック、チャイルド、クラーク、レンフリュー、ホッダー、トーマスが復原してきたブリテンの新石器時代観は不変ではなかった。新石器時代観は1925年に、それまでの磨製石器の時代（技術様式）から農業の時代（経済様式）へと大きく転換した。そして1991年には儀礼の時代（文化様式）という説が出されて検証が進んでいる。各人の新石器時代観は、その当時の世相を反映していたといえるのであろうか。

　ラボックは、ブリテンの先史時代を研究する目的で石器時代を技術様式の観点からを二つに分けた。ダーウィンの進化論の時代である。モンテリウスは、大英帝国の国民の系譜を知るために伝播論を採用し、ブリテン国民が古代オリエント文明からの正統な継承者であることを説明しようとした。パックス・ブリタニカを達成できた理由を歴史のなかに求めたのである。チャイルドは、第一次大戦後のうちひしがれたブリテン国民に希望をあたえるために、栄光の産業革命に匹敵する経済的転回が新石器時代にも存在したとして新石器革命を提唱し、新石器時代が農業の時代であることを主張した。クラークは、史的唯物論に準拠して新石器時代農業社会説を自然科学的データのもとに立証した。時代は東西冷戦の真只中である。

　理論考古学者は、クラークの農業社会説を前提に、新石器時代の社会組織を研究・復原した。

　それでは、トーマスはどのような世相を背景に、儀礼の時代という時代観を示したのであろうか。トーマスは、史的唯物論への疑問からクラークらが指標としてきた資料を再検討し、農業社会とはとてもいえないという資料批判から出発して、経済的転回だけが文化や社会の変化や発展を規定するのではないという結論に達した。この動きは、東西冷戦構造崩壊のあと、共産主義への幻滅、史的唯物論への疑問、そして何よりも物質文明への痛烈な批判が前提になっているものと考えられる。物質的には豊かになった日本はもはや、右上がりの成長は期待できなくなっている。一種の閉塞感のなか、私たちはいかに心豊かに生きていくのか、そういう世相を反映した縄文・弥生時代観が今後出てくる可能性は十分にある。縄文人は経済的に豊かになるために農業を採用して弥生化したのであろうか。高度成長時代の日本人のように。それとも何か別の理由があったのだろうか。

註

1) 直訳すると、旧石器時代は「人間が、マンモス・穴熊・毛犀、そして今日では絶滅しているようなほかの動物たちとヨーロッパを共有していたときの堆積物の時代」。新石器時代は「前者よりも新しく、すなわち磨製石器の時代。なお、それはひうち石そのほかの石によってつくられた非常に美しい武器や道具の存在によって特徴づけられる時代」となる〔杉原 1964・65〕。
2) 縄文・弥生時代の区別も、はじめは縄文土器と弥生式土器が土器製作技術のうえで異なるという、技術様式の違いにもとづきおこなわれてきたことは第一章で説明したとおりである。
3) 巨大な石を用いた壮大な構築物で、新石器～青銅器時代につくられた。大石籠(ヘンジ)、円・長形墳(サークル・ロングバロウ)、積石塚(ケルン)などがある。ストーンヘンジは大石籠の典型例である。日本のように早くから土器は出現しないので、目立つ巨石記念物が指標となったのであろう。
4) S.ピゴットは、巨石記念物をキリスト教の教会やイスラム教のモスクのようなものとしてとらえ、聖人や商人によって信条や信念が伝えられたと考えている。伝播論の典型例である〔Piggott 1965〕。
5) レンフリューに関する記述は、大貫静夫氏の訳本によっている〔大貫 1973〕。伝播論やそのあと出てきた多系進化論などのような二者択一の議論では、文化の出現や発展の問題を解決できないとして登場したのが、プロセス考古学である。レンフリューは、進化主義のように文化の発展を人間の精神のような内的な資質に求めても、それが本当に文化の変化や発展を左右しているかどうかを検証する方法がなければ、人類の歴史に生じたことはすべて人間の精神構造の論理的帰結とみなされてしまう。人間の精神に求めるのではなく、問題とする文化の社会的・経済的システムを明らかにすることで、解決の糸口を探さなければならないと説いた。また伝播論のように、二つの文化を比較して相違を明らかにすることは全体論的に意味はなく、むしろ異なった活動領域をもち、文化システムが異なる地域同士を調査して、それらの文化を動かしている共通の情報について考えた。環境を異にする異文化同士にみられる普遍的な法則を明らかにすることが、伝播論崩壊のパラダイム探しにつながるという見通しを立てたのである。
6) 首長制は、当時の人類学のなかで最先端の社会モデルであった。首長制社会は、恒久的な中央機関をもつ再分配の社会で、経済だけでなく社会・政治・宗教的な機能を兼ね備えている。階級社会に属し、首長によって組織された生産物の分配を特徴とする。高い人口密度、高い生産性、厳密に設定されたテリトリーをもつ、より統合された社会である。
7) 首長制社会と認定するには、20ほどある指標を満たしているかどうか検討しなければならない。たとえば、テリトリーの境界として明確に位置づけられる施設の存在、社会・宗教センターの存在、そこでおこなわれた社会的ニーズに応じた頻繁な儀式、公共の勤労奉仕の結果できあがった寺・墳丘・ピラミッドなどが含まれている。そしてレンフリューは、社会・宗教センターに巨石記念物をあてはめたのである。
8) モニュメントに関する詳しい研究史は、拙論〔藤尾 1996〕を参照してほしい。
9) 越冬用の食料の貯蔵は、中石器時代にすでに存在していたという説がある。
10) 牧畜をおこなったあとで、その糞尿を肥料として利用する半牧・半農の耕作のこと(前掲)。
11) この遺構の機能は、農耕集落説のほかに動物の囲い説、交易のための交換所、宗教的施設、死体のさらし場、高城説などがある。詳しくは拙論(前掲)を参照のこと。
12) 彼らは、新石器時代を前・中期と後期に分け、さらに後期を青銅器時代前期と同じ段階に位置づけている。基準は純粋に経済的な視点である。2人のいう前・中期は、チャイルドのいう畜養的耕作の段階にあたる。
13) 豊かな狩猟採集民であった在来の中石器時代人が、農業や家畜の飼養をはじめると人口は増大するので、新たに移住してきた農耕民とのあいだでたちまち土地不足が深刻化する。そのような状況のなかでは、共同

体の結束を高めるために、または自分たちのアイデンティティーを確認する意味で、社会・宗教的行事への共同参加がはかられる。モニュメントはそのための象徴として建造されたと考える。

14) 角田文衞が同じ指摘をしている〔角田 1976：231〕。「新石器時代とは、石器の磨製法が行われている前冶金術時代という意味であって、製陶術や生産経済は、いかに関連が深くても直接の成立条件をなしてはいない。ヨーロッパの新石器文化を考察する場合にも、この基本的な概念規定は、恒に念頭に置く必要がある」

参考文献

大貫　静夫　1973：『文明の誕生』岩波書店．(C. Renfrew　1973b：*Before Civilization*. Jonathan Cape).
角田　文衞　1973：「各国の考古学―ヨーロッパ―」(江上波夫監修『考古学ゼミナール』230-242、山川出版社)
襧津　正志　1942：『アジア文明の起源』科学文化論叢18、誠文堂新光社
藤尾慎一郎　1996：「ブリテン新石器時代における死の考古学」(『国立歴史民俗博物館研究報告』68、215-251)
Bradley, R. J. & Hodder, I. 1979：British prehistory an integrated view. *Man(N.S)*14, 93-104.
Clark, J. G. D. 1952：Prehistoric Europe; *The Economic Basis*. Methuen & Co.LTD., London.
　　　　　　1966：The invasion hypothesis in British Archaeology. *Antiquity*XL, 172-189.
　　　　　　1977：World Prehistory; in new perspective (3rd.). Cambridge University Press. Cambridge.
Childe, G. V. 1925：*The Dawn of European Civilization*. Kegan Paul, Trench, Truner & Co., Ltd, London; XVI, 328.
　　　　　　1927：The Danube Thoroughfare and the Beginnings of Civilization in Europe. *Antiquity*1, 79-91.
　　　　　　1936：Man makes himself. Wattc & Co. London.
Hillman, G. 1981：Reconstructing crop husbandry practices from charred remains of crops. In:R. Mercer(ed.) *Farming Practice in British Prehistory*, 123-162. Edinburgh, Edinburgh University Press.
Lesley, A. R.& Adkins, R. 1983：The Neolithic period. *The Handbook of BRITISH ARCHAEOLOGY*. Papermac. London.
Lubbock, J. 1865：*Prehistoric Times*.
Megaw, J. V. S. & Simpson, D. D. A. 1979：*Introduction to British Prehistory: from the arrival of Homo Sapiens to the Claudian invasion*. Leicestre University Press.
Mitchell, R & Middleton, G. 1979: Pre-history to Roman Britain; *HISTORY IN FOCUS1*, Longman, England.
Montelius, O. 1903：*Die Alteren Kulturperioden im Orient und in Europe*. Stockholm.
Piggott, S. 1965：*Ancient Europe; from the beginning of agriculture to classical antiquity*. Edinburgh at the University Press.
Renfrew, A. C. 1973a：Monuments, mobilization and social organization in Neolithic Wessex. In: Renfrew A.C. (ed.) *The Explanation of Culture Change* 539-558. London. Duckworth.
　　　　　　1973b：*Before Civilization*: the radiocarbon revolution and prehistoric Europe. Jonathan cape.
　　　　　　1976：Introduction. Changing Configurations: *British Prehistory; A New Outline*. (2nd). London. Duckworth.
　　　　　　1991：*Archaeology; Theories Methods and Practice*. Thames and Hadson Ltd. London.
Thomas, J. 1991：*Rethinking the Neolithic*. Cambridge. Cambridge University Press.
Thomsen, C. 1836：*Ledetraad til Nordisk Oldkyndighed*.

第七章　採集狩猟民と農耕民の相互交流

Ⅰ　弥生文化成立・形成モデルの構築

　日本考古学では、弥生文化がどのようにして成立して各地に拡がり定着していったのかという問題を、これまで文化習合論[1]で説明してきた。これは、弥生文化が採集経済の縄文文化と生産経済の渡来集団の文化が接触して形成されたという説である。文化習合が起こるためには、少なくとも二つの前提条件がある。一つは集団の規模がある程度拮抗していることが必要なので、渡来集団の大量渡来が前提になる。もう一つは採集狩猟より生業的にすぐれると考えられた農業をおこなう農耕民が、採集狩猟民を指導して農業を広めていくという、農耕民のイニシャティブである。1970年代まで、近畿の弥生研究者と形質人類学者は、この二つの前提条件を認めた文化習合論による弥生文化の成立を主張してきたが、その後の調査・研究の進展によって、この二つの前提条件を再検討する時期にきていることは前章までで説明してきた。ここであらためて整理しておく。

　第一の条件である渡来集団の大量渡来説を支えてきたのは、前期末以降に急増する渡来系弥生人骨の存在であった。福岡県板付遺跡で突帯文土器単純段階に属する灌漑施設を備えた水田が発見されるまでは、弥生文化のはじまりと前期末の間は100年あまりの時間幅しかなかったが、発見後は弥生稲作の開始が一気に100年以上さかのぼったため、前期末までの間に200年以上の間があくことになった。もし渡来人が弥生文化の成立に大きな役割を果たしているのなら、前5～4世紀に大量の渡来集団が来ていなければならないことになる。しかし、これまでの調査で明らかになったのはそれを否定する材料ばかりである。たとえば、福岡県新町遺跡では渡来人の墓と考えられていた朝鮮半島南部系の支石墓が調査されたが、葬られていたのは今のところ縄文的な形質を色濃くもつものばかりである。佐賀県大友遺跡の早期人骨もやはり縄文的な形質をもつことが明らかにされている。以上のように、弥生時代がはじまってからの200年あまりの間は、大量移住はおろか渡来人の存在を示す形質人類学的証拠が依然として得られていないというのが実状である。

　第二の条件である農耕民のイニシャティブだが、考古学的には確認しにくく、実際のところは進化論的な発展段階説が理論的根拠になっていたにすぎないし、縄文後期のコメの存在で明らかになったのは、コメを知っても1,000年以上にわたり稲作を中心とする生活には転換しなかった縄文人の姿であった。

　以上のように文化習合論を支えてきた二つの前提条件がいまだ満たされていないなかで、弥生文化成立・形成のメカニズムを説明するためには、文化習合論にかわる新たなモデルを考えなければならない状況になっている。二つの前提条件のうち農業のもつ優位性を考古学的に説明することは難しいので、考古学に課せられているのは渡来人問題である。現在、明らかになっている渡来人に

関する前提条件は次のとおりである。弥生文化成立時には少数の渡来人と多くの在来人という人口構成であったが、そのあと九州北部では200年あまりで、長身・長頭化などの渡来系質をもつ人骨の割合が在来系を大きく上まわるようになる、という事実である。この事実を説明するためには、少数だった渡来系質をもつ集団が200年あまりで多数になるための人類学的解釈、そして少数の渡来人とそれを上回る在来人がどのような接触・交流をへれば、弥生文化を形成・発展させることができるのかを説明する考古学的解釈が必要である。

なかでも本章の目的は、渡来人と縄文以来その地に住んでいた在来人（採集狩猟民）は、どのようにして出会い、接触・交流しながら弥生稲作に転換して弥生文化を形成していったのか、文化習合論にかわる解釈を考えることにある。この問題を考えるにあたり、次のような研究を参考にした。文明の中心地からみて辺境に位置するという地理的な条件において、日本列島とよく似ているブリテン島やヨーロッパ北西部で、最近おこなわれている農業の開始をめぐる採集狩猟民と農耕民の相互交流モデル（interaction model）に関する調査や研究成果である。日本列島とヨーロッパ北西部は、ともに文明の中心である中原とオリエントからみると辺境に位置し、コメとムギという作物の違いはあるが、ともに穀物の野生種をもたないことから、農業に関するすべての情報は外に求めるしかないなどの共通点をもつ。これらの情報が渡来人によってもち込まれたのか、それとも在来人の主体的な取組みによって導入されたのかという点での議論がさかんな点も同じである。

ヨーロッパ北西部の研究例を紹介するまえに、まず1970年代までの弥生文化形成モデルを再確認することからはじめる。

II　1970年代以前の弥生文化形成モデル

第一章で説明したように、弥生文化の成立論を考える場合は、誰が中心的な役割を果たしたのかという、主体者論争と無関係には議論できなかった。いわゆる渡来人主体説と縄文人（在来人）主体説である。この問題をどう理解するかによって弥生文化成立論は変ってくる。まず二つの主体論の特徴について整理しておこう。

1　渡来人主体説

弥生I期に海を越えて弥生式文化人がやってきて、河川に沿って流域の沃野を開拓し、全国に広がって集団的な集落を営み育てていったという小林行雄の説〔小林1938〕に代表される。

戦後、金関丈夫がI期末の山口県土井ヶ浜遺跡の調査成果をもとに渡来人の大量移住説を主張したことによって〔金関1955〕、渡来人の存在が具体的に認められるようになるが、その数については推測の域を出ない。しかし、渡来人主体説を主張する考古学者は渡来人の数よりも、むしろ渡来人の果たした歴史的役割を重視する傾向が強い〔小林1971〕〔金関1955〕〔佐原1975〕〔坪井1968〕〔都出1970〕〔春成1973〕。渡来人は、その大きな文化的影響力で、強制力をともないながら縄文人を文化的に淘汰した。一種の文明化である。やがて渡来人集団の二世・三世たちが南や東へ進出・移住し、弥生文化を広めていったので、斉一的な遠賀川式文化が西日本各地に定着することになっ

たと考える。このような論を支えていたのが、西日本各地に分布する斉一的な遠賀川系土器と、その短期間の拡散を説明するための伝播論であった。

2 縄文人（在来人）主体説

縄文後・晩期の雑穀・穀物栽培を積極的に認め、この段階の経験を生かした縄文人が朝鮮無文土器文化の新しい技術や情報を受け入れ、主体的に選択・習得し弥生化を達成したとして、在来人独自の弥生文化形成を説く〔橋口1985〕〔田中1986〕〔下條1995〕。渡来人の存在は認めるものの、その数は縄文人に比べると圧倒的に少なく、渡来人の歴史的役割よりも縄文人の主体性を評価する。これは一種の新進化主義的思考で、韓国や西日本のように自然環境が同じようなところでは、同じような文化が独自に起こり発展するという考え方である。金関恕はこの様子を「ある文化に属する集団が、人の介在なしに、他の文化から一つまたは幾つかの文化要素を借用したり、模倣したりして、自らの文化を変えて行く……」と述べている〔金関1993：60〕。

3 両説を支える考古学的証拠

渡来人主体説を支えていたのは、Ⅰ期末からⅡ期はじめにかけて多数を占める渡来系と考えられる人骨の存在と、朝鮮半島の影響を受けてあらわれる道具類である。縄文後・晩期農耕と弥生稲作との間に本質的な差を認め、時代の画期を経済的転回に求めるチャイルド的思考を基本的なより所としている。

一方、弥生文化を構成する要素のうち、かなりの要素が縄文時代にみられること、朝鮮半島の影響を受けてはじめてあらわれる道具類にも、ごく一部を除いて在来的変容が受容後すぐに起こっていること、縄文後・晩期農耕による経験の蓄積が弥生稲作をはじめるにあたって有利に働いた可能性、弥生初頭に渡来人の存在を示す人骨が出土していないこと、などの考古学的な資料が縄文人主体説を支えている。縄文人は縄文後・晩期に新文化の息吹を育て、弥生初頭に花開かせたのであって、そこには渡来人の強い指導などは必要ない、という基本姿勢がある。

両説は長い間拮抗していたが、1980年代に入ると縄文人主体説に有利な考古学的な証拠が相次いで得られるようになる。まずそれらを紹介したうえで、その結果どのような課題が新たに生まれ、現在何が問題になっているのかみてみよう。

Ⅲ　1980年代以降の新しい調査成果

とくに縄文時代のコメ、弥生早期段階に支石墓からみつかる在来系の形質をもつ骨、在来人が弥生稲作に転換したことによって成立した遠賀川系土器分布圏の問題を取り上げる。

1 縄文時代のコメが意味するもの

第三章で詳説したように岡山県南溝手遺跡でみつかった籾痕土器は、縄文後期後葉にコメが存在したことを示している。さらに同県姫笹原遺跡出土の縄文中期土器片の胎土からみつかったプラン

ト・オパールは、縄文中期までコメがさかのぼる可能性を示唆している。瀬戸内におけるこれらの調査成果は、縄文時代にコメがつくられていた可能性を高めつつある。もしつくられていたとしたら、弥生時代に本格的な稲作をはじめるために必要な経験や知識を蓄積する期間が、さらに600年ほど長くなったことになる。弥生文化の漸進的成立説を主張する縄文人主体説に有利に働く事実である。

一方、渡来人主体説にはどういう影響は与えたのかというと、まず縄文後・晩期にコメを伝えた人間または集団と、弥生時代になってからやってきた渡来集団との違い、渡来の契機の違い、それぞれが果たした歴史的役割の違いを明確にする必要性に迫られている。

どちらの説をとるにしてもコメがかなりさかのぼったことによって、あまりにも長い縄文稲作の期間と突然起こった弥生稲作への転換の事実はきわめて対照的である。コメを知って弥生稲作へ転換するのに1,200年間もかかった理由を早急に明らかにする必要に迫られている。

2　支石墓に葬られた在来形質の人骨が意味するもの

福岡県新町遺跡で、弥生早期の支石墓から人骨が出土した〔中橋 1992〕。支石墓は前・中期朝鮮無文土器文化を代表する墓制なので、朝鮮半島南部と同じ形式の支石墓が分布する九州西北部に、渡来人がやってきた証拠と考えられてきた。当然、新町遺跡の支石墓からも渡来系の形質をもつ骨がみつかると予想されたが、みつかったのは縄文系の形質的特徴をもつ骨だったのである。全掘したわけではなかったが、この調査成果は、弥生文化成立期における渡来人の存在を否定するもとして喧伝され、縄文主体説に有利に働くこととなった。その後も弥生早・前期前半段階に属する縄文形質の人骨が佐賀県大友遺跡や長崎県宇久松原遺跡の支石墓からみつかっていて、その数は合わせて10体近くになる〔中橋 2001〕。

もちろん、支石墓から縄文系の人骨が十数例みつかったからといって、渡来人の存在をまったく否定することはできない。新町遺跡には、左大腿骨に朝鮮式磨製石鏃を射込まれて死亡していた人がいたし[2]、支石墓の内部主体も朝鮮半島に一般的な木棺である点など、渡来系の人びとの存在をうかがわせる状況証拠は依然として無視できないからである。したがって、渡来人の存在を否定するのは時期尚早であると考える。

3　渡来人東進説の否定——遠賀川系土器の製作者——

西日本における弥生文化の成立に関する1970年代までの考え方は、九州北部で渡来人と縄文人が混血して誕生した弥生人の二世・三世たちが短期間のうちに西日本の各地に移住して、弥生稲作をはじめた結果、斉一的な遠賀川系土器分布圏が成立した、というものであった。すなわち九州北部を発信源とする直接伝播説である。しかし、この考え方にも再考をせまる調査例が増えてきている。

① 西日本のⅠ期文化には九州北部の直接的な影響がそれほどみられるわけではない。第五章で説明したように、土器・石器・木製農具の型式学的研究が進んだ結果、西日本にみられるのは遠賀川下流域を含む九州東北部の影響である。したがって西日本の各地でみられる外来的な要素は、少なくとも西接する灘を単位とする地域の影響であって、九州北部を単一の起源とす

る直接文化伝播説はもはや成り立たたないと考えられている。
② 弥生早期からⅠ期にかけて継続して営まれる西日本の遺跡に、外部からやってきた農耕民が大量に移住した形跡を認めることはできない。第五章で指摘したように土器にみられる技術的連続性など在来人が弥生化したと思われる状況を示すものばかりである。
③ 西日本の土器や石器にみられる弥生早期の地域性はⅠ期にも継続していた。したがって第五章で説明したように、外からの農耕民の移住にともなって集団の再編成などは起こっていないと考えられる。

　三つの成果から導き出せるのは、西日本各地において弥生稲作をはじめたのは基本的に在来人であったことである。①②③の成果は、少なくとも数のうえでは多くの在来人が弥生文化へ転換したことを物語っている。

4　新しい弥生文化成立・形成モデルの必要性

　縄文時代のコメ、支石墓からみつかる在来系質の人骨、在来人が弥生化していく弥生Ⅰ期の西日本各地の状況など、1980年代以降にみつかった考古学的調査成果のなかには、縄文主体説に有利なものが数多い。このような調査成果は、弥生文化博物館がおこなったシンポジウムにさっそく取り入れられ、シンポジウム記録の論調は縄文人主体説でまとまっている〔金関・弥生博編 1995〕。しかし、このシンポジウムでおこなわれた議論は縄文人主体説の問題点をすべて内包していると考えられるので、これをたたき台に問題点を指摘しておく。

　たとえば、金関恕の、「水田農耕文化の伝来は、まず少数の移住者によって伝えられ、新技術は在地の採補民、すなわち、縄紋人が主体となって受容した」〔同63頁〕という発言は、縄文人主体説を象徴的にいい表している。確かに渡来人と在来人の数を比べれば在来人の数が圧倒的に多いので、主体となって受容するのはあたり前である。その意味で弥生文化形成の担い手としては、在来人が主体的な役割を果たすことになるが、数が多ければ無文土器文化とは似て非なる弥生文化を創造できるのかというとそうではない。基本的に在来人で構成された砂沢遺跡で弥生文化が創造できたであろうか。

　青森県砂沢遺跡の弥生Ⅰ期の人びとは、灌漑施設を備えた水田でコメをつくっていたが、木製農具を除くと縄文以来の道具を使用していた。人骨・考古遺物を含めて砂沢に朝鮮半島南部からの渡来人の痕跡はほとんど認められないので基本的に在来人の所産と考えられる。コメをつくるという点だけにしぼれば、在来人が従来の道具だけで水田稲作をおこなった砂沢遺跡は、少ないながらも渡来人がいて、農具などに大陸系磨製石器の影響を受けた道具を用いた玄界灘沿岸地域より、在来人の主体性は格段に強いはずである〔宇野 1996〕。玄界灘沿岸地域の人びとよりも主体性の強い砂沢遺跡の人びとが、弥生文化を創造し成立させることができなかったのはなぜであろうか。朝鮮半島南部からあまりにも離れていたからという点に理由を求めるなら、それは逆に渡来人の役割を重視することになり、渡来人主体説になってしまうので使えない。

　西日本ではどうであろうか。水田でコメをつくる場合に必要な道具は、日本的改変を受けていたり、サヌカイト製の打製石器で収穫具をまかなっていたりする場合もあるなど、西日本縄文人の工

夫がみられるのだが、原型は無文土器文化に系譜をもつものばかりである。西日本の縄文人は原型を改変したのであって、そこに主体性を求めるのが現在の縄文主体論ということになる。しかし原型自体を採用していない砂沢に比べると主体性は低い。

在来人が弥生化していく過程を検証する場合に注意すべきことは、弥生化とは無文土器文化の日本版をつくることだったという視点である〔高倉1995〕。すなわち原型を改変することが弥生化なのである。このような日本的改変を果たした西日本縄文人の主体性と砂沢遺跡の人びとの主体性は、宇野隆夫がいうようにどちらか一方の歴史的意味が大きい、といったようなものではない。金関恕が説くように各地の歴史的発展の自立性こそ、より評価されるべきだからである。

縄文人がどのように無文土器文化の日本版をつくって弥生化していったのか、それを知るには、弥生化の契機が何かを知り、弥生文化と無文土器文化との本質的な相違点を明らかにしていくことこそ重要と考える。渡来人のもつ原型を自らの伝統にあわせて変容させたのは在来人である。その過程で土着化・在地化の要素が発揮され、無文土器文化とは似て非なる弥生文化として実を結ぶのである。

私たちはもう一度、清水潤三の言葉を思い起こすべきであろう。現在の私たちが目にしているのは、大多数の縄文人が懸命に日本版無文土器文化化をめざしている過程で、脱ぎ捨てた縄文の殻なのである。したがって、そこにみえる縄文的な考古学的証拠だけを強調して、縄文人主体説を論ずることに歴史的な意味はない〔清水1957〕。

筆者は、弥生文化の成立にあたって大多数の縄文人が果たした役割を、彼らが脱ぎ捨てた大多数の考古資料にもとづいて論ずるつもりはない。縄文人にそのような動きをさせた、すなわち無文土器文化化へと向かわせた契機、そこに渡来人が果たした役割を評価したい。そこで渡来人が果たした役割を知るために、渡来人と在来人がどのように接触し、交流し、融合し、弥生文化がつくられていったのか、その過程から復原することにする。弥生文化成立過程の復元である。

はじまりは両者の出会いである。在来人が渡来人と出会ったときに、何が起きたのであろうか。異なる生業・文化をもつ集団同士が接触したとき、各々がどのような行動をとるのかを知るために、異集団間の相互交流（interaction）に関する研究が進んでいる西北ヨーロッパの研究例を紹介する。

IV　西北ヨーロッパにおける農業のはじまり—中石器時代から新石器時代への転換—

1　採集狩猟民の再評価

ヨーロッパの西北域（アイルランド・ブリテン島・ユトランド・北海沿岸地域）の採集狩猟民は農業を明らかに知っているにもかかわらず、新石器時代がはじまってからも数百年から千年以上ものあいだ、農業をはじめていなかったことが知られるようになってきた。1970年代までのヨーロッパ考古学では、農業が他の生業に対してもつ優位性を当然視し、採集狩猟民が農業を知れば、神の手に導かれるかのように農業に飛びつくのはあたり前と考えていた。しかしこの説にしたがうと、西北ヨーロッパ地域の中石器人がなかなか農業をはじめなかった理由を説明することはきわめて難しい。採集狩猟民が農業をはじめる理由と考えられてきた、他の生業に対する農業の優位性に対す

る疑問が今では強まっている。また採集狩猟民が農業をはじめる契機についても、これまでのように農耕民が農業を採集狩猟民に教え指導することで、採集狩猟民の農業がはじまるという農耕民のイニシャティブよりも、地元の採集狩猟民が果たした役割を重視するようになってきている。このような農耕民主体説から採集狩猟民主体説への転換は、個々の民族・文化のコンテクストを重視するポスト・プロセス考古学の登場と無関係ではない。

ただ、外からはいってくる農耕民がまったくいないとか、農業の情報が外から入らなかったわけではない。血縁集団を単位とする数グループの農耕民が、採集狩猟民が住んでいる領域に入り、そのあと地元の採集狩猟民と接触・交流を重ねる過程で、採集狩猟民が自主的に農耕民化していくという理解が共通のものになりつつある。

西北ヨーロッパ各地の研究例を紹介し、採集狩猟民と農耕民との接触交流モデルと、採集狩猟民の文化が新しい文化へ転換していく過程について考えてみよう。

2　西北ヨーロッパ各地の中石器時代から新石器時代への転換期

(1)　南スカンジナビア

この地域の採集狩猟民は、農業を知ってからおよそ100年で農耕民への転換を完了している。その過程を説明する代表的な説として、1989年に発表されたB.ソルベルグの研究がある〔Solberg 1989〕。「南スカンジナビアにおける新石器への転回―内部発展か移住か―」という、刺激的なタイトルである。結論を先にいうと農耕民が外から移住することによって転換がなしとげられたという立場に立っている。

この地域の前期新石器文化はＴＲＢ文化である。これまでＴＲＢ文化は、この地域の中石器文化であるエルテボレ文化が、ヨーロッパ大陸のロッセン文化から家畜と穀物栽培を新たに受け入れ、在来人主体で成立したと考えられてきた。縄文主体説と同じ内部発展説である。ところがＴＲＢ文化を構成するヨーロッパ大陸系の土器や石器、集落や墓は、わずか100年の間にがらりと変わっていることがわかった。もしエルテボレ文化と大陸の二つの集団が情報を中心とした接触をおこなっていたのなら、文物は時間をかけていろんな機会を通じて伝わるので、100年の間にすべてが変わることはない。情報を主とする間接的な接触では採集経済を変えてしまうだけの力はなく、穀物栽培が支配的な生産手段になるまでには至らない、とソルベルクはいう。しかし二つの集団間が農耕民の移住を通じて直接的におこなわれたならば、文物は短期間にまとまって変化する。このときの力は採集経済を生産経済に転回させてしまうほど強力であるという。

ソルベルグはこのような考え方をもとに、これまでの伝統的な考えでは、100年という短時間における大陸的要素の出現を説明することはできないとして内部発展説を否定し、ポーランドやドイツ方面の農耕民がこの地域に移住したことによって農業がはじまったという渡来人説・外部契機説を主張した。

ソルベルグの方法は渡来した農耕民だけを強調し、移住後におこなわれたであろう採集狩猟民との相互交流などは考慮されていない。たとえば中石器時代のエルテボレ文化は、土器や鋤をもち、農業を受け入れるだけの条件を備えていたのに、その役割への言及はない。移住してきた渡来人の

数や土器の製作技法にみられる外来系の要素など、精緻な分析をおこなったうえで移住があったかどうか論じている日本考古学に比べると、ソルベルクの説は証拠・分析不足を否定できない。

(2) アイルランド

アイルランドにおける新石器文化の成立に関する議論にも、在来人主体説と外来人主体説がある。J.D.ピーターソンは、中石器時代と新石器時代の土地の使用法や社会構造に変化がなく継続していることを根拠に、農耕民の渡来を認めながらも、在来の採集狩猟民が徐々に新しい経済戦略を採用して新石器時代に転換したという在来人主体説を唱えた〔Peterson 1990〕。

一方、S.W.グリーンとM.ゼベレビルは渡来人主体説を唱える〔Green & Zvelevil 1990〕。彼らの説の特徴は、中石器時代晩期段階にある人びとと新石器時代前期段階にある人びとが併存して暮らしていたと考えるところにある。いわゆる中石器時代人と新石器時代人の住みわけ説である。^{14}C年代では、アイルランドで800年、ブリテンで300年間にわたる併存期間が見積られ、二つの社会が密接に交流したと考えられている。たとえば、集落立地や石器製作技術の共通性、文物や石材の交換などは、両集団間の接触の結果ととらえ、このような交流なしには採集狩猟民だけの力で農業をはじめることはできなかったと主張する。いわば直接的な交流が不可欠と考えている。

同じ資料を用いていても住みわけを認めるかどうかで、在来集団と外来集団のどちらに主体的役割を求めるかが異なってくるのは日本の場合と同じである。

(3) ユトランド

デンマークのユトランド半島である。P.ローリーコンウィーによれば、ユトランドのエルテボレ文化（中石器時代）の人びとは、豊かな水産資源、とくにカキ採集を中心とした採集漁撈生活をつづけていたという。農耕民がこの地域に入ってきても、採集狩猟民は農業をはじめるでもなく採集漁撈生活を継続し、その期間は600～700年間にも及んだという。

ところが気候の冷涼化とともに海水温が低下してカキが採れなくなると、食料資源を失ったエルテボレ文化の人びとは農業をはじめるにいたったと考える。採集活動の破綻が農業採用の原因と考える説である〔Rowley-Conwy 1984〕。採集狩猟民は、環境の悪化で経済的に困窮するまでは農業を採用しなかったという環境要因説といえよう。

(4) ブリテン

ブリテン前期新石器時代の農耕は、儀礼食を手に入れるためにおこなわれた園耕（Horticulture）程度のもので、農業社会どころか日常的な食料供給すらもおこなわなかったという大胆な指摘をしたのが前述したJ.トーマスである〔Thomas 1991〕。つまりブリテンの中石器時代から新石器時代への転換は、採集狩猟社会から農業社会への転換としては理解できないという意見である。彼がどうしてこのような疑問をもつようになったのか、その理論的な背景については第六章でふれたので、ここでは1980年代までのブリテン前期新石器時代農業社会説を支えてきた考古学的証拠をトーマスが検証し、農業が存在したとはいえないと判断するにいたった経緯を紹介する。トーマスは、動・植物遺体、畠跡、農耕具、家畜、石器生産など五つの事例を検証している。

① 植物遺体：遺跡からは炭化した種子や遺体、種子圧痕土器が出土する。小麦・大麦などの穀物から、ハーゼルナッツ、野生リンゴ、ラズベリー、ブラックベリー、リンボク、セイヨウサ

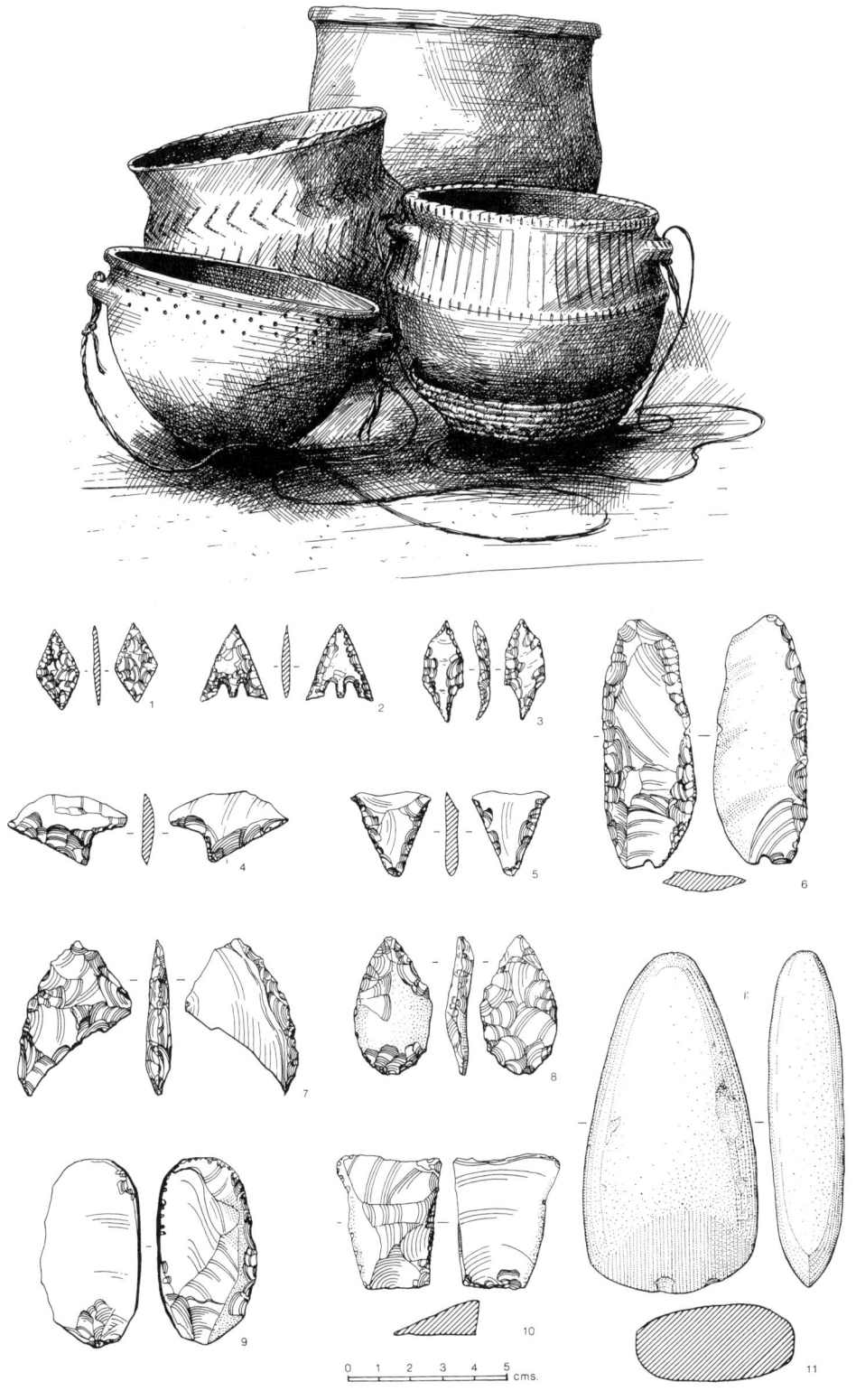

第七章　採集狩猟民と農耕民の相互交流　209

図56　ブリテン島の前期新石器時代の土器と石器（Malone 1989より転載。
　　　石器はウィンドミル・ヒル断欠周溝状遺構出土））

ンザンまできわめて多彩である。また低湿地遺跡からは、食用根や根茎類も出土している。これまで発見されてきた新石器時代に属する植物遺体や、種子圧痕土器のなかには、作物と呼べるものがきわめて少ないことをG.ヒルマンが指摘している〔Hillman 1981〕。また穀物が、断欠周溝状遺構のような特殊な遺跡からしか出土していないことに注目したトーマスは、穀物が日常的に食料とされていたかどうかについて疑問をもったのである。

② 畠跡：サウス・ストリート長丘の盛土下からみつかった鋤跡（図54：194頁）は、新石器時代にウシ鋤耕作が存在したことを示す証拠として知られていたが、現在、ウシ鋤耕作は青銅器時代になってからあらわれると考えられるようになっている。

③ 農耕具：ベーカー・プラットホーム遺跡から掘り棒が1本出土しているにすぎず、定型化した農具は存在しない。

④ 家畜：新石器時代の家畜は主にウシとブタである。これらの動物遺体は出土状況が特異で、儀礼をおこなったと考えられる場所、もしくは墓でみつかることが多い。断欠周溝状遺構からは四肢がつながったまま出土したものや、後期のヘンジ（大石籠）には1頭分のウシやブタの体をいくつかに分割して別個に離して置いたりした例、ウシに限って皮・頭骨・蹄など特定の部位を選んで埋めた例がある。また出土した骨には髄を取り出して食べた痕や屠殺の痕跡を示すものがない。肉がたっぷりついたままの状態で置かれていた例まであったと考えられている。以上のことから、トーマスは新石器時代の肉類のほとんどは断欠周溝状遺構やヘンジなどのモニュメントで奉納品として消費されたことを示し、日常的に食べたと考えられる例はないとした。

⑤ 石器生産：前期には移動に適した小形の石器ばかりをつくっていたが（図56）、後期になると石皿など据え置いて使う石器が出てくることを確認し、ウシの群をつれて季節ごとか短いタームで移動する生活から、次第に定住する生活へ変わったと考えた。

トーマスは、以上のような検証結果をもとに、ブリテンの前期新石器時代は農業社会であったと考えることはできないこと、ブリテン前期新石器時代は儀礼のための穀物と肉を手に入れる必要があって、園耕をおこない家畜を飼養していたという、儀礼中心の社会だったという結論に達した。栽培植物が存在するからといって農業が存在したとは限らないし、小規模な園耕作の可能性だってある。完全な農業社会だけがモニュメントをつくったり複雑な人工遺物をつくったりすることができるというのは偏見であって、農業に経済基盤をおいていない社会でも壮大なモニュメントをつくる例は、縄文文化をはじめとして世界中に知られている。

トーマスの指摘は、固定観念にしばられていた研究者に大きな打撃を与えたのである。

3　中石器時代から新石器時代への転換の契機と理由

各地の状況から以下のようにまとめることができよう。

西北ヨーロッパの中石器時代から新石器時代への転換期研究には二つの課題があった。一つは農耕民主体か採集狩猟民主体かという主体論、もう一つは新石器時代へと転換した理由で、伝統的な経済的側面を重視した困窮説と、唯物史観を疑問視し儀礼的側面を重視した儀礼執行説があった。

(1) 主体性

主体論の一つは外から農耕民が移住し、採集狩猟民に農耕を教えることで農業が広まるという農耕民主体説で、伝播論にもとづいている（文化習合説）。スカンジナビア、アイルランド、そして弥生時代の伝統的な渡来人主体説がこれに該当する。

主体論の二つ目は、外来文化の影響を認めながらも在地の採集狩猟民が少数の農耕民と接触しながら主体的に農業をはじめたとする採集狩猟民主体説で、新進化主義、内部発展論にもとづいている。アイルランド、そして弥生時代成立にあたって主体的役割を果たしたという縄文人主体説はこれに相当する。

現在は、農耕民主体説と伝播論は後退する傾向にあり、内部発展論が西北ヨーロッパでも強まっている。大量の農耕民が渡ってきて植民地をつくり、農業が拡大するというチャイルド以来の文化習合論は姿を消し、わずかな農耕民の移住しか認めない点は、縄文主体論と共通のものがある。

(2) 契　機

次に採集狩猟民が農業をはじめた理由だが、神の手に導かれるように農業という最高の生業をはじめるようになるというピーターソンの説のように、農業のもつ経済的な優位性に原因を求める説。それまで依存していた食料が気候の変化などにより急にとれなくなり、経済的に困窮したため、しかたなく農業をはじめたというローウィコンウィー説のように、農業の優位性などは認めない説。マツリのときに食べる儀礼食を手に入れるために園耕をはじめるというトーマス説のように、祭祀的なものを採用するために園耕をおこなったという三つの説があった。

4　採集狩猟民が農業を採用していく過程—採集狩猟民と農耕民の相互交流（interaction）—

こうした状況のなかから出てきたのが、採集狩猟民と農耕民もしくは在来人と外来人とのあいだの接触交流を通して、新石器時代への転換過程を復原しようとする試みである。その基本的な立場は、採集狩猟民か農耕民かという片方の役割だけを強調するのではなく、外からやってきた農耕民との接触交流の結果、出てくる対応の一つに採集狩猟民が農耕民化する場合があるという考え方である（相互交流説＝interaction model）。両者の接触は、まず採集狩猟民のいる地域に少数の農耕民が入ってくることからはじまるが、農耕民が入ってしばらくは両者のあいだに接触がない段階を想定し、この段階をとくに重視するモデル①と、農耕民が進出した直後から両者の間に起こった接触・交流に重点をおくモデル②（フロンティアモデル）がある。

(1) ゼベレビルとローリーコンウィのモデル〔Zvelevil & Rowley-Conwy 1984〕

農耕民の入植後、採集狩猟民と農耕民が同一地域に住み分けながらも、数百年以上にわたり直接的な接触をおこなわない段階があり、その後、接触・交流がはじまると考えるモデルである。三つの段階からなる。

① 第一段階（Availability）：採集狩猟民の地理環境に農耕民が入ってくるが、両者の間に人の移動をともなう直接交渉はなく、ただ住み分けている段階である。採集狩猟民は、農耕民の新しい文物や技術・情報を知り手に入れることができる立場にありながら、交渉をもとうとせず狩猟採集生活をつづける。両者は経済的に独立していて、とくに採集狩猟民の高い安定性が前

提となる。わずかに特産物の交換などがある程度である。ユトランドのエルテボレ文化に認められ、このような状態は数百年から千年近くも続いている。

② 第二段階（Substitution）：自然環境の悪化によって採集狩猟生活が立ちいかなくなると、採集狩猟民は穀物をつくりはじめる。一方、農耕民は人口増に対処するために耕地を拡大することになり、採集狩猟民のテリトリーを侵しはじめる。農耕民が採集狩猟民のテリトリー内へ進出し、可耕地に畠をつくり野生の食料資源を侵しはじめると、採集狩猟民に危機意識が芽生え、両者は同じ資源をめぐって競争関係に入る。採集狩猟民は農耕民に対抗するため穀物栽培に依存する割合を高めていく。その後、ほとんどの場合、採集狩猟民は農耕民へ転換していく。採集狩猟民が完全に農業化するのは、農耕民との競争に勝ち生き抜いていくため、競争原理を同じくする土俵に立つためである。

③ 第三段階（Consolidation）：採集狩猟民は農耕民に対抗するために同じ土俵に立って農業をおこなうが、もはやこれ以上、農耕民との競争ができなくなったり、経済的な安定性を失ってしまったりすると陥る段階である。可耕地のほとんどを農耕民が占有し、農耕民化の途上にあった採集狩猟民を経済的に吸収・統合してしまう。

　以上のモデルはユトランドを舞台にしたもので、採集狩猟民とはエルテボレ文化を、農耕民とはＴＲＢ文化を指す。エルテボレの採集狩猟民は、いつでも農業を採用することができたが、彼らは水産資源（カキ）の採集でまかなえたので、食料的には困窮していなかった。したがって、わざわざ農業をおこなう必要がなかったと考えられている。

　第一段階が千年近くつづいたころ、気候が悪化し気温が低下し冷涼化する。すると海水準が下がり、カキを主体とする水産資源は大打撃を受け、採集狩猟民も経済的に困窮してしまった。そこで採集狩猟民は仕方なく農業をはじめるようになる（自然環境の悪化にともなう困窮が原因）。採集狩猟民が農業をはじめると、可耕地や野生の食料資源は共通の資源となり、採集狩猟民と農耕民は共通の資源をめぐって競争関係に入ることになる。結果的に農耕経験の蓄積が多い農耕民が競争に勝ち、採集狩猟民系農耕民を吸収・統合してしまう。

　このモデルには三つのポイントがある。一つ目は、採集狩猟と農業という異生業間においては、両者が競争関係にない場合は農業の優位性が発揮されないことである。安定した豊かな採集狩猟社会は、農業社会にも引けはとらないことがわかる。エルテボレの採集狩猟民が1,000年間も農耕を採用しなかった理由はここにある。

　二つ目は、一度採集狩猟民が農業をはじめてしまうと、人口と生産力という二つの因子によって左右される苛酷な競争関係に入ってしまい、強者が弱者を吸収・統合してしまう、という点である。土俵が同じになると競争原理が働くようになるのである。

　三つ目は、エルテボレの採集狩猟民は気候条件の悪化によって経済的に困窮しないかぎり、農業をはじめたりはしなかったことである。彼らは仕方なく農業を採用したのであって、神の手に導かれ、農業の優位性によって農業を採用したのではないと考えられている。

(2)　フロンティアモデル〔Dennel 1985〕

　採集狩猟民のいる地域空間に農耕民が入ってくると、すぐに両者の接触が起こる場合を重視す

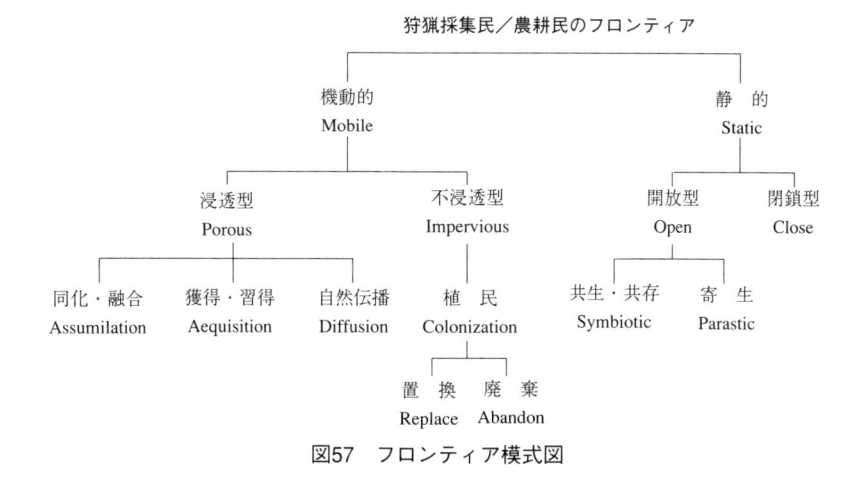

第七章　採集狩猟民と農耕民の相互交流　213

```
                    狩猟採集民／農耕民のフロンティア
                    ┌─────────────────┴─────────────────┐
                  機動的                              静 的
                  Mobile                             Static
              ┌─────┴─────┐                    ┌─────┴─────┐
            浸透型        不浸透型              開放型       閉鎖型
            Porous       Impervious            Open        Close
         ┌────┼────┐    ┌───┴───┐          ┌────┴────┐
      同化・融合 獲得・習得 自然伝播 植 民           共生・共存    寄 生
     Assimilation Aequisition Diffusion Colonization  Symbiotic   Parastic
                                 ┌───┴───┐
                               置 換    廃 棄
                              Replace   Abandon
```

図57　フロンティア模式図

モデルである。その際、採集狩猟民の一部がフロンティアとなって両者を結びつけ、その結果、地域全体に農業が拡大していくと考える。

R.W.デンネルは、まず中石器時代人に対する従来のイメージの変更をはかる。中石器人＝フォーレジャー（Forager）観（移動する採集狩猟民）を修正して、彼らが原初的な農業（Primitive Agriculture）をおこなっていたことを示す。たとえば中石器時代の採集狩猟民は、越冬用にセイヨウキヅタ（牧草の一種）を貯蔵したり、森林に火入れをしたりして植物の組織的管理や群生型の動物の馴育（Domestication）をおこなっている。つまり採集狩猟民は、すばやく農耕民に転換できるだけの経験を中石器時代から積んでいたので、いつでも無理なく農耕民になるだけの水準に達していたという前提条件を想定する。

このような条件を備えた採集狩猟民がいる地域空間に、外から農耕民が入植すると、ただちに農耕民との接触交流が起こり、農業が拡大していくパターンなど九つ想定した（図57）。まず、農耕民が採集狩猟民の地理的空間に入ってきた場合、ただちに何らかの反応を示す採集狩猟民を機動的フロンティア、何の関心も示さない採集狩猟民を静的フロンティアという。後者は先にみたユトランドの第一段階（Availability）に相当する。

A　機動的フロンティア

機動的フロンティアには、採集狩猟民が農耕民のムラのなかに移住し農業が拡大していく浸透型と、農耕民が採集狩猟民とは競合しない空白地域に植民し、農業をおこなう不浸透型に分かれる。静的フロンティアには、採集狩猟民と農耕民との間に当事者以外のフロンティアが介在し、そのフロンティアを通じて採集狩猟民と農耕民が交流をおこなう開放型と、採集狩猟民と農耕民との間にはまったく交流がない閉鎖型がある。

a.機動的フロンティア浸透型

2〜3のコミュニティからなる小さな農耕集団が、採集狩猟民の地理的空間に入植することからすべてがはじまる。農耕民は家畜や穀物などの新しい食料、土器、磨製石器などの新しい道具や技術をもっている。農耕民はそれらを駆使して、採集狩猟民がもつテリトリーより小さなテリトリーを開拓し、少人数ながら集約的に労働力を投下して農業をおこなう。コロニーをつくるのである。

採集狩猟民は農耕民のこのような動きに対して関心をもって観察している。農耕民のもつ新しい文物や技術に魅せられてであろうか。やがて採集狩猟民のなかの未成年や女性など好奇心あふれる世代の勇気あふれる行動を通じて、採集狩猟民と農耕民との間に人的接触がはじまる。

この段階では、採集狩猟民・農耕民とも交流することの長所を自覚していることが重要である。採集狩猟民も農耕民もお互いの緊張状態や争いを極力避け、有効な関係を保とうとする。なぜなら農耕民にとって採集狩猟民は、地理空間内の地理や資源に関する情報を多くもち、毛皮や獣皮、獣肉や石材・木材などの天然資源を交換する相手だからである。さらに農耕民にとって採集狩猟民は、労働力や配偶者の供給源という役割も担っていた点が重要である。

このような初期段階をへてから、採集狩猟民は次第に農耕民化していくが、その方法には三つある。一つは採集狩猟民の一部が農耕民のなかにとりこまれて同化・融合し、農耕民化していく方法（Assumilation）である。採集狩猟民のなかの適齢期の世代がフロンティアとなって、農耕民のなかに次々と入っていき、労働者や配偶者として農耕民の勢力拡大に人的貢献をおこなう。このような状態が2～3世代もつづくと、採集狩猟民のムラの人口数は低下し、生殖能力が失われていき、やがては衰退していく。逆に農耕民は、採集狩猟民から配偶者や資源に関する情報網を奪い取るようにして吸収し、労働力を増やし、それを原動力に農業を拡大させていく。一種の農耕民主体説である。中央ヨーロッパのＬＢＫ文化を代表例とする。ＬＢＫは、採集狩猟民のテリトリーのなかに完全に侵入する形で成立しているが、農耕民の集落は採集狩猟民が住んでいないところにつくられている。採集狩猟民とＬＢＫは、100年程度、接触せず同じ地理空間のなかに住み分けたあとに相互交流をはじめ、最終的には採集狩猟民を同化・融合してしまうという。

二つ目は、採集狩猟民が主体的に農耕民化していくもので、一種の採集狩猟民主体説である。採集狩猟民は、農耕民と接触するはるか以前の中石器時代からドメスティケーションや原初的な農耕によって食料の増産に対する努力を重ねていた、という大前提がある。そこに農耕民が入ってくる。採集狩猟民はこの機会をとらえ新しい技術の観察と模倣をはじめて、穀物栽培を見よう見まねで試行する（Aequisition）。もちろん失敗したときのことも考えて採集活動という安全装置を働かせたままである。長い間、待ちこがれていた食料の安定的確保が農業をはじめるもっとも大きな目的である。農業を経済的な理由で採用するという伝統的な考え方である。

採集狩猟民の試行がうまくいき、農耕の比重が次第に上がり、最終的に農業が支配的な生産手段になったとき、採集狩猟民は農耕民化を達成する。このようにすべてを採集狩猟民の主体的な行動に求めるもので、デンネルはブリテンの採集狩猟民を例にあげる。ブリテンの採集狩猟民（後期中石器時代人）は、森の生産性を高めるために森林伐採、家畜動物への冬飼料の供給、ウシ・ブタの訓育など、食料増産の方法をいくつも試行していた。そこにユトランドからブルターニュにかけての沿岸地域から農耕民が渡ってくるのである。この機を境にブリテンは新石器時代への転換を達成する。このような考え方は、1980年代以前の伝統的なブリテン中石器・新石器時代観である。

三つ目は、採集狩猟民と農耕民との間に人の交流はなく、物資や情報だけが拡大していくものである（Diffusion）。農耕民は採集狩猟民の地理空間に入るが、穀物や家畜が人の手を介さずに自然と採集狩猟民の領域内へと拡がることによって、農具や家畜の生息地が自然にじわりと拡がってい

くものである。後氷期の初期、南東ヨーロッパに存在したと考えられている。
　b.機動的フロンティア不浸透型
　2～3のコミュニティからなる小さな農耕民集団が、近くに採集狩猟民がいない地理空間に入植し、生産力を高め耕地を拡大していく。採集狩猟民のフロンティアをとりこむことはない。一般的に植民を指す（Colonization）。なかには農耕民が病気をもち込んだことで採集狩猟民が死滅し、農耕民が採集狩猟民にとって代わる場合もある（Replace）。アメリカ大陸やオーストラリア大陸に移住した白人の入植が該当する。
　B　静的フロンティア
　2～3のコミュニティからなる農耕民が採集狩猟民の地理空間に入植するが、同時併存する採集狩猟民が、新しい文物や技術に何の関心を示さない場合で、採集狩猟民と農耕民との間に直接的な接触・交流は認められない。しかし、第三者であるフロンティアを通じて文物や技術の交流だけは認められるものを「開放型（Open）」、第三者のフロンティアも介在せず、農耕民と採集狩猟民との間にまったく音信がないものを「閉鎖型（Close）」という。開放型には、当事者以外の何者かが間に入って、文物や物資の移動がある「共生・共存（Cymbiotic）」と、採集狩猟民が農耕民の文物を盗む「寄生（Parastic）」がある。
　「開放型」のうち、「共生・共存」は自分のもっていない文物を手に入れる場合が多い。たとえば、採集狩猟民には農耕民がもつ土器、磨製石器、家畜、穀物、乳製品が、農耕民には採集狩猟民のもつ毛皮、獣皮、琥珀などの原材料がわたる。もし採集狩猟民のムラから穀物や家畜の遺体がみつかっても、「共生・共存」によって交換されたものなら、採集狩猟民が農耕や牧畜をおこなったことにはならず、交換という経済的行為だけが存在したことになる。
　「閉鎖型」は、先史時代には例がないが、18～19世紀、グリーンランドでみられた農耕民（Northfarming）と採集狩猟民（Inuit）との関係が想定されるという。

5　採集狩猟民の農耕民化
（1）　交流モデルの評価
　採集狩猟民が農業を採用し農耕民へと転換していくモデルを二つ紹介した。要点は三つあった。
　A　農耕民と接触する以前の採集狩猟民の生業の位置づけ
　ゼベレビル説では、ユトランドの中石器採集狩猟民は豊かな水産資源に依存した狩猟採集生活を送っていた。デンネル説では、ブリテンの中石器採集狩猟民は経済的理由から食料増産の工夫を重ね、一部では原初的農耕もおこない、農耕を生業の一部に取り入れるまでになっていた。採集狩猟民でも、自然資源に恵まれていたかどうかによって、ブリテンのように農耕の一部を取り入れるか、ユトランドのようにまったく取り入れないという、さまざまな場合がある。
　B　採集狩猟民が農業を知ってからはじめるまでの対応
　採集狩猟民が農業をはじめる原因を、彼らが内在していた矛盾に求めるのか、外から入った農耕民に求めるのかによって、農業の採用の仕方が異なっていた。ユトランドの採集狩猟民は豊富な水産資源を背景に数百年も農業をおこなおうとしなかった。ブリテンでは、中石器時代に食料増産の

努力をおこなっていた採集狩猟民が、移住してきた農耕民の生活に関心をもち、農耕民に一部の若年層が入り込むことによって労働力と生殖力を提供し、農耕民のますますの発展に寄与した。

農業を知り採用するまでの時間が、自然の食料資源の豊富さによって長短あるのは、農業の採用が中石器時代の食料資源が豊かだったか乏しかったかという経済的理由にかかっている点で、経済的側面を重視するチャイルドの延長線上にある。

C　農業をはじめた後の採集狩猟民の行方

ゼベレビルは、採集狩猟民が農業という生産手段を採用するということは、農耕民と同じ土俵のうえに立ったことを意味し、競争関係に入ることになると説いた。最終的には経験が豊富で技術に優れた農耕民との競争に敗れ、農耕民に吸収・統合されてしまうことになる。機動的フロンティア理論でも同じで、農業をはじめてしまうと、農耕民にとって有利な競争がおこなわれ、採集狩猟民は同化・統合されることを意味する。ただしブリテンでは中石器時代に原初的農耕をおこなっていたため、競争に敗れることなく農耕民化に成功しているという。

(2)　ゼベレビルのモデルとフロンティア理論の評価

二つのモデルを総合的に判断すると、採集狩猟民が農耕を採用するかどうかの決定権は、中石器時代に原初的農耕をおこなっていようがいまいが採集狩猟民側にあり、農耕民にはないこと。大量に移住した農耕民が、周りの採集狩猟民を指導し農業を広めるという伝播論はとられていないことがわかる。しかし、いったん採集狩猟民が農業をはじめてしまうと、一部の例外をのぞいて農耕民に有利な競争関係に入り、最終的に採集狩猟民は農耕民に同化・吸収・統合されてしまう。

このようなヨーロッパ西北部の中石器時代から新石器時代への転換モデルは、日本列島にそのまま適用できないにしても、縄文時代から弥生時代への転換を考えるにあたって参考になる。

V　日本における採集狩猟民と農耕民の相互交流

弥生文化成立モデルを考えるにあたって参考になりそうな事例が、西北ヨーロッパの研究のなかにいくつか存在した。たとえば、縄文稲作を認めるのなら、以下に述べるような理由から機動的フロンティア浸透型—同化・融合パターン—などが対象となろう。このパターンは渡来人の入植当初はコロニーだった点など、日本では確認できない部分を含んでいる。しかし渡来人の数が採集狩猟民の数に比べると圧倒的に少ない点や、入ってきてすぐに交流がはじまる点でも共通している。そこで、これを参考に在来人と渡来人を含む集団の九州北部における相互交流についてモデル化を試みる。時期ごとに論を進める。

1　段階ごとの経過

(1)　縄文後・晩期—縄文人の穀物栽培—

フロンティア理論が中石器採集狩猟民の原初的農耕を前提にしたように、縄文後・晩期の西日本縄文人が縄文稲作をおこなっていたと仮定する。第四章でみたように縄文後・晩期になると、アワなどを対象とした櫛目文畠作農耕や畠稲作をおこなう漁隠・欣岩里型農耕がはじまっていた朝鮮半

島南部から、海洋漁撈民型の交流を通じて畠作農耕・畠稲作に関する情報が西日本に伝わっていた。ただそのあり方は、コメ、石庖丁、孔列文土器の文様、漁具などが有機的な関連のもとではなく、断片的に伝わったにすぎない。したがって海洋漁撈民型交流では、畠稲作を支配的な生産手段とする社会の仕組みやその意味は伝わらないので、縄文人はその部分を知ることができない。縄文人は、食料としてのコメを受け入れ、雑・穀物栽培を生業の一部に加えたが、生業全体のなかでは補助的な位置づけにすぎなかったと考える。この段階は海洋漁撈民を仲介者として文物を手に入れる、静的フロンティア―開放型―共生・共存型に近いともいえよう。

西日本の縄文人が縄文稲作をはじめたのは、慢性的な食料不足に陥っていたからではない。第二章で説明したように、彼らは西日本の植生に適合した小規模集団体制と網羅的な食料獲得法を採用することで安定的な生活を送っていた。仮に食料不足があるとしたら、夏の端境期であった可能性がある。彼らにとってコメの採用は、網羅的な食料獲得法にコメづくりという新たな獲得法を一つ加えただけにすぎなかった。

(2) 弥生早期―渡来人の登場、弥生稲作の開始―

早期の九州北部・玄界灘沿岸地域における弥生稲作のはじまりは、かなり突然であった。以下、想像をたくましくして弥生稲作がはじまるまでの過程を復元してみよう。

それまで在来人のテリトリーではあるが本格的に利用していなかった河川下流域の可耕地に、進出型農耕民が突然あらわれ、板付型や那珂型の集落をつくって入植し弥生稲作をはじめる。この弥生稲作民が基本的に在来人と渡来人を含む集団によって構成されていたことは、板付Ⅰ式土器の祖型となる板付祖型甕を10％前後の割合でもっていることを根拠としている。

在来人と渡来人はどのようにして出会い、短期間で弥生稲作民を形成したのであろうか。現在までに知られている考古学的な知見から判断すると、弥生稲作民の形成は土器一型式の時間幅に相当する約25年以内でおこなわれたことを示している。その過程は以下のようなものであったと推測している。

2,500〜2,400年前ごろ、複数の血縁集団からなる渡来人が、朝鮮半島南部から玄界灘沿岸地域に渡来してきた。当時、玄界灘沿岸地域の平野下流域には、水田を拓くのに適した後背湿地が広がっていた。在来の人びとである縄文人は、豊かな森林が広がる平野の中・上流域で採集・狩猟・園耕生活（Horticulture）を営んでいた。下流域は在来人にとって主要な生産の場ではなかったため、渡来人は下流域に広がる後背湿地を容易に利用することができたのであろう。在来人のテリトリーではあるが、競合しない空白地域だったのである。かつて指摘した領域内住み分けに相当する。

ところが一つ問題があった。人工灌漑を備えた水田をつくるには渡来人だけでは人手が足りなかった。とくに板付型のムラがもつような人工灌漑を備えた大規模水田をつくるためには、渡来人以外の労働力が不可欠であった。渡来人は在来人集団に接触して協力者を得て、下流域に集落と水田をつくったと考えることができる。そのため、この集落は多くの在来人と少数の渡来人から構成されることとなった。この点は稲作と麦作の違いもあり、チャイルドがいうように労働集約度などの面でヨーロッパと異なる点である。

下流域の弥生稲作民のムラは板付型ばかりではなかった。那珂型のように人工灌漑施設をもたな

い小区画水田をつくった人びともいる。進出型農耕民が入植した土地環境に合わせて水田をつくっていることを示している。このようにして渡来人と在来人からなる進出型農耕民は、水田稲作を支配的な生産手段とする生活を営みはじめる。

　進出型農耕民は、中・上流域にある在来の園耕民のムラとの争いや緊張状態をできる限り避け、友好関係を保とうとする。在来人のもつ資源に関する知識を利用して、石材・木材などの資源を手に入れたり、または穀物などと交換してそれらを入手したりする必要があったからだ。

　早期のほぼ100年間は、基本的にはこのような状況にあったのではないだろうか。この期間、中流域の在来人にも進出型農耕民にも主導権はなく、お互いの利害が一致したうえで物資を交換していた。もちろん数のうえでは在来民が多いが、対等という面では縄文主体説も渡来人主体説もないと考える。

　この過程を在来民側からみると、在来民の一部が渡来人を取り込んで下流域に進出したことになる。縄文後・晩期からこの土地で縄文稲作をおこなってきた在来民だけに、渡来人からの先進的な稲作技術を見聞きし模倣することで、生産力が増大した可能性も考えられる。

　下流域で弥生稲作がはじまり、やがて生産力の発展にともない人口が増え、増えた人口を支えるための新しい耕地が必要になると、中・上流域に基盤をもつ在来民のテリトリーにまで耕地化の波が及ぶことになる。弥生稲作に必要な水や土地だけにとどまらず、木材・石材・皮・獣肉などの天然資源がとれる森や山などをめぐる在来民と進出型農耕民との間の摩擦と競争は次第に顕在化したことであろう。在来民は、下流域の進出型農耕民との競争に備え、水田稲作が失敗したときに備えて安全装置を効かせたまま、これまで生業の一部にとどめておいた稲作の比重を高めはじめ、自らも弥生稲作を基本とする生活に中・上流域で転換しはじめる。在地型農耕民の登場である。そのための技術や道具は、交換によって下流域の弥生稲作民から少しずつ手に入れていたものである。在来民のこのような試みが、とくにハード面を中心に進んだことは、出土する遺物が弥生稲作に適した道具の組合わせに変わっていくことから予想できる。

　この結果、中流域を中心に弥生稲作民と競争していくために縄文稲作民から転換した在地型農耕民と、在来人と渡来人などからなる進出型農耕民が弥生稲作をおこない住み分けていたと考える。彼らは先に弥生稲作をはじめたという意味で先発組、後ではじめたという意味で後発組といういい方もできよう。すでに新しい可耕地の確保はかなり難しくなっていたと考えられる。早期一杯で、早良・福岡平野の下流域にある可耕地はもはや飽和状態に達していたからだ〔山崎1981〕。

　可耕地をめぐる競争の激しさは、時に戦いへと発展することもあったであろう。早期新段階には、すでに土地や水をめぐる争いが起こり、戦いが原因で死んだと考えられる人の骨がみつかっている〔橋口1992〕。一度、弥生稲作という共通の土俵上にたった人びとは、先発組・後発組入り乱れた過酷な競争を強いられ、時には戦いに発展することもあったのである。戦いの結果は農耕集団の統廃合を引き起こし、集団が再編成されて弥生Ⅰ期を迎える。

　(3)　弥生Ⅰ期—農耕社会の成立—

　玄界灘沿岸の中・下流域には農耕社会が出現したことを示す環壕集落が成立する。環壕集落をつくっていない集落もあることから、すでにいろんな面で集団間に社会的格差が生まれていたことを

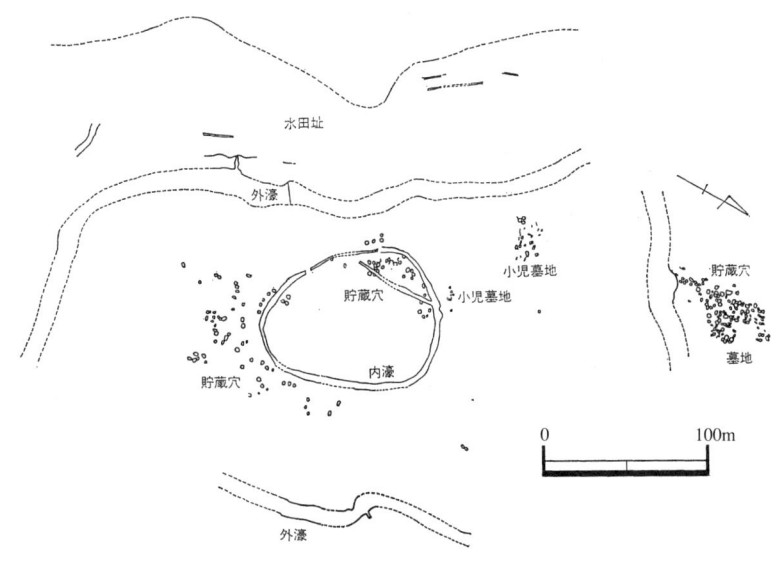

図58 板付環濠集落のⅠ期遺構配置図（山崎 1993より転載）

推定できる。

　環濠をもつ集落ともたない集落、板付Ⅰ古式甕をもつ集団ともたない集団、この違いがその後の発展の方向を異ならせた。第五章でみたように、環濠をもつ集落のなかには拠点集落として発展していく板付型ムラと、廃絶もしくは移動に迫られた那珂型ムラがあるなど、Ⅰ期初頭の段階で集団の再編成が平野単位で起こっていることがわかる。今のところ、板付Ⅰ古式土器を創造したムラは継続し、できなかったムラはいったん途切れている。

　また、環濠集落の内部にも格差が生まれていた。板付環濠集落では、副葬品をもち内環濠の傍に葬られる少数の子どもと、副葬品をもたず内濠と外濠の間という集落の中心から離れたところに葬られる多数の子どもが確認されている（図58）〔山崎 1993〕。

　このようにⅠ期初頭の段階で、集団の再編成は集落同士と集落の内部で完了していたのである。弥生稲作をはじめてからわずか100年あまりで玄界灘沿岸の集落に生じた集団の再編成こそ、Ⅰ期以降の西日本でおこなわれることになる社会変革のはじまりだった。このような社会変革を起こす基礎をつくった弥生早期社会を、単なる日本の片隅で起こった、農耕社会が成立するまでの準備期間として、縄文文化のなかに押し込めておけるのであろうか。もし水田稲作を生産基盤にもつ社会の法則性にしたがって階層差を生み出したⅠ期以降と同じプロセスを突帯文土器単純段階にも認めるとするなら、その段階から弥生時代と定義するのが当然と考える。

2　弥生文化成立モデルの構築

　縄文後・晩期から弥生Ⅰ期のはじめにかけて、玄界灘沿岸地域の縄文稲作民が弥生稲作民へと転換していく過程は、先ほど紹介した西北ヨーロッパのモデルと完全に合うことはない。しかし、より近いのは機動的フロンティア浸透型の「同化・融合」パターンである。そこで同化・融合するという結論が同じである点を重視して、若干修正して弥生文化成立モデルを構築する。四つの段階か

らなる。

① 第一段階：縄文後期、玄界灘沿岸地域の縄文人は生業の一部に栽培を取り入れた採集・狩猟・園耕生活（Horticulture）を送っていた。朝鮮半島南部では櫛目文時代中期にはアワ栽培が、無文土器時代に入った前10世紀以降には、コメを含む漁隠・欣岩里型畠作をおこなっていたが、その情報は漁民型交流を通じて九州北部にも伝わっていた。ただ体系的な情報ではなかったため、縄文人は食料獲得の一手段として穀物栽培を位置づけ、縄文稲作をおこなった。このような状態はほぼ1,200年間つづいた。

② 第二段階：弥生早期になると、朝鮮半島南部から家族集団を単位とする渡来人集団が複数渡ってくる。農耕民型交流のはじまりである。彼らは在来人の一部と共同で、当時、有効利用されていなかった河川の下流域に集落を構え、弥生稲作をはじめた。その結果、下流域の進出型農耕民（渡来人を含む在来人）と中・上流域の園耕民（在来人）という住み分けが生じた。下流域の進出型農耕民と中・上流域の園耕民は、はじめのうちは石材・木材などの自然資源と穀物や磨製石器などの文物を交換するなど平和的な交流をおこなっていた。

③ 第三段階：早期のおわり頃になると、進出型農耕民の生産も安定し人口も増加した結果、可耕地を拡げる必要性が出はじめたが、下流域の可耕地はすでに飽和状態に陥るほどで土地不足が生じていた。一部では土地と水をめぐる戦いにまで発展している。進出型農耕民の水田開発が進めば進むほど、縄文時代から中流域に住んでいる在来人のテリトリーは圧迫されはじめ、森や山などの天然資源をめぐって両者間に緊張状態が生じ、在来人も競争しなければならない事態に陥ったと考えられる。園耕民（在来人）は資源をめぐる競争に打ち勝つために、コメづくりの比重を高めていき、弥生稲作へとついに転換する。在地型農耕民が誕生する。

④ 第四段階：弥生Ⅰ期のはじめには下流域に環濠集落が成立し、階層化した農業社会が成立する。階層化は早期の間に進行し、Ⅰ期初頭には集落間、そして集落の内部で完了する。玄界灘沿岸地域の中・下流域では縄文系稲作民が姿を消し、在来人がⅠ期中ごろに弥生化した在地型農耕民（後発組）と、在来人と渡来人が統合して早期に形成された進出型農耕民（先発組）という、系譜を異にする二つの弥生稲作民が存在し住み分けていたのである。

以上が現在までにわかっている考古学的資料をもとに、西北ヨーロッパ考古学の相互交流モデルを参考に組み立てた弥生文化成立モデルである。

大量の渡来人は来ていないが、一定の男女からなる渡来人が玄界灘沿岸地域には確実に存在していた。渡来人は、水田をつくるために必要な労働力や子孫を増やす相手を求めて在来人に接触する。在来人は、農業を通じて得られるものを目当てに渡来人集団に接触する。両者の利害は一致し、在来人集団のなかの一部と渡来人はともにムラを下流域につくって、弥生稲作をはじめた。弥生時代のはじまりである。両者は対等であり、渡来人が在来人を指導したとか、淘汰したとかいう関係にはない。したがって、こうした状態を、渡来人主体か在来人主体かという、二項対立的に議論することはできない。どちらも自らの目的を追求するために弥生稲作民を形成したからである。ただ、数が圧倒的に多い在来人の方が、弥生化していく過程でぬぎすてていくものが多く、それが考古資料として今日まで数多く残っていることが原因で、在来人主体の弥生文化形成であったとみえてし

まうことはいたしかたない。

　しかし、在来人が弥生稲作民化する際に忘れてはならないのは、それまで培われていた在来人の精神構造や価値観のままでは不可能と考えられることである。すなわち、弥生稲作民にとって必要な精神的準備をすませておく必要がある。そして、そのためにこそ渡来人がぜひとも必要なのである。

　いよいよ次章で在来人が弥生稲作に特化することができた真の理由に迫ることになる。

註
1) ある文化が外から影響を受けて変化を起こす場合、違った文化をもつ集団同士が、ある程度の期間にわたって接触し、一方または双方の文化体系に変化が生じる、という説。
2) 新町の死者は、朝鮮式磨製石鏃をもつ相手と戦って死亡した。加害者が渡来人か在来人か不明だが、渡来系の人びとと何らかのかかわりがあった人だと予想している。

参考文献

宇野　隆夫　1996：「書評　金関恕＋大阪府立弥生文化博物館編『弥生文化の成立―大変革の主体は「縄紋人」だった―』(『考古学研究』43 (1)、104～109)
金関　丈夫　1955：「人種の問題」(杉原荘介編『弥生文化』日本考古学講座4、238～252、河出書房)
金関　　恕　1993：「第四章　農耕社会の形成―日本海と地中海―」(欄冝田佳男編『みちのくの弥生文化』59～63、大阪府立弥生文化博物館)
金関恕・大阪府立弥生文化博物館編　1995：『弥生文化の成立―大変革の主体は「縄紋人」だった―』角川書店
小林　行雄　1938：「弥生式文化」(『日本文化史大系』1、214～253、誠文堂新光社)
　　　　　　1971：「解説」(小林編『論集日本文化の起源』第一巻―考古学―、1～86、平凡社)
佐原　　真　1975：「農業の開始と階級社会の形成」(『岩波講座日本歴史』1―原始・古代―、139～188、岩波書店)
清水　潤三　1957：「弥生文化―1 総説」(『原始時代 (Ⅰ)―弥生文化―』1～26、日本評論新社)
高倉　洋彰　1995：『金印国家群の時代―東アジア世界と弥生社会―』青木書店
田中　良之　1986：「縄紋土器と弥生土器―西日本―」(『弥生文化の研究』3、115～125、雄山閣出版)
都出比呂志　1970：「農業共同体と首長権」(『講座日本史』1―古代国家―、29～66、東京大学出版会)
坪井　清足　1968：石田英一郎編『シンポジウム日本文化の源流』159頁の発言、角川書店
中橋　孝博　2001：「大友遺跡第5次発掘調査出土人骨」『佐賀県大友遺跡―弥生墓地の発掘調査―』60～67、考古学資料集16)
橋口　達也　1985：「日本における稲作の開始と発展」(『石崎曲り田遺跡』Ⅱ、5～103、二丈浜玉道路関係埋蔵文化財調査報告書、福岡県教育委員会)
　　　　　　1987：『新町遺跡』志摩町文化財調査報告7
春成　秀爾　1973：「弥生時代はいかにして始まったか―弥生式土器の南朝鮮起源をめぐって―」(『考古学研究』73、5～24)
　　　　　　1990：『弥生時代の始まり』東京大学出版会
山崎　純男　1993：「環濠集落の地域性―九州地方―」(『季刊考古学』31―環濠集落とクニのおこり―、57～61)
Dennel, R. W. 1985：The hunter-gatherer/agricultural frontier in Prehistoric temperate Europe. In S.W. Green & S. M.

Perlman(eds.) *The Archaeology of Frontier and Boundaries.* Academic Press, INC.

Green, S. W. & Zvelevil, M. 1990 : The Mesolithic colonization and agricultural transition of South-east Ireland. *Proceedings of Prehistoric society* 56,57-88.

Hillman, G. 1981 : Reconstructing crop husbandry practices from charred remains of crops. In:R. Mercerced. *Farming Practice in British Prehistory.* 123-162, Edinburgh: E.U.P.

Malone, C. 1989 : *Avebury.* Batsford. London.

Peterson, J. D. 1981 : From foraging to food production in South-East Ireland; some licit evidence. *Proceedings of Prehistoric Society* 56,89-90.

Rowley-Conwy, P. A. 1984 : The Laziness of the short-distance hunter: The origins of agriculture in Western Denmark. *Journal of Anthropological Archaeology*, vol1.3.

Solberg, B. 1989 : The Neolithic transition in Southern Scandinavia; internal development or migration? *Oxford Journal of Archaeology*8,261-296.

Thomas, J. 1991 : *Rethinking the Neolithic.* C.U.P.

Zvelevil, M & Rowley-Conwy, P. 1984 : Transition of farming in Northern Europe; a hunter-gatherer's perspective. *Norwegian Archaeological Review*17,104-128.

第八章　弥生変革の契機
―縄文人が水田稲作に専業化した理由―

I　変わる弥生文化像

　1975年に弥生時代の定義変更が提唱された。佐原真の「弥生時代は水田稲作を基本とする生活がはじまった時代」という定義である〔佐原・金関 1975〕〔佐原 1975〕。弥生土器の時代という技術様式から、農耕の時代という経済様式に弥生時代の指標を変えるという提言で、佐原パラダイムの誕生である。それから四半世紀、縄文・弥生時代のコメや稲作など、経済様式の内容は大きく変わった。まず、縄文後期後半の籾痕土器に端を発した縄文稲作を想定する研究者の増加は大きな変化である〔広瀬 1995〕。

　縄文稲作は支配的な生産手段になることがなく、全生業のなかの一つの手段にすぎず、稲作をおこなったからといって社会に質的な変化が起こるわけではない。縄文稲作は少なくとも1,000年以上継続して、前5世紀ごろ終了したことになる。もしプラント・オパールの結果を信頼するとすれば、縄文稲作の期間はさらに長かったことになる。しかし、どんなに縄文稲作の期間が長くなっても、弥生稲作の開始が前5世紀であるかぎり、佐原パラダイムに支障はない。

　次に弥生時代の稲作観も変わった。青森県砂沢遺跡では人工灌漑施設を備えた水田跡や木製農具はみつかっているものの、縄文時代と変わらない加工具や祭祀の道具が存在した。水田をつくる技術と、コメづくりに関する知識さえあれば、量はともかく西日本と同じようにコメを栽培できることを示している。砂沢の稲作が支配的な生産手段になっていたかどうかはわからないが、土偶や石棒などの縄文以来の祭祀具の多さからみて、稲作をおこないながら縄文の祭祀をいぜんとしておこなっていたことは疑うまでもない。弥生時代の水田稲作がすべて生活の基本と位置づけられていなかった可能性もあることが明らかになったのである。縄文後・晩期の縄文稲作と東北弥生I期の稲作は、灌漑施設を備えた水田や木製農具の有無という点では異なるものの、社会・祭祀面には本質的違いがない可能性も含んでいる。このことは弥生時代であっても佐原パラダイムが適用できない地域があることや、縄文稲作の実像を推定する手がかりとなりうることを示している。

　このような縄文・弥生稲作をめぐる新しい知見をふまえたうえで、弥生文化が成立する背景を知るには、水田やコメ、金属器などの経済指標のほかにも、社会面や祭祀面を含めた総合的な判断がますます必要になることは明らかであろう。こうした経済面だけにとらわれないアプローチは、すでにブリテン考古学で実践されている。第六章で紹介したように経済的基盤が社会の総体をかたちづくっている絶対的なものだという社会意識や、物質的生活の生産様式が社会・政治・精神生活一般を制約する、という史的唯物論に対する疑問から出発したものである〔Thomas 1991〕。

すでに日本でも、こうした指摘は宇野降夫によっておこなわれている〔宇野 1996〕。宇野は水田稲作をはじめるにあたって、九州北部地域と砂沢遺跡が新たに受容したものを比べてみると、祭祀や儀礼の面で大きな違いがあることに注目している。農耕祭祀や儀礼こそ、社会や経済などの組織や機構を動かす装置と規定する宇野は、九州北部が経済面・社会面・祭祀面のすべてを受容し変革をおこなった点と、東北北部が技術・経済面の一部の要素だけを受け取って稲作をはじめた点に、選択的受容の本質的な違いがあるとみた。

そこで九州北部弥生早期の弥生稲作文化と、弥生Ⅰ期砂沢遺跡の弥生Ⅰ期稲作文化を経済指標以外の属性も加えて比較してみよう。

九州北部の人びとはコメづくりに必要な木製農具やそれらをつくる石製工具、水田の造営技術、水路の土木技術、建物の建築技術など、ありとあらゆるものを受け入れている。一方、砂沢遺跡の人びとは、水田造営技術と木製農具などのコメをつくる技術や知識は受容したが、工具などの道具類は受け取らず縄文以来の道具を用いてコメをつくっている。このように経済・技術面のほとんどを受容した九州北部と、技術面の一部だけを受容した砂沢という違いを指摘することができる。

さらに大きな違いは九州北部が社会組織・機構、農業のマツリと儀礼¹⁾を受け入れているのに対し、東北北部はそれらをまったく受け入れていない点である。この関係を史的唯物論との関係でみてみると、経済的転回が社会・政治・精神生活全体を制約するのなら、人工灌漑施設を備えた水田で稲作をおこなっている砂沢でも弥生文化の変革が多方面にわたって起きてもいいはずなのに、実際には起きていない。この事実は技術や生産の変化だけでは社会に変化が起きないこともありうることを示しているとはいえないだろうか。

筆者は宇野の指摘どおり、砂沢との比較から弥生文化への転回にあたっては技術や生産などの経済的側面だけでなく祭祀的側面、すなわち社会のなかの祭祀や儀礼が果たしていた役割を重視して、弥生変革の意義を考えてみたい。そこで本章では、弥生稲作をはじめるにあたって縄文人に起こったであろう祭祀・精神面の変化について考え、変化にもっとも大きな役割を果たした可能性のある存在として渡来人を位置づける。そのうえで縄文人が1,000年以上もつづいた縄文稲作を、支配的な生産手段である弥生稲作へと転換したのはなぜかという、本書の目的にせまることにした。手がかりは、採集狩猟をおこなうにしろ、水田でコメをつくるにせよ、人びとが対象に対してもっていた精神的側面である。野生の動植物やコメなどの作物に対する彼らの考え方（資源観）、資源を育む自然環境に対する考え方（自然観）、資源の安定的供給を願うための祖先信仰（祖先観）などが、先史社会で生きていく人びとにとっていかに重要なことかは、文化人類学などでもよく知られる事実である。本章では考古学的にこれらの問題に迫ってみたいと思う。

Ⅱ　縄文・弥生人の資源観

1　縄文姿勢方針と弥生姿勢方針

(1)　縄文姿勢方針

1960年代に一般的であった西日本縄文社会の食料窮乏説の検証を含めて、縄文人と食料資源との

関係を第二章でみた。その結果、西日本の食料資源が中緯度地帯の照葉樹林帯がもつ多種少量という特殊性に規定されていたと仮定した場合、これにもっとも適した網羅・分散型の労働形態をとったことが、小規模な集団体制をとることにつながり、結果として大規模な遺跡と多くの遺跡が形成されなかった原因と考えた。つまり資源に見合った適正規模を維持していたのである。

ここでこうした労働形態をもつ集団が食料資源に対してもつ考え方、すなわち資源観について考えたい。この問題についてはすでに小林達雄や赤沢威が積極的に発言している。

まず、四季の変化とともに食料となる対象が変化するので、季節ごとに対象をかえていく必要が生じる。つまり多種多様な食料資源をリレー式につないでいかなければならない〔小林 1994〕。赤沢威はこれを「生業の季節的循環」と呼んでいる〔赤沢 1988〕。そのため対象となる動植物の種類が多岐にわたるので、網羅的にそして季節的にバランスよく分散した資源を獲得する必要が生じる。赤沢はこれを「食糧資源の多様化」と呼ぶ。

また、中緯度地帯の落葉樹林帯に棲息する食用植物の植生は、1種類あたりの量こそ非常に多いけれども種類が少ないため、どれも1シーズンしかもたず、季節をこえての利用は不可能である。とくに秋にとれる大量の堅果類やサケ・マス類は、短期間で保存できるかたちに加工処理してしまわないと、冬を越しての利用ができない。このような事情が採集から加工までの工程を組織化していく。その結果、第二章でみたように短期・集中型の労働組織が形成されることになる。赤沢はこれを「食糧資源の集中化」と呼ぶ。

縄文人は日本列島の多種多様な食料資源に依存することで生存していくための安定性を確保し、危険の分散をはかっていた[2]。このような論理を小林達雄は「縄文姿勢方針」と呼ぶのである〔小林 1994〕。赤沢は、この多様性と集中性がうまく組み込まれた資源の収奪法こそ、縄文人の生業機構を支えていたと考える。

(2) 弥生姿勢方針

対照的に弥生人は、多種多様な食料資源に依存するのではなく、少種の食料、とくにコメを対象に特化していき、時間も労働力もコメづくりに集中させる[3]。また、1年を通じてコメづくりを中心とした労働体制がとられ、とくに夏の除草や稲刈りの秋はもっとも多忙な季節である。つまり季節性の強化という面ももっているのである。このような論理を小林は「弥生姿勢方針」と呼んでいる〔小林 1994〕。また赤沢の言葉を借りれば、弥生生業の基本は生業の季節的集中、食料資源の集中にあるということになろう。弥生時代に食料資源の多様化という側面はないことになる。

2 資源利用の多様性と特定資源への限定性

縄文人は食料資源に対して、さまざまな食料に万遍なく依存する多様性・網羅性でのぞみ、弥生人は特定の資源に依存する限定性・選択性でのぞんだ。彼らの食料資源に対するこのような対応の違いは、やがて食料資源に対する独自の考え方を生み出す。それを仮に「資源観」と呼ぶとするならば、縄文人と弥生人の資源観はきわめて対照的なものとなる。

資源観が異なれば、集団を物理的に、そして社会的に維持していく方法や、生きていくうえで環境へ与える影響も異なってくる。資源観の違いが及ぼすこのような影響を、資源に対する基本姿勢、

社会の維持・運営法、環境側の再生産という三つの側面からみてみよう。

(1) 資源に対する基本姿勢

人が生存していくために必要な食料の供給法は、縄文時代と弥生時代でまったく異なっている。縄文人は多種多様な食料資源に網羅的に依存することで安定性を確保し、食料危機の危険を分散する。そして秋という季節に、炭水化物の供給源である特定の資源に集中して採集・加工・保存をおこなう。縄文人は拡大再生産を志向せず、安定性を強く志向する、富の平準化が働く社会に生きる。このように縄文社会は多様性・集中性・安定性を合わせもっている。

一方、弥生人は特定の食料、すなわちコメの生産にほとんどの労働力を投下するために、万一不作のときに食料不足に陥る危険性は高い。これを回避するためには日常の食料以上の余剰物資を確保しておかなければならない。したがって、拡大再生産による余剰物資の蓄積こそが生存していくうえで最大の防御となる。弥生人は、資源や季節への集中・限定性、拡大再生産を特徴とする。

このように縄文と弥生の資源観は、まったく対照的な基本姿勢のうえに成り立っている。

(2) 社会の維持・運営の方法

縄文時代の食料は、馴育（Domestication）やクリなどの管理・植栽、草原種子植物の栽培を除けば、先行投資することなく基本的にそこにあるものを利用して獲得する。急激な人口増加は目的ではなく、集団の安定性を強く志向する社会である。拡大再生産を指向せず、分配や消費の側面では互酬性を基本としている。そのために富や財産、食料が特定の個人やグループに偏らないような機構をもつ。文化人類学で「富の平準化機構」と呼んでいるものに相当する。平準化機構が機能している社会は、森林資源の保存によって成り立っている。食べる量だけ採集したりつくったりする。したがって、自然の生産量と人口のバランスはほとんど保たれている。

一方、弥生時代は拡大再生産を目的とする社会である。人口支持力が高い稲作は人口を増やす。増えた人間を食べさせていくには、さらなる食料が必要になるため、弥生人は余剰生産物をつくらなければならない。余剰生産物は蓄えておいて飢饉に備えるだけでなく、交易のための交換財として必要な生活物資を入手するためにも用いられる。弥生時代の資源に対する社会的特性は、拡大再生産という考え方が組み込まれた弥生稲作という生産手段である。網羅的生業の一つにすぎず、安定性を求める社会の縄文稲作とは、まったく対照的な論理に支えられたものである。

(3) 環境側の再生産

縄文人は多種多様な植物資源に依存しているので、食べてはいけないというタブーをもつ食料はない。また逆に、種を採り尽くすこともない。したがって、環境そのものの再生産が保証されている。その結果、自然破壊は必要最小限にとどまっている。

一方、弥生人はコメの収穫こそがすべてなので、穀物以外の植物に対する規制を強めて、人工的に穀物を再生産できる環境保全に努める。自然にとっては特定の植物に都合のよい環境だけが維持・保全されることを意味するので、その地域本来の一次植生が回復することはない。環境の自然再生産は抑制されることになる。まさに水田の造営・拡大という極度の人工化の結果、自然破壊が起きる。

(4) 縄文・弥生人の資源観

以上みてきた縄文人と弥生人の資源観は、次にようにまとめることができよう（表12）。

縄文人は自然の摂理にしたがい、自然の恵に依存し、環境を大幅に改変したりはしない（縄文の資源観）。一方、弥生人は自然の摂理にしたがうことなく、コメという特定の植物を育てるために、自然を大幅に改変し人工的な環境をつくり上げる（弥生の資源観）。この相異なる資源観はどのようにしてはぐくまれたものなのであろう。

表12　縄文時代と弥生時代の資源観

	縄文時代	弥生時代
資源観	多様性と集中性	限定性と集中性
富の管理	平準化機構	拡大再生産
環境への対応	最小限の破壊	大規模な破壊

3　縄文・弥生人の世界観と祖霊観

資源利用の論理（資源観）を規定しているものとして以下に述べるような世界観と祖霊観をあげることができる。本節では、縄文人と弥生人の世界観と祖霊観について、彼らがもつマツリの道具や彼らが残した遺構を手がかりに考える。

(1) 縄文人のマツリの道具や遺跡とその機能

縄文人のマツリの道具や風俗には、土偶（図57）・土版・石棒・石刀・ホト隠し・入れ墨・縄文系抜歯などがある〔春成1995〕。これらの道具のなかには縄文人がアニミズム[4]の観念をもっていた証拠と考えられているものがある。たとえば、土版は魂や霊を示しているし、土偶や石棒は縄文社会を円滑に運営していくための理念や考え方を再確認し、集団の帰属意識を共有する機会であるマツリで使われる道具と考えられている〔春成1996〕。

縄文のマツリは、集団の統合・結束をはかるためにおこなわれるものである。マツリがうまく機能しないと社会は動かなくなり、食料獲得の労働組織が崩壊すると、集団の結びつきは一気に弱まる危険性をはらんでいる。資源獲得のための労働組織や分配のための機構が充実すればするほど、それを維持していくためのマツリの役割はますます重要になり、マツリの道具も種類と量が増えてくる。

一方、縄文人の世界観を知る証拠としてよく取りあげられるのが、集落や墓地の構造、遺物に繰り返しあらわれる同心円のパターン〔小山1993〕や円環の論理〔水野1982a〕といわれているものである。土器の装飾、集落構造、環状列石にみられる同心円のパターン（環状の構造）は、日常から死後の世界まで連続していると考える縄文人の世界観を反映するとされている。集落の中央には人格をもたず、誰だか特定できない祖霊が鎮座する。岩手県西田遺跡の集落中央でみつかった墓も、祖先の墓という位置づけである。中央の祖先や祖霊と、ムラの成員は誰でも等距離にあり平等な関係にある（図60）。誰もが祖霊と自由に接触でき、その交流は開放されている。このような世界観が同心円構造で表現されていると考えられている。

食料を獲得する森や川や海は、集団ごとにテリトリーが決まっていて、集団同士で専有権が認知されているが、集団内においてはどの成員も平等な権利をもち、集団全体の所有であった。資源は集団から集団へと引き継がれるので、個人間の不動産の相続はなかったと予想されている。

228

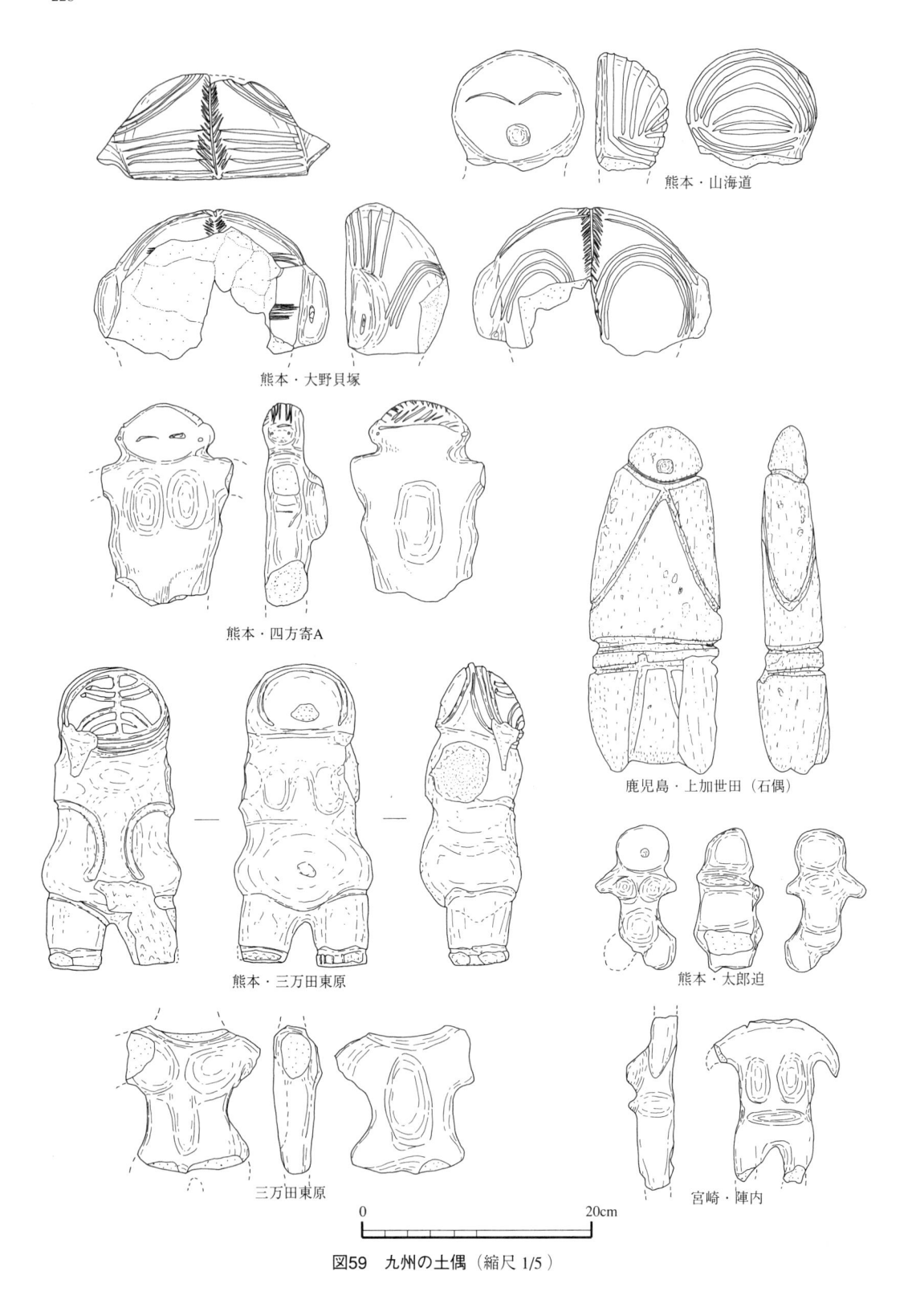

熊本・山海道

熊本・大野貝塚

熊本・四方寄A

鹿児島・上加世田（石偶）

熊本・三万田東原

熊本・太郎迫

三万田東原

宮崎・陣内

0　　　　　　20cm

図59　九州の土偶（縮尺1/5）

(2) 弥生人のマツリの道具とその機能

　西日本では、弥生稲作がはじまり環壕集落が成立すると、縄文のマツリの道具はまったくみられなくなる。代わって出てくるのが鳥形木製品や人形木製品、豚の下顎骨保存、骨占い、そして青銅製祭器である。西日本で縄文のマツリの道具が姿を消してから、ブタの下顎骨をのぞく弥生のマツリの道具が出現するまで200年ほどの空白がある。

　弥生のマツリの道具が、縄文後・晩期やⅠ期の砂沢遺跡に一切みられないことから推測すると、コメをつくるだけならとりあえず弥生のマツリの道具は必要ないことがわかる。さらに後・晩期には土偶や石棒が数多くみられることから、補助的な手段としてコメをつくる縄文稲作であれば、縄文のマツリの道具もコメづくりの支障とはならないこともわかる。つまり、網羅分散型の縄文姿勢方針を維持しているあいだは、縄文のマツリの道具が必要で弥生のマツリの道具は必要ないが、特定集中型の弥生施政方針に基づく弥生稲作が支配的な生産手段になると、縄文のマツリの道具では不都合が生じ、弥生のマツリの道具が必要になってくることを予想させる。

図60　岩手県西田遺跡遺構配置図
（佐々木ほか1980より転載）

　このようなマツリの対象の一つは、先にみた食料に関係している。弥生時代の資源観は、特定の資源への限定を基本姿勢としていた。穀物、とくにコメは他の資源に対して絶対的な存在となる。弥生のマツリはコメの豊穣を願うことが目的なので、穀霊だけが唯一絶対的なものとなり、その点がすべての霊を分け隔てなく祭る縄文のマツリとは正反対の論理をもつ。

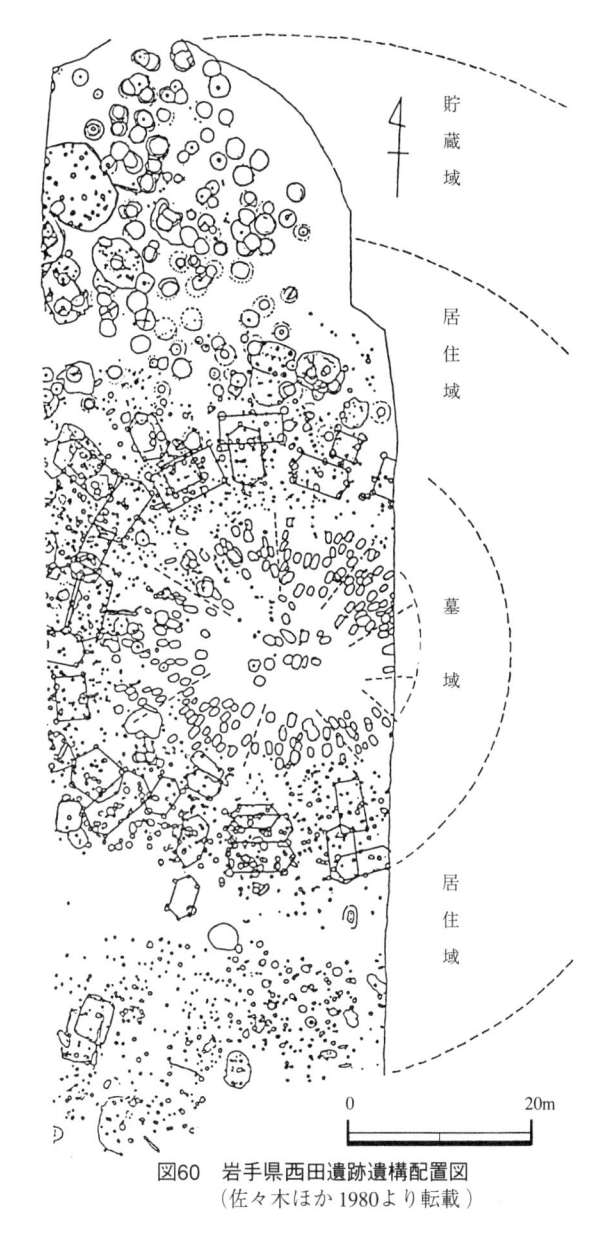

　また弥生人は水田をつくるために森をひらき、台地に水を引く。縄文人にとっては森や川の霊に危害を加える行為である。自然の再生産に必要な基盤を破壊し、特定の資源（コメ）の拡大再生産だけを追求する弥生の資源観。縄文人からみれば霊世界の破壊や環境破壊、弥生人からみれば穀物への特化、環境開発である。日本列島の自然破壊が水田農業の開始とともに加速するといわれるゆえんである。

このような考え方（資源・穀霊・世界観）は渡来人が朝鮮半島からもち込んだもので、在来人の世界観・祖霊観を根底からくつがえすものであったが、これこそ最先端の農業・土木・建築技術や道具類（金属器・大陸系磨製石器・紡績具・木製農耕具）を支えていた精神的基盤だったのである。もし在来人が最先端の技術や道具を取り入れようとした場合、精神的基盤にはどのような対応をとったのであろうか。

九州北部の在来人が最先端の技術や道具を受け入れ、弥生稲作をおこなうためには、それまでの精神的な基盤を捨て、渡来人がもち込んだ精神的基盤を理解し、頭を切り替える必要が出てくる。霊や魂が宿る森を壊して水田をつくることはできないからである。在来人の頭の切替え、すなわち意識改革こそ、大陸文化の受容に不可欠だったのではなかったのだろうか。意識改革をおこなった九州北部の在来人は、弥生早・Ⅰ期の約100～200年間、新文化の受容につとめた。彼らは弥生稲作を軌道にのせ、可耕地を増やし、環濠集落をつくるまでになった。その過程で戦いに及ぶこともあった。

渡来人によってもたらされたと考えられる検丹里型水田稲作文化を構成する精神的側面には、殷周の青銅器文化、北方系シャーマニズムに系譜をもつ遼寧式青銅器文化があった。象徴は鏡・武器形青銅器（図61）である。鳥形木製品・人形木製品・卜骨（図62）は弥生の祭祀具だが、これらの精神的な道具があらわれるのは、Ⅰ期末でかなり遅い。九州北部で縄文のマツリの道具が消え、最終的に弥生のマツリの道具が出現するまでに要する200～250年間こそ、在来人が経済面・社会面・精神面にわたる文化複合体のすべてを受容して、無文土器文化の弥生化に要した時間とみてよいだろう。

在来人が目にした大陸文化の理念は、中国や朝鮮半島ですでに一定の段階に達して完成したものばかりであった〔水野1982：17〕。この理念はあまりにも強いイデオロギー性を帯びたものなので、有無をいわさず、理念のおもむくところ農耕社会の形成に弥生人を早々と導いたと水野正好は考える。諸矛盾を解決するための政治的な装置としてもち込まれた戦いも、農耕社会形成のための一つの手段であった。ただし、水野によるとⅠ期の早い段階においては、この理念的なものはムラ全体を統合するほどのエネルギーはなかったので、マツリは小規模なグループ単位でおこなわれていたという〔金関1982：16〕。

Ⅰ期末になると、朝鮮式青銅器（図61下段）を象徴とする新しいマツリが西日本に定着する。これは、純粋な農村を成立させるための儀礼形態であり、その段階になってはじめて一つの共同体が儀礼によって統合される状況が生まれてくる。ここに青銅器の副葬や青銅器のマツリが成立する。祭神は人格をもつ祖霊神、偶像は男女一対の木偶（祖霊像）であった。祖霊神は水田という不動産が家族集団の血縁関係を通じて世襲されること保証する。したがって、弥生の祖霊は人格をもつ特定の霊であった。縄文の祖霊が人格をもたない象徴的なもので、しかも不特定多数であったのと大きく異なる。人びとは祖霊神ともはや自由に交信できなくなっていた。シャーマンとよばれる特別の能力をもつ人を介してのみ交信が可能だった。

九州北部では、青銅器が甕棺葬と統合された威信財システム[5]が完成し、ある階層以上の人びとに採用される。近畿では、方形周溝墓を媒介に家族の秩序づけに重点をおく社会をめざす機構が

第八章　弥生変革の契機　231

遼　寧　青　銅　器　文　化（前8〜4世紀）

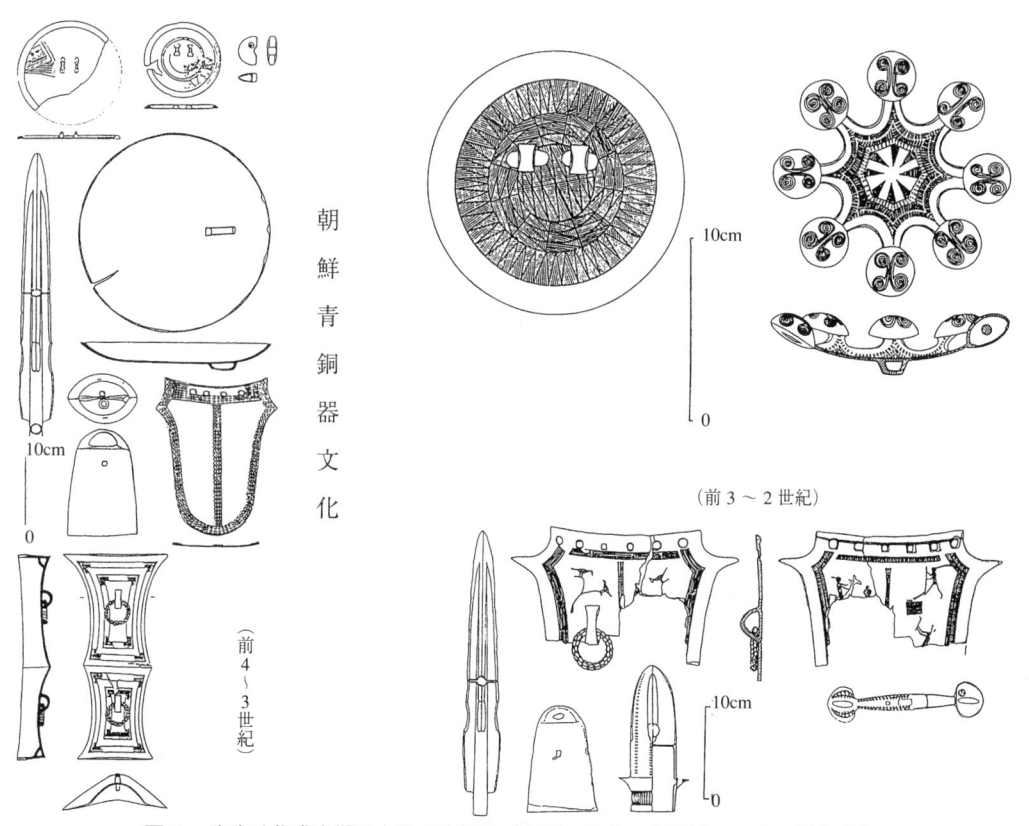

朝
鮮
青
銅
器
文
化

（前4〜3世紀）

（前3〜2世紀）

図61　弥生時代成立期の大陸の威信財（小野・春成・小田編1996を一部改変）

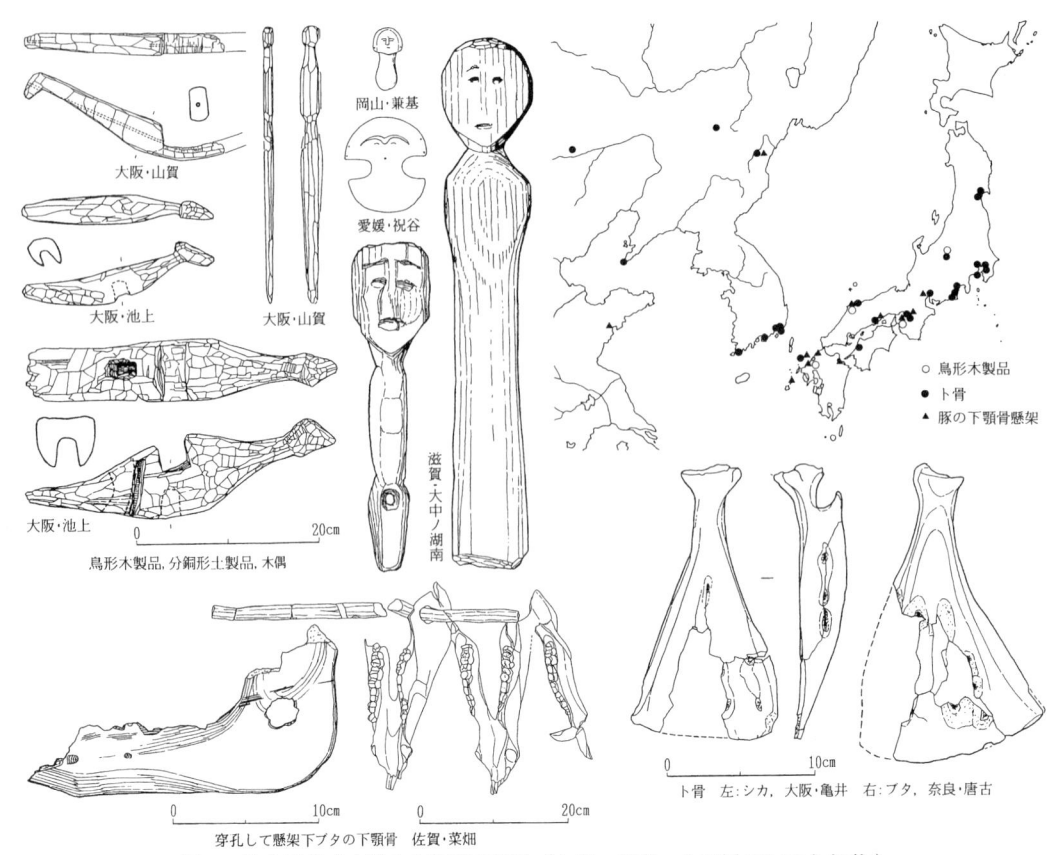

図62 弥生時代成立期の大陸系威信財（小野・春成・小田編 1996より転載）

つくられる。朝鮮半島から遠く離れた近畿では威信財が入手しにくく、威信財システムを実践できないか、もしくは社会の発展レベルが九州北部に比べて遅れていたからである。家を系譜的に継続させることに価値がみいだされた結果、方形周溝墓を列状につなげていく方法がとられる。このとき、すでに祖霊は各家の祖霊の段階をこえて、集団の祖神へと成長しているという意見もある〔水野 1982a〕。

(3) まとめ

　縄文人と弥生人は、かなり対照的な資源観・世界観・祖霊観をもっていた。資源観は多様性と限定性、富の管理は平準化機構と拡大再生産・余剰の蓄積、自然に対しては摂理の遵守と改変、世界観は等質的世界観と非等質的世界観、祖霊観は人格のない象徴的祖霊と人格をもつ経験的祖霊、不動産は集団共有と血縁集団を通じた世襲、というように本質的に異なっていた。

　縄文社会と弥生社会がそれぞれの思想・信条で維持・運営されていたとすれば、縄文人がコメをつくるだけでは弥生文化への扉は開かなかった。縄文人が弥生の資源・世界・祖霊観をもたなければ、森を切り開くことも拡大再生産もできなかった。ハード面だけでなくソフト面の意識改革が大前提だったのである。

　それでは縄文人が心の変革をおこなってまで、弥生稲作への道を歩み出すことになったのはどうしてであろうか。内的・外的要因について考えてみよう。

Ⅲ　縄文人を弥生稲作へとうながしたもの

　縄文人主体論者は、採集狩猟段階に原初的農耕を想定し、そして水田稲作へと発展段階的に漸進的に進化していくという論理で弥生文化の成立を理解する。このような進化論的思考とは対照的な意見が、人はなかなか変わらないという生態学的な考え方である。それでも変わらなければならないとしたら、それ相当の要因が必要であると考えるのである。現に縄文人は1,200年あまりにわたり、コメを補助的な役割のままに位置づけたのである。したがって、後者の観点に立って弥生文化の成立を考えるために、縄文人が資源観・世界観・祖霊観のまったく異なる弥生稲作への道を選択した理由と契機について考えてみよう。大陸文化のもつ新しい道具や技術に魅せられ、それを欲しいと思ったからであろうか。彼らが縄文のマツリを捨ててまで弥生稲作への道を選択したのはなぜなのであろうか。1,200年あまりも変わろうとしなかったのに、前5〜4世紀になって突然変わったのはなぜか。縄文社会が新しい文化を受け入れて実践にうつすためには内的な要因と外的な要因が働いていたと考えられる。そこで、なぜ、この時期にという問いに答えるため、縄文社会自身がもつ内因と、縄文社会を取り巻く東アジア情勢という外因についてみてみよう。

1　内　因

(1)　内因の熟成

　西日本の縄文人が弥生稲作をはじめた理由に関する諸説を第二章で詳述した。とくに西日本の場合、東日本に比べて貧しい自然環境に根ざす慢性的な食料不足を理由にあげる研究者は多かった〔和島 1966〕。いわゆる経済的に困っていたから農業をはじめた、という考え方である。農業は貧困から人びとを救う生業という位置づけだった。

　このような慢性的食料困窮説は、以下の理由から採用しなかった。西日本は東日本に比べて森林生態系の潜在的生産力は高かったけれども、特定の植物が大規模に群生しない植生のため、東日本のような集中的に大規模な採集活動ができず、大規模な集団の維持に不向きであったという西田正規や小林達雄の説に賛同したからである。そして次のように考えた。西日本のなかでもとくに森林・淡水複合生態系の地域では、春から夏にかけての生産力が低く、集中的に獲得できる資源にも恵まれていなかった（安定食料の不足）。そこで西日本の縄文人は集団規模を小さくし、複数の生業を巧みに組み合わせることで自然環境に適合した生活をつづけてきた。少ないながらも富が偏在しないような平準化機構も機能していたと思われる。

　一方、西日本の縄文人は東日本の縄文人と比べると、漁撈民型交流によって大陸の新しい考え方や技術・文物とたえまなくふれる機会をもっていた。長期にわたる精神的馴育状態ともいえる環境が、穀物栽培をはじめるにあたって西日本の縄文人に有利に働いたことはいうまでもない。掛谷誠は、このような状態を集団レベルにおける「内因の熟成」と呼んでいる〔掛谷 1994〕。西日本の縄文人は縄文後期後半から1,000年あまりもの長きにわたって、コメをはじめとした新しい文化を受け入れるだけの精神的・技術的水準に達していたとみてよいだろう。朝鮮櫛目文土器文化の影響を

受けて、後期以降に起こった精製深鉢の無文化・粗製化は、土器に対する考え方の変化として、この流れのなかで理解することができる。

(2) 農耕民との競争

第五章でみたように、弥生早期の玄界灘沿岸地域には、朝鮮半島から移住してきた外来系の農耕民と在来民からなる進出型農耕集落や、外来系の人びとを含まない在来民だけの在来型農耕集落があった。後者も縄文稲作をおこなっていた可能性を指摘した。上・中流域の園耕民は、下流域に住む進出型農耕民が人口増加に伴う可耕地開発を目的として、在来人のテリトリーを侵しはじめると、進出型農耕民との資源をめぐる競争に勝つために、競争の原理を同じくする弥生稲作という土俵に立って対抗する必要があった。これこそ在来人の弥生稲作採用の理由と考えたのである。

拡大再生産を目的とする弥生稲作民と自然の再生産が目的の園耕民では、人口支持力において格差が大きく、人口においては比べものにならない。先史社会では人口の違いが集団の力の差となってあらわれるので、現状にとどまっていては弥生稲作民との資源競争に勝つことはできず、それは集団の衰退を意味する。資源競争にかつためには園耕民も弥生稲作を採用するしかなかったと考えた。もし弥生稲作を採用しなければ、在来民が代々受け継いできたテリトリー内の資源は弥生稲作民に侵され、最終的にはテリトリーを奪われ生存が危うくなってしまう。在来民が生きていくためには、弥生稲作を支配的な生産手段として位置づけざるを得ない状況に追いこまれていったのではないだろうか。

2 外　因

外的要因には、自然環境の変化、東アジア情勢の変化、威信財世界の出現などが考えられる。

(1) 自然環境の変化と東日本型食料獲得機構の伝播

前1500年頃からはじまる冷涼・多雨化を中心とする気候の変化は、東日本の縄文文化に大きな打撃を与えた。気温の低下は海岸線を沖へ退りぞかせ、広大な干潟は縮小し、東京湾岸の内陸性漁撈と貝類の採集が壊滅的打撃を受ける。また中部地方の落葉樹林帯は、それまでより低標高に移ると同時に分布を西にずらしたため、東日本の堅果類や根茎類の生産力も落ちたと予想される。その結果、東日本の縄文人は落葉樹林を追うかのように西日本への移動を余儀なくされた。

東日本の縄文人は、西日本の各地で在来の縄文人と接触・交流し、アク抜き技術や浅鉢、打製石斧のほか、石棒や土偶、抜歯技術を広めることとなる。西日本の縄文人は、トチやサケ・マスなど1シーズンで大量にとれる食料資源に集中的な労働力を投下すれば、冬を越し春から夏の端境期をしのぐための資源を入手できることを会得した。季節的に限定されていたとはいえ、一種の「資源利用の特定化と限定性」を体験したことになる。弥生稲作に通じる論理が、ここにはあったのである。

(2) 東アジア情勢の変化と渡来人の出現

第五章で述べたように、春秋・戦国時代に大陸各地で起こった戦乱は、東北アジアにも青銅器を拡大させる契機となり、東北アジア各地の諸民族に文明化への道を開かせる契機となった。前6世紀頃に遼寧式青銅器文化が朝鮮半島北部に定着すると、朝鮮半島南部の青銅器をともなう無文土器

社会化を促進し、約1～2世紀遅れて九州北部地域も弥生化への第一歩をふみ出す。遼寧式青銅器文化の祭祀をもつ渡来人があらわれはじめるのはちょうどこの頃と考えられる。

(3) 威信財世界の出現

玄界灘沿岸地域の下流域に渡来人と在来民から構成される進出型農耕民の集落が出現しても、上・中流域にいた大多数の園耕民は従来どおりの生活をつづけていた。彼らは食べるのに必要以上の余剰生産物を必要としないだけでなく、むしろ平準化機構そのものが過剰な生産を抑止し、自然の再生産を保証し、必要な量だけを獲得して食べていくという生活を支えていた。その園耕民が前3世紀ごろに自然を破壊し、拡大再生産を是とする弥生稲作を採用するのはなぜか。園耕民にも余剰生産物を必要とする事態が到来したからではないかと推測する。

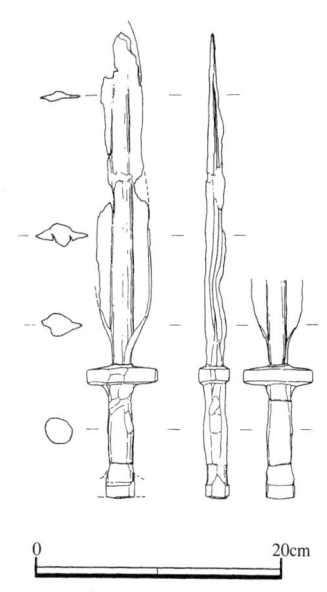

図63 福岡市比恵遺跡出土の木剣
（吉留編1991より転載）

朝鮮半島南部には遼寧式青銅器文化が及んでいて、青銅器を威信財として用い、最後は墓に納めて集団の結合・安定をはかる威信財システムがみられるようになっていた。松菊里や鎮東里の遼寧式銅剣、磨製石剣、有茎柳葉形磨製石鏃、丹塗磨研土器というセットが登場するのは、前4～3世紀ごろである。玄界灘沿岸地域の下流域に住む進出型農耕民は、威信財システムの存在や意味を当然のことながら知っていた。彼らが威信財を手に入れるべく余剰生産物の蓄積に余念がなかったことは、あながち想像できないことではない。それは縄文のマツリにかわって、集団内での特定集団化・個人の位置を保証する有力な手段だったからである。

遼寧式銅剣を除く磨製石剣や磨製石鏃は、すでに弥生早期やⅠ期初頭の支石墓や甕棺墓に副葬されているが、遼寧式銅剣は前期に属する福岡県今川遺跡や中期に属する北九州市平田Ⅳ遺跡出土の再加工品を除けば、まだ完形品の出土例はない。橋口達也は、弥生社会が武器を必要とするⅠ期末以前に、遼寧式銅剣が出土する可能性は少ないと考えているが〔橋口1995〕、はたしてそこまでいい切れるだろうか。もちろん、銅剣を武器としてだけ考えれば橋口のいうとおりであろう。しかし福岡県比恵遺跡第26次調査で出土した遼寧式銅剣を模したと考えられている木製品（図63）は、武器とは異なる使われ方をしていたことがうかがわれ、前3世紀の弥生人がマツリの道具や威信財としての銅剣の意味を理解していた可能性は高い。遼寧式銅剣がⅠ期末以前に存在したかどうかは今後に期待するとしても、Ⅰ期初頭の段階にすでに朝鮮系磨製石剣や磨製石鏃を副葬する弥生人があらわれていることは、前3世紀の九州北部に威信財的なものを必要とした集団や個人、威信財が意味をもつ社会がすでに出現していたことを物語っていると考える。

また中・上流域の園耕民も下流域の進出型農耕民との接触交流を通じて、威信財の存在とその効果を知っていた可能性は否定できない。さらに想像を重ねてみると、威信財の保有は当時の東アジア世界において、ある水準に達したことを示す一つの証だった可能性が考えられる。威信財を手に入れるためには交換財がいる。当時交換財として可能性が高いものはコメしかなかった。園耕民も

コメをつくっていたが、縄文稲作という補助的な生産手段にあっては食料以外にまわすことはできない。在来人が交換財としてのコメを手に入れるためには弥生稲作という方針を採用し、稲作を支配的な生産手段として位置づけて余剰生産物を蓄積する方式を選ぶ必要があるのである[6]。

弥生人はⅠ期初頭の段階で環濠集落をつくるまでに農耕社会を発達させ、交換財としてのコメを、すなわち余剰米をもっていたと思われる。しかし、遼寧式銅剣を手に入れていたかどうかまではわからない。経済的に富裕になったからといって保有できるものではない。それが威信財だからである。弥生人が確実に青銅製の威信財を手に入れたのはそれから100年以上あとのⅠ期末になってからである。しかも遼寧式銅剣ではなく、朝鮮半島オリジナルの朝鮮式青銅器であった。

3 縄文稲作民から弥生稲作民へ

以上、在来人は、自然環境の悪化、東アジア情勢への対応、威信財の入手などといった種々の事情と目的から、弥生稲作の採用を決めた可能性を指摘した。すでに縄文後・晩期以来の経験が蓄積され、内因はハード的にもソフト的にも熟成していた。弥生稲作をはじめるだけの基本的条件は整っていたのである。あとは支配的な生産手段とするかしないか位置づけの問題である。ここに外因と内因は複雑にからみあい、農業社会の成立に向かって動き出したと思われる。

在来人が弥生稲作を採用するときには、これまで社会を維持していくために必要な縄文のマツリなど、あらゆる祭祀的ブレーキを解除し、農業化の支障となる平準化機構、資源観、世界観、祖霊観を一気に弥生的なものに転回させなければならない。この精神的転回こそまさに在来人の変革であった。精神面の変革があってこその弥生化だったのである。

註

1) 春成秀爾は、弥生文化が備える大陸系のマツリと習俗として、鳥形木製品のマツリ、人形型木製品と祖先信仰、ブタの下顎骨保存、骨占い、弥生社会でとくに発達したシカ狩りの激減、武器形木製品と模擬戦、銅鐸をあげる。また弥生文化にも継続した縄文系のマツリと習俗として、土偶、石棒、ホト隠し、入れ墨、縄文系抜歯をあげている〔春成1995〕。
2) 総合討論のなかでの発言である〔内堀1994：248〕。
3) これは実際に食べているもののことを意味しているのではなく、志向性のことをさしている。
4) アニミズムとは、この世界はみたりさわったりできる物質と、普通はみることもさわることもできない魂や霊に分かれているという世界観である。霊は、人をはじめとして動・植物、石や山などの自然、雨や雷などの自然現象、家や道などの構造物にいたるまで漂っている。縄文人は物資と霊という二つの物資に親しみ調和して暮らしていた〔小山1991〕。
5) 威信財（prestige wealth）とは、経済人類学の用語で、実際に生存していくうえで必要な食料や鉄などの必需財（staple wealth）ではなく、社会関係を維持していくうえで必要な、威信（prestige）を高めるための財（wealth）のことである。最近、弥生時代の青銅器の役割を威信財と見立てた社会論がさかんである。たとえば九州北部にみられる青銅器副葬を威信財システムとして理解した中村慎一〔中村1995〕、九州北部の王墓といわれる墓の主たちが威信財システムを最大限利用して、自分たちの威信や威厳を高めていたと主張する穴沢咊光〔穴沢1995〕はその代表的なものである。
6) このような考え方は、文明の発生モデルを根底から覆すものである。すなわち生産力が上昇して、余剰が

生まれ、階級社会がつくられていくのではなく、むしろ逆にまず権力ができ、生産にも介入し生産の構造を変えていく仕組みが、アフリカの採集狩猟民などでは観察されているという〔掛谷1998〕。余剰を直接的に資源とはいえないものに転化していく動きは、内在的に生まれるものではない。威信財が外から入ってくる。すると今度はその威信財を得るために余剰を生み出す必要性が出てくる場合があるのである〔内堀1988〕。

参考文献

穴沢　咊光　1995：「世界史のなかの日本古代史」（古代オリエント博物館編『文明学原論―江上波夫先生米寿記念論集―』401～424、山川出版社）

内堀　基光　1988：「総合討論　新たな資源論を求めて」（大塚柳太郎編『資源への文化適応』講座地球に生きる3、243～283、雄山閣出版）

宇野　隆夫　1996：「書評　金関恕＋大阪府立弥生文化博物館編『弥生文化の成立―大変革の主体は「縄紋人」だった―』」（『考古学研究』43（1）、104～109）

岡内　三眞　1991：「東アジアの青銅器」（『日韓交渉の考古学―弥生時代篇―、90～100、六興出版）

掛谷　誠　1994：「焼畑社会と平準化機構」（『講座地球に生きる』3―資源への文化適応―、121～145、雄山閣出版）

金関　恕　1982：座談会での発言。岩崎卓也・金関恕・水野正好「＜座談会＞弥生文化にみる日本人の精神生活の源流」（『歴史公論』82―弥生人の精神生活―、10-36）

　　　　　　1983：「弥生時代の呪術と呪具」（『考古学研究』30-1、70～81）

甲元　眞之　1989：「大陸文化との出会い」（工楽善通編『弥生人の造形』古代史復元5、28～48、講談社）

小林　達雄　1994：「縄文文化における資源の認知と利用」（『講座地球にいきる』3―資源への文化適応―、15～45、雄山閣出版）

小山　修三　1993：「採集狩猟時代の生活と心性」（『岩波講座日本通史』2―古代1―、107～142、岩波書店）．

佐原真・金関恕　1975：「米と金属の世紀」（『古代史発掘』4―稲作のはじまり―、23～54、講談社）

佐原　真　1975：「農業の開始と階級社会の形成」（『岩波講座日本歴史』1、114～182、岩波書店）

都出比呂志　1986：「古代文明と初期国家」（都出比呂志編『古墳時代の王と民衆』古代史復原6、48～52、講談社）

中村　慎一　1995：「世界のなかの弥生文化」（古代オリエント博物館編『文明学原論―江上波夫先生米寿記念論集―』381～400、山川出版社）

橋口　達也　1995：「弥生文化開始期における東アジアの動向」（『弥生文化の成立―大変革の主体は「縄紋人」だった―』2～23、角川書店）

春成　秀爾　1990：『弥生時代の始まり』東京大学出版会

　　　　　　1996：「性象徴の考古学」（『国立歴史民俗博物館研究報告』66、69～160）

広瀬　和雄　1995：「縄紋農耕と水田稲作の開始」（金関恕＋大阪府立弥生文化博物館編『弥生文化の成立―大変革の主体は「縄紋人」だった―』236～247、角川書店）

水野　正好　1982：座談会のなかでの発言。岩崎卓也・金関恕・水野正好「＜座談会＞弥生文化にみる日本人の精神生活の源流」（『歴史公論』82―弥生人の精神生活―、10～36）

吉留　秀敏編　1991：『比恵遺跡群(10)』福岡市埋蔵文化財調査報告書255

Thomas, J.　1991: *Rethinking Neolithic*. Cambridge University Press.

おわりに
―縄文人の意識変革と弥生変革―

　本書では第二章で、これまで弥生稲作開始の要因と考えられてきた西日本の経済的困窮説や現状打破説を再検討した。西日本の縄文人は生態的特徴に規定されて、東日本的な分業集中型とは異なる網羅分散型の労働形態を保持し、人口支持力に見合った集団規模を維持していたため、慢性的食料不足という状態にはなかったと考えた。ただし、夏先の端境期に蛋白質を多く含む安定食料を獲得できなかった地域では、それを補う意味で縄文稲作が後期以降おこなわれ、食料の一部を補填していた可能性までは否定できないことを指摘した。これらの地域が最初に弥生稲作をはじめた地域と一致することに有意性を認めたからである。

　第三章で縄文後・晩期農耕論を検証し、現在では少なくとも後期後半以降のコメづくりの可能性が高まっていることを確認した。しかしそれは、1970年代まで考えられてきた、発展段階的に弥生稲作へとつながる原初的な農耕ではなく、弥生稲作とは直接的な系譜関係にない、質の異なった稲作であった可能性のあることを指摘した。

　この観点から第四章では、縄文時代の雑・穀物栽培の実態を考古学的に検証し、後・晩期の西日本の物質文化には東日本縄文文化からの影響だけでは説明できない変化がみられること、社会や文化には精製深鉢形土器の粗製化や土偶祭祀の活発化などの精神面における変質が起こっていたことを確認した。その結果、縄文文化以外の外的影響、とくに櫛目文畠作文化の影響を認めるにいたったのである。

　朝鮮半島南部の雑・穀物資料も増え、今や中期には北部と同じアワが存在したことが釜山市東三洞貝塚の調査で明らかになった。縄文後期併行期に朝鮮半島南部でも雑穀栽培がおこなわれていた可能性が確実になったのである。さらにこの地域には、縄文晩期初頭併行の前10世紀ごろにはコメ、アワ、ムギ、マメが存在し、石庖丁や磨製石斧が伴うこと、そして前7世紀頃の欣岩里式段階には定型化した畝をもつ、数ヘクタールにも及ぶ畠が存在したことが、慶南・南江ダムの調査で明らかになった。前6世紀頃には水田稲作がはじまり（蔚山市玉峴）、環壕集落（蔚山市検丹里）が出現する。したがって縄文晩期社会は朝鮮半島南部の畠作・水田農耕社会と約1,200年間にわたり向きあっていたことが確実になったのである。しかし、九州北部と西日本は生業の一部に雑・穀物栽培を加えた縄文稲作段階にありつづけ、農耕社会への扉を自ら開くことはなかったのである。

　第五章では、西日本や東日本の各地で弥生稲作がはじまるときの状況を実際に復原し、在来人と渡来人を含む集団同士の相互交流のなかで解釈した。弥生稲作発祥の地である玄界灘沿岸地域では三つの農耕化過程を想定し、農耕社会形成までに道のりがけっして単調なものではなかったことを示した。また弥生稲作の拡散地でも、中部瀬戸内より西の地域では、在来人が農耕化していく過程と、外来人を含む集団が出現して農耕社会化していく過程を確認した。近畿以東では基本的には在来人が農耕化していく過程を把握して、質の異なる弥生稲作東進に関する二段階説を提示した。

第五章で想定した西日本各地における弥生稲作開始過程をモデル化するための準備作業として、第六章では、日本列島と同じく文明の中心地から遠く離れた辺境の地にあるブリテン島の新石器時代の研究動向を検討した。その結果、農業をはじめる理由が唯物史観に依拠した発展段階モデルから、史的唯物論への疑問、物質文明への批判を前提にした、儀礼執行を目的とする説へ転換することを説く研究がみられはじめたこと、その背景に冷戦構造の崩壊、共産主義への幻滅などの世相があることが指摘されていることを紹介した。

　こうしたイデオロギーやマツリなどの象徴的な指標に、弥生稲作化の理由を求める動きは日本でもすでにみられた。九州北部と東北北部における水田稲作の開始に関する質的な差を、弥生的な祭祀面の有無に求めた宇野隆夫の指摘である。水田稲作とそれに関係する諸技術を含めた経済的な側面だけではなく、環壕集落や戦い、階層化に代表される社会的側面、そして青銅器、木偶、木の鳥などに象徴的にあらわれる祭祀的側面のすべてがそろった弥生文化の生産基盤として位置づけられたのが弥生稲作である。はじまる時期に遅い早いがあるが、西日本ではほぼⅠ期のうちに弥生文化は定型化し、南関東以西でもⅢ期前半にはほぼそろうことがわかっている。

　一方、経済的側面だけ、しかも在来の道具も多数併用するなど、不完全なかたちのままにおこなわれる縄文稲作は、土偶祭祀と共存するなど、伝統的な祭祀体系のなかでも可能な稲作であった。ここに縄文稲作と弥生稲作の第一の違いを認めた。

　第七章では第五章で想定した西日本各地の弥生稲作開始の過程をモデル化するために、西北ヨーロッパの中石器時代人と新石器時代人のかかわり合いのなかから農業が広まっていくという、相互交流モデルを検証し、なかでも機動的フロンティア浸透型の同化・融合パターンがもっとも弥生開始期の事例に近いことを認め、これを参考に土器の詳細な分析検討結果から弥生文化成立・形成モデルを導き提示した。

　モデルは弥生稲作起源地（玄界灘沿岸地域）と拡散地の二つからなる。起源地のモデルではまず弥生稲作をはじめる先発組（渡来人を含む外来人と在来人からなる進出型農耕民）と、やや遅れる後発組（在来系農耕民）の二つを設定した。なお、人数は渡来人よりも在来人が多い。拡散地のモデルには、西日本の場合、中部瀬戸内以西と近畿では弥生稲作化の内容が異なるという、二段階拡散説を遠賀川系甕の成立過程をもとに提示した。中部瀬戸内以西には起源地と同じく外来系農耕民と在来系農耕民が認められるが、摂津・河内・大和には今のところ在来系農耕民しか確認できない。

　最後に第八章では、縄文稲作をおこなっていた人びとが、弥生稲作をおこなう場合に乗り越えなければならない点として、資源観・世界観・先祖観などの祭祀・精神的側面の変革を指摘した。縄文稲作と弥生稲作の本質的な違いを、九州北部と砂沢の比較検討から導き出し、推論したものである。これこそ縄文人の意識改革を前提とする弥生革命の真相と考える。

　以上が本書の結論である。

　考古学的な資料をもとに、最後は唯心的な議論になってしまい、第八章はほとんど推定の域を出ないものとなった。しかし、もの資料をもとに積み上げていくだけでは乗り越えられない部分があるのは事実である。とくにいつ・どこで・どのようにして、という問いに答えることは従来の方法

でも可能だが、なぜという問いにもの資料だけで答えることには限界がある。生産関係が重要な指標であることにかわりはないが、それだけで歴史的事象が説明できるとはいえない状況になりつつある。

春成秀爾の次の一文はこれまで述べてきたことを端的に表現している。「弥生革命は、そもそもの始まりから別個の文化伝統から最新技術と思想を接ぎ木してもらったものである」。その思想とは、「金色に輝く青銅器を至高の祭器とする文化と精神……」であって、前期末に列島にもたらされたものである。「これをもたらした担い手は遼寧青銅器文化の担い手の後裔だったのである」〔春成 1990：136～137〕。

弥生文化は、在来人の精神的転回がなければ成立しなかった文化であった。問題は精神的な転回を独自におこなったのか、誰かの介添えがあったのかである。ソフト面のような内在的な文化要素は、やはり人を介して伝わるものであろう。人数は少ないとはいえ、ここに渡来人が果たした最大の役割がある。在来人がこれまでの因習から逃れ、新たな出発をするための精神的転回をおこなえるように、種を播き、文明化への橋渡しをした存在こそ渡来人である。もちろん弥生化への動きを直接になったのは大多数の在来人である。しかし、この大多数の在来人の心を変革させるきっかけをつくったのは渡来人なのである。

土器や石器などの実用の道具の観察から外来系と縄文系の要素を引張り出し、どちらの要素が多いかという基準で縄文人主体か弥生人主体かを論じる弥生文化成立論をたたかわせても、弥生文化成立の本当の理由はわからない。それはまさにものとして残りにくい在来人の精神面にかかわる問題が大きな役割を果たしているからなのである。

参考文献
春成　秀爾　1990：『弥生時代の始まり』東京大学出版会

補遺・炭素14年代による弥生変革期の考古学

　文科省基盤研究A「炭素14年代による縄文時代・弥生時代の高精度年代体系の構築」（今村峯雄研究代表）の弥生部会は、2003年5月25日に日本考古学協会第69回総会研究発表の席で、「弥生時代の開始年代」という研究調査報告をおこなった。それは夜臼Ⅱ式と板付Ⅰ式の甕に付着した煮焦げや吹きこぼれなどに含まれる炭素14の濃度を、ＡＭＳ（Accelerator Mass Spectrometry：加速器質量分析法）法によって計測したところ、それぞれ前900年、前800年という較正年代を得たという内容であった。

　夜臼Ⅱ式は弥生時代早期後半の土器で夜臼Ⅰ式に直続し、板付Ⅰ式は弥生前期初頭の土器で夜臼Ⅱ式に直続する。これらの土器に付着していた炭化物は土器が煮炊きに用いられたときについたものであるから、炭化物の年代は土器の使用年代とほぼ一致すると考えられる。今回は分析しなかったが、夜臼Ⅱ式より古い夜臼Ⅰ式段階は前10世紀におさまると推定される。夜臼Ⅰ式の段階にはすでに本格的な水田稲作がおこなわれ、鉄器も存在するといわれているので、弥生時代の開始年代はこれまでより500年近くさかのぼることになり、日本列島の水田稲作や鉄器の歴史が、前10世紀中頃までさかのぼる可能性が出てきたのである。

　年代があがることによって説明がつくようになった部分や説明がつかなくなる部分などいろいろあるが、これらの問題はこれから数年かけてじっくり調査研究をつづけていくべきものなので、ここでは年代がもし上がるとすれば本書の内容にどのような影響が出てくるのか、予想しておきたい。

　影響が出るのは第四章Ⅵ節「西日本縄文社会と朝鮮半島」と第八章Ⅲ節「縄文人を弥生稲作へと促したもの、2　外因」、そして第一章の「弥生文化観」である。結論からいえば、韓半島の無文土器時代の年代もAMS法で計測すれば古くなるため、九州北部と韓半島南部の土器の併行関係などへ影響しないことは確認ずみである。しかし外因と推定した大陸の情勢や社会現象を再考する必要が出てくる。以下、詳しくみてみよう。

1　西日本と縄文社会——韓国南部と九州北部の土器の年代——

　慶尚南道・漁隠遺跡一地区で出土した韓国の突帯文土器は、櫛目文土器最終末の二重口縁土器と伴出したとされている。この時期に住居跡からみつかった炭化米の炭素14年代はソウル大學校ですでに計測されていて、2850±60B.P.という炭素14年代が出されている。今回歴博で計測した同じ遺跡の住居跡から出土した木炭の較正年代は前1300〜1000年を示し、ソウル大學校のデータもこのなかに収まっている。したがって韓国南部の無文土器時代の開始は、これまで考えられてきた前10世紀より200年ほどさかのぼる可能性が出てくる。そして無文土器時代の開始期と併行する日本の土器は、やはりさかのぼった縄文晩期の黒川式ということで、これまでの併行関係と変わりはない。ただ、晩期初頭の標識である東北地方・大洞B式の上限は前1170年という較正年代が出ているので、

黒川式の古いほうは大洞B式よりも古くなり、後期おわりに突入することになる。

　次は前期無文土器時代の標識である孔列文土器の年代である。歴博では今回値を出せなかったが、韓国ではすでに出されていて、炭素14年代は2800〜2700±B.P.の数値が出ている。突帯文土器より新しい年代なので土器編年上の整合性はとれている。韓国では孔列文土器に伴って水田がみつかっていて、これまでは前7〜6世紀と考えてきたが、較正年代では300年近くさかのぼることになる。そして日本の水田の初現との間にほとんど時間差がなくなることになり、韓国で水田稲作がはじまった後、間をおかずして九州北部でも水田稲作がはじまったことになる。

　また日本では晩期の黒川式に擬孔列文土器がともなうことが知られているが、歴博の分析では黒川式の較正年代が前1300〜1100年の範囲内にあることから、孔列文土器と黒川式の併行関係も崩れないことになる。

　次に検丹里式との関係である。この型式の較正年代は韓国側でも日本側でも出されていないが、後続する松菊里式の較正年代は前9世紀前半〜前8世紀初のなかにおさまることがわかっている。検丹里式は孔列文と松菊里のあいだにくるので、その年代は前10世紀〜前9世紀はじめごろにくると推測できる。本書では九州北部の水田稲作の起源を検丹里式に求めているので、年代的な齟齬はないことがわかる。

2　韓半島畠稲作・水田稲作文化拡散の実態

　第四章で、日本列島に水田稲作や金属器を伝えた人びとが日本列島に渡って来た原因として、寒冷化などの気候変動と政治的動乱からの待避を例に説明した。

　本書では中国の気候変動の研究例を紹介して、前1500年ごろにはじまったとされる第4涼期を弥生の小海退とみた場合、かなり時間幅をとったうえで民族の玉突き現象を想定すれば説明可能という判断を示した。しかし今回の較正年代を採用するとすれば、第4涼期がはじまって数百年たった頃に弥生時代がはじまったことになるので、これまでよりそれほど時間幅をみずとも説明することが可能になってくる。

　政治的動乱からの待避説はどのように考えることができるであろうか。本書では春秋〜戦国期の動乱を避けた民族移動に求められる可能性を指摘したが、較正年代を採るとすれば、すでに新聞報道でも有名になったように、殷末〜周初の動乱期に相当することになる。どちらも考古学的な直接証拠はないものの、可能性のある政治的事件が大陸側にあることにかわりはない。とくに本文でも紹介したように、中原青銅器文化の遼東や韓国北部への流入のきっかけになったのが、殷の召氏一族が北京周辺に燕公として配されたことによって、東アジア各地に商的な青銅器文化が広がったとする甲元眞之の説など、候補となるものはすでに提出されている。ただいずれを採るにしても、決定的な考古学的証拠が得られていないことにはかわりない。

　また本書は威信財世界と縄文人との接触についてふれた部分で、遼寧式銅剣を象徴とする祭祀体系に重要な意味を求めているが、この点にも影響が及ぶ。これまで韓国南部・松菊里遺跡や鎮東里でみつかっている遼寧式銅剣・磨製石剣・有茎式磨製石鏃、丹塗り磨研土器というセットが登場する時期を前4〜3世紀ごろと考えていたが、較正年代では前9世紀前半〜8世紀初頭になってくる。

韓国北部ではもう少しさかのぼると考えられるが、縄文人が水田稲作に転換するきっかけとして、遼寧式青銅器文化を位置づけるための目安となる前10世紀までさかのぼらせることができるかどうかは微妙なところであり、まだ予断を許さない部分である。

このように遼寧式銅剣の出現と弥生文化のはじまりの時期的な関係は微妙なところだが、一方では中原青銅器文化との時間的距離が縮まってくることも事実であり、一長一短である。鉄の問題ともあわせて総合的な研究が必要である。

3　中国・韓国・日本の稲作開始年代について

水田稲作の開始年代を較正年代でみると、韓国が前10世紀以前、日本が前10世紀中頃なので、この点は大陸より古くならない。コメの出現はどうか。たとえば南溝手の籾痕土器は、すでに較正年代が出ている関東の堀之内式と併行するので、前2000年前後まで上がることになる。すると平壌・南京遺跡の年代も現状の前1500年ごろから、前2000年前後まで上がると考えられるので、韓国・日本ともコメの出現は500年ほどさかのぼることになる。中国はどうか。山東半島にコメがあらわれるのは前2000年前後と考えられてきたが、これも較正年代ではおそらく数百年上がるであろうか。したがって中国・韓国・日本におけるコメの出現年代は今のところ齟齬は認められない。

その結果、山東半島より1,500年ほど遅れると考えられてきた日本のコメの出現年代は、1,000年近くまで縮まる可能性が出てこよう。

縄文人がコメを知ってから、本格的な水田稲作をはじめるまでに1,000年近くかかったことは、これまでと変わらないため、弥生文化の成立を突発的とみた本書の見解を変更する必要はないと考える。

4　九州北部から近畿・東北への弥生文化の拡散について

日本列島内の弥生文化の拡散速度は、今回の較正年代によってもっとも影響を受ける問題の一つである。これまで本格的な水田稲作は九州北部で前5世紀ごろにはじまり、近畿には前3世紀中頃、すなわち150年ぐらいで急速に広まったと考えられてきた。しかし較正年代では前10世紀中頃（夜臼Ⅰ式）から、前8世紀中頃（Ⅰ期中頃）と200年近くかかったことを意味し、少し長くなる。東北の砂沢遺跡の灌漑施設付き水田は、前4世紀半ばを下限とする較正年代をもつので、650年ぐらいで到達したことになる。これまで考えてきたよりは長くなったという印象をもつ。
しかし中期後半までの視野でみてみると、これまでの考え方を大きく変更せざるを得ない。前漢鏡が出土しはじめる中期後半以降の年代はほとんど変わらず、しかも後漢初頭の棺材の較正年代も後1世紀後半の値が出ているので、現状と変わらないことになる。すると、前1世紀後半以降は変わらず、中期中ごろ以前が大幅に間延びするため、弥生時代がはじまって前漢鏡が甕棺に副葬されはじめるまで、これまでの約2倍の900年近くかかったことになる。

楽浪郡を通じて前漢と外交交渉をするまでの外交的位置を確保するための時間が倍近くかかったことになり、いわゆる日本列島の古代化のスピードは大幅に減速したと考えざるをえなくなろう。しかし国際社会に登場した途端、土器の変化が早まり、現状の30〜50年になることは、外的契機に

よって弥生社会が大きく変容したことを示すものとして興味深い。

　以上、今回の較正年代が本書に与える影響について予想してきた。冒頭にも述べたように、今回の較正年代が学界に認められるためには、さらなる膨大なデータの蓄積と矛盾の解決、そしてこの年代観で構築される弥生時代観の提示が必要である。そのためには全国の研究者の協力も仰ぎながら、総合的な共同研究をすぐにでも立ち上げる必要がある。したがって、いささか先走りしすぎというお叱りを受けるかもしれないが、較正年代を提示した側の人間として、まったくふれないわけにはいかないという判断にもとづいたものである。ご容赦願いたい。

あとがき

　本書は2002年10月に広島大学大学院文学研究科に提出した学位論文である。学位論文の執筆にあたっては主査である広島大学大学院の河瀬正利先生に全般的な指導とご教示をいただいた。副査の国際日本文化研究センターの宇野隆夫先生には、ケンブリッジでともに過ごした約半年の間、カフェでコーヒー、パブでビールを飲みながら、本書の構想段階から相談にのっていただいた。同じく副査の広島大学大学院文学研究科の中田高先生や古瀬清秀先生にも、地理学やほかの時代からの視点でご助言・ご指導をいただいた。

　学位論文はすでに発表した論文と新たに書き起こしたものからなる。前者についてはすべてに大幅な手が加わっているが、骨子には訂正はなく表現方法を改めたものである。その過程で筑波大学の西田正規さんには大変お世話になった。以下に各論文の初出典と発表年代を記す。

　　第一章　弥生文化成立論と社会状況（新稿）
　　第二章　西日本縄文社会食料窮乏説の再検討（原題「生業からみた縄文から弥生」『国立歴史民俗博物館研究報告』48集、1993年）
　　第三章　縄文後・晩期農耕論の検証（原題「生業からみた縄文から弥生」『国立歴史民俗博物館研究報告』48集、1993年）
　　第四章　縄文時代の雑・穀物栽培（原題「生業からみた縄文から弥生」『国立歴史民俗博物館研究報告』48集、1993年）
　　第五章　弥生稲作の開始と拡散（新稿と「水稲農耕開始期の地域性」『考古学研究』38-2、1991年。「水稲農耕と突帯文土器」『日本における初期弥生文化の成立』1991年）
　　第六章　新石器時代観の変化（新稿と「ブリテン新石器時代における死の考古学」『国立歴史民俗博物館研究報告』68集、1996）
　　第七章　採集狩猟民と農耕民の相互交流（新稿）
　　第八章　弥生変革の契機（新稿）

　今から思えば筆者が弥生変革期の考古学とはじめて出会ったのは1979年であった。広島大学の3回生になってはじまる考古学実習で、広島市東区中山貝塚の遠賀川系土器の実測をおこなったのである。指導していただいたのは当時考古学研究室の助手であった河瀬先生である。

　卒論は弥生の集落論で書いたためか、土器にしばらくふれることはなかったが、これが後になって大きなしっぺ返しとなって降りかかってくるとは、そのときは思うよしもなかった。1981年、縁があって九州大学大学院に進むことになった私を待っていたのは、『末廬国』製作のための土器実測だったのである。大学院の学生は、講座主任であった岡崎敬先生から、『末廬国』のなかで何々を担当しなさいといわれるのだが、当然執筆ではない。原稿を書く諸先生が必要となる図面やデー

タを整理して提供するのである。筆者は平野部の弥生土器や島嶼部の遺構や遺物を中心に実測する班に属すこととなった。メンバーは木村幾多郎助手（現大分市歴史資料館館長）をヘッドに、田崎博之氏（現愛媛大学教授）、平川敬司氏（現福岡市教育委員会）、そして私の4人である。学部時代、実習でしか実測をしたことがない筆者は、これは大変なことになったと不安を隠せなかったのである。

　それから夏までの日々は、ただただ実測の毎日であった。唐津市柏崎貝塚出土の弥生土器にはじまり、唐津市宇木汲田貝塚出土の突帯文土器など、研究史上名だたる遺跡の土器を実測できるという幸運に恵まれたはずなのだが、授業のない午後は実測。岡崎先生の授業は実測振替え。寝ても覚めても実測であった。しかし、実戦経験のない私の実測図が使えるものでないことはすぐに田崎氏の知るところとなり、猛特訓の日々がつづいた。それこそ、夜は枕を涙でぬらして眠れない毎日だったのである。

　最初のうちは破片資料を1日あたり7～8点しかとれず、しかも使い物にならないときては、とる方もとらせる方もイライラはつのるばかり。よく登校拒否にならなかったものである。しかし、嬉しいこともあった。この頃、大学院の最高学年であった木下尚子氏（現熊本大学教授）から織機のオサをいただき、一生懸命つくったマコは今も私のよきパートナーである。そして夏になる頃、私の実測図も何とか、それなりのものになっていったのである。今にして思えば、このときの経験が今の私を支えてくれていると思う。最高の仲間や指導者、道具に恵まれて。

　1981年は、『末廬国』中心の生活でほかの勉強がほとんどできなかったという言い訳をつくり、修士論文は弥生前期の突帯文土器で書くことにした。同級生のなかには深刻に受け止めて留年する者もいたが、おおざっぱな私は次の年、南九州や東九州を回り、九州の関連土器の実測図をとって回った。修論の出来は惨憺たるものであったが、何とか通していただき博士課程に進学する。

　1983年からは、文学部九州文化史研究施設の横山浩一先生（現福岡市博物館顧問）の下で事務補佐をアルバイトでおこなうことになり、未整理だった図書整理をしながら宇木汲田遺跡の発掘調査に向けての準備に入った。3年間、当時の文部省科学研究費「総合研究A」の申請書類を書きつづけた記憶がある。まだワープロもない時代、砂消で消しては書き、書類をまとめるのは大変であった。

　1984年11月から約45日間の発掘、そして発掘後の遺物整理。報告書作成のため遺物編を担当し、横山先生と連名で投稿したのが「唐津市宇木汲田遺跡1984年度発掘調査報告1」である。私がB5の原稿用紙に書いた原稿を、先生はB4の紙の中央にくるようにコピーさせ、一字一句添削していくのである。欄外は先生の文章で埋められていき、原文は跡形もなくなる。しかし私が主張したいことは横山先生の鉛筆を通して、格段とわかりやすい名文になっていくのを、まるでマジックでもみているような目でみていた。今でも先生のご指導が身についていないことは本書をみていただければおわかりであろう。

　九州大学の助手になってからも板付Ⅰ式甕の成立過程（『史淵』）や時代区分論（『永井昌文先生退官論集』）、西日本の前期甕（『岡崎敬先生退官論集』）、国立歴史民俗博物館に移ってからは西日本の突帯文土器と遠賀川（『横山浩一先生退官論集』）、弥生開始期の地域性の問題（『考古学研究』）

など、この時期の土器のことで書きつづけた。

　1993年11月からのイギリス・ケンブリッジ大学への留学は、本書の六章、七章のもととなる勉強をさせてもらった。当時ケンブリッジに留学中だった溝口孝司氏（現九州大学助教授）に紹介されたのが、ジュリアン・トーマスの『Rethinking the Neolithic』で、私はそのなかにあった一文に目を奪われた。「新石器時代がいつはじまったのではなく、なぜはじまったのかを考えるべきである」。この一文はそのまま本書の副題―弥生時代はなぜはじまったのか―に使わせていただいた。そしてそれを説く鍵が農業の開始という経済的な事象ではなく、精神的な側面を含む文化的な事件であるというトーマスの言葉は、本書の結論を導く基本となったのである。それまで突帯文土器や板付式土器を細かくみていた私の目が、日本列島の農耕開始期を相対化するきっかけとなったイギリス留学であった。パブや家族パーティの席上、宇野先生や國學院大學の小林達雄先生との議論も、視野狭窄気味の私をグローバルな方向へと導いてくれた。

　韓国無文土器時代研究の第一人者である安在晧氏（東國大學校副教授）や李弘鐘氏（高麗大學校教授）から受けた影響は大きく、つねに最新の調査成果を教えていただいた。

　歴博では東日本弥生文化研究の第一人者である設楽博己さんに論争を挑んだり、疑問点をうかがったりしながら研究をつづけることができた。またこの問題についても40年以上にわたって取り組んでいる春成秀爾さんは、失礼ないい方かもしれないが、そばに「ミスター研究史」がいらっしゃるのと同じであり、叱咤激励されながら本書を編むことができた。植物学の辻誠一郎さん、動物考古学の西本豊弘さん、生態学の篠原徹さん、歴史年代学の今村峯雄さんから教えていただいた関連諸科学の基礎も忘れてはならない。

　最後に国立歴史民俗博物館の春成秀爾さんと同成社の山脇洋亮さんには、出版に際して大変お世話になった。記して感謝の意を表したい。

索　引

件名索引

あ

アク抜き　45, 111, 177
浅鉢
　　──の機能　111
アズキ　52
アニミズム　227, 236（註4）
アワ　53, 80
　　東三洞貝塚出土の──　53
　　──状炭化物　71, 83, 84

い

石鍬　91→打製石斧
威信財システム　230, 235, 236（註5）
板付Ｉ式土器　11
　　西谷正の──系譜論　20
　　──と夜臼式土器の共伴現象　148
板付Ｉ式周辺地域成立説　35
　　家根祥多の──　34〜35
板付Ｉ古式甕　144
板付祖型甕　20, 34→祖形甕　142
　　中島直幸の──　20
　　橋口達也の──　20
　　藤尾慎一郎の──　20
　　家根祥多の──　20
　　山崎純男の──　20
イヌビエ　42, 53, 54, 57, 64
イモ　50

う

ウバユリ　50

え

エゴマ　51
恵山文化　173
エピ縄文　179
エルテボレ文化　212
園耕　57, 208, 220
園耕作　197
園耕民　144, 147, 165

円筒土器　49

お

漁隠(オウシ)・欣岩里(フナムニ)型畑稲作文化　117, 220
大洞Ｂ式土器　241
大洞Ｃ２式土器　168
オオムギ　53
遠賀川式土器　10, 22, 26, 128
　　──の瀬戸内自生説　157、178
　　──の成立　12
　　平井勝の──　157
　　──瀬戸内起源説　20
　　家根祥多の──　21
　　──の二段階拡散説　178
温量指数　43, 44, 45, 47, 63

か

外傾接合　34, 177
外反口縁甕　177
海洋漁撈民　124
　　──型の交流　217
下部構造　29
花粉分析　74, 81
亀ヶ岡式土器様式圏　168
亀ノ甲タイプ　135
環壕集落　120, 165
　　板付遺跡（福岡）　219
　　検丹里(コムタンリ)遺跡（韓国慶尚南道）　120
　　大開遺跡（兵庫）　159
　　那珂遺跡（福岡）　145
管理　56

き

気候変動　123
弥生の小海退　123
孔列文土器　125
　　貫川遺跡の擬──　119
旧石器時代　199
巨石記念物　186, 199
　　Renfrewの──　191
儀礼執行説　210
金石併用期　31
　　中山平次郎の──　31

索引（件名）　249

金属器時代　9, 31

く

櫛目文土器
　　――の粗製化　113
櫛目文畑作農耕　216
櫛目文畑作文化　116
クズ　50
クリ栽培説
　　佐藤洋一郎の――　64
馴(訓)育　54, 57, 65

け

結合釣針　117
原初的農耕
　　泉靖一の――　84
ケンブリッジ学派　190, 197

こ

高級採集狩猟民（または高級狩猟民）
　　山内清男の――　70
孔列文土器　242
古河内潟　161
コメ　80
固有日本人論　8, 11
　　鳥居龍蔵の――　31
コーングロス　96
混合農業説
　　Clark G. の――　193

さ

採集　56
栽培　57
サケ・シカ型　57
雑穀　52
サヌカイト（金山産）　163
三時期区分法　184

し

刺激伝播　157, 159, 166, 167, 178, 179
資源観　225, 227, 232
支石墓　12, 13, 14, 26, 28, 29
時代区分論
　　小林行雄の――　19
　　近藤義郎の――　19
　　佐原真の――　17
　　白石太一郎の――　25
　　武末純一の――　25
　　田崎博之の――　19
史的唯物論　176

ジネンジョ　54
収穫具　94
主体者論争　22, 22～39
　　縄文人主体論　22
　　中間論　23
　　渡来人主体論　22
首長制社会　195, 199→チーフダムも参照
条痕文土器様式圏　165
上部構造　29
縄文稲作　57
縄文カレンダー　59
縄文姿勢方針
　　小林達雄の――　224
縄文収穫具説
　　平井勝の――　85
　　渡部明夫の――　85
縄文原始農耕論
　　小林久雄の――　70
縄文人主体論　22
　　金関恕の――　27
　　橋口達也の――　22, 203
縄文中期農耕論　40, 70
　　ヒエ原始農耕説　70
　　藤森栄一の――　70
縄文停滞説　3
縄文農耕論　5, 61
　　縄文原始農耕論　69
　　縄文後・晩期農耕論　16, 69
　　　江坂輝彌の――　71
　　　賀川光夫の――　71, 83
　　　甲元眞之の――　85（註37）
　　　潮見浩の――　71, 83
　　　芹沢長介の――　83
　　　春成秀爾の――　83, 84
　　　山崎純男の――　77
　　縄文中期農耕論　70
　　　森本六爾の――　70
縄文農耕論批判
　　赤松啓介の――　84
　　佐原真の――　71
　　渡辺誠の――　71, 83
縄文ヒエ　64
　　ハマナスノ遺跡　64
照葉樹林帯論
　　佐々木高明の――　41
植栽　42, 54, 55, 56, 61
植物性食料
　　獲得活動
　　　管理　56
　　　採集　56

栽培　57
農耕　57
栽培型植物
　アズキ　52
　アワ　53
　エゴマ　51
　雑穀　52
　ヒョウタン　51
　リョクトウ　52
野生型植物
　堅果類　44
　根茎類　49
　クズ　50
　ジネンジョ　54
　ヤマノイモ　50
　ワラビ　50
労働形態
　赤沢威　57
　西田正規　57
　山内清男　57
労働組織　60
食料窮乏説　5, 40
　岡本勇の――　40
　近藤義郎の――　40
　藤間生大の――　40
食料不足説　3
新石器革命
　Childee G.の――　30, 189
新石器時代　189
　Childee G.の――　183
　Clark G.の――　192
　Hodder I.の――　196
　Lubbock J.の――　184
　Renfrew C.の――　191
　Thomas J.の――　197

す

水田
　板付遺跡（福岡）　76, 82
　玉峴遺跡（韓国慶尚南道）　119
　砂沢遺跡（青森）　168, 172
　小区画水田　156, 169, 173
　垂柳遺跡（青森）　173
　富沢遺跡（宮城）　173
　中在家南遺跡（宮城）　173
　菜畑遺跡（佐賀）　82
　野多目遺跡（福岡）　82
　宮ノ前遺跡（山梨）　169
住みわけ説　156, 177
　石黒立人の――　165

　中西靖人の――　161, 162
　春成秀爾の――　162
　藤尾慎一郎の――
　森岡秀人の――　162
　田中清美の新住み分け論　164

せ

政治的動乱　123
　湖熟文化の非漢民族移動説　123, 125（註16）
　玉突き説　123
　非漢族の移動説　123, 125（註15）
西北九州特別委員会　13
世界観　227, 232
　同心円のパターン　227
　円環の論理　227
石棒　160
石器型　100
　狩猟具突出型　106
　狩猟具・土掘具・調理具平均型　108
　調理具・加工具平均型　108
　調理具突出型　108
　土掘具突出型　108
石器時代　8, 9, 31
瀬戸内甕　177
　秋山浩三の――　177
　佐原真の――　177
　藤尾慎一郎の――　177
遷移畑　55, 57
先史経済学的接近法　197
戦死傷者　新町遺跡（福岡）　28
漸進的自立的弥生文化成立論　13
　金関恕の――　27
　森貞次郎の――　14
選択的受容
　宇野隆夫の――　27
　下條信行の――　27

そ

相互交流説　202
　Rowley-Conwy P.の――　211
　Zvelevil M.の――　211
粗製化
　櫛目文土器の――　113
祖霊観　232
祖霊神　230
ソバ　80
松菊里式　142

た

第二系土器　10

多系進化論　191
打製石斧
　　短冊型　91
　　ナスビ型　91
　　撥型　91
　　分銅型　91
打製石斧=土掘具説　77
　　小池史哲の――　85
　　甲元眞之の――　85
　　高木正文の――　85
　　寺沢薫の――　85
断欠周溝状遺構（causewayed enclosure）　194
炭素14革命　190
炭素14年代　241
　　早期無文土器　119

ち

チーフダム　191→首長制社会　195
置換説　鳥居龍蔵の――　23
畜養的耕作　189、193、199（註10）
中国文明辺境文化説　15
朝鮮式青銅器　230

て

伝播論　203
　　炭素14年代以前の伝播論　187
　　Montelius O.の――　187
　　佐原真の――　177
　　田崎博之の――　157
　　遠賀川式土器二段階拡散説　178

と

耨耕　9, 12, 32
土偶　4
　　――の消滅　171
土偶形容器　169
突帯文系甕
　　瀬戸内甕　177
　　播磨型　160
突発的・他立的弥生文化成立論　14, 27
　　岡本勇の――　33（註22）
渡来人　217
渡来人主体論
　　春成秀爾の――　22
渡来人東進説　204
鳥形木製品　173

な

内因の熟成　233
内傾接合　34, 177→外傾接合　34, 177

内的矛盾説　3
内的矛盾解消説　5

に

二重口縁土器　241
二段階拡散説
　　藤尾慎一郎の遠賀川式土器――　178
日鮮同祖論　8
日本民族起源論　5
　　混血説：渡来説　23
　　二重構造モデル　23
　　別人種説：置換説も参照　23
　　変形説　23
ニューアーケオロジー
　　Clark G.の――　192

ね

熱帯型ジャポニカ　78
年輪年代法　190

の

農耕　57
　　原初的農耕　62
　　初期的農耕　63
農耕民
　　板付型　147
　　在地型　147, 156, 218, 220
　　進出型　147, 155, 156, 157, 217, 218, 220
　　那珂型　147
　　――の交流　220

は

馬橋文化　123
パラダイム
　　Childe G.の――　187
　　金関恕の――　26～39
　　小林行雄の――　16
　　佐原真の――　17
播磨型　160
半栽培　84
　　中尾佐助の――　73

ひ

ヒエ　53
ヒエ属　80
東日本縄文文化複合体　109, 111
標準レーダーチャート　96
ヒョウタン　51

ふ

フローラの法則　58
深鉢
　　——の器形変化　114
　　——の粗製化　112
　　——の変容壺　169
　　阿部芳郎の——粗製化　113
　　松本直子の——粗製化　113
　　家根祥多の——粗製化　112
　　横山浩一の粗製化　113
浮線文土器　168
ブナ林帯論
　　安田喜憲の——　41
プラント・オパール　75, 81
　　朝寝鼻貝塚　24
　　姫笹原遺跡　24
プロセス考古学
　　Renfrew C.の——　191
フロンティアモデル　211, 212
　　Dennel R.の——　212
　　機動的——　213, 216
　　——浸透型　213、219
　　——不浸透型　215
　　静的——　215
文化階梯論　14
文化習合論　201, 221（註1）
分業集中型　61

へ

ヘンジ　210
平準化機構　226

ほ

方形周溝墓、171
　　常代遺跡（千葉）　171
ポスト・プロセス考古学　196, 207

ま・み・め

マメ　52
　　吉崎昌一　63（註22）
水サラシ　44, 45
メジャーフード　41, 42, 44, 45, 49, 50, 52, 53, 55, 56, 61

も

網羅分散型　61
籾痕土器　24

や

焼畑　65
　　——農耕　81
山ノ寺式　13
弥生稲作　57
弥生化　175
弥生姿勢方針
　　小林達雄の——　225
弥生土器起源論　19
　　小林行雄の——　12
　　橋口達也の——　21
　　春成秀爾の——　34（註28）
　　藤尾慎一郎の——　21, 35（註34）
　　山崎純男の——　20
弥生の小海退　123
弥生文化起源論
　　石母田正の——　33（註26）
　　近藤義郎の——　33（註24）
　　清水潤三の——　34（註27）
　　和島誠一の——　33（註25）
弥生文化成立モデル　220
弥生文化論
　　近藤義郎の——　33

ゆ

唯物史観　9, 10, 29, 30
夜臼式土器　11
ユリ　49

り

良渚文化　123
遼寧式青銅器文化　123, 230, 234
遼寧式銅剣　121, 125（註14）, 235
　　——模倣木製品　235
リョクトウ　52
リレー式伝播
　　下條信行の——　27

わ

ワラビ　50

A

AMS (Accelerator Mass Spectrometry)　241

C

causewayed enclosure　194, 199（註11）
cultivation　57

D

DNA
    クリ栽培説　64
domestication　54

E

early agriculture　63
Ertebølle Culture　212

F・G

forager 197
gathering　56

H

horticulture　57, 197
husbandry　56

I・L・P

incipient agriculture　63, 84
LBK Culture　214
plantation　54, 56

S・T

succession field　57
TRB Culture　207, 212

人 名 索 引

あ

赤沢威　41, 225
    ――の縄文労働形態　57
赤松啓介
    ――の縄文農耕論批判　84（註21）
秋山浩三　155
    ――の瀬戸内甕　177
阿部芳郎
    ――の深鉢の粗製化　113, 116
安在晧　116
    ――の櫛目文稲作　117
    ――の早期無文土器設定　119
    韓国の突帯文土器　125（註12）

い

李相吉　94
石黒立人
    ――の住みわけ説　165
    ――の弥生稲作民のコロニー　166
石母田正
    ――の中国文明辺境成立説　14
    ――の弥生文化起源論　33～34
泉靖一
    ――の原初的農耕　84
泉拓良
    ――の分業集中型の労働形態　58
李弘鐘
    ――の突帯文土器韓国祖型説　125（註12）
今村啓爾
    ――の打製石斧土掘具説　50
    ――のジネンジョ採集具説　91
    ――のジネンジョ栽培説　54

う

宇野隆夫
    ――の選択的受容　27, 224
    ――の東北縄文人の主体性　172

え

江上波夫
    ――の騎馬民族征服説　23
江坂輝弥　70
    ――のトチ・ナラ管理説　83（註6）

お

大野雲外

――の弥生式土器埴瓮土器説　31（註2）
大山柏
　　――の縄文原始農耕論　69
岡崎敬
　　――の宇木汲田貝塚の調査　16
　　――の弥生時代の定義　18
岡本勇　8
　　――の機能差説（夜臼・板付Ⅰ式共伴の意味）　13，32（註18）
　　――の皇国史観と考古学的解釈　31（註5）
　　――の縄文時代東西日本の同質性　42
　　――の食料窮乏説　40
　　――の突発的他立的成立論　14，33
乙益重隆　83（註14），84
　　――の齋藤山遺跡の調査　11
尾本惠市
　　日本人および日本文化の起源に関する学際的研究　28

か

賀川光夫　17
　　――の後・晩期農耕論　83（註11）
鍵谷徳三郎
　　弥生式土器と磨製石器の共伴を初めて確認　31（註3）
掛谷誠
　　――の内因の熟成　233
笠原安夫　75
金関丈夫
　　――の渡来人の大量移住説　23，202
　　――の渡来人説　12，29
　　――の民族移動説　36（註40），122
金関恕　230
　　――の縄文人主体説　205
　　――の漸進的自立的弥生文化成立論　27
　　――のパラダイム　26

き

木村幾多郎　71
　　――の後・晩期にみられる農耕的要素　84（註24）
木村靖二
　　――の『原始日本生産史論』　32
清野謙次
　　――の混血説　23
吉良竜夫
　　――の温量指数　43

く

クラーク G.
　　――の混合農業説　193

こ

小池史哲　77、94
　　――の打製石斧＝土掘具説　124（註3）
紅村弘
　　――の住みわけ説　165
甲元眞之　77
　　――の海洋漁撈民　124
　　――の櫛目文時代の複合的農耕　116
　　――の後・晩期農耕説　85（註37）
　　――の後・晩期祭祀の盛行　77
　　――の青銅器東方拡散　242
国分直一　70
　　――の里芋栽培説　83（註7）
小谷凱宣
　　――の上ノ原遺跡水洗選別法　73
後藤直
　　――の弥生土器起源論　20
小林青樹
　　――の住みわけ論　155
小林達雄
　　――の栽培・農耕の定義　54，55
　　――の縄文姿勢方針　224，225
　　――の弥生姿勢方針　225
小林久雄
　　――の縄文原始農耕論　70
小林行雄　40
　　――の安満B類土器　10，32
　　――の時代区分論　19
　　――の縄文中期農耕論批判　84（註19）
　　――のパラダイム　16
　　――の弥生土器起源論　12
近藤義郎
　　――の縄文後・晩期社会の理解　85
　　――の縄文祭祀遺物急増の理解　77
　　――の西日本食料窮乏説　40
　　――の東日本に弥生の拡散が遅れる自然環境要因説　167
　　――の弥生文化起源論　33
　　――の夜臼・板付Ⅰ式共伴の理解　13，32（註16）

さ

酒詰仲男
　　――のクリ管理育成説　70，82（註5）
坂本経堯　71
佐々木高明
　　――の照葉樹林帯論　41
　　――の照葉樹林焼畑農耕文化論　73
佐藤洋一郎
　　――のクリ栽培説　54

佐原真
　　──の東北の遠賀川系土器　168
　　──の後・晩期農耕論批判　17
　　──の伝播論　177
　　──のパラダイム　17, 30, 34（註30）
　　──の晩期末農耕観　17
　　──の弥生時代の定義　223

し

潮見浩
　　──の堅果類の貯蔵　59
　　──の後・晩期農耕論　71
設楽博己　168
　　──の東日本後・晩期農耕説　91
　　──の土偶型容器の理解　169
清水潤三　14, 206
　　──の弥生文化起源論　34（註27）
下條信行
　　──の選択的受容　27, 35（註35）
　　──の九州から中部瀬戸内への直接移住説　157
　　──のリレー伝播　27, 166
白石太一郎
　　──の時代区分論　25

す

鈴木尚　23
澄田正一
　　──のヒエ原始農耕説　70
　　──のヒエ栽培　82

せ

芹沢長介
　　──の縄文農耕論　83

た

高木正文
　　──の打製石斧＝土掘具説　85
高倉洋彰　168, 206
　　──の漁民型交流　124, 125（註17）
高橋護
　　──の板付Ⅰ式周辺地域成立説　35（註33）
　　──のプラント・オパール　24
武末純一
　　──の時代区分論　25
田崎博之
　　──の時代区分論　19
　　──の水田　145
　　──の伝播論　157
田中清美
　　──の新住みわけ説　164

田中良之
　　──の板付Ⅰ式縄文系譜説　21
　　──の渡来人論　24, 35（註38）
田村晃一　125（註13）

ち

チャイルド G.
　　──の新石器革命　189
　　──の新石器時代の定義　198
　　──の西アジア新石器時代農業　189
鄭 漢德
　　──の韓国水田稲作文化の系譜説　120

つ

辻誠一郎　63、171
　　──のクリ植栽説　54

て

勅使河原彰　9
　　──の時代観と社会状況　30
寺沢薫
　　──の打製石斧＝土掘具説　85（註34）
　　──の弥生ドングリピットの理解　125（註9）

と

藤間生大　40
　　──の縄文主体論　62（註2）
トーマス J.
　　──の儀礼執行説　210
　　──の新石器時代＝農業の時代批判　198
鳥居龍蔵　8
　　──の別人種説（置換説）　23
　　──の固有日本人論　31（註4）

な

直良信夫　62（註4）
中尾佐助　72
　　──の半栽培説　73
中西靖人
　　──の住みわけ説　161, 178（註16, 17）
中橋孝博　29
　　──の渡来系弥生人増加のシミュレーション　36（註41）
中村純
　　──の列島における稲花粉出現時期　74
中山平次郎
　　──の遠賀川式土器大陸起源説　10, 32（註13）
　　──の第二系土器　10
　　──の金石併用期　31
名和羊一郎

——の遠賀川式土器発見　10

に

西健一郎
　——の齋藤山式土器の設定　137
西谷正
　——の板付Ⅰ式系譜論　20
西田正規　54
　——のクリ栽培　54
　——の縄文食料獲得機構と稲作受容の関係　41
　——の縄文食料獲得活動と労働形態　57, 58
　——の植物利用の人口化　54
　——のヒョウタン容器説　51

ね

禰冝田佳男
　——の選択的受容　179
　——の東日本稲作不要説　174

は

橋口達也　235
　——の縄文人主体論　22
　——の板付Ⅰ式縄文系譜説　21
　——の戦いの契機　218
長谷部言人
　——の置換説　23
埴原和郎
　——の二重構造論　23
林謙作　62
　——のアイヌ系住民の伝統食　49
　——のエピ縄文　179
　——の訓育の定義　64
　——の農耕の定義　54
　——の剥片石器石材の供給体制　173
　——の労働組織と稲作受容の関係　174
春成秀爾　240
　——の縄文後・晩期農耕論　84
　——の縄文祭祀遺物の性格　227
　——の住みわけ説　162
　——の石器使用痕　124
　——の大陸系のマツリの要素　236（註1）
　——の渡来人主体論　22
　——の晩期末瀬戸内水田稲作説　16
　——の弥生土器起源論　32（註17）
　——の夜臼・板付Ⅰ式共伴現象の理解　13
　——の夜臼単純期における水田稲作　34

ひ

平井勝
　——の板付Ⅰ式周辺地域成立説　35（註33）

——の遠賀川式土器瀬戸内自生説　157
　——の縄文収穫具説　85
広瀬和雄
　——の後・晩期畠作説　223

ふ

福井勝義　55, 57, 63, 82
　——の半栽培型焼畑農耕　55
　——の遷移畑　57, 63（註13）
藤尾慎一郎
　——の板付Ⅰ式周辺地域成立説批判　35（註33）
　——の板付Ⅰ式縄文系譜説　21
　——の板付Ⅰ式祖型甕祖型説　20, 35（註34）
　——の海洋漁撈民による伝播論　124
　——の韓国の突帯文土器論　125（註12）
　——の深鉢の調理形態論　115
　——の遠賀川系土器二段階拡散説　178
藤口健二
　——の板付Ⅰ式縄文系譜説　21
　——の縄文主体論　22
藤田憲司
　——の稲作民と非稲作民の併存説　155
藤田等　90
　——の晩期末瀬戸内水田稲作説　16, 71
藤森栄一
　——の縄文中期農耕論　70
藤原宏志
　プラント・オパール　75

ほ

ホッダー　I.
　——のポスト・プロセス考古学　196

ま

蒔田鎗次郎
　縄文式土器と弥生式土器の区別　31
松本直子　77
　——の縄文人の櫛目文土器模倣説　85（註40）
　——の縄文土器への櫛目文土器の影響説　113

み

三澤章
　——の弥生式文化　32
水野正好　230
　——の土偶の性格論　170

も

森岡秀人
　——の住みわけ説　162
　——の西方説　162

——の西方出自説　163
森貞次郎
　——の漸進的自立的弥生文化成立説　14
　山ノ寺と夜臼式土器との関係　33（註20）
森本六爾　17, 29, 32
　弥生式時代＝青銅器時代説　9
　弥生式土器の文化＝農業社会説　9
　原始的農業社会説　31（註7）
　——の縄文農耕論　70
モンテリウス O.　198

や

八木奘三郎
　弥生式土器とコメとの共伴　31
安田喜憲
　——の花粉分析を用いた縄文農耕論　74
　——のブナ林帯論　41
家根祥多　112
　——の板付Ⅰ式周辺地域成立説　34
　——の板付祖型甕　35
　——の祖型甕　20
　——の深鉢の粗製化　112
山崎純男　77, 109
　——の主体者論争（中間論）　23
　——の弥生土器起源論　20
山中一郎　163
山中二男　43
山内清男　29, 179
　石器時代に稲あり　179（註23）
　——の高級採集狩猟民　70
　——の東日本縄文文化の豊穣説　167
　——の弥生式土器文化論　9, 17
　——の弥生の生業　32
　——の労働形態　57

よ

横山浩一
　——の甕粗製化の背景説　113
吉崎昌一
　——のマメ類の同定に関する所見　63（註22）
吉留秀敏　125（註14）

ら

ラボック J.　198

れ

レンフリュー C.
　——のチーフダム　191
　——のプロセス考古学　199（註5）

わ

和島誠一　8, 10, 14
　——の内的矛盾説　4
　——の弥生文化中国文明周辺説　33（註25）
渡部明夫
　——の縄文収穫具説　85
　——の縄文後・晩期農耕説　124
渡辺誠　44
　——の加熱型アク抜き処理と土器の器形との関係　125（註8）
　——のジネンジョ移植説　54
　——の縄文農耕論批判　71
　——の打製石斧＝根茎類採集具説　91
渡部義通
　——の『日本歴史教程』　32（註10, 11）

B

Bradley R.
　——の新石器時代観　196

C・D

Clark G.　198
　——の自然科学的分析法の導入　192
Dennel R.
　——のフロンティアモデル　212〜215

G・H

Green S.　208
Hillman G.　210
Hodder I.
　——の新石器時代観　196

L・M

Lubbock J.
　——の石器時代細分　186
Montelius O.
　——の伝播論　187

P

Peterson J.　208
Piggot S.
　——の巨石記念物　199（註4）

R

Renfrew C.
　——の首長制社会　195
Rowley-Conwy P.　208
　——の花粉分析の評価　81
　——のフロンティア・モデル　211

S

Sorberg B. 207

T

Thomas J. 183, 196
　——の新石器時代＝文化様式観　197
　——のブリテン新石器時代観　208
Thomsen J. 9
　——の三時期区分法　184

Z

Zvelevil M.
　——の渡来人主体説　208
　——のフロンティア・モデル　211

遺 跡 索 引

あ

赤山遺跡（埼玉）　トチアク抜き処理施設　58
朝寝鼻貝塚（岡山）　縄文早期のイネのプラント・オパール　24, 78, 156
有田・小田部遺跡（福岡）　早良平野の弥生拠点集落　140
有田七田前遺跡（福岡）　早良平野の最古の農耕集落　142
粟津貝塚（滋賀）　縄文早期のヒョウタン　51

い

池子遺跡（神奈川）　南関東最古の農耕集落　170
石行遺跡（長野）　穀物栽培開始期の石器組成　169
板付遺跡（福岡）　日本最古の農耕集落
　——の縄文水田　18
板屋Ⅲ遺跡（島根）　早期のイネ、キビ属のプラント・オパール　78, 85
今川遺跡（福岡）　遼寧式銅剣再加工品　235

う

ウィンドミル・ヒル遺跡（英国）　断欠周溝状遺構　194
上ノ原遺跡（熊本）　水洗選別法　73
宇木汲田貝塚（佐賀）　玄界灘沿岸ではじめて晩期末の水田関連遺物が出土　34
　——の炭化米、石庖丁　16
　——の夜臼式土器単純層　16
宇久松原遺跡（長崎）　縄文系の人骨が出土した支石墓　204

え

江辻遺跡（福岡）　粕屋地域最古の農耕集落　151

お

漁隠（オウン）遺跡（韓国慶尚南道）　早期無文土器時代の畠作跡　94, 117, 241
大友遺跡（佐賀）　縄文系の人骨が出土した支石墓　201
大森貝塚（東京）　縄文土器が初めて出土した遺跡　31
玉峴（オクキョン）遺跡（韓国慶尚南道）　最古の水田跡
　——の水田　119

か

唐古遺跡（奈良）　はじめて見つかった農耕集落　9, 11

く

礫石原遺跡（長崎）　晩期おわりの籾痕土器　13
黒土遺跡（宮崎）　稲籾混入の土器、キビ属のプラント・オパール　76, 78
桑田遺跡（宮崎）　熱帯型ジャポニカのプラント・オパール　78, 85

こ

検丹里(コムタンリ)遺跡（韓国慶尚南道）　中期無文土器時代の環壕集落　21
──の環壕集落　120
──型の水田稲作文化　120, 230

さ

斎藤山遺跡（熊本）　はじめてみつかった前期の鉄器
──の鉄斧　11
サウス・ストリート長丘（英国）　193, 194, 210
雀居遺跡（福岡）　大洞C2式と夜臼Ⅱa式が共伴　168
沢田遺跡（岡山）　中部瀬戸内最古の農耕集落　155
三内丸山遺跡（青森）　42, 49, 51, 53

し

四箇遺跡（福岡）　早良平野の縄文人の拠点集落　141, 144
下川津遺跡（香川）　弥生前期突帯文系土器が出土　177
新保遺跡（群馬）　水田と畑作をおこなう集落　125
新町遺跡（福岡）　最古の戦死傷者がみつかった支石墓　28, 201, 204, 221（註2）

す

砂沢遺跡（青森）　弥生前期の灌漑施設付き水田跡　4, 168, 172, 205

そ

松竹(ソンジュク)里遺跡（韓国慶尚北道）　後期櫛目文土器時代の農耕集落？　91, 94

た

大開遺跡（兵庫）　近畿最古の環壕集落　4, 159
田井中遺跡（大阪）　長原遺跡に近接する農耕集落　164
垂柳遺跡（青森）　弥生中期の水田　173

つ

津雲貝塚（岡山）　後期後葉のイネのプラント・オパール　76
津島遺跡南池地点（岡山）　最古の農耕集落　153, 155, 156
津島岡大遺跡（岡山）　在来人の拠点集落　155, 156

て

大坪(テイビョン)里(リ)（韓国慶尚南道）　早・前期無文土器時代の遺跡が集中する地区　20

と

土井ヶ浜遺跡（山口）　韓半島出自の渡来人説が提唱されるきっかけとなった遺跡　12
──の渡来人説　23, 36（註40）
常代遺跡（千葉）　南関東出現期の方形周溝墓　171
富沢遺跡（宮城）　仙台平野の弥生中期水田跡　173
鳥浜貝塚（福井）　縄文前期の栽培型植物多数出土　51, 63
登呂遺跡（静岡）　弥生後期の水田跡　11
東三洞(トンサンドン)貝塚（韓国慶尚南道）　前2000年ごろのアワ出土　53

な

中在家南遺跡（宮城）　東北中部の弥生水田跡　173
中野B遺跡（北海道）　列島最古（縄文早期末）のヒエ属種子　53
長原遺跡（大阪）　弥生Ⅰ期の在来系園耕民集落　162

に

西田遺跡（岩手）　229

ぬ

貫川遺跡（福岡）　82, 177
──の孔列文　119

は

林・坊城遺跡　157
──出土の木製農具　157
原山支石墓（長崎）　突帯文単純期の支石墓　13

ひ

比恵・那珂遺跡群（福岡）　福岡平野の拠点集落　145
姫笹原遺跡（岡山）　縄文中期の土器胎土からイネのプラント・オパールを検出　24, 78

へ

ベーカー・プラットホーム遺跡（英国）　新石器時代の農耕用掘り棒が出土した遺跡　210

ま

曲り田遺跡（福岡）
──の鉄斧　18

み

南方前池遺跡（岡山）　突帯文単純期のドングリ貯蔵穴　59

南溝手遺跡（岡山）　76, 85, 155
　——の籾痕土器　24

宮竹野際遺跡（宮城）　条痕文土器だけを出土する弥生前期の水田　165

宮ノ前遺跡（山梨）　弥生Ⅰ期の畦が見つかった水田跡　169

や

山賀遺跡（大阪）　古河内潟の畔にある進出型農耕民の集落　163

山ノ寺遺跡（長崎）　九州西部最古の突帯文土器の標識遺跡　13

ゆ

休岩里（韓国京畿道）　中期前半無文土器時代の標識遺跡　21

わ

若江北遺跡（大阪）　古河内潟の畔にある進出型農耕民の集落　178

弥生変革期の考古学

■著者略歴
藤尾慎一郎（ふじお　しんいちろう）
1959年　福岡県生まれ
1981年　広島大学文学部史学科考古学専攻卒業
1986年　九州大学大学院文学研究科博士課程考古学専攻単位取得退学
1986年　九州大学文学部助手
1988年　国立歴史民俗博物館考古研究部助手(～1999年)
1993～94年　ケンブリッジ大学考古・人類学部訪問研究員
2002年　博士（文学）広島大学
現　在　国立歴史民俗博物館考古研究部助教授
主要著作
『人類にとって戦いとは』1～3、東洋書林、2000年（佐原真・福井勝義と共同企画）
『縄文論争』講談社、2002年

2003年10月10日発行

著　者　藤尾慎一郎
発行者　山脇洋亮
印　刷　㈱深高社
　　　　モリモト印刷㈱

発行所　東京都千代田区飯田橋4-4-8　東京中央ビル内　同成社
　　　　TEL 03-3239-1467　振替 00140-0-20618

©Shin-ichiro Fujio 2003. Printed in Japan
ISBN4-88621-280-8 C3021